让
我
们

一
起
追
寻

新浪微博
weibo.com/oracode

译丛
莱茵
Rhein

〔德〕汉斯·约阿施

〔德〕克劳斯·维甘特 主编

陈洪捷 译

欧洲的文化价值

歌德学院（中国）
翻译资助计划

社会科学文献出版社
SOCIAL SCIENCES ACADEMIC PRESS (CHINA)

Originally published as:"Die kulturellen Werte Europas"
© 2015 Fischer Taschenbuch Verlag in der S. Fischer Verlag GmbH,
   Frankfurt am Main.
through jiaxibooks co. ltd.

The translation of this work was financed by the Goethe-Institut China
本书获得歌德学院（中国）全额翻译资助

| 出版说明 |

　　《欧洲的文化价值》一书德文版出版于 2005 年，其内容是在德国欧岑豪森欧洲学院举办的第三届"责任论坛"研讨会上，各位与会专家、学者对同名主题发言的文集。本书在领域内产生了较大影响，多次再版，并被翻译成多种其他语种出版。

　　本书主编之一汉斯·约阿施（Hans Joas）是埃尔福特大学马克斯·韦伯人文社会科学研究院院长，芝加哥大学社会学教授。他还是比勒菲尔德学术奖（卢曼奖）获得者，德国图宾根大学和瑞典乌普萨拉大学名誉博士，在德国社会哲学、社会学理论领域有较高知名度。但需要指出的是，本书的各章节作者为西方不同领域的学者，他们主要以西方价值体系为出发点探讨了部分问题，我们并不完全认同书中的部分论断，如冷战的胜利是西方政治和意识形态的胜利等。但为了让读者能够全面地了解各章作者对欧洲的文化价值这一统一主题的不同见解，我们对于相关内容不做删减，也请读者在阅读时予以甄别。

　　以上种种，敬请读者了解。我们期盼读者的批评指正。

社会科学文献出版社

2017 年 5 月

目　录

| 前 言 |

汉斯·约阿施、克劳斯·维甘特

2004 年 3 月 26～31 日，在欧岑豪森欧洲学院（萨尔州），后职业学术教育基金会（塞海姆 – 玛尔辛）举办了第三届"责任论坛"研讨会，主题为"欧洲的文化价值"，听众来自社会各界，人数达 160 人之多。

本书即为研讨会论文的文集，同时增补了古德隆·克雷默（Gudrun Krämer）的一篇文章。此书为"责任论坛"文集系列的第三辑。第一辑《进化》2003 年出版，第二辑《人与宇宙》2004 年出版，第四辑《地球的未来——我们的星球还能承载什么?》计划于 2005 年出版。

基金会的活动今后将集中于生命的基本问题和社会中的

欧洲的文化价值

紧迫问题，还将以研讨会的形式，邀请国际知名学者，与听众一起进行跨学科的研讨。

在两次以自然科学为方向的研讨会之后，我们的活动第一次涉及人文和社会科学领域。在当下许多重要的政治讨论中，人们都会提出关于欧洲价值和文化认同的问题。比如关于欧洲宪法，特别是关于其前言的论战，或其中关于上帝的表述。还有，在讨论欧盟扩展，特别是土耳其加入欧盟问题时，欧洲认同问题也会受到关注。欧洲与美国的关系也需要重新界定，在这里，欧洲认同的问题也是绕不过去的。最近，当代著名思想家德里达和哈贝马斯也出来为"欧洲的重生"而大声疾呼。欧洲之外迅猛的现代化进程以及在完全不同的文化背景之下的世界变化，也促使欧洲重新审视自己。同时，欧洲历史上挥之不去的阴暗面，比如20世纪的极权主义，更早期历史上的非宽容性以及殖民和帝国主义时代的欧洲扩张，也是我们不得不说的问题。有一部"美容"后的欧洲历史是无济于事的。抱持一个与东方相对应的、作为理性和真正自由之乡的基督教西方的观点，也已难以为继。

我们所组织的研讨会非常成功。关于欧洲文化价值的观点（约阿施的文章对此进行了细致阐述）得到了深入讨论，每个相关领域都邀请到了杰出的专家。这些大学者也都尽量使用不是非常专业的语言来阐述其思想。效果如何，当然需要读者自己去判断。但将新的学术观点与一般知识界可接受的表述相结合，的确是我们的初衷。

与此前关于"进化"和"人与宇宙"的研讨会一样，

此次研讨会也是以一次嘉宾对话会结束的，其主题为"文明之争是不可避免的吗？全球化时代的价值问题"。我们没有将对话的内容收入本集，只是收入了一位与会者的另外一篇文章，这就是柏林的伊斯兰问题专家古德隆·克莱默的文章《价值观之争：对当代伊斯兰话语的评论》。

我们非常感谢各位参会者，他们十分专注，并提出了有见识的问题，这不仅活跃了会场，同时也为报告文稿的修改提供了参考。我们要特别对赖因哈德（Wolfgang Reinhard）和瓦格纳（Peter Wagner）两位参会者表示感谢，他们为研讨会内容的确定提供了宝贵建议。瑞典科学院（SCASSS）为约阿施先生提供了良好的条件，使其能够完成此文集的收尾工作。在此特别感谢维特罗克（Björn Wittrock）院长。

2004 年秋，于塞海姆－玛尔辛和乌普萨拉

| 导言　欧洲的文化价值 |

汉斯·约阿施

在约瑟夫·罗特（Joseph Roth）的小说《无尽的逃亡》（*Die Flucht ohne Ende*）中，主人公弗朗兹·统达（Franz Tunda）在第一次世界大战的大动荡之后，经历了俄国革命、战后的艰辛，最终来到了 20 世纪 20 年代的柏林。他有一次参加了一个工业界和外交界高层人士的晚会。罗特在此描写了一场对话，与我们讨论的主题有关：

他们在此严肃的场合都在讨论欧洲文化的共同性。统达问道："欧洲文化没有受到来自外部的攻击，您却声言要为之辩护，那么您能否清晰地告诉我，这一文化的特色何在？"

"表现在宗教上！"从不去教堂的主席说道。

"表现在伦理上"，一位人尽皆知私德很有问题的女士说道。

"表现在艺术上"，一位从中学毕业后从来没有欣赏过绘画的外交官说道。

"表现在欧洲的观念上"，一位名叫拉帕波特的先生的回答则机智而空泛。

那位贵族则插话道："你去读读我的杂志吧。"

统达说："各位想要一个欧洲的共同体，但你们必须先把这个共同体建立起来。其实这个共同体并不存在，否则它是会自我维持的。究竟能否建立一种文化，在我看来是值得怀疑的。还有，如果这一文化已经存在，谁会来攻击它，布尔什维克政府？其实俄国人也想接受这种文化啊。"

拉帕波特喊道："他们或许想毁掉这里的文化，然后独自拥有它。"[1]

这一段描写中所呈现出来的诸多问题，其实也同样出现在今天关于欧洲、欧洲文化和欧洲认同的讨论之中。比如，在面对什么是欧洲的问题时，会出现种种不同且相互矛盾的说法。不少人高谈阔论，谈了不少欧洲认同的特征与价值，而他们却心口不一，不去身体力行。我们很清楚，到底什么是欧洲专属的且肯定在其他文化中不存在的文化特征其实是说不清的。如果有人说某种文化尚不存在，需要去建立，而且论者似乎也很清楚如何去营造共同的价值和构建一种认同，这听上去显然有些勉强。同时也有人会提到欧洲文化面对外来敌对者的挑战，但是敌人来自哪里，谁是欧洲价值的敌人，是那些坚守的、被欧洲文化排斥的思想者，或是对欧洲自我利益和势力诉求的反抗者，这些都不是很清楚。在20世纪20年代的那个晚会上没有提到，但今天不能不涉及的题目就是：与美国的区别。这里当然会引发一些潜在的问题：美国是欧洲的延伸，还是对西方价值的一种模范性的发展，又或是一种对欧洲文化的特殊的重大威胁？

对此问题，我们今天似乎并没有比罗特时代有多少进步。我们如何能有所突破？如果我们认为这种争论是一个死结，那么我们如何解开这个死结？我们能否界定出既不是自我吹嘘也不是空泛而不着边际的欧洲文化价值，清晰、明确而且能体现欧洲在时空维度上的多样性，同时在欧洲作为一个整体需要做出历史性决定的时代提供行动的指引和方向感？

本文的目的就是要建立一个关于欧洲文化价值的框架。这当然只能在现有研究成果的基础上进行。这点也正是本书以及研讨会的基本构思。在论述已有的研究成果之前，首先必须对"价值"这一概念进行具体说明。这一概念正如"欧洲"一词一样，不但有争议，而且被随意使用。

为了更清楚地说明"价值"并给出一个可以操作的定义，最好从两个观察开始。这些观察告诉我们，要准确地说出我们想说的意思，并非易事。第一个观察，如我们所知，我们的向善之心（Bindungen an das Gute）并不能仅仅通过意图而实现。道德宣教算是一个有效的途径，通过教育而获得效果，但好的说教通常只能在说教之后短暂地发挥作用。原因在于，我们的向善之心必然包含一个固化因素（passivisches Moment）：我们必须感到被约束，而不是自己约束自己。按一句德语老话来说，向善之心之于个人，是被折服和折服状态（ergriffenwerden und ergriffensein），而不说是选择和被选择，它并非一种纯外在的、有距离的、游戏式的或者试验性的关系。

第二个观察初看上去有些矛盾，即我们在此种被约束状态中并不感到受到限制和不自由。极端点说，我们被约束得越是强烈，我们就越是有更强烈的在一起的感觉。欧洲文化史上有一个典型的情景，能够展示这种约束与自由相互包含的情况。马丁·路德在沃尔姆帝国议会上拒绝收回其言时，传说有一句已成神话的表白："这是我的立场，我无法他行。上帝佑我，阿门。"这句话可以说是新教个人主义的创生性神话，或许也不仅仅限于新教。如果路德没有说过此话，但他在文章中有足够的表述，说明他实际上很清楚，有些行为对自己的善恶观和正义观，也就是对他的良心，会是自我毁灭性的。他的"无法他行"并非由于某种外在强迫。他所面临的社会压力其实是巨大的，但正好指向另一个方向，即让他收回他的言论。这也非一种如同有人所说的那样是内心的强迫，因为良心的声音对路德来说不是一种被劝阻的坚守（Fixierung）。他之所以听从良心的声音，是因为这位叛逆者或者说宗教改革者很清楚迫害和死亡是必然的。

案例虽少，但道理很清楚。如果两个观察都不错的话，价值就是一种支配（ergreift）我们，但不由我们直接控制（的力量），它让我们走向一种特定的自由体验，即便在外在的不自由的条件下这种自由体验也不会消失。

如果将这一经验观察提升到概念层面，要注意价值与另外两个与此有密切联系的概念的区别。价值不同于规范，规范是限制性的，而价值是吸引性的。规范排除那些不道德或违法的行为方式，行为的目的也可能是被禁止的，而价值不限制、相反会扩展我们行为的范围。只有体认价值，我们实际上才有行为的可能。比如通过模范，我们才想改变现状，进行其他的尝试，超越我们自己。如果价值具有建设性和吸引性的特征，并因此与规范相区别的话，那么就会面临另一个容易混淆之处。价值似乎就是我们期望的变形，令我们心向往之。价值似乎比眼下的愿望更有持续性，更稳定和更加上位，但原则上两者很难彼此区别开来。如果这么想，那就错了。愿望包含着我们实际所希冀之物，而价值表示我们对于值得期望之物的想象。自杜威以来的美国哲学，都强调要区分"想要的"（desired）和"值得拥有的"（desirable）。[3]我们的价值能让我们去评价我们的愿望。我们或许会不想要某种愿望，或相反，我们期望我们的某种行为成为我们的自然流露。价值不仅仅是对所欲的脑中想象，在有异议时可以简单放弃，而且是一种对所欲充满情感的、执着的想象。这就是我接受的定义和观点的基础。

虽然没有深入讨论其中丰富的问题，比如我们应该讨论一下价值认同对规范的影响，或者对某些价值的完全认同也尤其危险，但我们还是对价值现象有了进一步的了解。下一步，我们就面临另一个问题，即价值体认是如何形成和变化的。价值体认不是依从某种虽已存在但无人依存的价值，所以我们会关心价值的形成和价值的变化问题。这里无法展开有关价值形成与变化动态过程的历史和社会学问题，只能说我们会去关心人类特殊的经验，我称其为自我超验的经验。如果不涉及从吃奶时就接受的价值，也就是说对我们的父母或前辈的认同，那就出现了一个问题，即是什么让我们明确地、情愿地接受其他的关于值得期望之物的想象。要理解这些问题，需要我们搜集大量的经验，如自我超验、超越迄今自我界限的脱离感，以及对这些经验的解释。这样，我们就不能将个人的生平发展和各种文化的历史视为线性的过程，而是要看到这是一个不断有不可预测事件涌入，一种经验的全新解读的出现，以及意义解读的贫乏和不同文化所提供的不同解读两者之间的相互影响。[4]

回到欧洲价值的界定问题。如果以上定义可以接受的话，那么关于特定价值的讨论就会有两种结局。可以凸显那些值得期待的价值，也就是命题性价值的内容，或者相反，突出以情感而凝聚起来的特殊的共同体和传统。在讨论欧洲时，我们可以从特征性的总体性价值，或者从鲜活的文化传统出发。这两条路径并不相互排斥，可以同时考虑。提到最多的具有欧洲特性的总体性价值是所谓的"自由"。最能标识欧洲传统的当然一方面是希腊－罗马传统，另一方面是"犹太教－基督教"（尽管这种更强调犹太教和基督教共性而非差异性的说法是 20 世纪的产物，是针对反犹太主义和基于基督教中的反犹太教而提出的）。这里当然不能不考虑这些通行的特征表述，但以上两种思路可以让我们重新审视这些通行的且不无根据的想象。论及希腊－罗马传统，首先，要分析轴心时代的超验性的发现（或发明），这里当然要联系当时欧洲之外的"发达文化"和"世界性宗教"。其次，关于欧洲的自由传统，将对照着奴隶制揭示自由之价值的产生过程，然后在此基础上尝试着对欧洲文化的"价值体系"之特征进行阐述。我这里提到的区别，主要是受到加拿大社会哲学家泰勒（Charles Taylor）的伟大作品《自我的根源》（英文版出版于 1989 年）的影响。[5] 虽然泰勒的书不是要解析欧洲的特色，而是近代认同的基本结构，但欧洲由于在几个世纪中无疑一直都是现代化过程（无论我们如何称呼这一过程）的先锋，有理由将他的结论用于我们的分析。这绝非一般的通俗观点。"内向性"、"看重普通的生命"以及"自我实现"都可以算作欧洲的文化价值。在后文我将对三者进行论述。这里不得不涉及另外两项经常会被认为是欧洲特有的价值，即合理性和对多样性的认可的意愿。但我们必须要问，这两者能否被看作欧洲特有的特点。第二个价值的烦琐表述说的不是宽容。所以本书要探讨一个问题，即欧洲在中世纪是如何意识到自身的多样性的。如果讨论主线在于这些综合性的价值，那么就必须涉及欧洲思想和政治史上两个重要的运动，一个是 18 世纪的启蒙运动，另一个是 20 世纪的极权主义。是否存在一个欧洲今天可以依托的启蒙的传统？我们的欧洲图像会是什么样子，如果我们不是仅仅去回忆那些善的和美的事物，同时也包含 20 世纪的罪恶和残酷，也就是历史学家马克·马佐尔（Mark

欧洲的文化价值

Mazower）所说的"黑色大陆"的话？

　　如果要讨论欧洲文化价值的种种实质性特征，就必须回答这些问题。尽管这些问题已经大得无法回答，但其中还是有遗漏的问题。如果要讨论这么重大的问题，不能不关注欧洲向外的扩张问题，特别是殖民的历史，也不能不关注一些现代的、脱胎于欧洲的移民社会，其中美国最为重要，以及关注这些社会的争取独立的斗争史。只是在关于我们是否目睹一场"文明之冲突"问题和关于伊斯兰问题的文章中从某一点上触及这些问题。当然，我们可以更细致地分析欧洲基督教内部的多样性问题，以及欧洲大陆非基督教的传统。我们觉得，对此问题应该有两种考察的方式。第一，我们想提醒大家，在社会科学里关于价值和价值变化的研究中，大部分是定量研究，而不是历史－阐释学的。这种研究能对我们今天的价值问题有何帮助？第二，在具体的研究中不能忘记重大的问题：欧洲究竟是否有一种文化的认同？在什么意义上可以说欧洲是一个价值的共同体？

　　如上所说，在分工日益精细的世界中，要想严肃回答这些问题，显然超出了某一位学者的知识范围。但某一位学者可以也应该在他人研究的基础上，或者通过独立的综合而进行尝试。

　　第一步要勾画出作为一种"轴心"文化的欧洲。轴心文化这一概念尚不是通行的概念，因此需要说明一下。这一概念源自哲学家卡尔·雅思贝尔斯，在其出版于 1949 年的《历史的起源和目标》一书中，在借鉴前人观察经验的基础上，呈现了一个事实，即所有大的世界性宗教以及古希腊哲

学，均产生于公元前 800 ~ 公元前 200 年，他称这一时期为
轴心时代。

> 在这一时期，集中发生了一些不同寻常的事件。在
> 中国，孔子和老子在世，中国哲学的所有流派形成……
> 在印度，奥义书出现，佛陀在世，像在中国那样，所有
> 哲学派别形成，从怀疑论到唯物论，从诡辩派到虚无
> 派。在伊朗，查拉图斯特拉提出了介乎善恶之间的世界
> 图景。在巴勒斯坦，先知遍布各地，埃利亚斯或叶赛亚
> 斯，耶肋米亚或德特叶赛亚斯，在古希腊，希腊人见证
> 了荷马，哲学家如帕门底德斯、赫拉特里、柏拉图，悲
> 剧家如修昔底德和阿基米德等。[6]

在雅思贝尔斯看来，这一平行进行、没有相互影响的精
神过程，在东方、西方、印度和中国的成熟文化中形成，取
代了神话时代，开启了一个对人类生存基本条件进行系统思
考的时代。至于这一平行发展的进程是如何形成的，这不是
雅思贝尔斯的问题，也不是他能够解释的。他觉得重要的
是，这些轴心文明间相互之间的理解是可能的，因为它们虽
然起源不同，但有着共同的问题关怀。[7]

雅思贝尔斯虽然提到了共同的问题关怀，但具体所指语
焉不详。他只是说到这些我们开始对人类生存的前提进行更
深入的反思。在 20 世纪 70 年代的轴心文明讨论中，宗教历
史学家和神学家达成共识，认为这些宗教和哲学的一个共同
基础可以用一个概念来概括，那就是超验。这就是说，超验

的思维正是轴心文明的特征所在。那么，超验的具体含义是什么？

所谓超验，即指在这些宗教和哲学中，人的世界和神的世界在空间的意义上被严格分开了，形成了一个彼岸的、超验世界的想象。而在此前，在神话时代，神的世界就存在于人的世界之中，是人的世界的一部分。就是说，神和人的世界没有真正分离，神和鬼能够影响和支配人的世界，因为它们就是这个世界的一部分。或者说，神的世界和人的世界没有实质的差别，而轴心时代的新宗教和哲学则在这两个领域中间划出了明显的界限。这里的关键在于，神的世界是本原性的、真实的、完全不同的世界，而现世只是残缺的世界。

按此思路，这里涉及的不是一个差异的问题。在世俗世界（或人间）与超验世界之间由此产生了一种前所未有的张力，而这种张力带来了无法估量的后果！比如，这一思想无法容纳一种上帝般的王权。世俗的统治者无法拥有神性，因为神祇另有其世界。更重要的是，统治者不得不趋向于借助神的意志来维护自己，尘世的统治者必须在彼岸的、真实的世界面前维护自身的合法性。由此也开启了一种新的（对统治者的）批评的可能性，这种批评为历史进程注入了一种全新的动力。人们永远可以指责统治者偏离了上帝的旨意。与此同时，也出现了什么是真正的上帝或者如何正确理解上帝旨意之争论的空间，这种争论会以尖锐和激烈的方式进行，迟早会引发冲突，并导致种族和宗教派别之间的分化。知识分子，如牧师或预言家等的地位，与轴心时代之前相比会更加重要。他们担负起了解读上帝意志的艰巨任务，上帝的意志难以把握，难以用世俗的范畴加以说明。随着超验思想的出现，可以说，历史才真正开始，这也就是说，全新的冲突领域才可能会出现。抽象点说，有了超验的观念，才会有关于重新构想世俗秩序必要性的想法。由此开始，才值得考虑如何按照上帝的旨意来改变社会秩序的问题。具有目标的变革第一次成为可以思考的问题。产生于轴心时代的这些观念带来了无法估量的后果，因此也形成了一种新的社会动力。在社会科学中，唯有以色列社会学家艾森施塔特以此为基础，深入和广泛地对此问题进行了课题研究，分析深入而具有创意。他在本书中将简要阐述其观点。

　　该文章首先展示了塑造欧洲的种种传统所具有的轴心时代特征，由此也不难看出欧洲与伊斯兰教和佛教的关联。但在欧洲也不是只有一种，而是有多种不同的传统，特别是这些传统之间无论过去还是现在都存在着尖锐的矛盾。人们经常按照不同的价值取向将欧洲置于雅典和耶路撒冷的冲突之间，但仔细看看，一方面应该是雅典和罗马的传统，另一方面是犹太教－基督教的传统。如果我们认可这一简化的说法，就犹太教－基督教而言，这两种传统的合并对于基督教来说或许是件好事，因为会淡化反犹太教的倾向，但对犹太教来说又有被利用之嫌。胡贝尔（Wolfgang Huber）在里奇（Dietrich Rischl）研究的基础上，就犹太教－基督教传统、以色列民族和基督教会之间的关系的种种观点进行了梳理（见本书第 59 页），反对所谓的"取代模式"。所谓取代模式，是说以色列作为上帝联盟民族，因为投向弥赛亚而不是耶稣而失去了其特殊地位。胡贝尔认为，犹太宗教思想家罗森茨威格（Franz Rosenzweig）和布伯（Martin Buber）找到了出路，他们指出有"两种信仰方式"，两条通向上帝的道路，它们虽不可打通，但在极终的角度上是相互融合的。

更进一步看，无论说哪些"价值"（在以上所说的条件下）代表着所谓的犹太教－基督教传统，都会面临一个问题，即宗教不仅仅是陈述其价值的句子，信仰还包含着故事、神话、礼仪、体验等内容，而这些是很难用一两个词句所能涵盖的。但是，如果不去尝试着找出一种信仰的基本思想（Grundmotive），用于关于价值的讨论，未免有些非理性。胡贝尔强调了四个基本思想，我认为此论可信。第一，世界及其中的人们被视为一种创造物，世界中的一切事物均处于一种给予关系，包括人的自由以及人的无缘而有、无故可失的尊严。第二，上帝不仅是一种可畏或可爱的人格化的存在，也是爱的给予者和施爱于人者。如果忽视这一点，在我看来就不懂这一宗教传统的核心情怀。此种思想常常被彻底割裂，分别归于犹太教的法律道德和基督教的爱人伦理之中。不过，这并不是说在希伯来的《圣经》中没有关于上帝爱人的观念。但《圣经》的这一基本思想，即对上帝之善的信仰，在新约中凝聚到大爱无限的耶稣基督个人身上。胡贝尔提出的第三个基本思想，希望，不仅指向未来，而且指向当下：上帝与现世同在。第四是交互式观念，指的是影响，人们对施爱的上帝的信仰，接受上帝的邀约，也可以释放出自身的施爱之力。如特勒尔奇（Ernst Troeltsch）所言，基督教的基本思想不可能完全转化为政治的伦理。关于信徒的社会组织形式本身就争议重重，政治的组织形式也会遭到宗教的接纳或拒绝。胡贝尔将基本法中人之尊严戒律、宽容、民主的价值和博爱原则对法律的限定从基督教基本思想的角度进行了论证，这一点非常重要。但这并不是从信仰中推导出来的政治价值，而是对世俗和信仰之间不可消解的紧张关系提供的一种创造性答案。

现在让我们把目光从耶路撒冷转向雅典。希腊－罗马传统无疑对中世纪和近代欧洲影响至深。这不仅是因为基督教曾经是古罗马的国教或者在文艺复兴期间的影响，而是反反复复，以极为不同、最为矛盾的方式所产生的影响。犹太教－基督教和希腊－罗马传统两者之间的紧张关系一直难以改变。直到今天，卡斯托里亚第（Cornelius Castoriadis）或福柯（Michel Foucault）等人还将这两者对立起来，并从一种传统中探寻克服另一种传统的手段。这里换个角度也许很有好处，从不比较的角度看看一种非基督教传统，即古希腊传统在阿拉伯世界的传播情况。与欧洲相比，这种影响当然更显单向和表层。迈耶尔（Christian Meier）提出的问题是，虽然受到激烈的抵制，"古代"在这里为何还是比在欧洲更被奉为样板？

"这如何可能？基督教的欧洲人比阿拉伯人更开放、更不明智或更少僵化和固化？从活人（拜占庭的希腊人）那里与仅仅从书本和其他遗迹中接受古代传统会有不同的效果吗？基督教会对阅读《圣经》比之伊斯兰教阅读《古兰经》给予了更多的理解空间？"（见本书第 84 页）

无论如何强调古希腊对欧洲之影响的连续性，古希腊传统与犹太教－基督教内在的张力是无法消除的。那么，什么是古希腊自身固有的、独特的、延续几千年的文化创造？迈耶尔总结说，这就是"基于自由而非统治的文化构成"。在古希腊的政治文化形成过程中，不是一种强大的统治权力及其管理和表征意愿，而是许多小的、独立的政治体占据了上风。由此形成了一种生存形式，在这里首先是支配的阶层，然后其他的成员也都要求其独立性和非依附性。这种独特性是自由人所面临的种种问题充分发展和求得共同解决的前提。迈耶尔不仅将这种基本结构用于解释公共的理性讨论的文化，也用以解释历史学、建筑和文学，甚至还有科学。这一基本结构通常在创造性活动这一特殊时期（此时也会出现明确的创造意识）得以显示。他清楚地论证了这一人类的可能性能够成为一种持续性的导向。[8]

　　"基于自由的文化构成"不仅是关于城邦结构和古希腊文化关系的经验性命题，当然也是一种价值，即"自由"的价值，至少是这一价值的一种理解。牙买加裔的美国社会学家帕特森（Orlando Patterson）——熟知牙买加和世界奴隶制历史的学者——在其论述自由作为价值的发展过程的著作（1991）中提出了一种观点[9]，即只能从奴隶制的历史来解释自由价值观念的形成。这一观点其实并不新鲜，谁都知道古希腊人的自由并不面向所有人，城邦经济在很大程度上是建基于奴隶制之上。这些说法都不错，但往往都是从消极的意义上来看古希腊的自由观的。帕特森不是将奴隶制视为自由得以实施的条件或限制性的架构，而是作为一种建构性因素："自由观念之所以能够产生，或者说，自由能够成为一种有意义的、有用的和值得追求的理想，是因为先有了奴隶制。"（见本书第 168～169 页）没有"绝对的、不受限制的和对他人生杀予夺的权力"，如同奴隶制度那样，就不可能有摆脱所有形式强制这一观念的出现。在其他也存在奴隶制的社会中，当然也出现了自由观念，但同时这一观念又被贬为"奴隶的价值"，被视为是"沦落的、丧失社会地位的、堕落的人所欲求的。因此，在所有非西方文化中，如果非要找出自由这一词语的话，那么这个词总是隐含着失去、彻底失败、恶意、犯罪、丧失社会地位和放肆等含义。只有在西方，这个词被视为语言中最珍贵的词语，可与上帝之名相比。"（见本书第 170 页）根据帕特森的看法，自由从一种可怕的无依无靠状态转变为一种值得追求的独立状态，是由于雅典当时特殊的政治经济格局，由于奴隶主及其他群体面对奴隶阶级所结成的联盟。"人民（demos）与不自由的外邦人相区别，成为自由的人民，分享了主宰没有权力和被统治的奴隶的权力。"（见本书第 170 页）由这种权力分享而产生出来的政治制度进一步导致了自由的观念，当然是朝着迈耶尔所描述的方向。帕特森也强调，基督教作为第一个和唯一的将自由列为自己的目标的世界性宗教，圣徒保罗的《加拉太书》在思想和精神的意义上给予其最为清晰的神圣化表述。

　　这种关于自由价值产生的论述，使我们看到了具有建设性的、不无冲突的欧洲古老传统，也说明了具有欧洲特点的具体价值，不管是嘴上的还是实际中的。关于自由这一价值，帕特森的分析无疑论证了欧洲的独特性，当然他也详细说明了美国对此价值的接受以及这一价值从美国走向普遍化。其他提到最多的欧洲价值是多样化和理性。中世纪史学家博尔格尔特（Michael Borgolte）对多样性进行了分析，认为欧洲对多样性的理解首先且主要是基于宗教的多样性。他搜集了重要的证据，论述了为何基督教欧洲的——比如像诺瓦利斯的"基督教把这个人为分出的地球部分统一起来"——梦想是不切实际的。中世纪其实是一个多种一神论宗教文化并存的时期，如基督教（具体分为罗马基督教和东正教）、伊斯兰教，当然还有犹太教。几十年来流行一种观点，最近杨·阿斯曼（Jan Assmann）又加强了该观点，即认为一神论给世界带来了不宽容，或者更准确地说，一神论比古代的多神论更倾向于使用暴力解决信仰的冲突问题。[10]博尔格尔特从两个方面反驳了阿斯曼的这一观点，认为古希腊对异教信仰并不是那么宽容，一神论也都不是必然的不宽容。他指出：

阿斯曼像当代的其他作者一样，让人产生这样的印象：追求统一的一神教只会带来分裂，而不会促进对多样性的接受。而我则认为情况恰恰相反，虽然要求信仰一个上帝的宗教信仰导致了很多的宗教对立和摩擦，是冲突的一个取之不尽的源泉；但一神教以及它的不妥协性却是对于他者进行感知的一个价值不可估量的学校，完全有可能导致对他者的接受。因为宗教与每个人都有关，一神教又强迫每个人去做出决定，所以每个人也都能够了解宗教的多样性。即使在基督教、犹太教和伊斯兰教没有接触和相互竞争的地方，人们仍然关心什么是真正的信仰；在正统的信仰世界中也有可能存在差异，分裂和异端是其最为明显的表现，这在基督徒、犹太人和穆斯林中都是一样的。另一方面，大家一再低估的是，宗教的对立并不会不可避免地导致冲突，导致血腥的毁灭战争。欧洲的幸存，尤其是它的文化，直到今天都建立在相互容忍的差异之上。

"容忍差异"并不意味着宽容，真正的宽容意味着维护他人的自由。从历史上看，宽容始于中世纪之后。如果把宽容，而不是"容忍差异"，看作欧洲自古以来的价值，是一种误解。宽容的观念是在欧洲和北美宗教冲突特殊的解决过程中产生的。我们带着这种业已产生的价值才去关注此种观念在中世纪的传播轨迹。[11]

那么理性呢？马克斯·韦伯所提出的问题最为明确和全面："什么是西方特别是现代西方的理性独特之处？如何解释其起源？为什么在中国、印度等地的其他世界性宗教中没有像西方这样出现理性化的过程？"在这里，西方这一概念就有可商榷之处，但更值得讨论的首先是"理性"和"理性化"的概念。韦伯的问题很容易被误解，似乎他的这一概念就很片面，从而对于是什么因素导致了现代资本主义在欧洲的兴盛，什么因素阻碍了这一进程（或推迟了这一进程）这些问题，所提供的回答不够充分。关于所谓的韦伯命题，即新教伦理与资本主义精神关系，有大量解释性或验证式的研究，文献可谓汗牛充栋，这里无法展开讨论。根据当代最出色的韦伯专家施路赫特（Wolfgang Schluchter）及其对韦伯理性观念的分析，我们看到一幅极其复杂的图景。"毫无疑问，理性化的具体进程与现代欧洲文化世界有关，而这一进程的结果便是理论理性主义以及更加重要的、掌控世界的实践理性主义。理性主义起源于欧洲，也正是从这里传遍整个世界。理性主义具有普遍意义，那么它是否也具有普遍的有效性呢？从与这一段理性化进程相伴而生的暴力历史来看，有充分的理由对其表示怀疑。马克斯·韦伯也这么认为。"这一关于欧洲理性历史的判断，如果不是悲观的话，至少也是充满矛盾的，绝对不是带着理性自负的凯旋之声（当然也不能理解为欧洲或理性的自我诋毁和自我诅咒）。

"自由"、"忍受差异"和"掌控世界的实践理性主义"等观念还需要进一步解释，但我们从中已经看到了几个基础性欧洲价值。"内向性"、"推崇平凡生活"和"自我实现"三种价值（或价值综合概念）产生于欧洲历史上的不同时期，今天成为基本的文化理念。泰勒（Charles Taylor）及早于他的其他学者论述了源于柏拉图哲学，特别是表现于奥古斯丁哲学（及其自传）的内向性的观念。这里不再赘述。只有与其他世界性宗教的内向性相比较，才能看出基督教内向性观念的特点。这其实不是我们的问题，我们更关心的是对于内向性本身的思考问题。如果挖掘内心、强调自我的体验、与世界保持距离是有价值的，那么我们应当如何看待我们与外在世界的关联？这个世界就必然减少其价值吗？能说欧洲既以掌控世界的实践理性见长，又有内向性的特点吗？在基督教的传统中说到内向性，就会提到《路加福音》（第10章，第38~42节）关于马大和马利亚姐妹友好接纳耶稣的段落。但只有姐姐马大在忙于做饭，而妹妹马利亚坐在耶稣脚下，听他说话。"主啊，我的妹子留下我一个人伺候，你不在意吗？请吩咐她来帮助我。"耶稣回答道："马大！马大！你为许多事，思虑烦扰，但是不可少的只有一件；马利亚已经选择那上好的福分，是不能夺去的。"这句话历来（或许也是有道理的）被用来说明耶稣重视宗教沉思，甚于外在的劳作。但中世纪的伟大思想家埃克哈特大师（Meister Eckart）对此却有全新的诠释。弗拉施（Hurt Flasch）对此的研究特别值得我们重视。埃克哈特大师认为马大是二者中更好的，她懂得宗教内省的经验及其重要性，但她也知道，在内修的同时，我们不能停留于此。弗拉施说："真正有智慧的生命不在于获得沉思的乐趣，而在于根据我们已知的最好的、根据爱的最高指引来安排外部世界的活动。"（本书第232页）马利亚及其沉思是对的，值得鼓励和保护，但外在的劳作是进入沉思的阶梯，这并不意味着内向性文化是最高的境界。沉思之后重新回到外在活动，已经超越了内向性的修炼。弗拉施的这一解读，让埃克哈特大师看起来是一位实用主义者，尽管当时还没有这一概念。重视内向性价值，并非西方传统所独创，但西方对此有独特的理解，对内向性与劳作的这一富有张力的关系给予了特殊的关注。如果不是重新从根本上对此进行反思，仅仅为回到内向性而辩护，显然是不对的。

　　把"推崇日常生活"列为一种欧洲的核心价值，听起来有些突兀。为了说明其含义，泰勒引用一位名叫霍尔（Joseph Hall）的新教布道者的话说："我们在一种正直职业中所完成的最简单的工作，即使是耕地或挖土，如果你听从上帝的旨意，一定会得到丰厚的回报。而如果不顾上帝的戒律，无视其荣誉，虽然以其自己的方式圆满地完成其义务（布道、祈祷、祭献），也只会得到诅咒。上帝喜欢方式，不关心结果好坏，而问做的方式如何。"[12]为了更直观地说明，可以想想尼德兰近代静物绘画作品，画面中不出现圣徒、国王或神话人物，而只是火腿、鸽子或一杯葡萄酒。根据埃克哈特的思想，一种面向俗世的内向性比逃离俗世的内向性更有价值，这可视为宗教改革带来的价值重估的先声。宗教改革之后，日常的工作活动以及生育活动不再仅仅被看作辛苦或不太高尚活动，无法与贵族和神职人员"更高级"、有价值的活动相比，还得到同样的认可，甚至得到更高的重视，因为决定一种活动之价值的不是其内容，而在于完成的方式与方法。职业活动的价值提升和从宗教上对追求利润的肯定，在马克斯·韦伯对新教伦理的阐述中占据了核心的地位。赖因哈德（Wolfgang Reinhard）当然同意泰勒的观点，但他在两个方面又超越了泰勒。赖因哈德对所谓天主教"反宗教改革"史有精深的研究，对纠正这一概念贡献突出。根据他的研究，天主教对于宗教改革运动的反应，并非简单的斗争和抵制，而基本上是进行了自身的宗教改革，完成了天主教的现代化和个性化改革。[13]赖因哈德揭示了天主教对平凡生活的肯定。天主教主教冯·萨勒斯（Franz von Sales）在其1609年的《虔诚生活入门》中所说的与新教的布道如出一辙："对于各种道德，我们应该更关注那些符合我们职业义务的道德……能够侍奉上帝的大机会是不多的，但小机会则从来不缺。谁若能虔诚地做好小事，就会被赋予大的任务。以上帝之名做任何事，事都必能做好。无论你在吃喝、休息或烹饪，只要你做好自己的工作，你就会对上帝大有助益，只要你做上帝命你做的所有事。"（见本书第288~289页）当时新教团、耶稣会的建立更是培养出了面向世俗活动的新的宗教精英，而不是隐退沉思的专家。赖因哈德突破和超越泰勒的第二个方面，在于他更加关注性和爱情这些日常生活的内容，及其在同一历史时期（14~17世纪）所体现的价值重塑。婚姻的伴侣关系逐渐得到重视，对性欲的正当性的肯定，从今天的角度来看，虽然还是有限的，但经过宗教改革，二者都明显得到一定的认可。总之，这些都不是新教所独有的现象。这里的论证为我们提供了一幅关于近代世俗人"解放"的丰富图景。赖因哈德在研究的结论部分显得有些悲观，他认为当今世界由于工作、市场和性独占鳌头，超过了其他价值，与过去贬低日常的生活相比，可谓一团糟。

"自我实现"是这里所讨论的欧洲价值中最新的一项，大约形成于18世纪晚期，其概念形成则更晚，由黑格尔首次运用。泰勒在1975年出版的大部头的黑格尔传记中提到，卢梭和赫尔德等思想家都注意到，在不同的自然生长物中就蕴含了生长目标（如在苹果核中蕴含着苹果树），并赋予一种想法以积极的意义，认为发展目标的实现不是一个单纯的成熟过程，无须自身的参与，而是需要个体的努力和对自我的认知。这一积极的思想同时意味着个人化：我的发展目标与你不同，与其他人都不一样。这一思想经常以误解的方式给予狂飙突进、浪漫派和波西米亚等以灵感，但长期以来这都是精英们的事情。然而事实是，自我实现的理想并不限于社会的上层和权力层，甚至恰恰相反。但确实是从 20 世纪 60 年代之后，这一价值在欧洲（以及北美）社会得到普遍的传播。目前文化社会学的种种诊断，虽然看法各异，但关于这一点却存在共识。当然有必要看看这一价值在社会各阶层中的分布情况，但更为困难的是，应该如何去理解"自我实现"这一或显吊诡的说法。门科（Christoph Menke）对这一隐藏的陷阱进行了透彻的分析。关于我们都有一个隐藏的"内在的核"的说法，仔细去看是不成立的。我们如何去设想一个还没有实现的自我却能决定自我实现的方向？在这里，我们显然就过渡到了价值型塑性经验的议题。澄清这些观念之所以很重要，是因为这样可以避免一种误解，认为自我实现的伦理无非是自恋自顾的通行证。

自我实现的价值与 18 世纪的思想运动，即启蒙运动有着非常复杂的关系。就今天关于欧洲文化价值的讨论而言，启蒙运动显然构成了一个积极的规范框架。"自我实现"无疑与（康德和古典启蒙主义的）"自我立法"对应，对应不是对立，而是扩展，即超越道德主义和屈尊于规则（尽管是规则为自己而定）。自 18 世纪以来，不少思想家都思考过这种张力并寻求进行融合，使之纳入启蒙好和浪漫主义危险（或相反）的模式。在本书中，一位当今最出色的历史学家将从梳理这些讨论入手，进而对启蒙运动研究进行简明的总结。科泽勒莱克（Reinhard Koselleck）对所谓的启蒙的神话之说提出了尖锐批评。启蒙运动既不是我们认为的那些启蒙思想家的自我称谓，其大多数代表人物也不反宗教，也不坚信人类创造历史的能力。不错，这一概念产生于 1780 年左右，当时的人在用启蒙指称自己所处的时代时，是一个历史性的创新。我们今天的人已习惯于为我们的时代冠以各种新名称，所以一个时代自称是新时代这一事实，已习而不察了。科泽勒莱克很看重这一点，认为这是对时间与历史认知的动态观，是史无前例的。数世纪以来，历史被视为一位老师（magistra vitae），因为人类原则上是永久不变的，从古希腊等的行动、事件、事态可以学到超越时间的价值。如果摆脱这种观念，认识到每一个历史时刻特别是当下历史时期的时间唯一性，这就是人的自我认识的更彻底的历史化。科泽勒莱克在一系列著作以及大型集体课题"历史基本概念"中对这一转变进行了全面的探索，称这一转变时期为"鞍型期"（Sattelzeit）。他认为，在 1750～1850 年的德国，形成了一种深层次的历史观，这一观念影响深远并具有其自身含有一种意识形态化的危险。科泽勒莱克指出，没有这种历史意识的转变，20 世纪极权主义运动所信奉的世俗化的拯救希望是不可能出现的。

这些极权主义运动也是欧洲的产物带来的结果。一种简单的做法是，可以将此归因于俄国的"半亚洲"特质，或者德意志的特殊道路，这样，留给现代欧洲就都是正面的联想。针对此等臆想，马佐尔（Mark Mazower）却认为在 20 世纪，欧洲并非自由的守护地，而是极权主义意识形态及其实验，以及民主与独裁多种组合的温床。欧洲之所以将自己与这些意识形态和制度划清界限，这与如何面对和思考这些经历有关。对过去的思考由于一种理性化的欧洲图景而被淡化了，而不是被加强了。让马佐尔略感安慰的是，极权主义时代在欧洲已经完全成为历史，新的极权主义之虞只存在于欧洲之外。当然，这里马上就会碰到一个新的问题，即新的极权主义对欧洲可能会产生什么影响。

关于欧洲的文化价值的总体论述到此基本完成。本书中的其他文章则围绕这些价值从不同的角度进行分析，比如实证的社会研究（赫尔穆特·托梅），文化之争的实际情况（迪特尔·森哈斯），与伊斯兰教的冲突以及伊斯兰教内部关于基本价值的讨论（古德隆·克雷默），以及欧洲整体的文化认同（彼得·瓦格纳）。这里就不再一一介绍。这些文章将在数据分析的基础上反驳宏大的文化诊断，即备受关注的所谓"文明之争"以及和平与发展研究，推翻了认为伊斯兰教从内部不可能走向民主和人权的假设，并基于欧洲分裂的历史经验分析提出了欧洲认同的基本特征。

瓦格纳在其文章的结尾处提出，不能用民族国家的模式想象欧洲，不能"将其视为世界上的一个领土的、政治的和文化的统一体，与世界其他部分划清界限并对立起来。这将是 19 世纪和 20 世纪欧洲内部灾难在世界上的翻版"（本书第 521 页）。在这里我们可以看到，对欧洲认同和欧洲价值的追问，面临一个双面性的问题。这里所说的是欧洲人所共享的价值，还是以前所未有的方式让欧洲人团结在一起的价值？[14]我们所讨论的这些价值，尽管是今日所有欧洲人所共有的，但应该突破欧洲的框架，这也就是说应该具有普遍的意义。让我们欧洲人团结起来的价值，并不应该仅仅属于我们自己。这里不存在矛盾应该是很清楚的，因为价值不是

导言 欧洲的文化价值

一个排斥他者的自我系统，而是由人信奉、由人承载和由人传播的观念。正如我们所强调的，价值对于经验和意义的促进性特征，使得局部的历史经验有可能与价值的普世性结合起来。关于这点，仅仅从哲学和口号上去号召是不够的，更要有具体的表述。就我所知，波兰政论家维康诺维奇（Stefan Wilkanowicz）堪称榜样。他所提出的欧洲宪法的前言虽然没有被接受，但的确是我所见到的最好的建议。这种对欧洲的文化价值的界定饱含历史反思、没有自我吹嘘和自我仇恨，应该成为法律的文本：

> 我们欧洲人应该……
>
> 铭记，我们丰富的历史遗产得益于犹太教、基督教、伊斯兰教、古希腊哲学、罗马法律以及具有宗教和非宗教根源的人文主义。
>
> 铭记基督教文明的价值是我们自我认同的主要源泉，
>
> 铭记那些为数不少的来自基督徒和非基督徒的背叛行为，
>
> 不忘我们给世界其他大陆带去的善与恶，
>
> 为滋生于我们文明的极权制度所带来的灾难而惋惜，
>
> ……建造我们共同的未来。[15]

注　释

1　Joseph Roth, *Die Flucht ohne Ende* (1927), München 1978,

S. 109.

2　下文中我将简要概述拙作中的基本思路：*Die Entstehung der Werte*, Frankfurt / Main 1997。

3　John Dewey, *Theory of Valuation*, in：International Encyclopedia of Unified Science, Chicago 1939, Vol. Ⅱ, No. 4, S. 31. 杜威早期的文章已进行过这种区分。

4　具体参见 Hans Joas, *Braucht der Mensch Religion? Über Erfahrungen der Selbsttranszendenz*, Freiburg 2004。

5　Charles Taylor, *Quellen des Selbst. Die Entstehung der neuzeitlichen Identität*, Frankfurt/Main 1994.

6　Karl Jaspers, *Vom Ursprung und Ziel der Geschichte* (1949), Frankfurt /Main 1956, S. 14 f. 下文中的论述参见 Hans Joas / Wolfgang Knöbl, *Sozialtheorie*, Frankfurt / Main 2004, S. 452 ff.

7　Jaspers, a. a. O., S. 20.

8　与古希腊的建立于自由基础上的文化相比，与犹太教的在宗教上的突破相比，罗马人在文化上具有次等地位。为此，布拉格（Remi Brague）认为欧洲更接近罗马的传统，见：Remi Brague, *Europa. Eine exzentrische Identität*, Frankfurt / Main 1993。

9　Orlando Patterson, *Freedom. Vol. Ⅰ: Freedom in the Making of Western Culture*, New York 1991. 关于帕特森的观点，还可查看 Hans Joas, »Der Wert der Freiheit und die Erfahrung der Unfreiheit«, in：Hans-Richard Reuter u. a. (Hg.), *Freiheit verantworten.* Festschrift für Wolfgang Huber. Gütersloh 2002, S. 446 – 455。

10　最新研究成果 Jan Assmann, *Die Mosaische Unterscheidung oder der Preis des Monotheismus*, München 2003。

11　关于宽容的历史请参见 Rainer Forst, *Toleranz im Konflikt. Geschichte, Gehalt und Gegenwart eines umstrittenen Begriffs*, Frankfurt / Main 2003, 以及 Perez Zagorin, *How the Idea of Religious Toleration Came to the West*, Princeton 2003。

12　Taylor, a. a. O., S. 396 （彼处援引 Charles H. George / Katherina George, *The Protestant Mind of the English Reformation*, Princeton 1961, S. 139）。

13　参见他的论文集：Wolfgang Reinhard, *Ausgewählte Abhandlungen*,

Berlin 1997。

14　曼德瑞（Christof Mandry）指出了这种二义性，特此致谢。

15　转引自 Adam Krzeminski,»Nicht in jeder Verfassung«, in：*Der Tagesspiegel*（Berlin），7. 12. 2003，S. 6. 全文刊于自由派天主教周报 *Tygodnik Powszechny*，29. 6. 2003（英译本参见 World Press Review 50，2003，Nr. 9）。

| 第一章　世界历史的轴心时代 |

什穆埃尔·艾森施塔特

一　世界历史的轴心时代

在这篇文章里我想讨论的是"轴心文明"的不同特征。这些文明与马克斯·韦伯的重要"世界宗教"相同，在世界历史以及现代世界关于价值的话语中扮演着重要角色。

本文首先要分析的是这些文明的一些共同特征，然后是它们的主要差异，以此来说明这些共性和不同是如何极大地影响，或者说是塑造了现代性的很多共同特征。

我们所说的"轴心文明"，指的是那些形成于从公元前500年到公元7世纪伊斯兰教诞生之间的文明。这一时期出现了本体论的新愿景，即对于超验秩序和世俗秩序之间的张力的想象。这一现象在世界很多地方同时发生：在古代以色列，犹太教的第二圣殿时期以及基督教世界；在古代希腊；在拜火教时期的伊朗的部分地区；在早期的皇权统治的中国；在印度教和佛教地区；在实际上的轴心时代之后还出现在伊斯兰世界。[1]

这些文明的产生可以看作这一系列人类历史上最伟大的革命性突破，改变了人类历史的进程。这些突破所带来的新事物是对超验和世俗秩序之间的巨大鸿沟的想象。这些新的本体论方案首先在具有自主性的、相对独立的"知识分子"（当时的一个新的社会元素）小群体中得到发展，尤其是在文化和社会秩序模式的承载者中。这些方案最终转变成了各自文明的"支配性"前提，也就是说，它们得以被制度化。这意味着它们成为统治阶层以及很多次级阶层精英的主导取向，并在各自社会的中心与次中心得到接受。

从对超验秩序与世俗秩序之间存在鸿沟的想象中，生发出一种追求，要把世俗世界——人类人格、社会政治与经济秩序——按照超验的愿景的标准来塑造，努力把宗教、超验和/或者道德方面表达的一个更高秩序的原则在这个世界实现。

二 轴心文明复合体的描述

随着轴心文化的诞生，一种特殊的分离过程完成了，这一分离发生在社会秩序的结构维度和宇宙观维度之间，大概是现代性生发之前最为剧烈的一次。这次特殊的"轴心文化"中的分离表现为——用约翰·阿纳森（Johann Arnason）的话来说——人们开始区别对待"最后的现实和衍生出来的现实"（或者区分超验的维度和世俗的维度，这一表达当然有争议）。另外还表现在"人们越来越多地按照现有世界彼岸的另一个现实来指导自己的行为；关于时间和空间的新概念产生了；宇宙秩序的方案和社会秩序的方案变成了难以解决的问题；思维被反思并把自己变成了对象；最终从得出的模型中又生出新的问题（人们试图在假定的不同现实层面之间的鸿沟之上建立桥梁来逾越它）。[2] 即使在结构的层面上，人们也可以辨识一个影响深远的分离过程，那就是在社会结构的不同角度之间发生的分离过程。同时许多资源变得可以自由获取，可以得到多种方式的组织应用，资源的载体也对制度形态构成了挑战。

一方面是各种宇宙观的发展，另一方面，社会结构许多方面的分离以及随之而来的资源释放在不断发生。至少在某种程度上二者是独立进行的，各自被内在的动力驱使——尽管也通过多种形式不断互相强化。这些社会中发展出了多种形态的权力类型、集体身份认同和经济形态，每一个都有各自的运作方式。如此之多的运作方式使得新的连接成为可能，甚至要求产生新的连接。因此，在轴心文化中产生了各种各样的与不同的宇宙论取向的连接，最终也产生了不同的制度模式。

这种对于连接的追求表现最为强烈的是，人们对制度有了新的看法。可能性和选项产生了，例如在设计政治秩序或者集体身份认同的时候。人们越来越不把制度看作"天成的",关于制度的其他可能性的讨论变得越发可能了,甚至是在原则层面上。

这种看法催生出一种把世俗生活,比如社会秩序、人格和文化行为重新进行塑造的强烈倾向。另一方面,它也唤醒了一种意识,即紧邻着每个社会都有另外一个世界,一个相仿的世界,一个欢迎人们对其进行塑造的世界。

这些轴心文明最重要的制度特征是建立一个或多个社会中心。这些自主的、具有象征意义的中心要发挥的作用是将超验的愿景转移到现实中。这些中心集中体现了人类存在的具有吸引力的维度,它们将渗透到边缘,并且按照它们自主的愿景、方案和规则来对边缘进行改造。随着轴心文明的这些方案的制度化进程,也渐渐出现了一种趋势,把某些群体和机构场所定义为或创造成超验维度最为合适的承载者。这些新的、与文明相关的宗教集体,与政治的集体以及"原生的"、族裔的、地方的或宗教的集体都有着明显的区别,但是它却对这些集体产生着影响,与它们融合在一起,不断向它们发出挑战,使各自都必须要重新建立自己的身份认同。这些过程中的行动者是自主的文化精英,团结精神的承载者,不同的重组的"地方"和政治团体的政治精英们。在这样的情况下,一种新的文化创造力产生了,它又与新的、反思性的思维密切相关。在纯粹"知识分子"的层面上,神学的和哲学的话语首先繁荣起来。这些话语被加以细分、形式化,并在不同的知识世界,即学科中被组织化,并在其相关框架下不断获得发展。[3]这些话语中所讨论的问题都产生于文化创造力的不同场所的独立发展之中,产生于不同集体的建构以及它们的相互关系之中。比如宇宙时间的观念以及它与世俗的政治现实的关系。一个核心关注点是，确定（以不同方式设计的）神圣历史与世俗时间的长河的关系，以及神圣空间与世俗空间的关系。通过这些思考，新型的集体回忆产生了，关于这些回忆的新的讲述方式也随之应运而生。[4]

　　对轴心文化的产生至关重要的是那些文化和社会秩序愿景的承载者。他们构成一个新的社会元素，即一种新型的精英，这些精英或是宗教的或是世俗的，他们反过来又改变了其他的政治和经济精英的本质，成了不同集体中的团结精神的承载者。这些新的精英具有一种随着文化的不同而程度不同的自主性。他们或是知识分子，或是文化承载者。比如古代以色列的先知和祭司，以及后来的犹太智者、希腊哲学家和智者学派、中国的文人、印度的婆罗门，以及佛教的僧伽和伊斯兰的乌理玛。一开始只是这些文化精英的一个很小的核心发展出了新的宇宙观、新的超验愿景和方案。但是，这个核心却在很大程度上影响着"与文明相关的"制度的发展，与其相联系的集体身份认同的发展，以及相关社会中对世界的看法的发展。随后，这些精英集体不断壮大，在他们的霸权社会中成为具有高度影响力或统治性的角色，并与其他精英建立了新型的联合，同时他们的制度性愿景也开始具体化。最终在每个社会中都会产生独特的制度架构。愿景的制度化之所以变得可能，是因为社会结构具有一定的开放性，自由资源及公众舆论都得到发展，使得社会中较为广泛的阶层都能够接受那些精英所宣告的愿景。

三

　　轴心文明框架中发展出的社会是十分多元的。它们可以是羽翼丰满的帝国（其中又各不相同，如中国、拜占庭和奥斯曼土耳其帝国），可以是比较脆弱的王国或部落联盟（如古代以色列），也可能是部落联盟与城邦的结合体（如古希腊），或者印度文化中那种复杂的、去中心化的世界，也可能是欧洲的帝国－封建制的框架。这些区别来自于多个方面，如结构上的不同、宇宙观以及它的承载者——精英阶层及其联合。这些特点各不相关、千变万化，使得在具体的社会中产生了各种形态的组合。例如在印度，和政治精英相比，宗教精英有高度的自主性；而在更广泛的阶层中政治角色的变化相对较小，但是在欧洲社会所有精英群体都发展出了更高层次的自主权和更大的差异。在一些农业帝国中，如把中国和拜占庭帝国相比较，我们就能清楚地看到，即使这两个国家在经济和社会方面的结构分化和组织分化程度相当（在古代社会中都是较高的），但是它们的社会中心在结构上和分化方式上仍然有着相当大的不同。这些中心的差异当然要归因于各自社会的组织、经济、技术和地缘政治条件的影响。

　　我们可以看到，社会和文化秩序的主要维度——宇宙观愿景和社会结构的不同方面——之发展至少在某种程度上是相互独立的，并各自有其推进动力。

　　虽然传统的进化思路（即使是暗含的）左右着对轴心文明的分析，但与其推断相反的是，结构分化的不同维度、文化导向的脱嵌和对人的存在来源/维度的感知的日益问题化等现象的同时出现并不是清楚地事先确定的。最多认为，一方面是"被选择的"制度可能性，另一方面是宇宙观愿景以及使资源得到释放的结构分化的类型，两者之间存在某种程度的亲和性。但从根本上我们应该推测，后者给制度性的可能预留了空间。诚然，在轴心文明中社会秩序的不同维度（不论是政治形态与话语、集体身份的构成，还是经济形态）发展出了高度的自主权，这也显示了它们即使与宇宙观是密切交织在一起的，但在某种程度上也是独立于宇宙观的。

在这种情况下，对非轴心文明和轴心文明中相似权力结构的比较，如世袭制、封建制、帝制或者城邦结构，就有了特别的意义。轴心社会发展出的很多制度模式可能十分相似，这证实了轴心文明中那些非轴心部分的"顽强"。但是，区分轴心文明的关键在于异见和异端的可能性，即发生争夺权力、资源和意识形态的斗争，导致"变化"的可能性。在这样的背景下，就需要注意到，很多异端和分裂出来的宗教团体的活动都是更广泛甚至是普遍性的宇宙观和制度化愿景的最重要载体。因此，具体的制度位型不仅在不同的轴心文明之间有所不同，在文明内部也可能有显著区别，与非轴心文明相比有更大范围的多变性和可变性。

用约翰·阿纳森的话来说就是："轴心文明中文化视阈与社会权力结构间的关系十分模糊。新兴的、更精细的合法化模式与不同精英及其联合体表达意见和抗议的新渠道相互制衡。这些组合千变万化，发挥着轴心式的'载体'的作

用。"⁵

　　例如，我们来看一下各式各样的身份认同。由于存在不同的集体，这也就促进了集体身份认同的多样性和变化，换句话说就是，原生的、平民的和神圣的主题能够以新的方式在本乡的、地区的和中心的层面上一再重新组合，在与文明相关的神圣主题之上被重新定义，也包括上述二者之间持续的对抗。即使是在中央集权程度最高的欧洲帝国的中心，也不会有任何一个地方能够完全垄断所有这些主题；相反，它们被社会组织不同层面中的不同集体所代表，要么是族裔的、政治的，要么是平民的或宗教的，总之这些集体都有相当高的自我意识水平，对与其他集体在时间和空间上的关系有自我的理解。

　　不同的集体和政治、经济单元之间的关系以及它们各自载体之间的矛盾和争斗，构成了核心文明的动力源泉，造成了不同制度模式，或者说不同的制度"选项"的具体化。那些被实现的选项，可以是类似中国情况的长期存在，也可以是其他情况中的短期维持，因为这种选项极大地依赖于政治或生态的环境以及历史的偶然性，这些既不是宇宙观愿景，也不是"原本的"生态环境预先设定的，而是在很大程度上依赖于历史的偶然。

　　如果我们讨论宇宙观愿景、生态环境和制度形成之间的关系，我们就会想起来帕森斯所说的那种"苗床社会"（seed-bed society）。⁶古希腊和古代以色列就是极好的例子。这些苗床社会的特征在于，它们的基本愿景允许制度化的许多可能性存在，但只有少数被具体化。结果是愿景中包含的制度可能性有一部分被"存储"起来，准备转换为其他文明的制度环境的组成部分。

四

宇宙观愿景、权力结构和集体身份认同的组合可以被一再重新建立。这种可能性还会得到加强，因为随着轴心文明的制度化，社会和文明之间产生了新的关系，一种新形态的世界历史诞生了。当然，在整个人类历史中，不同社会之间都存在政治的和经济的关系。在前轴心文明之间也存在着文化关系，其中有一些，比如成吉思汗时期的文化，曾经孕育出了普适的或世界王国的思想。但是，只有在轴心文明的制度化过程中，才能发展出与众不同的、受思想引导的和反思意义上的扩张模式。

这些文明都有重构世界的倾向，因此就产生了某种对扩张的追求。在这种追求中，宗教的和其他思想的推动力，以及政治的推动力，某种程度上还有经济的推动力都参与其中。尽管各种文明在具体制度形态方面大多互不相同，但这些文明中的政治形态却有共同之处——我们可以把它们看成世界性的——那就是它们都激起了一种可谓全球帝国的思想，而且这种思想在几个帝国之中，在它们的历史的某些时刻里也确实得到了实现。由此催生出一种意识：人可以创造"世界历史"，这个世界历史中包含着许多不同的社会。"世界历史"的这种思想——更确切地说是在不同社会中对"世界历史"的不同方案——对于集体意识和集体身份的构成与其制度形成有着明显的作用。

五

轴心文明中社会行为与社会结构具有多样性，因此有必要对轴心文明和非轴心文明之间的关系进行额外分析。在关于轴心文明的大量描写中，前轴心文明时期属于"残余范畴"，被看作失败的轴心文明或者轴心文明的先导阶段。人们总体上并没有从它们的形成、自续，以及可变性、动态和扩张趋势等角度进行分析。这样一来，不同的世界历史中一些很重要的维度，在这些文明中扮演的角色就丢失了。尤其是涉及对非轴心文明中不同的本体论愿景和反思模式的分析时，情况更是如此。

玛奇尼斯特（Peter Machinist）[7]在其书中谈到亚述古国和巴比伦王国时，表示这些文明中的主流文化取向并不只是轴心文明取向的先导，也不是失败的取向。它们特有的宇宙观可以被视为轴心文明取向的雏形。这些宇宙观和反思模式并不能被简单地看作不能发展为轴心文明，而是具有自身的连续性和动态。在创造制度空间和智识空间方面，它们及其载体表现出了很大的影响力，推动空间中多样的智力模式、文化创新和反思的发展。此外，非轴心文明的宇宙观也完全像在轴心文明中一样，各部分也能以截然不同的方式组合起来。从这点来看，尤为需要注意的是波斯阿契美尼德王朝，它产生了具有较强普遍性的取向，但没有根据某种超验愿景重塑社会秩序和政治秩序。日本也许是最能说明问题的一个例子。那里高度分化的结构，非轴心宇宙观的取向，与伟大的轴心文明（儒家与佛教）的持续接触，三者共同作用，催生出高度发达的非轴心反思模式。[8]

在所有这些文明中，结构分化、宇宙观愿景和精英功能作为三种元素以不同的方式结合起来。每个文明都发展出了自己的动态，在世界历史的舞台上发挥着重要的作用，并且在轴心文明占据舞台中央位置之后也持续扮演着重要角色。即使是在新的、受到轴心文明主宰的环境中，这样的非轴心取向及其载体也是文化活力和制度活力的重要组成部分。它们总能创造出具有影响力的自主空间，虽然在不同的文明中影响程度各异，甚至经常有很大的影响力，比如在埃及，它们就超越了占主导地位的轴心文明所带来的影响。

我们需要对基本的宇宙观进行更为细分的研究，这也使我们有必要超越对"入世"与"出世"的粗略划分。这种划分源于韦伯，影响着 20 世纪 60 年代轴心文明研究的基本思路。[9]

例如，库尔特·拉夫劳伯（Kurt Raaflaub）指出，"希腊－古希腊－罗马"文明复合体就是一个很特别的例子，它与中国这样强调入世的文明就有很大差异。二者的关键区别在于，尽管在前者中超验取向作为建构社会秩序与政治秩序的指导原则发挥的作用相对来说较弱，但是那里却形成了一个对社会秩序和政治秩序的强烈反思性和批判性话语，至少一直到现代时期都是其他轴心文明所无法比肩的。这种差异很好地解释了希腊化文明和罗马文明的一些显著特征，尤其是帝国扩张的独特倾向。也正是在这个基础上，阿纳尔多·莫米里亚默（Arnaldo Momigliamo）提出在帝国建立方面，多神论有益而一神论有弊的论断。[10]

　　轴心文明和非轴心文明，每种都有获得普遍性的需求；不同轴心文明之间，以及轴心文明和非轴心文明之间的联系和接触都组成了它们动力的一个方面。很多研究都忽视了这一方面，很可能是因为人们都倾向于把轴心文明与轴心时代文明混为一谈。

　　此外，联系与互动带来的不只是核心隐喻的传播以及随之而来的不同的文化隐喻的融合，这些接触还催生了新的隐喻，不管是在前轴心文明还是轴心文明中。在阿契美尼德文化、希腊化文化，在东南亚和东南亚的一些文明中，当然还有伊斯兰文化中，都是如此。

　　这些例证和帕森斯的"苗床社会"使我们用全新的目光来审视文明间的相互关系和影响，这也意味着，我们不需要故步自封，猜测影响只存在于已经具体化的环境中。我们也应该想到，影响之路不会只沿着制度的系统边界延伸，而会以多种多样的方式打破这些边界。

六　轴心时代文明中集体身份与权力结构的建立

　　轴心文明发展出的主要社会形态的制度轮廓在进行着持续的重构。重构的一些方向是可以确定的，它们偶有重叠但是绝不会完全一致。其中一个方向产生于文明中的异端和分裂教派的倾向。社会中可能产生的异见及其对社会活力的影响是轴心文明的固有特征，但是正如上述讨论所示，这些可能性的具体化，也就是集体身份的形成和权力位型的建构，在不同文明间有巨大的差异。比如在第二圣殿时期与放逐时期犹太身份的形成中[11]，在拜占庭帝国与偶像破坏者的斗争中[12]，还有在伊斯兰教逊尼派与什叶派的大分裂中[13]，以及欧洲对新教徒的反应中都出现了这些情形[14]。这些例子中各自集体身份的成分被重新定义，甚至产生了新的与文明相关的成分、政治和民族身份的建构。

促进重构的第二种动力来自自治的政治角色，它们试图重新界定政治群体在更广泛的人类群体中的活动空间。这是主要轴心文明中不同政治企业家所组成的帝国形态的核心——例如在基督教轴心框架中的拜占庭，或在伊斯兰文明框架内的不同帝国形态。

第三个方向通常与前面的方向有联系，但在原则上有所不同，它产生于提升民族语言地位。

上述这些变化在不同轴心文明中有不同的表现方式，它们或是涉及（重新）建立权力位型、政府、不同的集体和集体身份，也涉及这些"身份"之间的关系，特别是在"原生的""地方的""本乡的""平民的""族裔的"身份和神圣的、与文明相关的身份之间的关系上。这种变化在不同的轴心文明中是以不同的方式完成的。变化的方向取决于这些文化圈的前提和文化项目，尤其取决于神圣秩序、宇宙秩序和社会秩序的特点与远古的、具有共同社会属性的集体特点的关系中，如何在文化项目中得以再现，并如何被具有领导地位的精英阶层感知。此处我们可以区分三种典型的位型，第一种是某种具有共同社会属性的集体被赋予宗教特征，犹太人是最典型的例子，印度教徒也以另外的方式体现这种位型。第二种在伊斯兰教和佛教的理想型中得到了最完美的体现，它的特征是具有共同社会属性的集体与宗教特征完全分离。第三种可能的位型是在基督教文明中的不同部分得以实现的，在儒家社会也得到实现，但方式不同。在这种位型中"普遍"（universalistisch）的集体和原始集体是相互重视的，也就是说互为指涉，或互为成员而不完全嵌入其中。这种部分的联系通常意味着各种集体性属性被视为神圣属性的组成部分，和/或相反地，神圣属性也构成这种集体性的属性之一。

其次，变化的方向受到这些文明的历史经验和政治生态环境的极大影响。或者出现政治去中心化，比如欧洲和印度的例子，或者更加中心化，如中国、拜占庭帝国以及后来的伊斯兰奥斯曼帝国和萨非王朝一样。

七

限于篇幅，我们只比较详细地比较和分析两个主要的分散式轴心文明：基督教的欧洲与印度。经历了从整个中世纪一直到近代早期，这两大文明发展出不同模式的多元主义，它们有分散的中心与集体，但这些中心和集体由共同的文化框架导向联系起来。[15]

印度和欧洲的主要集体与核心机构都是以多种方式不断形成的，集体身份的主题一再被重新组合，包括原生归属与传统，超验的与传统的、平民的母题。在欧洲，神圣层面、原生层面和平民层面之间的紧张关系不断促使中心和集体的重组。即使有许多集体主要以原生的标准将自己加以定义和合法化，但它们也试图僭取合法化的神圣符号和平民符号；同时它们全都带有强烈的领土和政治取向，许多在欧洲发展起来的分裂教派和异端团体也都具有这些取向特征。

　　而在印度，受印度独特文化规划的密切影响，大范围的文明和"地方的"原生集体之间的关系就与欧洲的情况不同。主要区别在于印度对政治和领土取向的强调较弱。这是因为在"历史上的"印度，在政治舞台上，即上演政治行为的地方，并不是文明实现其超验愿景的地方，这点和一神论文明以及儒家思想是不同的。正如印度文明的承载者所理解和宣扬的那样，印度文明中没有强烈的政治因素，它的情况与欧洲、其他一神论宗教（犹太教和伊斯兰教）地区，尤其与中国都是相反的。直到最近才有一些政治团体开始宣扬印度的政治身份，并在政治意义上界定印度文明。

　　印度的集体身份模式与政治动态密切相关。"政治舞台"与"统治者合法化"的方案对于理解印度政治活力具有重要意义，特别是理解其务实和随时准备去适应的态度。正如温克[16]、鲁道夫夫妇[17]和其他几位认为的那样，这样的观念强调的是根据不同群体和社会部门的不同义务所定义的多元权力，而不是把真实的或理想的"国家"与"社会"当成一个单一的准本体论上的统一体来加以强调，这样就会造成主权分裂。就组织维度而言，印度从表面上来看与中世纪和近代早期欧洲的情况相似，然而关键的区别是，在欧洲，神圣罗马帝国的重建象征的政治统一一直是理想图景，尽管它的制度基础是脆弱的。而在印度，直到最近这样的理想也是很弱的。印度形成的"分裂"主权虽然通常具有文明扩张的倾向，特别是在次大陆，但这种倾向却不会像一神论文明或中国一样建立起自治的甚至是帝国性的政治中心。

后者建立起的中心突出于边缘之上，使边缘屈从其政治行为，并强加给它们一个特别的组织形式、政治－宗教观念或有文明特色的观念；但在印度，尽管形成了多个"帝国"，却没有产生一个独特的、作为绝对本体论实体的"国家"的概念，也没有形成一个专制主义的政治观念。虽然印度的各个国家的大小不同，从相当于半个帝国的中心到小的世袭制国家，但印度的整体文化传统从来都没有对这些国家产生认同。印度政体的特点主要是人格主义和世袭。统治者首先依赖各霸一方的群体的支持，尤其是在后来的时期中，如在孔雀王朝统治期间，拣选培训人员、维持与社会不同部分的联系，都是建立在效忠与个人关系之上。

与欧洲不同的是，印度主要集体的新建和新型社会组织的发展并没有发生合法性上的根本转变，也没有发生为合法性原则而进行的斗争。各种世俗的政治活动或经济活动的合法化基础是根据各自的印度教而定义的。这在整个印度历史上几乎一成不变，即使它们在实际应用中往往比较灵活。

八

从印度占主导地位的本体论方案中，并没有产生对政治秩序的有力的、别样的设计。与欧洲相比，印度文明框架下开展的分裂教派运动并不那么关心政治领域重建，民族语言的提升的发展方向也与欧洲不同。[18]因此，在政治（或经济）领域进行原则引导的与超验思想为导向的重塑并不像欧洲那样可以构成抗议运动的核心，或者构成印度教内部发展的众多教派（虔信派、耆那教、佛教和其他派别）的主要关注——即使这种运动的一部分参与了政权的更迭以及国王们与诸侯们之间的战争。

这些运动宣扬的很多愿景都强调平等，但它们主要指的是在文化或宗教领域的平等，参与宗教行为的平等，只在某种程度上指的是一种政治社会中的平等。因此，虽然一些具有平等主义取向的异端运动有时会与叛乱和政治斗争有关，但它们的特征并不是强烈表达一种新的政治目标，也不是企图改变政治制度的基本前提。只有在一些民众起义反对外来的或"不好"的统治者时，这样的目标才会短暂存在一段时间。

重塑归属性的、与文明相关的符号和集体可能会参与政治团体边界的扩展、新的政治共同体的建立或朝代的更迭，但很少触及政治中心的前提。佛教确实带来了一些新的前提，但是它们只在印度之外才能实现完全制度化，比如东南亚的小乘佛教和中国西藏的大乘佛教。

在其悠久的历史中，印度在政治与经济组织、技术和社会分化水平、政治单元边界、经济领域的某些结构调整和社会经济政策变化方面，都发生了深远的变化。所有这些变化都受到了扎根于不同种姓和经济群体（如商人）的企业网络的影响。但是除了阿育王最终未能成功的尝试之外，这些变革的大多数在重组政治舞台的基本前提或改变"中心与边缘"关系方面，并没有获得成功，甚至都没有将其作为目标。[19]

较大的宗教和民众运动的这些特征，它们与政治中心的关系、制度和政治领域的符号，都从比较的角度解释了印度中世纪和近代早期历史中最有趣的现象：印度没有发生过像基督教和伊斯兰教的那种宗教战争，在宗教战争中政治目标与宗教目标纠缠不清，并且通过宗教目标获得合法性，使得权力拥有者可以通过政治权利将宗教强加于一个团体或政治领域——宗教也由此实现了它的普遍愿望。

虽然印度见证了不同宗教团体之间的残酷斗争和冲突，但这些冲突从来没有发展成宗教战争，没有出现一神教文明中常见的用政治强制力把宗教强加给一个社会的现象。尽管最近的研究对于莫卧儿王朝内伊斯兰教和印度教团体的相对和平的共生的强调可能有些夸张，但它们之间众多的紧张冲突也并没有导致两种宗教之间的全面对抗，而全面对抗正是一神论宗教内部和不同一神论宗教之间经常发生的情况。在莫卧儿王朝伊斯兰教统治期间，在穆斯林和印度教教徒之间经常发生激烈的宗教冲突，但没有发展为强迫皈依或者宗教之间的完全对立。

九

在轴心文明里，由于罗马、中国和拜占庭等一系列帝国拥有更加集中的政治制度，原始和神圣主题之间的关系模式在其中的发展有很大不同。在这些帝国里，权力更加集中和中心化。因此，与印度或欧洲的情况相反，它们的政治中心具有相对强烈的、规范不同集体身份组合的倾向。这种监管通常并不意味着中心会把所有重大的、波及整个社会的主题（神圣的、平民的和原生的主题）据为己有，更不会将地方层面的主题纳入自己的势力范围；当然，也只有拜占庭帝国和其他基督教王国（如埃塞俄比亚或亚美尼亚王国）的部分是仅有的例外。不同"民族"的市民、不同地方甚至宗教团体都被允许维持和发展其独特性、自主性和自我意识。这种自我意识在与更广大的文明相遇时往往会得到增强。只要这些团体的基本原则没有从根本上否认帝国秩序的合法性，正如犹太人在希腊和罗马帝国中的情形一样。[20]

另外，集中化与地方自治形态之间的关系在每个帝国都各不相同，因为这种关系要符合其文化规划，符合其中包含的社会图像，以及它的历史经验（这篇文章里不再做详细分析）。[21]

十 一项比较分析：非轴心文明中集体身份的形成
——以德川时期的日本为例

作为非轴心文明，日本形成并延续了一种独特类型的集体身份，提供了最有启发性的例子。尽管与两大轴心文明——儒家和佛教，以及后来西方文明的意识形态、军事、政治和经济制度都有持续的对抗，但日本仍然成功地保持了其集体身份。[22]

日本历史早期就形成了集体意识或身份的独特类型。它是一种以神圣-原生范畴来定义的政治和族裔身份。[23]它有别于欧洲、中国、韩国和越南的集体身份。在日本，集体意识不是产生于具有超验取向的普遍的文明的框架内。可以确定的是日本深受与中国儒教和佛教文明的相遇带来的影响，然而与轴心文明相反，日本通过明显的否认普遍观念来解决与其的冲突，而不是试图将它们与其原生符号联系起来。

第一章　世界历史的轴心时代

这种集体意识是围绕一个被神圣化的宗教团体和日本民族的独特性构建的。但是这种对于"神圣国家"（divine nation）的信仰，或者按照维尔布洛夫斯基更贴切的说法，"神圣的特殊性"（heilige Besonderheit）的概念，并不意味着日本认为自己是"被拣选的"，被赋予了超验的和普遍的使命，是一个独特的、"被选中的"存在，并且在神的面前负有责任去完成这样的使命。

面对不断而来的普遍主义意识形态（佛教、儒家，然后是自由主义、立宪派、进步主义或马克思主义）的浪潮，日本通常能够坚守自己神圣特殊性的观念。但这些意识形态看起来都要求对集体身份的象征进行重新定义，而在日本，除了一些知识分子小群体，这种重新定义并不能渗透到日本的集体意识之中。相反，这些宗教或意识形态的前提不断被重新阐释，并与日本的神圣的、原生的和自然的因素相结合。

在日本集体认同进行重塑时，人们经常在很大程度上参照"他者"（中国、亚洲与西方），因为人们有一种意识，即其他包容性文明要求的是普遍有效性。但这并不意味着日本希望参与到这些文明中并根据这些普遍性前提来改变自己，日本并不把自己看成这样一个普遍系统的中心或外围的一部分。在极端情况下，日本甚至声称日本这个集体从一开始就毫无掺假地保留了某些价值，只是其他文明以不公正的方式宣称这些价值是它们的。这于是形成了以"不可比性"来定义日本这个集体的强烈倾向，它在日本社会中从明治时代到当代都起到了重要的作用，通常被认为体现在种族、遗传或某些思想上的特殊性之中。这样的定义意味着，不可能通过改宗（conversion）来成为日本人。即使日本的佛教教派或儒家学派是实现改宗的最自然的渠道，但在日本环境下也无法体现自己的功能。

日本精英能够坚决地否认轴心文明的普遍性因素，这种能力源于他们的一些结构性特征。从我们的分析视角来看，其中最重要的是这些精英不够强大和自主。他们牢牢扎根的群体和环境通常是原生的、归属性的、神圣的，尤其是等级的标准所定义的，极少通过特殊的功能或普遍的社会特征。[24]

虽然有很多文化角色，例如神父、僧侣、学者等参与到这样的联合体中，但除了少数的例外，他们的参与是基于原生的和社会的属性，以及构成这些联盟的社会语境和特点所必要的工作与义务。而任何本应与这些行为者所在的活动领域有关联的自主性标准都不在其中。虽然很多专业化的活动得以在这些文化、宗教或文学领域中发展，但领域自身仍然属于原始－神圣的范畴。

日本民族从整体来说，是以地方主义的、原生的、神圣的因素来定义自己的，这造成了本土的和地方的身份在广泛范围内的发展，在前现代时期表现得尤为明显。这些身份主要也是以地方主义和原生的因素定义自己的，对归属于中心的神圣元素强调不多，因此不同集体之间的边界也就有了一定的可渗透性。这种可渗透特性到德川时期就已经开始减弱，因为当时已有试图为整个日本集体建立更严格、僵化的界限的初步尝试；而随着明治政府的建立，它也进一步被收了回去。[25]

十一　轴心文明作为世界历史的组成部分

前面的讨论为我们差异化分析非轴心文明、轴心文明和世界历史之间的关系提供了一些重要的提示。过去对于轴心文明的分析暗含着进化假设，认为世界历史普遍会经过几个阶段，而最近的讨论则倡导更加多样化的方法。人们对轴心文明的假设不再是它们形成了一个世界历史中或多或少统一的、可明确与其他时代区分的轴心时代，而是去分析文明在各自环境背景中的发展自身的规律性，着眼于对文明发展有贡献的各种因素、因素的组合和再组合。

前面关于不同轴心文明发展的讨论表明，即使它们受到社会秩序不同维度间分离模式的很大影响，但它们的文化规划和制度形式不是这些社会或所有人类社会的自然进化潜力带来的结果。相反，这些规划和形式，像人类历史上其他发展的情况一样，是由多个因素之间的不断互动造成的。最普遍的元素是多种权力位型，即政治系统中不同精英团体的关系、宇宙观念和政治观念。

具体说来，第一，这些规划被宇宙和社会秩序的基本前提所决定，也就是在它们的历史中思考出来的"宇宙学"，这些宇宙学又能区分出"正统"和"异端"两种形式。第二个决定性的影响因素是社会秩序和制度形态的不同维度之间的分离方式。第三组因素是这些社会中的内在张力、动力和矛盾，它们与人口结构、经济和政治变化一同出现，影响着轴心社会的文化规划和历史经验，另外还有轴心文化前提和它们在具体机构中的实现之间的张力。第四个因素是与其他社会或文明的相遇；不同的且不断变化着的轴心文化规划，就是这样被一起界定的，就像不同的社会和文明被纳入或自己嵌入由于扩张而形成的国际关系的结构中一样。最后一个因素可以描述为，不同的中心与精英对轴心的基本前提有不同的阐释，面对着这些前提制度化的真实发展、冲突和变形，由此产生了持续的对抗。这些对抗激发了人们对轴心文化规划的固有矛盾的意识，也使人们意识到这种规划的开放性和反思性所带来的可能性；这使不同的社会行为者不断重新阐释文化规划的重要主题、其文明的基本前提，以及它们传统的宏大叙事。但是，我在这里要再次强调，这些非轴心文明并不是轴心文明的先驱或不成功的例子。即使轴心文明看上去扮演着主要的角色，它们各自有各自的动态，在世界历史舞台上都发挥着重要的作用。

轴心文明综合征确实是人类社会发展中非常重要的组成部分。它可以在不同的背景下以不同的方式发展，也可以与其他轴心以及非轴心社会或文明以不同的方式联系起来。

所有这些思考都严肃质疑了将轴心文明的形成与"轴心时代"混淆归并的观念。世界不同地区发展成为一个"全球"或"半全球"的轴心时代的论点尚待探讨和调查，而并不是一个给定的事实。虽然不同的轴心文明除了它们各自的观念以外，还产生了一个可能的世界历史的愿景，但这并不意味着任何一个这样的愿景都能成为主导，并且必然排斥其他愿景。实际上，我们看到的这些愿景与它们发源其中的文明之间存在着持续争论，另外，并非所有的被纳入了轴心文明的框架的社会都确实被轴心文明所"接管"。相反，它们能够发展自己的空间与独特的动力。正如日本的例子所示，它们也可以在由轴心文明主导的国际关系中保留自我的小小存在空间。

十二

根据上述思考，轴心文明与现代性之间的关系应至少在两个层面上重新考虑。在第一个层面上，应该强调，现代性的出现并不是欧洲文明固有潜力的自然产物。根据韦伯在比较历史研究中获得的认识，在历史中总是有各种"偶然的"发展相互作用。

在第二层面上应该像分析轴心文化多元性一样去分析现代性的多元性。[26]这里区分最早现代性和"后来"的现代性现象是十分重要的，这使我们又回到了马克斯·韦伯和解读他著作的两种思路。第一种解读方法从最近几十年对新教伦理主题的阐释方式就能看出，关注的是韦伯是如何解释西方的理性化进程的特点，这种方法以沃尔夫冈·施路赫特（Wolfgang Schluchter）为代表。[27]在 20 世纪 50 年代和 60 年代，韦伯这种关注导致人们开始寻找新教伦理在其他文明中的等价物，研究中做得最早的也是最好的，是罗伯特·N. 贝拉（Robert N. Bellah）的《德川时期的宗教》。[28]贝拉的观点是——即使是暗含的——只有在文明中发展了新教伦理的等价物才会真正变得现代化。然而，如果只强调这种对韦伯的解读方式，似乎对理解当代世界的多元现代性意义不大；因此另一种解读，就与对多元现代性的理解高度相关。此处要讨论的是韦伯的《宗教社会学论文集》，这部著作研究了不同的伟大文明的内在动力——描述了文明各自的独特之处，各自的独特理性，尤其强调了异端和分裂教派运动的作用。韦伯的这种分析也得到了事实的佐证，即这些"别样的"的多元的现代性也就是"后来的"现代性。韦伯的分析集中在最早的现代性，即现代性在西方的、欧洲的发展，但他并不认为后来的现代性必须在同样的条件下才能发展。以这种方式解读韦伯几乎必然地引出一个问题：特定文明的具体历史经验是如何影响（当然不是决定着）这些文明中现代性的特征的。[29]由此，韦伯的著作确实激励我们从多样性的角度去研究现代性。

本文由布丽奇特·施路赫特
（Brigitte Schluchter）从英文翻译为德文

注　释

1　S. N. Eisenstadt（Hg.）1986，*The Origins and Diversity of Axial Age Civilizations*. Albany：State University of New York Press.

2　阿纳森作序，见：Johann P. Arnason，S. N. Eisenstadt und B. Wittrock（Hg.）2004，*Axial Civilization and World History*，Leiden：Bill Academic Publishers。

3　S. N. Eisenstadt und I. Friedrich-Silber 1988，*Cultural Traditions and Worlds of Knowledge*：*Explorations in the Sociology of Knowledge*. Greenwich，Conn.：JAI Press.

4　Benjamin Z. Kedar und R. J，Zwi Werblowsky（Hg.）1998，*Sacred Space*：*Shrine*，*City*，*Land*. Houndsmill，Basingstoke：

Macmillan und The Israel Academy of Sciences and Humanities.

5   阿纳森作序，见：Johann P. Arnason, S. N. Eisenstadt und
    B. Wittrock（Hg.）2004, *Axial Civilization and World History,.*
    Leiden：Bill Academic Publishers。

6   Talcott Parsons 1977, *The Evolution of Societies.* Englewood Cliffs,
    NT：Prentice Hall, S. 13.

7   Peter Machinist 2001,» Mesopotamia in Eric Voegelin's *Order and
    History* «, Occasional Papers, Eric-Voegelin-Archiv, Ludwig-
    Maximilians-Universität, München, XXVI, S. 1 – 54.

8   S. N. Eisenstadt 1994,» Japan：Non-Axial Modernity and the
    Multiplicity of Cultural and Institutional Programmes of Modernity«,
    in：J. Kreiner（Hg.）, *Japan in Global Context.* München：
    Iudicium Verlag, S. 63 – 95.

9   S. N. Eisenstadt 1985,» This-Worldly Transcendentalism and the
    Structuring of the World：Weber's › Religion of China ‹ and the
    Format of Chinese History and Civilization«, in：*Journal of Developing
    Societies*, 1, S. 168 – 186. Wiederabgedruckt in：S. N. Eisenstadt
    2003, *Comparative Civilizations and Multiple Modernities*, Part
    I. Leiden und Boston：Brill Kap. 11, S. 281 – 306.

10 Arnaldo Momigliano 1987, *On Pagans, Jews and Christians.*
    Middletown, Conn.：Wesleyan University Press, Kap. 9,» The
    Disadvantages of Monotheism for a Universal State «, S. 142 –
    158.

11 S. J. D. Cohen, 1990. »Religion, Ethnicity and › Hellenism‹ in the
    Emergence of Jewish Identity in Maccabean Palestine «, in：
    P. Bilde et al.（Hg.）, *Religion and Religious Practice in the
    Seleucid Kingdom.* Aarhus：Aarhus University Press, S. 204 – 224;
    S. N. Eisenstadt und B. Giesen 1995,» The Construction of Collective
    Identity«, in：*European journal of Sociology*, 36, S. 72 – 102.

12 S. N. Eisenstadt, 1995. *Power, Trust and Meaning：Essays in
    Sociological Theory and Analysis.* Chicago：University of Chicago
    Press, Kap. 11,» Culture and Social Structure Revisited «, S. 280 –
    306; ders. 2003, *Comparative Civilizations and Multiple Modernities*,

Part Ⅱ. Leiden und Boston: Brill, Kap. 24, » Origins of the West. The Origins of the West in Recent Macrosociological Theory The Protestant Ethic Reconsidered«, S. 577 – 612.

13　S. N. Eisenstadt 1998, »Sectarianism. and the Dynamics of Islamic Civilization«, in: G. Stauth (Hg.), *Islam-Motor or Challenge of Modernity?* Frankfurt: Yearbook of the Sociology of Islam, S. 15 – 33.

14　S. N. Eisenstadt 1968, »The Protestant Ethic Thesis in an Analytical and Comparative Framework«, in: ders. (Hg.), *The Protestant Ethic and Modernization: A Comparative View.* New York: Basic Books, S. 3 – 45; ders. , »Origins of the West... « （同注释 12）。

15　S. N. Eisenstadt 1987, *European Civilization in a Comparative Perspective.* Oslo: Norwegian University Press.

16　A. Wink, 1986. *Land and Sovereignty in India.* Cambridge: Cambridge University Press.

17　Susanne Hoeber Rudolph und Lloyd I. Rudolph 1987, *In Pursuit of Lakshmi: The Political Economy of the Indian State.* Chicago: The University of Chicago Press; dies. 1984, *Essays on Rajputana. Reflections on History, Culture and Administration.* New Delhi: Concept Publishing Company; Lloyd I. Rudolph (Hg.) 1984, *Cultural Policy in India.* Delhi: Chanakya Publications; Susanne Rudolph 1963, » The Princely States of Rajputana: Ethnic, Authority and Structure «, in: *The Indian Journal of Political Science*, 24, 1, S. 14 – 31.

18　S. N. Eisenstadt und Harriet Hartman 1997, »Historical Experience, Cultural Traditions, State Formation and Political Dynamics in India and Europe «, in: Martin Doornbos und Sudipta Kaviraj (Hg.), *Dynamics of State Formation: India and Europe Compared.* New Delhi: Sage Publications, S. 27 – 55; Louis Dumont 1970, *Homo Hierarchicus. An Essay on the Caste System.* Chicago: The University of Chicago Press; J. C. Heesterman 1985, *The Inner Conflict of Tradition: Essays in Indian Ritual, Kingship and Society.* Chicago: The University of Chicago Press; Gloria Goodwin-Raheja 1988, »

India: Caste, Kingships and Dominance Reconsidered «, in: *Annual Review of Anthropology*, 17, S. 497 – 522.

19 Deepak Lal 1988, *Cultural Stability and Economic Stagnation.* India c. 1500 BC – AD 1980. Oxford: Clarendon Press.

20 S. J. D. Cohen 1990, »Religion, Ethnicity and › Hellenism ‹ in the Emergence of Jewish Identity in Maccabean Palestine « （同注释 11）。 S. N. Eisenstadl und B. Giesen 1995, » The Construction of Collective Identity« （同注释 11）。

21 S. N. Eisenstadt 1986, » Culture and Social Structure Revisited «, in: *International Sociology*, 1, S. 297 – 320.

22 S. N. Eisenstadt 1994, » Japan: Non-Axial Modernity and the Multiplicity of Cultural and Institutional Programmes of Modernity« （同注释 8）。

23 J. M. Kitagawa 1987, *On Understanding Japanese Religion.* Princeton: Princeton University Press; G. Rozman （Hg.） 1991, *The East Asian Region: Confucian Heritage and Its Modern Adaptation.* Princeton: Princeton University Press; M. Waida 1980, »Buddhism and National Community «, in: F. E. Reynolds und T. M. Ludwig （Hg.）, *Transitions and Transformations in the History of Religions.* London: E. J. Bailly; J. R. Zwi Werblowski 1976, *Beyond Tradition and Modernity.* Atlantic Highlands, NJ: Athlone Press; C. Blacker 1995, »Two Shinto Myths: The Golden Age and the Chosen People «, in: S. Henny und J. P. Lehmann （Hg.）, *Themes and Theories in Modern Japanese History.* Atlantic Highlands, NJ: Athlone Press.

24 S. N. Eisenstadt 1996, *Japanese Civilization: A Comparative View.* Chicago: The University of Chicago Press.

25 D. L. Howell 1988, » Territoriality and Collective Identity in Tokugawa Japan«, in: *Daedalus*, 127, 3, S. 105 – 132.

26 S. N. Eisenstadt 2000, » Multiple Modernities «, in: *Daedalus*, 129, 1, S. 1 – 29; Luis Roniger und Carlos H. Waisman （Hg.） 2002, *Globality and Multiple Modernities: Comparative North American and Latin American Perspectives.* Brighton: Sussex Academic Press.

27　W. Schluchter 1979, *Die Entwicklung des okzidentalen Rationalismus.*
　　Eine Analyse von Max Webers Gesellschaftsgeschichte. Tübingen:
　　Siebeck; ders. 1981, *The Rise of Western Rationalism. Max*
　　Weber's Developmental History. Berkeley: University of California
　　Press (2. Aufl. 1985); ders. 1989, *Rationalism, Religion and*
　　Domination. A Weberian Perspective. Berkeley: University of
　　California Press.

28　Robert N. Bellah 1957, *Tokugawa Religion.* Glencoe, IL: The Free
　　Press.

29　S. N. Eisenstadt 2000, » Multiple Modernities « (同 注 释 26);
　　ders. 2000, *Die Vielfalt der Moderne.* Weilerswist: Velbrück
　　Wissenschaft。

第二章 犹太教－基督教传统

沃尔夫冈·胡贝尔

一

时任德国基督教民主联盟主席的安格拉·默克尔曾极力反对土耳其加入欧盟，理由之一就是：基督教特征是欧洲社会的共同特性。对于此，土耳其总理雷杰普·塔伊普·埃尔多安反驳道，欧洲称不上是"基督教俱乐部"。诚然，土耳其总理的贬损之语不大妥帖，德国伊斯兰教中央委员会前主席纳迪姆·埃利亚斯（Nadeem Elyas）也用过这种表述，可谓疏忽之至。但是，反躬自问：单单用"基督教特征"或"犹太教－基督教的根源"来定义任一时期欧洲社会的文化特性可行与否？答案自然是否定的。其实，以上有关欧洲基督教特征的两种判定皆有其合理之处：大体而言，欧洲从来就是一个文化实体，这与其他各洲的地理实体性有所不同，但是，影响欧洲文化特性形成的因素绝非只有一种，而是有数种。因此，当我们遇到"基督教的欧洲""基督教的西方"等司空见惯的说法时，理应正视之；而诸如"欧洲之基督教特征"的表述也不应包含排他性或独占性的意味。

我们之所以将欧洲这块大陆称作一个洲，离不开其背后的文化和宗教传统，而塑造欧洲之文化、宗教特性的关键元素无外乎三：雅典、罗马和耶路撒冷。

希腊为欧洲树立了哲学之精神，又为其开启了科学和艺术之门，但是，从很大程度上可以说，中世纪的伊斯兰教对其起了关键的继承作用。罗马人为欧洲构建了法律秩序，还为其带来了对政治统一、治理有序的意识。而耶路撒冷则为欧洲带来了《圣经》和基督教，还有界定上帝和人类关系的思想认识。基督教发轫于犹太教，基督徒笃信的《圣经》融合了《希伯来圣经》，而耶稣、彼得和保罗等皆是犹太人。由此可见，基督教发于犹太之根，故抛根忘本之举必是荒诞不经的，因而，来日之基督教，必先承认犹太教为其本源，方为合理。

说到欧洲社会的基督教特征，我们就得考虑与之相关的历史遗产，特别是影响了欧洲发展的犹太、伊斯兰因素。我们不应孤立地看待欧洲的基督教特征，也不应直接将这种基督教特征与基督教画上等号，这应是对待欧洲历史的正确态度。

二

长久以来，人们并不认为欧洲的基督教特征源于犹太教，而现在世人似乎敢于直面真相了，于是就有了"犹太教－基督教传统"的说法。但是，在 20 世纪的德国，没人会这么讲。人们态度的转变发生在对犹太人的大屠杀之后，而从某种程度上来说，很多人都应对这场由纳粹德国实施的暴行负责。另外，直到梵蒂冈第二届大公会议召开后，罗马天主教会才开始重新审视与以色列人民的关系；2000 年，教宗若望·保禄二世在以色列犹太大屠杀纪念馆表达忏悔之意，这可看作世人态度转变的一个真切象征。就在梵蒂冈第二届大公会议召开之际，新教神学家们也在积极倡导"后奥斯维辛神学"，不过，类似的举措在东正教神学体系中却颇为鲜见。然而，即便各界采取了这样那样的矫正措施，我们也不得不承认，与其说"犹太教－基督教传统"之类的说法彻底厘清了基督、犹太二教间的关系，倒不如说它令人无法忘却那道依然开裂的伤疤。

为什么这样说呢？个中原因就存在于审度犹太与基督传统、以色列人与基督教会之间关系的（至少）四种视角中。神学家迪特里希·立敕尔（Dietrich Ritschl）给出的四种视角分别是：宗教史模型、替代模型、救赎史延续模型及双路模型。[1]

宗教史模型认为，在耶稣诞生之前的几百年里，犹太教已然式微，且日渐趋于僵滞，而早期基督教则构成了一股与之相对的力量，并催生了一种崭新的上帝信仰，并使之不再限于犹太信众。对犹太教而言，法利赛派发起的变革运动固然重要，但是，耶稣基督运动却在迥异的维度内引发了信众们的重新觉醒。关于这一点，我们可以重点参考耶稣的登山宝训，亦可参考使徒保罗所写《罗马书》（*Epistle to the Romans*）的第 9～11 章，二者的视角对认识基督教史亦有引导之作用。通观基督教史，其中亦有僵滞、觉醒之轮回更替。循着这条主线，我们就会发现，时时维新贯穿了犹太、基督二教的发展历程，因此，"犹太教－基督教传统"的说法未尝不可。这里所说的"维新"不仅包含因应时代需求（aggiornamento）之意，而且还蕴含着归本溯源之意，同时亦直指"改革"，即 16 世纪宗教改革之"改革"。

替代模型就是一种体现剥夺继承权的视角，与宗教史模型有相似之处，且二者之间存在着重叠。从神学角度而言，替代模型关注的是上帝与人类订立的盟约，这种想象的出处是，上帝有创世之约，在大洪水之后又与诺亚重新建立了盟约。通过西奈之约，以色列人被选为上帝之子民，而摩西律法及在其中居于核心地位的"摩西十诫"则构成了此约的约文。后来，以色列人对弥赛亚（即耶稣）的到来持抵制、否定态度，并因此丧失了上帝子民的地位。自此，基督教会也就取代以色列成了上帝的盟约之友，教会与上帝缔结的盟约也就成了"新之约"，自然就取代了"旧之约"。相应的，基督教民开始自称上帝子民，于是，他们就取代上帝之旧子民，成为"上帝之新子民"。同时，由于《新约》取代了《希伯来圣经》的地位，后者便被称作《旧约》，二约之间即是应许与成全、律法与福音的关系。

第二章　犹太教－基督教传统

梅尔·吉布森（Mel Gibson）执导的《耶稣受难记》曾引起一片争论，我们要透彻地了解这些争论，就应引入以上所言的替代模型，倘若一味地将"排犹"（anti-Semitism）挂在嘴边，则不仅不会澄清事端，反倒会增添几分疑云。此处的"排犹"并非"种族排犹"，其实，问题的关键在于，以色列丧失继承权、上帝结束其与以色列人订立的盟约，等等，可否看作对戕害耶稣之罪愆的责罚？毕竟，昔时的犹太贵族曾当众审判耶稣，而民众们又大喊着"钉他十字架"。当然，我们也得承认，此种反犹情绪的确助长了种族排犹主义，灭绝欧洲犹太种族的计划便是起于后者。

替代模型蕴含着"新""旧"的对立，当然，我们也能在《希伯来圣经》中找到这种对立，只是，此种对立体现在基督教会取代以色列成了上帝新的盟约之友。有种颇为激进的观点把此种对立中内在的二元论加诸上帝的概念之上，《新约》与《旧约》中的"上帝"并非同一上帝，而以色列与基督教会的对立恰恰反映了两个上帝之间的对立。该观点由马西昂（Marcion）在公元2世纪时提出，他还呼吁将《旧约》从基督教经典著作中统统删去，并为此展开了有理有据的逻辑分析，尽管如此，他的愿望最后还是落了空。然而此后，类似的观点竟屡屡出现，且时而有勃兴之势，这一点在"德意志第三帝国时期"不仅彰显无遗，且令人不禁扼腕。当时，那些所谓的"德意志基督徒们"认为，任何犹太元素都应从基督教《圣经》中移除，只是，他们忘了一点：这样做就等于把耶稣基督从《圣经》里也给请了出去。要知道，生在拿撒勒的耶稣自己就是犹太人。

可见，替代模型并不能站住脚，但是，不管其破绽几何，该观点却存续不断。今天，很多犹太教徒依然认为，基督教会仍对此类观点虔信不渝，因此，许多犹太人不太愿意参与神学讨论。在犹太人看来，"犹太教－基督教传统"之类的说法至为怪诞。

其实，根据《圣经》中相关的发现，并结合一定的神学思考，我们可以明确地认定替代模型是万万站不住脚的。从基督教的观点来说，上帝通过耶稣肉身赐下了启示，而这并未将亚伯拉罕、以撒、雅各的上帝与以色列人之间确立的圣约关系解除，而是为之提供了确证，认清这点至关重要；基督教会实为圣约子民之妹，因此，二者之间的关系不是竞争之关系，而是满怀谢意的依赖关系，认清这点也同样重要。

救赎史延续模型与替代模型可谓针锋相对，其特别强调一点，即延续性。由于对延续性的过分强调，该模型等于彻底推翻了教会取代以色列的观点。救赎史延续模型认为，上帝在"旧之约"下与其子民订立之约并未丧失正当性；当然，该模型不禁让人想象，一种圣约之后出现另一种圣约，其实亦包含着取代与被取代的关系。事实上，救赎史延续模型始终昭示着某种前进观，这一点是无法回避的，因为该模型认为，上帝借由耶稣订立的圣约对其他圣约起着修订作用，并因其本身的终极性和普遍性使得其他圣约显出相对性。那么问题来了：若从基督教的角度出发，该如何看待后《圣经》时代的犹太教呢？其实，直到晚些时候，《希伯来圣经》在基督教和犹太教阐释下的双重历史方才进入基督教的意识范围。关于这一点，我们可从基督教解经学家的认识上察觉一二：长久以来，在他们眼中，犹太教在耶稣基督诞生前的几百年里应称作"晚期犹太教"。《旧约》与《新约》之间的关系是"允诺"与"兑现"的关系；至于继续存于世间的犹太族群，虽在千百年的时间跨度内遍布于各大洲，但毫无神学意蕴可言。可见，尽管救赎史延续模型标榜着延续之见，其本身依然无法克服基督教神学中或明或隐的"排犹"倾向。

"排犹"倾向如何才能克服掉呢？唯有依赖双路模型。简而言之，双路模型认为，通往上帝的路子有两条，该观点可以追溯到弗兰茨·罗森茨威格（Franz Rosenzweig），基本上涵盖在马丁·布伯（Martin Buber）"两种类型之信仰"的思想中。[2] 换言之，犹太教经由摩西和《妥拉》（*Torah*）而通往上帝，而基督教则经由耶稣和《福音》（*Gospel*）通往上帝。该模型对于认识耶稣本人具有较大的作用，若基督徒鉴纳之，其作用将更为显著。根据该模型，从基督教的视角来看，耶稣并非犹太人的弥赛亚（救世主），这显然与《新约》（尤其是《保罗书信》）以及《福音》等文献中的有关表述不相符。

在《罗马书》（第9~11章），保罗周详地思忖了与以色列相关的事务。倘若以此为出发点，我们便能从末世论的角度得出如下结论，即：不同的路子终归于一。据保罗所言，以色列人与福音始终无缘，但是，这并不能改变如下之事实："就着拣选说，他们为列祖的缘故是蒙爱的。因为神的恩赐和选召是没有后悔的。"（《罗马书》第11章第28节及以下）

根据《以弗所书》（*Epistle to the Ephesians*）所载，因耶稣之故，教会与异教徒、以色列人之间的割裂必将抹除。作者保罗坚信耶稣"使我们和睦"，他还认为，隔在犹太教徒和基督徒之间的仇恨壁垒必会拆去（《以弗所书》第 2 章第 11～22节）。可见，此处所构筑的犹太教教徒与基督徒之间的关系维度非是敌对，而是和解，非是灭毁，而是欢宴。

然而，就历史而言，犹太教徒与基督徒之间隔阂的消解却演变成了种族清洗和屠杀，因此，从根本上重新定义两大宗教群体间的神学关系显得尤为迫切。这就要求对两种路子皆抱持尊重之心、对和解保有责任意识，并使之成为基督教神学的要义。唯其如此，今日之基督教神学家方能纵谈所谓的"犹太教－基督教传统"。

三

那么，"犹太教－基督教传统"都包含些什么呢？我们又该如何将其详述笔端呢？其精要之处何在？先从双路模型言之，如果我们决意正视此观，那就等于承认我们自己必定秉持着某种特定的视角，故对该传统的详述必然只能仰仗某一种视角：或为犹太教视角，或为基督教视角。若有人声言可兼持二视角而不偏不倚，那必是虚妄之语。当然，我们要说：身为基督徒，容不得无视基督教自身的多元性。可是，没人能够将不同的基督教教派拼合为一。纵然随着基督教各教派的联合发展，基督徒们所共同信奉的教义渐趋重要，他们之间的种种分歧渐趋平缓，但是，他们所共同信奉的教义却不得不形诸某种特别之处，而这会在一定程度上受到其所在教

第二章 犹太教－基督教传统

派的左右。同时，综观整个基督教教史，我们会发现，各地分布着形形色色的"微观基督教界"（Micro-Christendom）[3]，因此，不管视野如何开阔，即使我们把基督教看作统一之体，我们每个人也要受到某一教界的影响。而微型基督教界的发展则离不开宗教、文化、社会及政治等因素的共同作用。所以，接下来，我会从基督教之视角探讨犹太教－基督教传统，但此种视角又点缀着新教色彩，而这又反倒受到我所在的微观基督教界（即德国新教）的影响。

既已明此，我便可以犹太传统之背景为准绳，尝试着对基督徒共同尊奉之基督传统的建构性核心进行简要分析。此处所言的"建构性核心"亦可看作基督教信仰的推动力[4]，下面我将以创造、爱、希望以及道路转变等基本主题为切入口，对该核心进行阐释。[5]

首先来谈谈创造的主题。从本质上说，上帝创造了世界，而人类应视作世界的一个组成部分。人类分享了创造之美，因此，对获赐生命的感恩是其存在的关键因素之一。人类的自由是上帝恩赏的，因而，这份善是不容侵犯的。人类的自私、罪恶不管有多大，上帝始终对他的创造物存有忠义之心，所以，人类注定会享有自由。上帝首先赐予人类自我成就的能力，然后又赐予其自由行事的权利。故而，人之生，其首务在尊崇上帝，其次在于接受、确认上帝荣赐之尊严，这份尊严不是对个人成就的赞赏，亦不得因个人过错而遭剥夺，这一点正好佐证了尊严的不可剥夺性、不可转让性。对人类来说，不管是在日常生活中，还是在异常情势下，不管是在其坚强之时，还是在其羸弱之时，不管罪恶、

65

死神逞凶几何，人类身旁总有上帝的恩典，总有他的扶助和支持。

从《圣经》的角度来看，上帝的恩典就是他对爱的允诺。在基督教传统中，"爱"首先反映的是以人类为宣泄对象的神圣情感，其次才是人类之情感。在《旧约》（或者《希伯来圣经》）中，上帝恩典传递的神圣之爱可谓跃然纸上。"恩典"是以色列子民所用语汇的组成部分，他们感受着上帝赐予的福分，这份福分与上帝之创造及其存续关系很大："地还存留的时候，稼穑、寒暑、冬夏、昼夜就永不停息了。"（《创世记》第8章第22节）同时，他们知道，上帝的拯救之举，他对人类历史的解救性干预，以及新物种的出现，等等，皆赖于上帝给予人类的爱与关注。对以色列子民来说，逃离埃及是他们对神之恩典的原初体验："日后，你的儿子问你……你就告诉你的儿子说，我们在埃及作过法老的奴仆。耶和华用大能的手将我们从埃及领出来。"（《申命记》第6章第20~21节）在此次救赎之举中，上帝对其子民的爱昭然若揭。上帝用诫命教导子民切勿辜负这份爱，而要遵行此诫命，唯有回应上帝之恩典，并忠信地遵守圣约："世人呐，耶和华已指示你何为善。他向你所要的是什么呢？只要你行公义，好怜悯，存谦卑的心，与你的神同行。"（《弥迦书》第6章第8节）上帝忠于圣约，人类遵行神之诫命，二者两相融通，如此，《旧约》之中的历史书卷（含重要的律例典章条文）才得以与其中的预言信息交汇。这几乎已经成了《旧约》预言的一项重要标志，即：一方面宣示上帝对以色列子民所犯过失的训谕情况，另一方面则尽显上帝的宽容，为从头再来提供一定的余地（《弥迦书》第7章第18～19节）："哪里有神如你一般，这样宽恕其子民的恶与罪呢？纵然生气，却不纠结于此，全因对爱的信奉。他会将我们的罪恶踩于脚下，投入大海深处，对我们重施怜悯之心。"是为《圣经》信息之根本，但是《新约》却赋予它一个新的称谓——这尤其彰显于预言篇的某些章节，如《以赛亚书》第二部分。上帝的慈悲通过人的形体来践行。尽管人类对上帝显然缺乏敬畏，但他对他们无条件地爱与认可——他被称为"拿撒勒的基督"。上帝通过"基督"来被人们认识，这便是《新约》的创新之处。事实上，无论从他历经的种种苦难和复活，还是其早期的传道活动中都可见证上帝的存在。因此，《新约》中称他为"人之子"，将在世界末了之日代表上帝再临。耶稣在他的（传教）活动、所受的种种苦难以及死亡中所彰显出来的亦上帝亦人类的形象在各种寓言中尤其被形象地表达。其中两个寓言——浪子和撒玛利亚人中的好人——运用大量例子展示了"靠近上帝"如何使人所遭遇的基本境地得以改变。"登山宝训"也是这样一个例子。"对上帝的靠近不仅仅局限和得见于耶稣世俗的活动"的这份信仰体现在"他"的精神永存这一希望。

　　因此，爱的主题便与希望的主题密切相关。对即将到来的上帝之国的期盼与相信上帝动态及时的出现这份信心相关——上帝的精神便宣告了上帝的存在。这种"上帝是动态存在的"观点——不仅体现于"上帝创造"的祝福，而且体现于他对人类慈悲的关怀，即使他们处于"孤苦伶仃"的境地——因此导致了"圣父圣子圣灵三位统一于唯一真神"这一复杂绝妙观点的产生。三位一体论，虽然在一些人看来近乎无法理解，但其目的是来彰显作为造物主和以色列民族的拣选者的神和具有同样精神的"拿撒勒的基督"是同一位神。这里所探讨的问题的核心是世界上动态存在的神具有"同一性"。

这一简短概要的最后一部分是"道路转变"主题。耶稣的传道有一个明确的中心。"靠近上帝"需要灵魂得到"上帝之爱"的塑造，需要爱自己，爱邻舍。

那些通过信仰拾获自尊和经历自由的人同时也会以这种爱对待他们的邻舍。一个具有高尚人格的人必定会和同辈建立相互认可的关系。因此，基督徒必须要用行动来获取公正、平等自由的条件和相互的认可。此实践行为面临最大的挑战是他们经历强加的不平等，他们不被认可。因此他们在信仰之中从底层的视角感知了这一社会现实，这种视角也可被称为"穷人优先"的视角。

"人类主宰造化"这一片面化理解伴随现代科学发展而生，只有在对该观点进行论证回应时，一个长期被潜藏的观点才得以被认可——它没有将"弱者优先"的规则局限于人的同类中，还扩展于非人类的自然界。人类要支配世界和生命的能力越大，欲望越强，则越是可见人类所声称支配权的自我限制性和人类支配方式的使用合理性正是践行上帝信仰的关键要素，即"上帝创造万物并体现于他的造物之中"。对受苦受难者的同情和为未来子孙和非人的自然界所做的行为皆是基督徒对人类存在意义理解的重要维度。

以上我所阐述的四个基本主题基于两个假设之上：第

一，假定只有一个上帝；第二，他与世人的关系即是他救世主的身份。一神论将世界上所发生的一切事都归结于唯一的上帝，并以他的标准来进行评价。然而，这种一神论不得不面临邪恶这个对立面和无法改变的死亡两方面问题。而对于拯救的信仰使得这些力量成为次要，也使得原本只管辖以色列的神成为全人类、全世界的神。需要明白的一点是，对拯救的信仰是基于"一神论"前提的。耶稣基督并非第二个神，因为"上帝身旁除了他自己，别无他人"。[6] 一神论和对拯救的信仰之间的这种关联决定了基督教三位一体真神这一信仰的发展，也因此促成了基督教对完整一体的上帝的理解。

四

关于我上面所阐述的"犹太教－基督教传统"共有的这四种基本主题，解读方式可有多种。[7]

这些主题可能与信仰者的教众团体观念有关：其机构特性如此之强烈，以至于个人与上帝的关系主要取决于他与教会的关系。[8] 对于基督教分支"天主教"而言，争论的问题之一就是教会作为代表上帝行事的机构对于个人信仰的重要性。站在其他信仰的角度来看，这有过度"机构主义"的嫌疑，因为它有可能将"委身上帝"等同于"委身教会"。

对这些主题的理解也可能受一种基督教信仰方式的影响：他们太过拘泥于从《圣经》中找寻真理的准确出处，而致使对真理的字面描述代替了通过生活体验得到和理解的真理。而这种经由生活体验获得真理的过程在基督教"原教旨主义"那里却遭到了质疑,它将这些文本的鲜活特性连同其内在的张力一同归结于纯粹的"本本主义"。

最后,这一信仰也可能与以下这种观念有关:道德立场不再被看成是对神恩典的回应,而是变成了人类进行自我救赎的主要方式。为了回应教会自身的道德沦陷,"社会道德"的这些形式在基督教解读中体现出来,有时体现为基督教解读的最新方式。其目的在于清楚地传达《圣经》精神,以对它在历史上的影响做出批判性回应,并且使其与"反犹太、压抑的、男族统治"的解读区分开来。然而这种努力也冒有"唯道德论"的风险,即把某些价值和行为当作救赎的标准,因此在基督教传统的阐释中,救赎的既定本质是对这样一种唯道德论进行辨识的核心。

那么,该如何定位新教对于基督教的建构呢?我们可以把新教原则[9]理解为它是对区分能力的引导。区分能力是新教徒世界观的一个典型特点,它源于改革派对保罗派"称义"信息的重新发现。

马丁·路德的"称义"观点是:个人只有通过信仰而非凭靠自己的力量才能在上帝面前得到认可和赦免。该观点被新教改革派放回到基督教对"信仰"理解的核心位置,"三大区别"也由此而来,并为新教所特别强调。

首先是"上帝"与"人"的本质区别。人类生活的根本扭曲在于想要充当上帝角色,这一点可清晰见于当今时代人们的种种过度行为:想要创造人类生命的狂妄野心、通过暴力随心所欲处决他人生命、肆意公开展示此类暴力。只有明确了人与上帝的区别,我们才能意识到这两者的区别并避免它们之间发生冲突，即人类生命的有限性和人类尊严的不可侵犯性。只要此尊严是基于上帝的话语，而非依赖于自己的成就，它就不会因过错和罪责而破裂。如此，只要有了此份承诺，它不因人类生命的终结而落空，那我们便可更好理解严格意义上的人类尊严。从这种意义上来讲，人类的目的便是人本身。在伊曼努尔·康德离世两百年后的今天，很有必要强调：人类一定不能自我降级，沦为一种手段。人类尊严是不可剥夺的。这是基督信仰和俗世道德法律所共有的信条。在德意志联邦共和国的基本法中，这一点得到了清晰体现：一方面是（人类在）上帝面前的责任告白，另一方面是人类尊严的不可侵犯性。当下争论的主题在于如何在欧洲宪法条约中表达类似观点。

相应的，第二个便是"个体"与"个体行为"的区别。人类不仅仅是其行为的结果，不只关乎他的善行或罪行、成就或错误。每个人的生命都依赖于其"新生"和"获取宽恕"时刻的赐福。我将通过一个例子来说明这一点。在2002年4月26日埃尔福特市（德国中部的一个城市）的古腾堡校园枪杀案之后的令人压抑的日子里，教会清楚地教导我们：无论对疯狂的持枪分子罗伯特·施泰因豪塞尔（Robert Steinhäuser）的疯狂杀人行为有多悲伤、多愤怒，他同样也是需要并值得被同情的。正如上帝不会抛弃任何一个人，上帝对于人类的爱是不可分割的。仁爱团结的人际互动需要这份爱。这就是为什么人们常说耶稣基督认为"爱邻舍"的最好诠释便是对敌人的爱。

第三个区别是基督教对"希望"的释义。基督教信仰终极真理在上帝手中，因此它反对以暴力方式来强施终极真理，反对信同和践行20世纪我们经历过的那种"救赎"之极权主义教条（尤其在德国）。基督教将希望分为两种，分别为"上帝之未来"，即获取终极真理启示唯从上帝，以及塑造尘世的未来，这种未来始终具有临时性并依赖于负责的人类行为。通过此种区分，基督教指引人们如何人性地面对未来。

关于"上帝与人""个体与个体行为""时间与永恒"的这三大区别开启了一个看待人的视角，即人被看作一种"关系式存在"。人类所拥有的和他/她使自己成为的样子都不具有决定性。人性乃是根植于关系网之中，生活在此关系网中会产生与上帝的关系以及与邻舍的关系，与所处社会的关系以及与自我的关系，所有这些关系构成了人的存在。这一关于人的观念综合了人的个体性和社会性，也综合了人的自由和责任。自主性与自我决定是这一观念的一个重要组成部分。

但这个观念忽略了有这样一种人的存在。他是孤立的，他与自身的关系脱离了他与同胞的关系、他与所处社会的关系和与上帝的关系。这种传统更多的是面向一个有自我意识的、愿与他人共处的并向上帝打开心扉的人。从这种传统的角度来看，人的形象应该更新，塑造的过程应该开始，人在这个塑造过程中应该重新回忆起他的来处，去理解那些在这些塑造过程中出现的文化形象。

基督教新教教派从一开始就已经倾向将信仰和教育联系在一起。它支持个人要理解信仰并为此负责。但同时，它又倾向于忽略教众团体化的形式。如果天主教的"机构化"面临来自新教的批判性审视，那么后者也必须要以自省的方式来反思其对教众团体化以及其持久性机构形式的普遍忽视。因为只要这种忽视发生，就意味着新教没有认真对待它自己一直强调的人性的基本特点：如果一个人的基本属性是它处于各种关系中，那么它不是偶然的，而是从本性来说是一个群体存在。群体关联作为人的个人观念是十分重要的，群体关联之于信仰也同样具有建构性意义。

五

基督教信仰不仅仅在于其文化价值，其核心是与上帝的关系和一种"无价的真理"[10]。当我们仔细研究犹太教－基督教传统对欧洲文化价值观的贡献时，我们必须时刻记住一点：信仰的真理和源于信仰的价值观之间的关系是不可逆的（前者是基础）。如若颠倒两者顺序，信仰将会毫无必要，它所秉持的价值观也将失去根基。因此，基督教信仰的道德意义必然要建立于其超越道德的核心之上。

那么，此处具有争议的价值观有哪些？当德国联邦宪法法院声明我们必须要继续认识到基督教信仰以及基督教会对政治的"巨大影响"时，是什么价值观和规范在起作用？[11]最高的价值观莫过于"人类尊严"。因为，人由上帝所创造，人需要响应神的号召并具有借助神的话语如此行事之能力。[12]上帝以相同的方式与每个人对话——是为"人人平等"之根基。这为"任何人都有享有权利的权利"之观点，和通往人权（自由与平等得以连接）之途径提供了依据。诚然，从很大程度上来说，教会的设立同制定与实施人权的初衷是相违背的，或者说这两者之间是有一定差距的，但前者（教会）把自己的存在归因于基督教有关人的观点。

基督教认为，其来源在于神的宽容性。这意味着上帝宽恕那些因不信神而远离他的人。换句话说，上帝不会因为人不信神的缘故而对他放任不管。因为神的宽恕不将任何一个人排除在外，所以，基督教讲求真正的宽容，因为上帝会眷爱每一个人，无论其主观信仰如何。但是在考量这条原则时也应该注意到，因为教会在基督教内部冲突中实际践行了不宽容的做法，使得光大宽容的原则成为必须。在这一点上某些个人和基督教少数派走在了主流教会的前面。宽容原则的倡导者首先可以义正词严地援引基督教的改革运动，包括16世纪的宗教改革。由此，马丁·路德的论点"受到神的话捆绑的良心的自由"以独特的方式影响了近代政治文化的进程。

诚然，路德的言论——尤其是有关犹太人、天主教徒和农民的言论——并非总是充满了宽容之情。而且，改革的整个过程确实存在极其严重的"不宽容性"，比如对信仰不同者施以火刑。但就改革的基本理念而言，如果将其贯彻始终的话，不仅可能容许宽容并且它还要求我们有义务去实践宽容。这种理念正是来源于路德将良心的束缚与良心的自由联系在一起的做法。

路德的观点是为了反抗一切宗教专制而出现的。教会的任务在于传播"不凭人力，全靠神的话语"这一福音的真理性。[13]而关于国家，路德清楚地告诉我们，它的法定权力

第二章　犹太教－基督教传统

将终结于"良心"觉悟苏醒之时；因此，一旦它试图拿信仰问题来胁迫个人，那么个人便没有遵从它的义务。[14]可以说，1521年马丁·路德在沃姆斯的查理五世面前说的"我站在这里；我别无选择"即宣告了良心自由与宽容之文化的新篇章。如果我们仔细审视宽容理念的后续发展，便可系统地将其区分为三个层面：个人的、社会的和政治的宽容。

"个人宽容"应该理解为坚信的宽容，而非不加区别的宽容。如若不然，这种宽容便不是由良心自由而来，因"个人宽容"毕竟是一种形成自身信仰并委身于此信仰的自由。"社会宽容"来源于个人宽容，其目的在于实现相互之间对信仰和生活方式的尊重，而非摒弃。最后是"政治宽容"，它的目的是促成社会宽容，创建一种社会氛围，使人们的信仰得以形成和发展。这一终极目标是通过保证宗教自由来实现的，不仅是消极意义上的摆脱宗教束缚，更是积极意义上的对宗教信仰之自由选择。

这种宽容观念暗示国家与教会之间的关系不仅是一种单纯的政权还俗，而且它还暗示在两者相互独立且国家在宗教事务中保持中立的基础上，可能实现国家对基于生活的信仰及其社会意义的认可。但这有个前提条件，那就是国家不能把自己等同于这些信仰，这就要求国家的代言人在代表和展现他们个人的宗教观时要保持节制。而在关于伊斯兰教女教师是否可以戴头巾的争论中，问题核心便在于积极的宗教（信仰）自由与克制戒条之间的关系。如此，在这一特殊事件中，"宽容"理念之未来令人担忧。

宗教改革通过良心这一概念将自由和束缚（用更新的

75

术语来讲："自由"与"责任")相互联系起来，也帮助促成了在社会行为中"自我责任"和"社会团结与公正"之间的关联。从所经历的变化来看，这种关联已经影响到了婚姻家庭观，以及"社会市场经济"这一概念，而在后者的发展过程中，具有基督教信仰的思想家们发挥了重要作用。因此，教会也在发展与维护社会和国家公正化的任务中发挥了特殊的重要作用。随着社会公正化任务成为重心，致力于和平与自然保护的责任在过去几十年里也成为基督教社会道德中尤为重要的一部分。

这样的人类观要求自由和责任必须并行，而将二者联结同样也是民主思想的基本观点。人类集体主义的观点既已消亡，那么我们的伟大使命便是发展并且推广一种"自由与责任相互包含"的人类观。集体主义已成为过去这一事实并不一定意味着我们要用孤立的个人主义替代之。自由的核心如若是随心所欲地使用自由……也将与整个的欧洲传统相决裂。就连启蒙运动思想也认为对自由的理性使用并非"和他人共同生活"的对立面。个人的自由恰恰是着眼于个人与他人的共同生活，因此这种自由独立个体的自主权的观念并不会解除对共同生活的责任，而正是承担这种责任的基础。从这个意义上来讲，责任实际源于自由。

最后，基督教信仰还将"爱邻舍"的观点带入了法律界、权力实施和追求自身利益方面。其最核心的要求之一是角度的转变，要求你从他人的角度——从劣势或弱势群体的一方——来看待问题。"己所不欲勿施于人"（《马太福音》第7章第12节）这条黄金法则显然已成为最有效的道德原则，虽然这一原则并非完全来自基督教，但它确实是作为基督教思想得以传播的。基督教会附属的慈善机构促进着"乐于助人"这一价值观，使其成为社会中人性不可或缺的支柱。

六

但如今犹太教－基督教信仰是否有足够多的机会深入影响到一般的交往呢？实证研究显示，情况不容乐观。一方面，我们可以看到人们越来越不愿意投身于教会，尤其是在中欧地区。这一现象常被解读为代表了"普遍世俗化"。而另一方面，世界上许多地区的人们正出于"去世俗化"的目的而投身宗教。我们看到许多人脱离传统信仰，对于教会活动不够热衷或者完全退出教会生活；很大一部分人的成长——尤其在东德地区——与教会毫无关联。然而，人们对于一个新的价值导向的呼声越来越高。因此，这里的人们，即使不属于教会或尚未与基督教信仰建立内心的联系，也都强调教会有责任去建立价值观，维持价值。许多人认为，德国是一个具有多元文化特征的社会，但有一种判断也是人尽皆知的，那就是一个变得宗教多元化的社会，尤其需要具有凝聚力的价值观和社会规范。

这些现象看似互相矛盾，但我们至少可以从中得出一个结论，其基本观点就是：世俗化的过程不可逆，也无益于解决这一困境。鉴于此，一些人已开始提出"后世俗化"的概念，当然这一表述并非十分精确，正如汉斯·约阿施所说的。[15]因为它基于这样的假设，完全世俗化的进程已经完成，现在正经过进一步的超越进入后世俗化阶段。但这一观察的问题在于，它把社会的世俗化的完成与法律制度过渡到一种世俗本质混淆了起来，后者确实是很幸运地得以完成了。政治秩序达到这种开明的世俗性的深远意义在于，它能够创立一个自由的社会空间，以方便人们进行信仰告白，并在集体之中践行宗教信仰。因此，这种世俗国家可以保护社会，使其免于不得不陷入世俗的状态。社会这个空间应该发挥的作用是，使有保障的自由作为摆脱宗教束缚的自由以及宗教信仰的自由得以发展。如果真能如此，那真是莫大的福分。因为世俗机构存在所需的那些前提，它们自己并不能够创造出来。世俗机构越是想要危害这些前提或者摧毁这些前提，它们越是迫切地需要保护更新这些前提的力量，包括宗教的力量。我们所处的这个危机四伏的时代，不仅给我们提供了机遇来扩大基督教经典价值观的影响，还让这成为我们义不容辞的责任。

注　释

1　Vgl. Dietrich Ritschl, *Theorie und Konkretion in der Ökumenischen Theologie*, Münster 2003, S. 73ff.

2　Vgl. Martin Buber,》 Zwei Glaubensweisen 《, in: Ders., *Werke*, Bd. I, München /Heidelberg 1962, S. 651 – 782.

3　Vgl. Peter Brown, *Die Entstehung des christlichen Europa*, München 1999, S. 254.

4　我的这一观点已经在我的著作中有所介绍：*Kirche in der Zeitenwende. Gesellschaftlicher Wandel und Erneuerung der Kirche*, TB-Ausgabe Gütersloh 1999, S. 115 ff. 。

5　戈尔德·泰森（Geld Theißen）对辨别《圣经》中基本母题有不少建议，他总结出的母题的数量远比我的多；我试着把它们集中为四个母题。Vgl. Gerd Theißen, *Zeichensprache des Glaubens*, Gütersloh 1994, S. 29 ff. ; ders. , *Zur Bibel motivieren*, Gütersloh 2003, S. 131 ff. 。

6　Gerd Theißen, *Zur Bibel motivieren*, 137.

7　我在下文中参考了戈尔德·泰森的一种类型学：Gerd Theißen, *Zur Bibel motivieren*, 253 ff. 。

8　Vgl. Friedrich Daniel Ernst Schleiermacher, *Der christliche Glaube nach den Grundsätzen der Evangelischen Kirche im Zusammenhange dargestellt*; Berlin, 2. Aufl. 1960（1831）, § 24, S. 137：他想把"新教与天主教之间的对立暂时如此描述，前者认为，个人与教会的关系依赖于他与基督的关系，后者则相反，个人与基督的关系依赖于他与教会的关系"。

9　Vgl. Paul Tillich, *Der Protestantismus als Kritik und Gestaltung.* München / Hamburg 1966.

10　Vgl. Eberhard Jüngel, Wertlose Wahrheit. Christliche Wahrheitserfahrung im Streit gegen die »Tyrannei der Werte«, in: ders. , *Wertlose Wahrheit. Zur Identität und Relevanz des christlichen Glaubens*, München 1990, S. 90 – 109.

11　在 1995 年的关于耶稣受难十字架的决议中有这样一句话："即使一个全面保障宗教信仰自由、有义务保持宗教－世界观方面的中立性的国家，也不能摆脱经过文化传播的、植根于历史之中的价值信念和观念，因为它们是社会团结的基础，国家能否执行自己的职能也取决于它们。基督教信仰和基督教会，不论今天人们如何评价它们的遗产，它们都曾经发挥过巨大的影响力。由此产生的思维传统、感官经历和行为模式，国家都不能置之不理。"（见德国联邦宪法法院的决议 BverfGE 93, 1, 22）

12　Vgl . Trutz Rendtorff / Jürgen Schmude, *Wie versteht die evangelische Kirche die Rede von der »Prägekraft des Christentums«? Einige Sätze zur Orientierung.* Hannover 2004.

13　参见 1530 年《奥格斯堡信纲》第 28 条，Rudolf Mau（Hg. ）/

Evangelische Bekenntnisse, Bd. I, Bielefeld 1997, S. 91。

14 Martin Luther, *Von weltlicher Obrigkeit, wie weit man ihr Gehorsam schuldig sei*, 1523 (Studienausgabe, Bd. III, S. 27 ff.).

15 Vgl. Hans Joas,»Eine Rose im Kreuz der Vernunft«, in: *DIE ZEIT*, 7.2.2002, S. 32. 现已收入汉斯·约阿施的文集 *Braucht der Mensch Religion?* Freiburg 2004, S. 122 – 128, 题为 »Religion postsäkular?«。

第三章　希腊－罗马传统

克里斯蒂安·迈耶尔

对我来说，要说清楚"价值"这个概念很难。如果让我列举人们认为从古典时代起定义了欧洲的那些价值，似乎是让我把它们装在不同的瓶子里（然后再封起来），事实上它们汇成了一条壮阔的河流，并在其间发挥着它们的作用。

举个例子，就拿民主来说吧。一件似乎非常显而易见的事情是民主以"价值"的方式出现在我们面前。然而，我们大多数的史料资源都是那些对民主（和对"人民"）持怀疑批判态度的人写的。这很长时间以来都主导了西方的观点。最多，就像他们愿意相信的那样，在他们自己这个时代，民主在小型政府、城市中实现是可能的，但国家则不可能。在付出了很多的努力后，尤其是在美国，一个观点终于得以确立，那就是人民通过代表的形式统治国家的民主形式是可能的。按照康德的说法，共和国就是"唯一完美的人民政体"，事实上却是一种混合的政体。杰斐逊所属的党派也曾被叫作共和党，只不过是在 19 世纪的时候转换为了民主党。即便是在那时候，民主也远不是一个普遍被接受的价值。这一切只是在 20 世纪才发生。

尽管如此，古典的民主很可能在中世纪，尤其在欧洲的近代历史中发挥着极其重要的作用，几乎可以说是不可或缺的。但其重要性却是以非常间接的方式表现出来的：通过那些所有它带来的，和它本身紧密联系在一起的事物，以及受它影响的事物。比如说柏拉图，他的贡献是让人们都惧怕民主。但是，他按照我的判断，如果没有这种民主（的雅典形式）以及它带来的东西所形成的巨大挑战，柏拉图的整个哲学都是不可想象的。

也就是说，民主是那条壮阔洪流的一个重要部分，虽然有时变窄，有时迂回，但这股洪流从古典时代一直流到了近代。不管人们怎么看待价值，这股洪流都以各种方式使得古典时代成了中世纪乃至近代欧洲的典范，并且在很大程度上参与确立了欧洲的理想、信念、主导想象以及推动力。

这一过程具体如何，这不是研究古代史的学者们应该回答的问题。这里讨论的问题不是古典时代产生的是什么，而是它是怎样被吸收的、被接受的，在每一次接受的过程中都会有选择，都会造成误解。从传承这块大蛋糕中人们究竟能挑出些什么？这一点更多取决于做选择的那个人，而不是蛋糕本身。尤其是挑选的人加入了各种个人元素，就好像是加进了香料，这最终决定了他品味事情本身。

有一点是清楚的，古典时代的传承，对中世纪和近代欧洲都有深远的影响，那是通过无数大规模、小规模或者非常小范围内的接受过程实现的，有时候直接，有时候间接。为什么是这样呢？我们可以试着来判断一下，那些有特殊吸引力的古典文化传承的特征是什么。但说到吸引力总是应该考虑两个方面，要想感知吸引力，就需要接受力。

不妨做个比较，我们考虑一下阿拉伯人接受希腊传统这个事情。他们早在西方基督世界之前很多年就接收了这些传统资源，翻译了很多著作，以至于很多希腊的文献都是以阿拉伯译文的形式出现在我们面前。然而，

- 首先，他们选择的文献主要与哲学和科学有关（数学、天文、医学等）。

- 其次，他们一旦掌握了这些文本，就不再把古希腊的著作当作指导或参考（除了个别例外情况，他们之中也很少有人学习古代的语言）。

- 最后，（当然，这和他们做的选择有关）他们不会让希腊的文献动摇他们世界观中的关键内容。如果这种事情某种程度上一旦发生，也很快会被扼杀在萌芽之中，或者阻止其传播。

中世纪和近代欧洲则相反，人们一直不断地学习希腊语资料——之前就学习拉丁语资料，而且是原著。内容也不仅仅限于科学和哲学。一直以来，欧洲人都把希腊人和罗马人当作他们自己生活和行动以及他们自己的社会秩序的楷模。

雕塑家以他们为榜样，研习古典时代的作品，建筑师、法学家、历史学家、作家、各专业的学者、演说家和政治家，莫不如此。很多年轻人在学校学习拉丁语和希腊语，这让他们更好地处理这些文献，甚至在其中流连忘返。这些古典时代的资料都成为人们的行为规范，或者至少是备受尊敬的权威。人们通过它们来审视自己的生活。它们多次被用来质疑基督教流传下来的经典——虽然也遭到过强烈的反对，但是基督教的传承始终不能真正占上风。

这如何可能？基督教的欧洲人比阿拉伯人更开放、更不明智或更少僵化和固化？从活人（拜占庭的希腊人）那里与仅仅从书本和其他遗迹中接受古代传统会有不同的效果吗？基督教会对阅读《圣经》比之伊斯兰教阅读《古兰经》给予了更多的理解空间？还是西方基督教，即拉丁基督教自愿地或者被动地使中世纪和近代欧洲人对这些资料产生了接受力，甚至是上瘾了？这是因为它——除了与传统的种种断裂以外——事实上已经携带大量的希腊－罗马元素，为复兴古典文化打下基础，并让它不断抽枝发芽，使人们在这样的基础上对古典文化生出亲近之情吗？不管这些问题的答案如何，有一些事实是不容争辩的，那就是古典文献在寺院里不断被抄录流传。《福音书》和《保罗书信》是拉丁文。教会创始人的神学里充满着从古典哲学中的借用，教会的法规和各种行政管理的实践都得益于罗马帝国。简言之，我们应该去问，是否正是在教会之中并借助于教会，古希腊的传承才在基督教的欧洲得到如此之多的接受，这种接受随着时间的推移范围变得越来越广，这是与伊斯兰世界截然不同的情况。

　　如果是这样的话，那么中世纪和近代欧洲与古典时代的联系要比我们一般设想的要紧密得多。古典时代构成了欧洲早期的历史，而不是先于欧洲的历史而存在。在这种情况下，基督教不仅打败了、摒弃了很多古典的元素，且事实上很重要的是，它保存并传承了很多这样的元素，而且这不仅仅是表面上的。古典时代催生了许多它自己无法满足的需求，使基督教最终获得了成功，基督教本身也带来了很多它自己无法再去满足的需求，这使得人们只好又一次求助于古典时代的资料。

　　我无法回答这个问题，如果这个问题在某种程度上是有可能回答的，那它也需要进行最大规模的比较研究。尽管如此，我还是愿意强调古典世界和中世纪/近代欧洲之间的连续性，至少我会提出这样一种假说。我的论点是，希腊人把新的元素带入了世界历史，这种元素自那以后，至少在两千五百年里成为欧洲的特征。而且这种元素是在一段非常动荡不安的历史中保存。在这段历史中先是希腊元素与罗马元素结合在一起，产生了丰硕的成果，后来又为希腊元素在基督教中继续流传和重新接受创造了条件。

　　希腊人带到世界上的新元素是，在没有君主制施加任何权威和影响力的情况下实现了一种文化的形成，粗略地说，这种文化的形成基于自由而非统治。这意味着什么呢？为了回答这个问题，我们最好把它与另外一个问题结合在一起看，那就是这是怎么发生的，换句话说，这在历史上是怎么发展的。我把一个更深入的问题先搁置一边，也就是在希腊

欧洲的文化价值

文化在何种程度上可以被看作轴心时代文化。至少在一个方面，希腊文化超越了其他文化，也就是它没有君主制施加影响，而这带来的结果是，它使民主成为可能。

我所说的"希腊人"是指那些经历了迈锡尼文化的瓦解和一系列磨难之后从头再来的希腊人。在头几个世纪中，我们对这段历史知之甚少，很多人，尤其是生活在爱琴海海岸边的人们，开始意识到他们自己生活在小的、尚未成熟的、独立的政治体中。当时他们生活在君主的统治下，但这些君主只是年长者。

这种局面可以在很长时间内维持是因为没有其他的权力集团对爱琴海这片区域感兴趣。当然随着时间的推移，和东方的商业往来更加密切。腓尼基的商人来到希腊，然后希腊人自己也抵达了黎凡特海岸，并最终到达了埃及。他们从东方的发达文明中接收了很多东西：货物、知识、图像、想法、神话、崇拜神祇的方式、交际酒会、技术、专家，当然还有渴望（对财富、对智慧、对文学和对总体上的文化的渴望）。他们在思想、知识和想象力上的发展进步，很大程度上是由东方文明决定的。

但非常特殊的一点是，他们的政治组织，尤其是他们生活的方式，很少受到东方的影响。或者更确切地说，东方带来的最重要影响的是，以色列人也许还有腓尼基人让他们认识到君主制是一件值得怀疑的事情。

不过，这一点他们自己也很快就能意识到，而这个问题对他们来说并不显得特别重要，因为他们的君主本来就特别弱小。

第三章 希腊－罗马传统

在 9 世纪晚期，希腊人内部开始有了更多的活动和变化（以及由此引发的变化），但其结果却只非常特别的：他们通过贸易、掠夺和知识上的启发而得到的大批收获，并没有让君主，而是让一个更加宽广的社会阶层受益。粗略地说就是贵族阶层在整个社会开始变化时，君主事实上已经退到了幕后。君主自身的实力太弱，似乎都不能引起任何影响深远的剧变。如果我们相信历史记载的话，罗马王权在两个世纪之后不声不响的消失与之类似。君主从此不再是文化形成中的代理人。

在这一变化中，宗教权威也没有发挥太重要的作用。祭司从不在希腊人中间施展权力。即便是德尔斐（Delphi）也没有什么权力。这里我们要做一个区分，那就是德尔斐没有权力，却很有权威，这种权威主要是指知识方面的优越性，而且主要用来提建议。

最关键的是，除了 8 世纪的斯巴达以外，几乎没有哪个政权尝试征服其他地方，换句话说，就是建立更大的政体。希腊人喜欢战争，但并不是征服，而是最多让其他人依赖他们，而且战争也都是远征。8 世纪人口过剩问题突出，解决这个问题的方法是，把没有自己土地的人送到几百英里以外建立殖民地，他们建立的也是小的、独立的政体。

早期的城邦由此实现了稳定。独特的城邦文化开始出现；在意大利南部（后来的马赛）和塞浦路斯之间，在北非的昔兰尼和克里米亚之间，希腊人都有共同的城邦文化，但他们从来没有想过政治上的联合。

这种基于城邦的文化，那种对许多小的独立的政治体的保留，和与之相联系的生活方式的发展，只可能在以下这种情况实现，那就是城邦中最有影响力的人群（大多数情况下是最初的"贵族阶层"，随着后续发展又有别的阶层加入）习惯性地认为，或者出于某些观念或喜好认为，城邦这种形式对他们来说是最为合适的。也许这和该地区的地理有关，希腊由许多被山脉分割的小块地区和岛屿组成，这使他们的政体在空间上受到限制。但他们并不是非要屈从于这种限制。也有很多很明显的例子表明，地理条件不会阻碍扩张。

这种政治上的分割是符合希腊人意愿的（不管他们在多大程度上是有意识的）。这和一种特殊的，主要是在有影响力的阶层之间的性格是匹配的。他们的成员想要尽可能地自立，也就是不依赖他人，自给自足（这是后人的说法，并依然充满赞赏）。他们想要做自己的主人。他们自己拥有的房子（农场和人）是成为自己主人的经济基础。但是，这种独立也需要上层施加最小的限制。结果是，希腊人只给官员们尽可能少的权力；他们把这些官员安排在君主身边，然后慢慢地又用他们取代了君主。有一点很重要，那就是希腊人认为自由还包括不交税（当然，如果城邦非常穷的话，就会抽什一税应对膜拜神祇的开支）。不管是当官还是打仗（包括武器装备），都由自己掏腰包。如果还有较大的支出，而且公共收入不足，那么大家就当即提供一个特别的"赞助"。很多事情都靠这种"赞助"。公共事务尽量完全由贵族阶层负责（后来由人民代表大会和参议院负责）。因此，政体不能太庞大。如果过于庞大的话，个体的权力就会被压缩，失去直接影响事情决策的能力——除非他们已经通过某种职能或等级制度，或是通过财富或其他特殊方式，单方面扩大自己的权力，而这正是大家都不想要的。

这种独立性激发人们对全面性，即人性全面发展的追求。如果你不愿意把太多的权力委托给官员或者专家，你就需要自己有足够的能力去做很多事情——或者至少努力去做到这一点。希腊人并不是不欣赏专家所做的那些工作，而是不欣赏他们本人，尤其是其作为公民。虽然他们用自己的作品为公民创造了他们喜欢的或者生活必需的东西，但他们远离了大众。曾有人说，不管一个建造要塞的建筑师对城市来说多么有用，但最好不要把自己的女儿嫁给他——如果你是一个公民的话。

对于城邦来说，公共性也起着十分重要的作用。公共性的具体理解就是到城中的广场去，人们花费大量的时间在广场上流连，去见面、谈话、露个面，了解最新的消息、获取建议或者做出决定、去表现自己，同时也相互监督。广场也是人们合唱、跳舞以庆祝各种宗教节日的地方（也是排演的地方），他们也在这里举办各种体育运动。当然，这些公共空间里的活动事实上参与者都是男人；女人除了宗教节日之外，会尽可能不到那里去。

我并不能在这里面面俱到地讲述希腊人与希腊城邦的形式。我最多再说一两句话：在这些小的政体中，统治的元素很少形成。大多数的任务并不是直接交付给特定的机构，而是交给公民（首先是贵族阶层）共同处理，也就是说，依靠的是大家共同的努力。但是，在控制情绪方面必要的练习，就得大家都来参与。那种基于共同基础上所有事情都亲力亲为的冲动，他们只能彼此之间相互戒除，更确切地说是他们根本无法戒除这种冲动，只能减弱这种冲动，或者视情况一再地克制这种冲动。这很困难，而且只能在很小的范围内逐渐成功。因此，这些政体的成员尽管都是个人主义者，仍然需要很高的平衡能力，而且需要不断维持这种能力。在这种情况下无疑很多事情都会被搞坏，而且希腊人自己也很了解这些问题。这从《伊利亚特》中就能看出来，这部史诗描绘的就是阿喀琉斯的愤怒。这里边还有好多例子，都证明了古典时代的希腊人在表达他们的复仇要求时，总是开诚布公、不加伪装的。

简单地说，这种政体下是这样一群人，他们想要自由，按照自己的自由意志行事——他们基本上能够处理对自由的滥用，仲裁机构逐渐建立起来了，劝说的技巧也开始发展起来（再加上某种程度上语言和举止的优雅，当然有很多证据可以表明这一点）。

希腊人与其他早期的民族相比可能并不是十分特殊，当然有些情况例外，那就是希腊人每个个体都有对土地的私有权，而且血亲关系和宗族制度事实上不发挥任何作用。但希腊又是独特的，因为希腊人形成了这种早期的特点，并将其保持下去，由此发展出了一种高级文化。至少在我看来，这在整个世界历史上都是独特的。这是一种文化的形成模式，具有以下特征：

1. 不倾向于或者只在很小程度上倾向于扩展公共责任和任务。

2. 不热衷于对政治单元的野心勃勃地重组，或把它固化于具体的人事关系中，使其日渐从公民阶层的主体中独立出去。对技术的进步、宏伟的建筑、基础设施的发展、生产力的提高都兴趣不大。

3. 对功能的细化，也就是对每个个体的片面化没有兴趣。

4. 不追求等级制度或其变体。

5. 与此相应，政治单元的成员或主体并不倾向于在经济上或者思想上依赖于复杂的机制，或与整体剥离的权力中心的作用。

希腊文化形成中并不热衷上述这些东西，它追求的目标是，按照那些小城市里相当独立的主人们的需求来改善他们的生活。而这就意味着要用更多的知识、能力、制度来武装他们，也就是使他们文明开化。

这种文化的形成为某种具体的公共空间的扩展起到了促进作用，那就是体育运动（和竞技，比如在奥林匹亚）。这群人的另一个特征是把很多能量和野心都转化到了竞技当中去，这个特点确实在别的地方也存在，但只有在希腊它发挥了如此重要的作用。这并不意味着希腊人并不想争取权力。恰恰相反。即便是权力和统治也仅仅被他们当作竞技的对象；对财富这个问题也是这样。而他们不太能够做到的事情（而且不情愿做的事情）是建立权力结构，让自己屈从于建立权力和保持权力所必需的事情。总的来说，他们并不愿意为权力服务，无论是他们自己的，还是其他人的。

然而，希腊文化的形成还包括寻找自己独特的表达和交流形式（比如诗歌），对知识的深化与传播，还包括在文字出现不久就诞生出能够创作或者写下 15000 余行史诗的人物，不断赋予艺术新的可能性，发展出某种奢侈的品位，在城邦之间找到更好的交际方式，以及限制战争等。随着行动空间的不断扩大（如通过建立殖民地），发展的不仅仅是人的潜力，也需要新的能力，对随之而来的自由加以掌控。

简单地说，希腊人一路走来，他们想要的，渴望的是一个更好的、更智慧的、更艺术的、更文明的生活方式。这对他们来说是最优先考虑的事情。由此，希腊的特点得到了继续加强，而且是在东方文明的帮助下。

最终，危机还是到来了。它在殖民地建立大约一百年时爆发了，这时候，用以定居的空间越来越少，还出现了较大的经济问题。上层与下层之间剑拔弩张，某些野心勃勃的男人把穷困的人和不满的人联合在他们麾下，建立了僭主统治。这就带来了一种新的可能性，那就是不仅仅在城邦中，而且在城邦之外——通过建立更大规模的城邦——获取权力。你可能会想，这样也许历史发展会走上一条不一样的轨道。

然而，所有权力的扩张都很短暂，而且范围有限。僭主并没有赋予城邦一个根本上不同的结构，也没有建立更大的政体，他们或早或晚都会被推翻，然后城邦在没有君主制的情况下得到了巩固。

需要承认的是，僭主在各城邦的巩固中确实做出了一些贡献，如改善经济、缓解上下阶层之间的紧张关系、扩建基础设施，甚至促进了公民阶层的团结（通过设立、规定各种膜拜仪式和节日）。这些僭主仿佛树立起了一把保护伞，供风雨飘摇中的城市避难使用，而在他们垮台之后（或者暴风雨平静之后），这个保护伞又可以被完全地清除掉（这和近代的绝对君主专制不同，君主专制下形成的国家即便在君主被推翻后仍然能得以保留）。

之所以会有这种结果，可能是因为，首先，虽然僭主们都可以获取和维持权力，但是他们并不能长久地使其实体化，并巩固这个成果。他们并不愿意或者并不能够承担对这一权力的责任（也找不到其他人愿意或者能够承担起这个责任），至少，他们自己想要尽可能地独立和自由，即更大程度地享受权力。

另外，君主政体通常很快就变成了一种专断任性的统治，在这种印象中，希腊的政治思想家也渐渐形成了一种认识，那就是一个符合法治的城邦体制是将任何一种君主制的可能排除在外的。

由此，政治的文化形成过程又迈出了一大步，这一步在政治思想和哲学领域显得尤为突出。全新的知识的可能性得以发展，而且在某种程度上仍然是从东方汲取了不少经验，但主要是从希腊社会的特殊需求中被催生出来，现在涉及的不只是社会上层的需求，而且至少还包括中间阶层的需求。

社会现在正面临着许多重大的任务：经济－社会方面的危机还没有完全消除，比如在6世纪早期的雅典，暴力斗争随时可能发生，就像在其他城市已经发生过的那样。人们有理由担心僭主制会由此建立。那么如何防止这一切的发生呢？因为这不仅仅是满足某些人的合法需求的问题了，还涉及如何使几近崩溃的政体得以稳固的问题。也就是说，要设计并实施一种秩序，但无须（或者不希望有）一种权威来保证它的运行。这必须是一种以自己的力量承载自己的秩序——再加上公民们的协作。

面对这样的问题，最重要的事情就是先找出城邦生活的因果关系和规律性，然后去寻求某种平衡，前提当然是人们假定世界是正常的、是可以理解的。由此就产生了一个更为普遍的问题，一个普遍性的问题。雅典的梭伦试图在城邦的层面上来解决这个问题。两个世纪之后，我们发现阿那克西曼德把同样的模型运用到了宇宙本身：地球并没有人托着，它是如何保持运转的呢？他的回答是，通过它与行星间形成的一种平衡系统。

在我看来，这是早期希腊哲学的起源，它对东方有颇多借鉴（这些也有可能影响了梭伦）——但是通过一种希腊特有的问题模式，它旨在发现规律性和可能的平衡。

也许我在这里可以评论一下理性在希腊人那里扮演的角色。在马克斯·韦伯的宗教社会学研究中，他指出理性和理性化的过程在所有文明中都曾出现过。理性是人的本性，而且会在某种程度上得以发展。但理性化的过程却是向着不同的方向发展，起始点也不同，影响范围也不同。（也就是说，对人类生活的不同领域产生的影响是不尽相同的，其激进程度也不同。）

在希腊人那里这种理性化的进程很早，甚至在古代，就影响了整个秩序以及政体秩序的包括世界秩序的基础。希腊人进行所有思考时，城邦，自由的、男性的公民群体，以及私有制，包括土地私有制都是既定的因素。其他的东西才是可以任意支配的。因为梭伦的唯一的法治秩序只能通过变化才能实现，所以所有的既定因素从一开始就遭到了质疑，被摆在公众面前接受讨论，也就是在很大程度上交给了理性去评判。由于要争取公民支持这一秩序，所以需要以一种十分理性的方式向他们传达——绝不把它们当作神秘的、专门的知识（当然，尽管如此，这些还是在特定的领域内蔓延）。"凡欲说话合乎理性的人，都应该用这个人人所共有的东西把自己武装起来，就像用法律把一座城市武装起来，而且还要武装得更牢固些。"赫拉克利特这样总结道。

希腊人对秩序的理解很少会被对贵族优越性或宗教规定的内化所妨碍。相反，宗教的大部分渗透了理性。众神的世界通常是非理性的，其中却嵌入了一种信仰，即主管天地的神宙斯应该对公正负责——而公正成了一个政治神学和政治哲学共同关注的问题，即一个理性渗透的问题。从这个意义上说，理性化在此进行得特别深入，它决定了整个公民阶层的特征，不管是上层还是下层。

在家庭经济方面，希腊人也经历了某种程度的理性渗透，但其程度之深远远不及城邦的组织层面。

就像在城邦和宇宙中一样，人们也在建筑中寻求客观的尺度。一处建筑的各个部分应该彼此之间有合适的比例关系，这些比例关系，而不是规模宏大或奢侈辉煌等因素后来决定了神庙的建造，即使后两者曾一度对僭主来说是主导因素。

尺度、法律和规律性——所有这些构成了对自由的补充。客观的情况最可能让自由的希腊人为其效力，因为主观的权力是他们不能接受的。后来，由此产生了对法治可能性的信仰。

尽管如此，在某些特别动荡的地区，想要驯服自由的贵族是很困难的。因为他们可以毫不费力地对中下层的民众施加权力和任意的统治，甚至把他们拉入自己的派系斗争、复仇和反复仇的行动中。要对付这种情况只有一个办法：不断加强更广泛的阶层的实力。然而这样做的前提是，他们能够在公共领域发挥作用，而且是经常发挥作用，并且尽可能在公民大会或者委员会里，或者在正在建立中的议会上。精英阶层意识到穷困之徒不能简简单单地被压迫。通过一个更强有力的统治能做到这一点，而这恰恰是人们所不想要的。另外，人们也不想时不时地去应对下层的抱怨或者爆发。因此有必要提供给他们一种制度化的解决方案，让他们觉得自己的呼声得到了关注。

但是，这种制度要发挥功能需要公民责任意识的发展。从梭伦的时代起，我们看到政治思想家提醒人们责任的重要性。让人们乐于承担这些责任并不是那么困难，因为城市的公共空间作为贵族的活动场所十分具有吸引力。如果走得开的话，不妨忽视一点儿自己的经营来成为公共领域中的人物，这并不是那么让人难以接受。

民主的早期形式由此发源，公民的责任，公民的平等，政治上的平等以及对公民的发现。在这一点上，希腊人的进步最终远远超过了以色列人和腓尼基人。

但对希腊城邦的一个关键性的挑战即将到来。公元 480

年，世界级霸权波斯征服了爱琴海以西的希腊人。现在东方有一个权力集团对爱琴海很感兴趣。有很多投降屈服的理由。按照所有的常识，波斯人都要比希腊人先进得多，但是斯巴达、雅典还有其他大约 30 个小城邦却奋起反抗并且取得了胜利。大卫打败了歌利亚，这对世界历史产生了深远的影响。

据我所知，这是地球第一次被分成了两部分——欧洲和亚洲。而且人们开始意识到从人的特点来讲，欧洲和亚洲也是世界上不同的地方。一个倡导服从，另一个持有的是自由。

雅典一夜之间就从穷乡僻壤变成了世界性强权。希腊大部分的能量和很多的问题也都由此而生。希腊的古典文化发展起来。除了较早的荷马和稍晚些的柏拉图和亚里士多德，所有后来西方大众从希腊文明中吸收的精髓都是那时产生的。古典雕塑艺术、奥林匹克的神庙、卫城的建立，都是在那个时候。许多事情是全新的（比如历史书写、诡辩术、苏格拉底的问题），或者其关键部分是全新的，比如古典的悲剧和喜剧。另外要提到的是，这是唯一的，民主（以经民主程序形成的委员会为代表）促成了许多宏伟建筑的建设的历史时期。城邦的成员既是戏剧演出的观众，部分也是诡辩家的听众，以及希罗多德和苏格拉底的听众。高级文化和大众文化开始接触，产生了比任何时候都要紧密的交集。

这些现象的原因只能解释为，不管是作为整体还是各个部分，公民都在享用当时文化所产生的成果。

转眼之间，人们经历了一次行动空间的不寻常的扩张。

他们意识到人类能力的伟大和可怕，其程度是在近代之前不为人所知的。但是，这种胜利和成功也唤醒了疑虑和恐惧。问题接二连三地产生。外交和军事方面都面临着最为困难的情况，内政方面人们也提出了新的要求，尤其是极为大胆的创新行为：引进不受限制的、激进的民主，最艰难的决定将在频繁召开的公民大会上进行，而且鞋匠、裁缝和纺织工人可以在做决定的时候发挥非常重要的作用。

所有这些又带来了无数新的实际问题，雅典人至少在一段时间内相当成功地解决了这些问题，他们的活力、不拘常理以及快速反应的能力都在其中起了很大作用。即便在他们过于鲁莽的时候最终也会取得胜利，因为其他人的反应根本无法像他们一样迅速。

但是，这些决定还有另外一个维度，问题还可能产生在另一个层面上。雅典人所知道的、他们扎根于其中的传统知识，很快就被证明不顶用了——因为一切都在迅速变化。他们应该以什么为参照呢？常规惯例与合乎时宜的做法之间往往横亘着一条鸿沟，人们很可能会陷入其中无法自拔。什么才是公正的？什么是被允许的？什么是正确的？人们经常不得不做的事情往往在传统意义上被看成是不公正的、不被允许的或者错误的。

一大堆的问题，关于道德的、哲学的问题开始出现，而且是出现在很多人身上。我们知道这一点，是因为我们对各种各样涉及这些问题的讨论非常熟悉，是通过悲剧、诡辩者的讨论，以及苏格拉底的问题，即当时的公众领域了解到的。

不过，这些问题的深度还不止如此。人类的理性，不管它最近又突然显得多么伟大，人们却看到，它一次又一次地落入疯癫（ate）、昏聩甚至病理学的手中。那么我们不禁会问，人类尽其所能或者因其所能而一再失败，那人类的理性究竟能做什么？人类的命运是什么？人是什么？神是做什么的？他们想要什么，他们怎样发挥作用？或者他们压根儿不存在？人类的行为是否有意义？不公正的行为是否会受到惩罚？我们假定是这样，这样的假定使社会有序运行，而且人们可以相信在这种秩序中做事是有意义的。但人们越相信这是可能的，越想扩大自己的影响范围；人们的追求越高，越能意识到什么是无意义的——人是如此渺小可怜，只是神祇进行残酷游戏的棋子。其他的一些问题针对的是认识。在什么程度上认识是可能的？经验一直在告诉我们凡事都是相对的，对不同的人来说是不同的。

当时的氛围中充斥着此类以及与之相似的问题。这些问题被艺术与文学、历史以及知识界话语所吸纳，又对这些领域形成了挑战，要求它们给出答案，用人类文化知晓的各种语言和媒介给出答案。但回答并没有让问题平复。答案经常会把问题继续推进，最终陷入悖论之中。与之相对应，一些备受青睐的形式产生了，用以表达人类事物的多样性、对立性甚至是彻底的矛盾性，包括有着各种角色的戏剧、历史书写中的观点陈述与反驳的成对出现、对话——从希罗多德关于宪法的对话开始，后来是诡辩派与苏格拉底的讨论，再到柏拉图在对话中将自己（以及对手）的观点加以发展——这简直是一种询问的激情，这种激情贯穿了整个公民团体，人人都不惧困惑，渴望智识。

在我看来，这正是使这个世界的遗产如此令人着迷、易于接受又不失时代感的重要原因：

1. 这是一个相对来说年轻的文化，充满了自由和发展的潜能。

2. 它的公民团体，尽其可能的民主（如果我们抛开不谈政治权力仅限于男性公民）。

3. 由于它的巨大成功，社会中洋溢着自信，这种自信让人畏惧，甚至也让他们自己感到畏惧；这是一个充满着期待的社会，敢于冒险，当然总也摆脱不了一些小的不确定性。

4. 这个社会是由一种责任感定义的（或者说常常为之苦恼），很开放，因为一切都是新的，并不会受到传统的主导观点的羁绊，不容易陷入循规蹈矩的老套之中。

5. 因为始终需要就最重要、最困难的问题做出判断和决定，因此总是需要论证，而不是依赖于通常情况下的经验。既不容易因轻信而自满，也不会因颓唐而丧志。人们总是摩拳擦掌，跃跃欲试。

换言之，这些公民不仅参与政治、管理、打仗，而且想要（并且必须）知道一切都是怎么回事。他们想要理解，也就是把他们做的、遭受的、经历的新事物和他们知道的和相信的联系在一起。

这就是当时的氛围，它决定了气氛、划出了经验视阈，使得一系列的问题产生。这些问题也是作家、艺术家和知识分子所关注的。因为他们必须涉及（并分享）这个公民团体的强大，因为他们中的一部分（比如悲剧作家和喜剧作家）之间有着直接的竞争关系，另外他们都属于一个穷兵黩武的世界，因此他们必须让人容易理解，他们的作品必须让人容易接受，同时又不失品位。

这一点上所有人都是共通的。另外，不同的艺术门类追求着不同的方向。在塑造人的形象方面，简单地说就是塑造全面的人的理想图像。身体要经过彻底全面的训练：善于运动、能作战、思想集中、受理性的控制。要全身赤裸，远离所有的片面性、专业性和阶层的差别。只是一个人的形象，但以他最高的形式展现出来。在悲剧中人们感兴趣的是，人之伟大（常常是狂妄）和受命运摆布（往往是失败）之间的紧张关系，同时悲剧还关注事件的意义这个问题（往往最终展现了最可怕的无意义性）。而在历史书写中关于意义的问询是受到抑制的——为了获悉真实的过程和因果关系以及偶然性（这当然也没有妨碍修昔底德的历史最终以雅典的悲剧告终）。另外，由于悲剧反映了整个时代的恐惧，所以它对传统的神话进行了无情的激化（也转化成了给人留下深刻印象的故事和图像）。

这正是希腊理性的一种表现，总有某种程度上的约简，把注意力集中到本质的、符合规律的东西以及尺度上面去（而尺度总是表现在与过度的斗争中）。

我不知道我们是不是可以说希腊人有一种特殊的艺术才华，或者尤其擅长孕育伟大的艺术家。但显而易见的是，5世纪的时候希腊社会里的艺术家和作家受到了一种特定形式的挑战。根据雅各布·布克哈特的理论，这可能促使某些地方从自己的公民中"生产"出了"数量上不成比例的重要人物"。在他看来，是某种异乎寻常的东西唤醒了人们最高的力量。

这个世纪的遗产构成了一个整体，希腊人伟大的胜利（马拉松战役和萨拉米斯战役）、希腊人发展出的光辉成就，以及希腊人得到全面发展的人性在自身和世界上获得的丰富体验凝聚成的极富吸引力的多样性，三者聚合在一起形成了一整个巨大的集合体；可以理解，然后又变得不可理解，开始时很有说服力，然后又变得可质疑，很有吸引力，而且不那么容易摆脱，因为从你被它俘获的那一刻起，它不断地纠缠着、吸引着你。

这是一群非常自由、非常独立、非常开放因而敢于自我质疑的人，他们的行动是强有力的，当然也是可质疑的，但已经开始意识到了自己的可质疑之处；在这样一个行动的世界中，这样的人性第一次，也是以这种方式唯一的一次，在文化上得以伟大的展现。

古典时代随着雅典人在公元 404 年的战败而告终。它带有一个特殊时代所有的印记。再没有一个完整的公民阶层孕育和维持这样一种文化了。但是，深受 5 世纪的质疑态度影响的伟大的哲学，此时才有了自己的开端。修辞学、语言、科学的高峰还未到来。一种语言形成了，它的作用远不只是在公民大会和公民法庭上据理力争。

不久之后，世界有了另一位征服者，马其顿的亚历山大。希腊人在 4 世纪和希腊化时期完成的事情只是让罗马人以及后来中世纪、近代的人更容易理解他们的经典作品，但希腊的影响实际上是从 5 世纪的时候开始的。

这种文化推崇自由、责任和开放，理性的影响既深且广，人们敢于去质疑人类的世界和神祇的世界，敢于质疑自己。这个文化在奠定西方欧洲的基础、铸造西方欧洲的方面都发挥了强有力的作用。在很长一段时间里它都是一种很优越的文化。它允许人们去说、去塑造、去思考、去询问他们自己几乎不能（或至少不能很好地）去说、去塑造、去思考、去询问的事情。人们尽可以和它发生摩擦。多亏其视角的多样性，多亏它借以了解自己的矛盾性，人们过去可以、现在仍然可以不断地重新体验它。人们一次又一次地看到，古典文化似乎比刚刚过去的现代性还要具有时代感，每一次人们对古典材料和思想的接受都不如它本身更富有时代精神。人们需要重新回顾古典文化，从而推出新的思想，继续探索未知的领域，面对惊人的变化重新思考自己。这种希腊人和罗马人试图追寻的多义的普遍性可以在时间的长河里和单义的特殊性、专门性比肩而立，毫不逊色。

当然，在别的时期，也包括我们自己所处的这个时代，人们在很多领域都取得了进步，有很多其他的经历，而且试图去表达它们。然而，这些经历更加具体、更加个人化，也更折磨人，更加接近无法言说的境地（而且大多是与时代的特殊情况相关的经验）。当然还有夹在对立双方之间的紧张、分裂、异化、无助，以及最强烈的怀疑。但是，那些普遍的东西，那把普遍性不断推向极致的古典时代，在我看来可以保有一席之地，只要人们做好了准备来质疑他们自己和他们所处的世界。

欧洲的文化价值

*　　*　　*

罗马一方面用出产于罗马土地的、特殊的东西对希腊的遗产进行了最有成效的补充。另一方面，罗马也接受了希腊人的遗产，并借助它建构了自己的罗马文化。希腊的艺术家对此做出了贡献。罗马在形式语言、建筑、雕塑、历史书写、文学、哲学、修辞等方面的成果，无一不受到希腊的影响，但仍具有罗马文化的特质。在某种程度上，罗马帝国之中渗透的是一种希腊－罗马文化，在东部更多地表现出希腊的特质，在西部更多地呈现出罗马的特征。而且不可否认的是，希腊的文化用拉丁文的形式可以被传播得更为广泛和容易，由此也更深入地植根于西方。但是，罗马人对希腊文化遗产最重要的贡献是那些他们自己孕育而生的财富（尽管会有一些希腊的影响）。

首先要说的是共和国，罗马特有的政治秩序，这种政治秩序将强有力的领导与反对的声音相结合，将贵族阶层的特权和所有公民的自由权力相结合，在没有君主的条件下得以运行，征服了整个地中海世界，而且被证明是非常稳定的，因此被广泛赞许而且一直被视为一种典范。除此之外，与希腊城邦形成鲜明对比的是，这个共和国能够将罗马的法律拓展到其同盟国以及被征服的地区，有时甚至是很大的规模。

与城邦体制不同的是，共和国有一个自己的核心，这个核心把共和国高高置于其成员之上（就像后来在某些条件下国家所做的那样，先是把君主作为这样一个核心，后来是其他的代表）。这个共和国的特点一部分来自早期的（具有

第三章 希腊－罗马传统

伊特鲁里亚特点的）王国，一部分来自从未受到质疑的信念，一部分来自不断得到加强的并由此实体化的得到合适的机制保证的贵族统治阶级的共同意志。

尽管贵族实际上并不代表共和国，但他们确实以一种特殊的方式对其形成了认同。他们可以在其中发号施令，尽管他们的权力并不是不受限制。与此相应，罗马人的公民概念不会（至少几乎不会）由其在政体中的参与度和话语权所决定，这一点和希腊人不一样，这一概念一开始有强烈的军事和服从的特点（尽管有相应的提出反对的权利），后来才和某些权利相联系，比如得到尊重的诉求（也许还有对受庇护者的某些救助行为）。因此，罗马人赋予别人公民的权利相对来说也就简单得多。这种与别人分享的能力，再加上公民身份只具有很小的政治意义却十分强调自由权利（和关怀），具有这些特点的罗马的公民概念，尤其适合欧盟。欧盟在空间上不断扩张，大小已经类似于罗马帝国，当然这种扩张暂时还在朝向不同的方向。

共和国之后接踵而来的是皇帝的统治，直到中世纪的帝王们接过了这根接力棒（一开始更多的是受到同时存在的拜占庭帝国统治的启发）。但是，这一传统脉络现在已经逐渐消失了。

罗马世界帝国的传统也是如此，这种传统在中世纪和近代早期还扮演着很重要的角色，它集中表现在罗马城的神话之中，这个神圣之城和永恒之城在很长的一段时间对教皇统治助益良多（对教会权力和世俗权力之间后果严重且硕果颇丰的紧张关系也产生了很大影响）。

另外从罗马继承的很多其他元素，比如统治组织和行政组织、政府的概念以及统治者的建筑艺术和符号等，其意义也早就消耗殆尽了。

但是有一项罗马的传统至今还得以留存下来，目前为止这无疑是罗马传统中最重要的、最持久的元素，那就是罗马法。它是千年历史的产物，是共和国特有的秩序使其成为可能，而这种秩序在帝国时期的很长一段时间内得以延续；它是罗马数代法学家的成果（也有希腊思想的某些影响）；它主要是漫长岁月孕育出来的产物，在这段时间里，从无数的司法实践和对法律的评价中逐渐产生出了这种高度细化的法律。这种法律包含大量的法学观点，法律在多种汇编文集中被概括和组织，使法律各领域中最重要的学说获得系统性的秩序。

对罗马法的接受必将导致法律科学的诞生。自中世纪以来，如果统治者、城市、臣仆、商人和最终整个国家都缺乏这种工具，缺乏这种具有客观化手段和决定能力的科学，简直无法想象中世纪中期以来的历史会走向何方。我们有充足的理由认为，这一法律传统对欧洲（以及最终对整个世界）来说意义重大，过去如此，现在亦是如此。

最后，我还要说明两点。

第一点，希腊－罗马传统在欧洲的历史中扮演着非常重要的角色，不仅因为它的形式和内容，也因为在很长的一段时间里，它是一种跨国家的连接性的元素（一直延伸到俄国以及欧洲移民所到的那些国家），尽管这种元素已经变得十分稀薄，但至少直到不久之前仍发挥着作用。我们能想到的是西方的教会（不仅仅是天主教会）、大学、科学的术语，尤其是资产阶级的教育，正是这种教育和财产一起构成了资产阶级面对贵族阶层时自信心的基础，很多古典的传统或经常或断续地渗透到资产阶级的文化中，给其带来活力，当然也有很多消失在庸俗市民的生活里。

第二点是一个尚待解答的问题，整个希腊－罗马传统（还有其他的传统）究竟在多大程度上已经功成身退了？在我们这样一个时代，一个快速地远离各种传统的时代，也许向另一个时代学习会很有意思，毕竟那个时代也经历了"传统的"与"适宜的"之间的深壑，也曾因此惴惴不安，并最终进行了丰富的创造。汲取古典文化的营养对于新的起点来说总是颇为有趣的。但或许现在并不是一个新起点开始的时间，而仅仅是继续滑跌的时代。我们能够确定的只有一点，奥地利教育和文化部部长最近宣称，学校必须尽可能地与时俱进。鉴于目前变化的速度，这意味着在学生毕业之前，老师们所讲述的知识就已经过时了。在最近的几十年中，一方面是恐怖主义这个全新的难题，另一方面，有数百年传统的（只有通过这数百年的历史才能够理解）对于普遍财富、普遍教育和普遍参与的追求又开始回潮，这种回潮不仅影响深远，而且涉及方方面面。面对这些问题，人们的兴趣点应该何在？相比而言，也许希腊－罗马传统比当代的历史更有现实意义。

第四章　欧洲如何发现了自己的多样性
——关于价值的多样性在中世纪的渊源
米夏埃尔·博尔格尔特

按照本书两位主编的安排，书中一系列文章所涉及的时代从公元前 6 世纪的轴心时代一直延续到当下，本篇文章是第一个在题目中提到欧洲这个称呼的。[1] 按照本书的计划，欧洲如何发现了自己的多样性这个问题应该由一个中世纪历史学家来回答。我们确实可以认为，欧洲作为我们所熟悉的历史维度确实是在中世纪产生的；尽管希腊 – 罗马有诸多根本性的贡献，古代的宗教也有影响深远的启迪，但最终以罗马人为代表的地中海文化统一体的解散，以及政治和文化重心在阿尔卑斯山以北地区的形成，才造就了欧洲。[2] 从这个角度上讲，起决定作用的是日耳曼和斯拉夫的民族迁徙。

这些迁徙使一批国家得以形成，取代了以前的一个单个的帝国；[3] 信仰伊斯兰教的阿拉伯人和柏柏尔人占领了小亚细亚以及北非也起到了同样的作用，这使地中海成为一个宗教和文化的边界，尽管伊斯兰教也扩张到了西班牙和南意大利地区。[4]

　　但是我们要问，从 3 世纪到 8 世纪的进程是否真的，并在何种程度上把欧洲作为一个特殊的整体产生了出来？不久之前，一位中世纪历史学家重新描述了希腊 – 罗马时代后期以及中世纪早期的情形，对这一揣测产生了质疑。[5] 柏林的中世纪学家恩斯特·匹茨把他的著作称为《在大西洋和印度洋之间的地中海地域的历史》，也就是说，他在避免使用欧洲这一称谓；作为他的著作的研究对象，他没有选择欧洲，而是选择环地中海的地域，也就是众所周知自古以来就受希腊 – 罗马影响的世界。按照匹茨的观点，这个"世界"没有跟罗马帝国一起毁灭，而是继续存在了下去。当然，在希腊 – 罗马时代和中世纪的数百年时间里，环地中海地区并不是一成不变的。从 3 世纪末开始，这个地域的边缘民族消解了旧的文化的统一性，先是把这一地区分裂成了西方和拜占庭，而后又把东方分裂成希腊的基督教文化和伊斯兰教的多个政权，从而把地中海地区三分天下。因此，匹茨称之为"中世纪的三种文化"。这些中世纪的文化虽然在环地中海地区相互竞争，但由于它们共同的希腊 – 罗马来源又能够保持旧的统一性，甚至一直到我们的时代都是如此。

　　所以，按照生活在我们时代的这位作者的观点，我们不能再像浪漫派的德国作家一样，把中世纪梦想成"美丽的、辉煌的时代"，"那时欧洲是一个基督之国，一群统一的基督教众栖居在这块宜居的土地上"；[6] 其实那是一个不同的文化共存的时期，那些文化都受到一神宗教的影响，有罗马的基督教以及东正教的变种，还有伊斯兰教——另外我还想补充的是——当然还有犹太教。[7] 之所以会产生对于我们的过去的这种视角，是因为匹茨尝试着不把欧洲，而把欧洲-地中海地区（euromediterran）看作一个空间上和历史上的整体。但这种整体的设想本身是否合理呢？如果我们在看这本新近出版的书时心存这种疑虑[8]，那我们就会发现一些主题，这些主题在我们这本文集的规划和文章中是反复出现的。

恩斯特·匹茨是把欧洲历史当作普世史（universal history）来研究的，毫无疑问，他还在抱着启蒙时期天下一家、世界大同的梦想。要实现这一世界主义的理想，把人类居住的整个世界变成一个和平共处的大国，环地中海的这些国家比起其他地区来更具有得天独厚的条件。[9] 这位历史学家不仅对刚刚开始的现代哲学加以回溯，还坚信他胸怀世界的壮志的实证基础。按照卡尔·雅斯贝尔斯的理论，匹茨推测在公元前 600 年到公元前 480 年，在世界不同的地区，各自独立地产生了人类对自己的可能性和界限的认识上的突破，这一突破成了高级文明和各个宗教的基础。[10] 希腊文明，波斯的、印度的、古代以色列的宗教，中国的道德学说以及罗马睿智的国王努马的功绩同时出现，这令雅斯贝尔斯十分着迷，从而提出世界历史的轴心时代的说法，而后又论证了他的信仰命题，即"人类有着唯一的起源和共同的目标"[11]。匹茨引用了这句话[12]，并把其看作他的世界图景的核心。按照他的说法，随着人们有意识地开始进行理性的思考，人们相互理解的道路也就打开了。这位中世纪学家设想的世界历史的进程是这样的："随着高级文明不断地把野蛮的边缘民族吸引到它的影响圈中，这些高级文明必将相互接触。"[13]而他的书关注的正是世界历史的这一段开端中与欧洲相关的部分；因此，这本书是以游牧民族，尤其是来自中亚的萨尔马提亚人进入地中海地区[14]以及罗马皇帝奥留良的反抗开始的，古罗马的一段铭文把这位皇帝赞誉为"世界重建者"（restitutor orbis）[15]。

不管这个自圆其说的历史方案对有些人来说看起来多么有吸引力，它也激发人们提出异议。比如，这种历史书写显示出的完整性的野心，它的普世史的整体论观点，把世界理解为完整和统一的，都不是无懈可击的。[16]这种思想植根于基督教救赎历史的传统，是其世俗化的版本；历史进程被描述成单一线条，暴露出这种世界史的欧洲中心的视角。克里斯蒂安·迈耶尔在1988年就已经摒弃了普世史的思想，这种思想认为普世史是一个完整的整体，不同的历史、单个的世界级文化做出的重大贡献都可以纳入其中，而迈耶尔却提出了"不同历史和不同过去的同一个世界"[17]的说法。我们不应该再与旧的世界历史打交道，而应该与人类居住的世界的历史打交道。迈耶尔还提出了一个重要的论断："这个历史的方向是不清楚的，它的统一性正在形成之中。"与古代史研究者迈耶尔不谋而合，近代历史学者赖因哈德·科泽勒莱克也认为，新的历史书写回到了18世纪晚期的状态，那时候普世史还是由无数被讲述的历史组成的。[18]集合单数的

欧洲的文化价值

"历史"是在 1760～1780 年得以确立的；在许多历史被整合成一个历史的情况下，近代也就不可避免地产生了统一化、普遍化和完全化的效果。如果人们认真看待这些观点——我对它们坚信不疑——那么，对于中世纪来说，或者在看待整个前现代的时候，如果把其说成是一个完整的、统一的历史就不合适了。匹茨论述了中世纪的三种而不是一种文化，可以说就已经考虑到了这一点，但是他把希腊－罗马晚期以及中世纪早期的历史都放进一个欧洲－地中海空间的目标明确的连续体里，而这个连续体是具备一个普遍的统一世界的架构的，他就又违背了这一点。

在放弃历史的完整性和整体性的时候是不是也应该放弃任何一种统一性？是不是每一种描述从开端到当下的欧洲和它的价值的历史都是不科学的行为？这些问题确实在最近得到过肯定的回答。一位女性主义的女历史学家指责通常将通史想象为整体历史的做法，并提出了"历史的非整体性作为原则"来对抗这种做法；按照她的观点，我们不应该从单个历史的整体性，而应该从多个历史的多样性出发，应该顾及"历史变迁的区域性和全球性过程形成了许多不同的历史，这些历史中存在矛盾性、非统一性和差异"。[19]在单个历史的整体性的思路中，她进一步批评道，是把等级思维作为秩序原则，这种原则会使统治者的逻辑获得优先权。至于统一综合征的原因，这位历史学家认为，它们来源于普世史和民族史的传统中。在 19 世纪早期，从人道和启蒙的理想出发的对普世历史的寻找无果而终，现代史学开始把注意力集中到民族和民族史上。于是历史研究和描述找到了意义建

立、重要的和非重要的秩序等有效的原则。[20]历史的统一性
这一思考背景起到了把某一个特定的历史作为普遍的历史，
并与其他各种各样的历史区分开来的作用，这样人们就可以
把其他历史作为特殊的历史加以边缘化。统一性的要求不仅
在学校课堂上发挥作用，还使一个普遍的历史图像得以贯
彻，并且为社会建立一个有历史基础的身份认同做出了贡
献。[21]这个关于民族史的观点放在欧洲史上也适用，欧洲史
也不曾摆脱过统一性强迫症。[22]

　　这一批评对目前占主导地位的历史书写实践加以指责，
并为一种极端多样化的历史观察方法指明了道路，我们应该
如何看待这种根本性的批评呢？[23]毋庸置疑，对于统一的要
求适合对历史进行工具化。比如我们放眼欧洲，看看它的历
史、当下和未来，能否说有一种欧洲的身份认同，这种身份
认同建立在何种基础之上，仍是众说纷纭的问题。大家的共
识仅限于，在西方或者一个西方价值共同体的基础上，欧洲
可以被看作统一的。但如果像匹茨和其他学者一样，把在欧
洲的西部和东部都拥有支撑点的东正教和伊斯兰教的世界以
及犹太教也牵涉进来，那这种以拉丁世界为核心的统一想象
就站不住脚了。[24]因此，人们有理由来倡导一种"不同东西
的同级别性"。[25]

　　但是我认为，放弃统一性的想象从根本上是不可取的。
科学的任务就是把现象的多样性加以整理并建立统一性。就
像一位著名的学者曾经告诫人们的一样，如果任各种特殊情
形纷乱杂陈，历史就会变成一个疯人院。[26]当然历史中的统
一性总是一种被想出来的统一性，一种假想的蓝图，而不是

一种客观的、作为"本体的"特征的统一性。²⁷这种想出来的统一性总是不完美的，而且也总会存在其他的可能性。每一种统一的设计都会存在内部的矛盾，撇开这些矛盾不谈，还有各种不同的统一性方案。如此看来，史学不应该首先去试图书写单数的欧洲历史，而是书写复数的欧洲历史，或者换一种说法，去描述不同的历史图像，这些图像正是因为具有不可避免的扭曲而刺激着与它们自身相反的设计的产生。²⁸

对于欧洲的每一种观点和描述都建立在一种建构之上，只有人们接受这个建构的前提，它才能够屹立不倒。然而，虚构的自由是有限的，经验和习俗都能防止肆意妄为的发生。²⁹比如人们曾经无数次地尝试将欧洲地理上的形态加以确定，但这些尝试一次次地被推翻。两千五百年前，希腊人希罗多德就批评了把人类居住的地球分为三个大陆的做法，因为欧罗巴、亚细亚和利比亚（也就是非洲）"组成了一块联系在一起的陆地"。³⁰"我也不知道，"他不知所措地补充道，"为什么人们把埃及的尼罗河当作划分亚细亚和利比亚的边界，把科尔基斯的法希斯河（里奥尼河）当作划分亚细亚和欧罗巴的边界。我找不出来做出这种划分的始作俑者到底是谁，也找不出来到底是按照哪些人来命名这些地方的。"欧罗巴就像亚细亚和阿非利加一样是一个匿名的发明；不管是过去还是现在，它们都不存在于大自然之中，而是存在于人的头脑之中。从科学的角度而言无法确定它们，但是人们也不能随意地分割它们。别人的观察以及共识还是有约束力的，这在希罗多德那里也表现出来。这位游历甚广

第四章　欧洲如何发现了自己的多样性

的民族志学家和"探索者"知道除了从高加索注入黑海的奥尼尔河以外还有一种意见是，亚速海的顿河也可以是欧洲的界线；[31]但对于欧洲这块土地在西部和北部的延伸，这位古希腊的作家既没有身临其境，也没有其他人的目击报告可供借鉴。[32]

对当下的我们来说，没有比把欧洲与东方隔离开来的一圈海洋更确定的了，一边是沿着北海－波罗的海一线，另一边是从地中海到黑海。[33]这样的确定性是从希腊－罗马地理学家的描述[34]或者后来时代勇敢的商人的描述开始产生的。[35]只有东边的边界直到今天还有些模糊不清。注入黑海的河流对于古希腊人还有中世纪来说已经足够长了[36]，但是自从俄国开始要求它在欧洲的地位以来，这些河流又显得太短了。于是一位为帝国服务的瑞典将军建议将边界从顿河移到乌拉尔山，于是从 19 世纪早期开始，这个解决方案就在欧洲人的集体知识中确定下来。[37]不管这条界线的划分从细节上看多有争议，但从此之后，亚细亚就从乌拉尔山以及与它同名的河流之后开始了，符拉迪沃斯托克不能要求属于欧洲，印度和中国也不可以。

把欧洲和它的边界比作海洋是很妥帖的，因为——主要在东西之间——这个边界像潮水一样时而前涌、时而后退。[38]尤其是从地理话语转换为历史话语时，许多学者都提出把欧洲作为一体和整体的方案；[39]由于没有客观的事实作为标准，因此，每一个自定义的欧洲，除了观察和习俗以外还都有价值的决定作为基础，这些价值的决定只能达到有限的约束力。在当下情况依然如此。那些今天说起欧洲就滔滔不绝的人通常指的是一个名叫"欧洲联盟"的民主国家联合体。虽然大家都知道欧洲和欧盟并不是一致的,但是大家都觉得,随着今后这个国家联合体的不断扩张,它们的大小有可能变得一致。如果在欧盟之外人们提起要进入欧洲,那意思就是说想要加入欧洲的国家联合体。在西欧,欧洲和欧盟已经变得一致,除了三个例外的情况。[40]大家也都知道中东欧国家要集体加入欧盟,今年波罗的海和西斯拉夫国家要与日耳曼和罗曼民族完成统一。[41]很快,如何划归俄罗斯以及其他东斯拉夫国家就会被提上日程[42],在这之前,欧盟看来还要与土耳其展开加入欧盟的谈判。[43]

不管人们在土耳其和俄罗斯的问题上做出何种决定,欧盟和欧洲的界限已经是前所未有的一致了。如果欧盟接纳了这两个国家,那它自己就丧失了对它的名称和身份认同的权利。因为一个一直延伸到太平洋的欧洲,或者从爱琴海直到亚拉腊山的欧洲,都会打破它与亚洲之间由习俗所定的界限,不同大洲的说法也就失去了意义。如果土耳其人和俄罗斯人遭到拒绝,那么——这样做也是可行的——欧盟就会保持在历史形成的欧洲之内,并且放弃一段欧洲的历史。称其为"放弃"的一个论据可以是,俄国不是从彼得大帝的专制时期才开始属于欧洲历史的,而是从斯堪的纳维亚的瓦良格人在俄国第一次建立帝国,以及俄国人皈依基督教的东正教派开始的。[44]另外,也可以认为土耳其是欧洲的,至少从凯末尔革命开始,一个信仰伊斯兰教的民族开始尝试以独特的方式建立一个有西方特点的共和国。[45]

欧洲虽然可以看作一个被想象出来的东西,但也不能随

第四章　欧洲如何发现了自己的多样性

意加以定义；经验与协议限制着建构的自由空间。然而，要想把一个大洲从地理和历史上都描述为一个毫无争议的整体，只有协定当然是不够的。如果人们考虑欧洲各民族的历史，那就必须接受东部边界的模糊性。欧洲从历史的角度来讲虽然是一个被想象的统一体，但绝不是一个闭合的整体。

这种观点当然对理解多样性也会有影响。即使人们把欧洲从史学的角度理解为某种特殊形式的统一体，那历史学家也应该清醒地意识到，这种统一从来也不是圆满的。只有当他把某些特别之处也加以指明，这些特别之处与他对这个大洲的特别看法相违背，他才是可信的。统一性和多样性的原则并不构成一个闭合的系统，欧洲过去不是"多样中的统一"，而应该被理解为一个存在无数差异的多个统一单元的组合。我们时代的有些知识分子也已经从这个发现中得出结论，比如一位法国学者解释说，思考欧洲意味着要承认它是"一个把最大的差异统一起来但又不混杂的组合"，并且"把对立的因素不可分割地联系在一起"。[46]人们必须放弃"欧洲是统一的、有明确的界限"的想法，欧洲文化最重要的不仅在于它的那些重要思想，而且还在于如下的事实，即所有这些思想也都有其对立的观点。因此，对于欧洲来说，"对话哲学的原则"（Prinzip der Dialogik）是具有决定性的。欧洲的历史研究面临的任务是，探寻差异、对立、竞争和互补是如何相遇并结出硕果的。正如一位英国历史学家所强调的，不管是历史上还是今天，欧洲的身份认同都在于它的不一致性。欧洲的所有国家都与其他的国家不一样，即使在那些西欧国家中差异也是占主要地位的。[47]"欧洲"这个启蒙时期形成的思想从来不曾完成过。没有政治上的统一，差异性始终是它最为牢固的一个特征。

我们现在知道，按照当下历史学科围绕理论建构而进行的讨论，欧洲的多样性不会消融在欧洲的统一性之中，相反，现象的多样在一个被想象的历史框架中经常会显得不服从驾驭。我们确实可以认为，历史研究最近重新发现了欧洲历史中的差异。[48]这一研究上的进展将使本文《欧洲如何发现了自己的多样性》获益良多。因为我们可以预期，历史学家会对特别的东西加以新的关注。但这个题目还预示了一些别的东西：它促使人们产生这样的想法，即我们可以论证欧洲本身——也就是指欧洲历史中的人们——是如何发现他们生活世界的多样性的。按照本书的关注点，由此还引发了另外一个问题，即对中世纪的多样性的发现与欧洲文化价值的多样性是否存在关联。

如果仔细看，也可以批评说，我们这篇文章的引导问题把我们引入了歧途，因为现实从来都是具有多样性的；多样性是"超越历史的普遍的东西"，是"所有自然的和历史的现实中纯粹的事实"。[49]与多样性相反，统一性只有通过脑力活动从无穷尽的现象之中制造出来，这些现象本身个个显而易见，不需要任何的解释。但人们也已经很清楚，人很难忍受多样性，不喜欢让混乱持续存在并造成后果。只有那些不食人间烟火的美学家和学者才会接受它们。[50]因此，我们的任务只能是去寻找在哪儿多样性被认识到，并且在思想上和生活实践中被驾驭。那些发现了个别现象与其他东西相比的特殊之处并对其做出评价的地方，多样性也是具有历史重要性的。按照这样的理解，多样性就是各式各样、丰富多彩。题目中的那个问题——欧洲如何发现了它的多样性——不仅需要由回溯历史的史学家来回答，而且还要以历史的参与者的判断和行动作为依据。

欧洲的多样性的产生，也就是说成为思索的对象，肇始于罗马帝国被"野蛮人"袭击。一个为教皇利奥一世服务的外省罗马人的反应是很典型的。这位作家对入侵的萨尔马特人和日耳曼人充满了敌意，但当匈奴人在阿提拉的引导下，以及当汪达尔人进入意大利时，他就开始琢磨了："当我们在时代、民族、家庭、孩子、尚未出生的胎儿，甚至双胞胎之间发现区别和特殊之处的时候，我们毫不怀疑，这是公正仁慈的上帝在这个稍纵即逝的世界里不愿意让我们知道的秘密之一。"[51]时代的戏剧性转变导致了对几乎所有生活领域中多样性的感知，显然这样的经验具有很大的冲击力，因此它无法被理解和整理，只能被归入上帝的智慧和天意之列。

也许可以设想，日耳曼民族大迁徙所形成的数量众多的王国迫使人们在纷繁杂乱之中试图建立一个思想上的秩序。[52]我们把建立在罗马帝国土地上的这些国家称为西哥特人和汪达尔人，苏维汇人、勃艮第人、东哥特人和法兰克人，但我们一定要清楚，侵入罗马帝国之中的是不同起源的群体，并且在那些国王的带领下又形成了新的民族（民族生成）。[53]在这些王国之中，只有少数几个能与后来时代建立起联系的脉络。但毫无疑问的是，它们预先塑造了欧洲典型的、直到今天仍保持着的多国家的形态。从 6 世纪和 7 世纪开始，意大利的伦巴底人的王国，以及巴尔干半岛上的保加尔人和塞尔维亚人的王国也加入其中。在欧洲西部，罗马皇帝的统治在 476 年就消失了，而君士坦丁大帝在博斯普鲁斯海峡两岸建立的东罗马帝国却又延续了数百年。自从查理大帝在西欧重新建立帝国，东法兰克 - 德意志出身的国王成为他的后继者，在欧洲甚至出现了两个皇帝。从这时起，对于欧洲来说同样典型的——形成中的民族国家和皇帝之间的分极化——也出现了。这些皇权从原则上讲都是统一的帝国（universal empire），即使它们对这一目标并不都那么认真看待，也永远不会有机会去实现它。[54]

从何时开始这些欧洲国家形成了一个多样性的格局，这种多样性不仅在边界上或者在旅行中、买卖的旅途中和征战之中被感知，而且确实是被领悟成一种丰富多彩的局面并允许其存在呢？对政治上的传统主义者来说，这种情况是一个十分棘手的难题，这一点在拜占庭就可以观察到：拜占庭自视为罗马帝国，并认为自己的元首就像古罗马的皇帝那样具有统治世界的权力。[55]但事实存在的各种各样的国家也是无法否认的，因此皇帝手下的官员们就发明了一套严格的仪规。按照这套仪规，罗马皇帝在国王和诸侯的大家族中获得父亲的地位，其他信仰基督教或非基督徒的统治者则在一个按级别划分的亲属结构中获得一个较低的等级。[56]如此一来，日耳曼的国王们对君士坦丁堡的皇帝来说可能是儿子，而国王们之间是兄弟的关系。中世纪的统治者之间还建立了事实上的家庭纽带，不管是通过联姻，还是通过洗礼建立教父教子的关系。[57]这当然还不是一种对由主权国家组成的欧洲体系的认可，但这种形式的多样性在欧洲的中世纪恐怕还没有出现。

到了493年东哥特国王狄奥多里克占领意大利，必须把他的王国纳入欧洲的政治构架之中时，问题出现了。狄奥多里克和皇帝之间产生了竞争，他想被承认为独立的统治者。为了稳固自己的地位，他努力建构一个与其他日耳曼王国结盟的体系。直到500年，他本人与他家族的妇女们与西哥特人、勃艮第人、法兰克人和汪达尔人多次联姻，后来其他的统治者也带领他们的王国加入其中。[58]尽管狄奥多里克作为皇帝在东方的特使以及意大利和罗马的统治者要求享有优先权，但在他的努力下欧洲的第一个平衡系统建立起来了，这是一个真正的、得到许可的、在国家层面上的多样局面。如果这个政治秩序能够维持下去的话，那欧洲的历史就不会是我们熟知的那样了。因为狄奥多里克和几乎所有其他的日耳曼统治者都隶属于所谓的阿里乌斯基督教派，也就是说他们不属于罗马教廷，而罗马教廷的首脑是君士坦丁堡的皇帝。阿里乌斯派的信徒只组成各个国家的教会，他们并不像天主教徒或者东正教徒一样有一个超越国家的钳制。[59]尽管教皇统治在欧洲的王国中一开始影响力还十分微弱，但是它仍然形成了信仰上的统一；在中世纪的鼎盛时期，教皇统治发展成了欧洲融合的最为强大的因素。[60]如果具有阿里乌斯信仰的国家和狄奥多里克的系统能够存在更长时间的话，那么欧洲国家的分化程度肯定会更加强烈，而这种情况在以天主教和东正教为主的情况下是不可能出现的。事实上，狄奥多里克在有生之年就经历了他的平衡政策的崩溃；主要原因是法兰克国王克洛维的扩张行为，另外克洛维还接受了罗马教廷的信仰，成为皇帝的结盟者。[61] 很快，所有信仰阿里乌斯教的民族迁徙国家都被毁灭了，而法兰克人则在高卢形成了一个新的大王国。

中世纪的欧洲虽然在后来的几个世纪中一再形成了一些政治和军事的同盟，但中世纪研究者却很难找到像近代国家之间的那种平衡系统的痕迹。[62] 对两种情况加以区分是十分重要的：虽然事实上多个国家的同时存在有数个世纪之久，而且这些国家之间经常也确实存在某种平衡，但这种平衡更多是被容忍的，而不是被赞许的。一开始是那些由皇帝统治的帝国，后来是西欧强大的君主，他们都反对这种平衡的状态，都想要追求霸权，甚至是称霸世界。

让中世纪的欧洲人接受有多个国家的事实颇有难度，也许可以认为，让他们接受族裔的和语言的多样性更容易一些，因为《圣经·创世记》中有一个众所周知的传说，这个传说从一开始就把民族和语言的起源与传播纳入一个系统性的关联中。按照《圣经》里的这个故事，建造巴别塔的参与者属于同一个民族，说同一种语言，上帝让他们分散到全世界；[63] 所有新的民族都是从受到上帝眷顾的诺亚起源的，具体的都排列在一个"族谱"中，归于诺亚的各个儿孙名下。也就是说，"族谱"里只有有限数量的族裔，其中十四个来源于诺亚的儿子雅弗，三十个来源于他的弟弟含，二十六个来源于他的第三个儿子闪。康斯坦茨的中世纪学家阿诺·波尔斯特给我们提供了这样的见解，即《圣经》里的这个故事是第一个绝无仅有的从宗教角度进行历史思考的结果，这种历史思考在犹太人那里得到突破发展，开创了世界史的滥觞。[64]这种历史思考严格遵循一神论的原则，同时又是普遍的。从《创世记》的神开始，整个世界就是被作为一个多样中的统一来考虑的。

波尔斯特还对这个观念的后续效果，以及对于语言和民族起源和多样性的各种说法进行了一次很深入的普遍性历史的研究。这本材料丰富的著作为民族多样性的感知和评价提供了数不胜数的证据，并且是从最古老的一直到最近的时期。[65]比如，人们可以读到906年莱茵河流域的一位本笃教士在他的教会法手册里所写下的东西。[66]这位教士论证道，教会虽然遍布整个世界，信仰也到处都只有一个，但各处的风俗却不是统一的，"不同的民族按照他们的方式、习俗、语言和法律彼此区分"。[67]大约在同一时间，一位关注民族迁徙的诗人也对欧洲的各种差异发表了让人惊讶的冷静见解："地球的第三个部分，兄弟们，被称作欧洲；按照习俗和语言以及名字能分为五花八门的民族，迷信和宗教把这些民族明显地区分开来。"[68]13世纪博学的德国神职人员更进了一步，他们尝试着给各个国家和民族建立一个等级的、功能性的秩序。按照他们的观点，在欧洲应该有四个主要的国家，"就是位于东方的希腊人的帝国，位于西方的西班牙人的王国，位于南方的罗马人的帝国，以及北方的法兰西人的王国。但是这样的排序并不会剥夺其他国家的尊严"。[69]在欧洲西部的罗马人、法国人和德国人被证明具有特殊的才能，并且他们被分派了不同的任务："罗马人因为比较古老，所以获得了教皇统治，日耳曼人或法兰西人比较年轻，所以获得了皇权，法国人或者高卢人由于特别敏锐，所以来进行科学上的研究。这完全符合（……）一个有意义的、必要的秩序。教皇统治、皇权和科学研究这三种分法正好对应着灵魂、肉体和精神的三种力量，神圣的天主教会的意义就存在、生长和表现于这种秩序之中"。[70]教皇统治的中心在罗马，科学研究的中心在巴黎，"但是皇权就像人们所知道的那样，按照圣灵的意愿有四个中心，也就是亚琛、阿尔勒、米兰和罗马"。[71]当中世纪晚期的诗人和哲学家但丁（1265 ~ 1321 年）在思索政治秩序时，他想把维护多样性之责交于统治世界的君主之手："Necesse est multitudinem esse in humano genere"（在人类中存在着多样性，这是必要的）。[72]

可以肯定的是，在中世纪有许多人思索过语言和民族的多样性，并且经常是在建造巴别塔这个故事的关联中。在波尔斯特讨论的一系列作家中却缺少几个伟大的名字，反而是二流和三流的知识分子得到了广泛的重视。[73]关于民族和语言的多样性思考的接受和传播，这个在 20 世纪 50 年代做出的思想史研究却无法给我们很多启迪。我们不得不说，那些被讨论的论据都是一些学术性的文字，对于多数人对世界的理解几乎不会产生深远的影响。

毫无疑问，中世纪绝大多数人的感知都局限于熟悉的生活范围；那些进行历史思考的人会写下自己家庭的历史，自己修道院的、国家或者帝国的历史。[74]这些历史可以并存，即使每一个群体都声称与其他群体一样有着同一个古老的起源。就像按照恺撒和罗马的先例，法兰克人和法国人、不列颠人和英格兰人、爱尔兰人、诺曼人和丹麦人、冰岛人、波

第四章　欧洲如何发现了自己的多样性

兰人和匈牙利人都声称自己起源于特洛亚人，1500 年之后比利时人也这样认为。按照中世纪晚期一位作家的说法，德国人也来源于特洛亚人。在这一点上，不管是民族还是城市居民，或者贵族家族的做法都是一样的。[75] 大家都想当特洛亚人，通常情况下对其他人的相互竞争的要求并不知情，直到人文主义者的史料批评开始质疑特洛亚神话，同时也常常质疑特洛亚发源于巴比伦的一个民族的说法。中世纪晚期，历史学家们超越了对自己的历史的痴迷，从而发现了其他民族的历史。一个佛罗伦萨的方济会修士大概是第一个这样做的人。这位修士 14 世纪中期时到亚洲的远东地区传教，他回到欧洲时在布拉格卡尔四世的宫廷停留。在这里他受到激励，写下了《波西米亚国家记》，这是五百多年以来第一次由一个西方作家来描绘另外一个国家的历史。[76] 后来，在人文主义时期的意大利，首先是埃尼阿·西尔维奥·皮克罗米尼，即后来的教皇庇护二世（卒于 1464 年）记述了其他民族的历史，尤其另外的一部波西米亚历史，另外还有一本后来变得很出名的《日耳曼尼亚志》，以及从当代史的角度对奥地利的描写。当然，过去也有一个王国的或一个主教城市的编年史作者记述过邻邦的历史，但直到中世纪晚期，他者的历史才成为历史书写的一个独立的主题。

在中世纪人们无疑是知道在国家的和政治的，在族裔的、语言的和历史的领域存在着自我与他者的差别，但他们是否对陌生的东西进行讨论或者许可多样性的存在，就不是那么确凿无疑了。也许偶然有一些雏形，但相关的话语却与"普通"人的经验世界相去甚远。尽管如此，我还是认为可以提出这样的论点，在中世纪多样性被发现了，这一发现的影响力一直波及当下的价值世界。因为有一种对于差异和多样的经验无疑曾广泛传播，这种经验所在的领域我们在上文中已经偶尔提及，现在我们要把它放到我们观察的中心，那就是宗教的领域。一神宗教的突破，尤其是基督教的领导地位，对欧洲的历史形象发挥了前所未有的深刻影响，使其与它的前历史以及同时代世界的其他地区区分开来。[77]自相矛盾的是，恰恰是对于一个创世上帝的信仰，也可以说是对统一性原则的信仰，催生出了作为"有秩序的五花八门"的多样性。要想对这一点做出解释，就必须把中世纪的宗教世界与较早时代的宗教世界断开来考察。

基督教之前的希腊－罗马时代是以尊崇数量众多的神祇为特点的。[78]这个万神殿中的神祇的数量从来不是固定的，长官们要求民众的只是认真地完成典仪，而不要求他们皈依某一种信仰。那时几乎不存在宗教方面的文字性记录，更没有证明教义的神学论文。在罗马，万神殿在几百年的时间中一再显示了它对新神的接纳能力。这些神祇松散地围绕着以朱庇特为首的罗马三大神周围。如果一个将军要去打仗，他就会对敌人的神祇发誓道：如果它们抛弃它们保护的人，转而帮助他的话，他就会为它们在罗马建造一座辉煌的神庙。第一次进行此类召唤（evocatio）的对象是女神朱诺，她于公元前396年从伊特鲁西亚的城市维耶被带到了罗马，并安置在阿文丁山一个为她专设的神庙里。[79]后来的例子还有人们接受了小亚细亚对于大母神的崇拜，就把派加蒙的黑石带到帕拉蒂尼山上（公元前205/前204年）。[80]从恺撒和奥古斯都开始，皇帝们自己也变成了神祇，直到公元 3 世纪的奥留良、普罗布斯和卡鲁斯。[81]但是古罗马的异教信仰并不是毫无限制的宽容。[82]比如在奥古斯丁时代的文书中，就把屋大维战胜克利奥帕特拉描绘成罗马神祇战胜埃及神祇。[83]数百年后一位皇帝抵制波斯来的摩尼教，因为他担心这种新的"迷信"会质疑传统的神祇崇拜。[84]

尽管国家的兴衰与对神祇的信仰密切相关，但罗马人在他们进行征服的时候却从来没有尝试把自己的神祇和风俗系统性地加以传播。倒是宗教跟随士兵和官员首先来到了意大利，然后又传到了外省。[85]这些从外部进入罗马城的"新"信仰又从这里被继续传播开来。在边境军队遇到了"野蛮人"，这些"野蛮人"也信仰众多的神祇。在阿尔卑斯山以北，"野蛮人"指的就是"凯尔特人"和"日耳曼人"。[86]这两个名称所指称的都不是大的民族，而是多个部落和群体，它们的组成不断地变化。但它们都是没有文字的民族，对于他们的宗教和文化的判断都取决于罗马人的认知。罗马人按照他们自己的经验来阐释野蛮人的世界，并给那些陌生的神祇赋予他们自己的神的名字。比如恺撒在描述高卢人和日耳曼人的宗教时就用了罗马人的神的名字墨丘利和阿波罗、玛尔斯、朱庇特和弥涅耳瓦、索尔、伏尔甘和露娜。[87]在塔西陀那里也是如此。[88]研究者把将罗马神祇世界转移到日耳曼或凯尔特人的神祇世界的做法称为罗马译法。这种相应的认同做法在苏美尔人那里就出现过。[89]然而，今天人们却产生了怀疑，在凯尔特人和日耳曼人那里是否从开始就存在一个虽说有很多的变化，但是相当完整的、划分清楚的神祇世界？很可能野蛮人的神祇一开始只能享受到地区性的崇拜，随着与罗马人的接触才开始发展成为独立的跨地区的信仰。[90]

在描述罗马人、凯尔特人或日耳曼人的宗教特征时，晚近的研究都避免使用多神教这一称谓。因为人们知道这个产生于较晚时代的论战性概念是由维护基督教教义的护教论者发明的。[91]他们认为基督教是宗教信仰中更高的阶层，多神教在这个关联中被看作未完成的一神教，或者是唯一的神圣原则的复数性表达。今天的宗教学努力去认识多神教的自我价值，并且挖掘它对于一个文化来说独特的整合能力。按照新的研究的观点，所谓的多神教能够把当地的神祇纳入地区性的或跨地区的万神庙之中，有助于把有地区性信仰的不同群体联合成大的群体。[92]把罗马神祇的名字转移到凯尔特人和日耳曼人的世界之中，这也显示了那些认为宇宙中交织着多种自主神力的宗教是具有很强的统一能力的。[93]

上面所说的并不是学者的一种猜测，这一点可以用中世纪的圣弗拉基米尔的故事来证明。弗拉基米尔是诺夫哥罗德的诸侯。980年他占领了基辅，从而获得了从波罗的海到黑海之间的基辅罗斯的总控制权。与他同时代的其他统治者一样，他认为自己应该把他的多族裔的帝国统一起来，这些族裔除了有来自斯堪的纳维亚的瓦雷哥人、斯拉夫人，还有芬兰人、伊朗人和波里安人。[94]关键问题是与出身相联系的宗教信仰的不同。一开始弗拉基米尔试着把不同的神祇组成一个共生体。俄罗斯的编年史记载道，他在基辅的山上竖起了神像："一个木头做成的佩伦，他的头是银的，他的髭须是金的。另外还有霍尔斯、戴伯格、思特利伯格、斯玛格尔、莫科什。"[95] 据说他还为这些神祇献祭了人牲。弗拉基米尔的叔叔多布里尼在沃尔科夫河上只造了一个神像，当然是斯拉夫人的主神佩伦的神像。为什么弗拉基米尔没过几年就放弃了以异教的多神信仰为基础的政治融合，其原因现在不得而知了。他于 988 年和他的民族一起接受了基督徒的一神信仰。

我们看到，以多神崇拜为基础对多样性的存在加以许可是可以想象的，就像在罗马人或日耳曼人那里一样，但是 10 世纪末期，这种做法在欧洲却已经不在考虑之列了。一种平等的多宗教的态度最后出现在伏尔加河畔的可萨人的王国里。一个信仰犹太教的可汗领导的民族一直到 965 年还可以皈依伊斯兰教、基督教，或者信仰突厥的腾格里。[96] 但是一神教的启示宗教在欧洲变得十分强大，它们开始要求整个的民族都要皈依。

另外，多神教的神祇世界的开放性，即使它并不是没有限制的，也使人们在不同的信仰之间不加区别。这不禁让人想起尼采的一句很贴切的话："古代希腊人没有规定性的神学：每个人都有权利去编造，他想信什么就信什么。"[97] 然而，中世纪却告别了希腊－罗马的多神教；由此，一神信仰的突破成为欧洲历史中的决定性阶段。它意味着欧洲在中世纪的诞生。不再把许多神祇放入一个万神庙，也不再只崇拜自己的生活共同体的神，而是要求成长中的欧洲人信仰唯一的、创造了天地的神。[98] 神话中讲述了很多神祇，并且毫无偏袒地容忍很多神祇比肩而立，而创世神的普遍性却意味着，大家再也不能对自己的邻人对于上帝的看法等闲视之了。没有犹太人的神、基督徒的神或伊斯兰教的神，如果在信仰方面坚定的话，所有的人只能有一个唯一的神。[99]这时神学和教义也不可避免地出现了，它们以经书中的宗教传承为支撑，自己也被文字编码。

最近有一些学者，尤其是埃及学家扬·阿斯曼在关注一神教转折的问题，他把一神教称为一个拐点，并认为这个拐点"比世界上所有的政治变化都更有决定性的意义"。[100]其中重要的并不是区分一个神和许多神，而是"区分宗教中的真和假，区分真的唯一的神和假的神祇，区分真正的教义和让人误入歧途的教义，区分知识和无知，信仰和无信仰"。[101]他认为一神教的转折在这个意义上导致了一个致命的结果。古犹太教中对于"真"与"假"的区分作为这一转折的基础，"在后来的接受史中演变成了犹太人与异教徒、基督徒与异教徒、基督徒与犹太人、伊斯兰教与无信仰的人、信奉正教的与异端分子的区分，并且以数不胜数的暴力和流血事件表现出来"。[102]一神的宗教信仰必定是不宽容的，也就是说，它们一定要有一个明确的概念来定义哪些是它们觉得与它们的真理不可调和的，哪些是可以调和的。[103]那些异教的或者多神的宗教则没有异端邪说的概念。阿斯曼对一神教的批评在他的埃及研究的语境中以及从他的提法的尖锐性来看还显得比较新颖，但这种批评本身早就不是什么新鲜事了。四分之一世纪以前哲学家奥多·马夸德（Odo Marquard）就已经唱起了《多神教颂歌》，而汉斯·布鲁门贝格则对神话的魅力进行了研究，而神话正是多神教的基础。[104]

　　阿斯曼像当代的其他作者一样，让人产生这样的印象：追求统一的一神教只会带来分裂，而不会促进对多样性的接受。而我认为情况恰恰相反，虽然要求信奉一个上帝的宗教信仰导致了很多宗教的对立和摩擦，是冲突的一个取之不尽的源泉，但一神教以及它的不妥协性却是对于他者进行感知的一个价值不可估量的学校，完全有可能导致对他者的接受。因为宗教与每个人都有关，一神教又强迫每个人去做出决定，所以每个人也都能够了解宗教的多样性。即使在基督教、犹太教和伊斯兰教没有接触和相互竞争的地方，人们仍然关心什么是真正的信仰；在正统的信仰世界中也有可能存在差异，分裂和异端是其最为明显的表现，这在基督徒、犹太人和伊斯兰教中都是一样的。[105]另一方面，大家一再低估的是，宗教的对立并不是不可避免地会导致冲突，导致血腥的毁灭战争。欧洲的幸存，尤其是它的文化，正是直到今天都建立在相互容忍的差异之上。

　　在欧洲的三个一神宗教中，犹太教－基督教还在罗马人时代就已经在帝国内部以及帝国范围之外传播了，伊斯兰教到7~8世纪才加入其中。这三个宗教中没有哪个完全控制了欧洲，即使基督教也没能做到这一点。首先是古代犹太教律法的信徒在欧洲寻找一个存身之处；[106]还在公元前就在罗马形成了一个犹太人的定居点。[107]之后，提多在耶路撒冷毁坏了第二圣殿，使更多的犹太人背井离乡，离开巴勒斯坦、叙利亚、美索不达米亚和埃及等他们生长的居住区域。随着时间的推移，他们渐渐移居到小亚细亚、希腊以及地中海西

部地区。在欧洲，塞法迪（西班牙）犹太教形成了第一个
宗教和文化的中心，3世纪在法国南部的城市中也有证据表
明建立了犹太人定居点。[108]伊斯兰教在中世纪早期占领了巴
勒斯坦和西班牙，这也导致了范围更大的定居点的迁移，这
些迁移后来又重复了很多次。但人们并不是在欧洲到处都能
遇到犹太人。比如他们到达英格兰的时间是1066年之后[109]，
而在挪威、瑞典、爱尔兰和苏格兰基本上没有犹太人。[110]除
了可萨人的帝国以外，犹太人都没有达到领导一个王国的地
位。可萨人是一个半游牧的突厥民族，生活在第聂伯河、顿
河、伏尔加河流域。他们也在欧洲的其他地方聚居和建立教
区，但在那里他们都是一个规模很小的少数民族，依赖于基
督教或者伊斯兰教统治者，或者拥有其他信仰的宗教首领的
仁慈。因此，在中世纪，没有犹太人扮演着某种角色的历史
事件[111]；他们觉得自己处于流放之中[112]，在欧洲确实始终是
其他人的行为的对象。与另外两个宗教相比，他们的教众几
乎没有通过教化或者降服得到增长，最多是通过外部来的移
民或者他们自身的繁衍。[113]虽然与基督徒或伊斯兰教混居在
一起，但犹太人把自己的礼仪实践、节日和戒律，与他们的
区分得清清楚楚[114]，犹太人内部也只组成一个松散的共同
体。尽管偶然也会出现集中化的倾向，或者某些派系短暂地
拥有支配性地位，但并不存在教区之间的权威性秩序。[115]

犹太人始终只是少数派，而基督徒和穆斯林则在一个社
会中时而占多数时而占少数。[116]欧洲的基督教化随着使徒保
罗的传教旅行就已经开始了，他先后到过马其顿和希腊的腓
立比、帖撒罗尼迦和科林斯（49/51）。基督教化的进程从

南部和西部渐渐扩展，经历数百年，主要专注对多神教信徒的感化。[117]在中世纪时期，基督教化的终点是立陶宛在1386年的皈依[118]，而多宗教、不加区分的蒙古人的入侵已经在前一个世纪阻止了拉普兰、库曼尼亚（钦察）以及伏尔加河中段的几个民族的基督教化。[119]欧洲传教史之所以经历了如此漫长的时间，因为传教到处都遭到激烈的抵抗，当然，主教们和信仰传播者们忽高忽低的热情也是原因之一。

因为没有实现统一，教会史无法圆满。后使徒时代的基督教最害怕的莫过于分裂和异端，但他们从开始就没有清楚地区分等级制度和组织中的分裂与信仰中的异见。罗马的基督徒在公元100年就已经接到警告，要警惕科林斯教众内部的情况。科林斯的教众曾经在很长时间里都以他们的友爱精神著称，现在却吵翻了，甚至还通过一个竞争集团肆无忌惮地推翻了他们以前的领导者。[120]在对正统教义的激烈争执中，仅仅几十年的时间里就产生了第一批针对异端分子的著作。[121]影响最为深远的分裂——起码对欧洲而言——是拉丁－罗马教会与希腊－东正教会的分裂；这次分裂伴随着双方皇权和早期基督教教首之间的竞争，1054年分裂成了定局，并产生了深远的影响。[122]跟信仰问题或教会事物中的异见做斗争，基督徒们乐此不疲，但从未获得圆满的结局。

当伊斯兰教进入欧洲时，他们几乎再也见不到多神信徒，而只剩下基督徒和犹太教徒。在圣战者于711年从北非过海到达直布罗陀之前，他们虽然从阿拉伯半岛开始已经占领了大马士革、耶路撒冷、安提阿和埃及，但他们多次试图占领君士坦丁堡的努力都失败了。[123]在欧洲西部，阿拉伯人和柏柏尔人在很短的时间里就成功消灭了西哥特人的基督教王国，占领了几乎整个西班牙一直到比利牛斯山;[124]不久，他们也占领了西西里。[125]另一方面，在阿斯图里亚斯形成了反抗这些外来统治者的中心，基督徒们想由此发起战斗，夺回他们的家乡。收复失地运动持续了数百年，直到1212年的军事胜利才取得了突破，西班牙的伊斯兰教被击退到格拉纳达。[126]几乎同时诺曼人也开始行动，最终在腓特烈二世的时候彻底把萨拉森人赶出了西西里。[127]然而中世纪晚期，伊斯兰教却在欧洲的东南部战胜了重要的民族和国家。伏尔加保加尔人早在10世纪早期就接受了伊斯兰教，并建立了一个帝国，他们虽然被蒙古人征服;大部分信仰基督教的俄国人都臣服于蒙古金帐汗国的可汗，但他很快皈依了伊斯兰教（1257～1266）。[128]伊斯兰教的势力范围甚至跨过了第聂伯河。影响更为深远的是从1354年起，伊斯兰教化的土耳其人在拜占庭和巴尔干进行的渗透和占领。1453年君士坦丁堡陷落，奥斯曼帝国彻底取代了信仰基督教的皇帝统治的帝国。[129]在中世纪即将结束时，基督徒和伊斯兰教聚居区的边界仍然贯穿着整个欧洲，只是与以前相比地方不大相同。

尽管三个一神宗教从原则上来说是互不容忍的，但是它们的信徒影响其他信徒的方式却各不相同。防御姿态最强的是犹太人，这绝不仅是因为他们觉得自己是被选择的民族，与耶和华建立了盟约;还因为直到古罗马时期，他们一直都有这样的想法，那就是其他的民族也可以皈依唯一的、创造世界的、以色列的上帝。[130]帝国时期确实有一些异教的罗马人皈依的证据保留了下来。公元70年，犹太人起义失败并被驱逐出耶路撒冷以后，他们的放逐时代真正开始了。这时保留他们的身份认同变得更加重要，而不是通过劝说他人改变信仰来扩张自己。在中世纪，他们皈依基督教或伊斯兰教的人数应该寥寥无几，目前人们知道的只有个别的名字。[131]没有一个自己的国家作为支撑，并经常是一个很小的少数民族，这种情况使犹太教教众几乎不可能去想在信仰其他宗教的多数人口中开展积极的传教活动。另外，犹太人的活动也受到限制，那就是伊斯兰教对放弃信仰的人会处以死刑，基督徒也可能遭受同样的命运。[132]

与犹太人和伊斯兰教不同的是，基督徒有通过教化其他民族来传播他们的宗教的任务。按照福音传播者马太的说法，复活的耶稣委派他剩下的十一个门徒普遍传播基督教，并且保证给他们以帮助："天上地下所有的权柄都赐给我了。所以，你们要去，使万民作我的门徒，奉父、子、圣灵的名给他们施洗。凡我所吩咐你们的，都教训他们遵守，我就常与你们同在，直到世界的末了。"（《马太福音》第28章第18～20节）。研究表明，这种普遍的传教命令在高级宗教中是绝无仅有的。[133]但是，它们在执行过程中却没有雷厉风行。福音不仅是针对犹太人的，而且还针对异教的罗马人，这种认识在最初的基督徒中的接受并非一帆风顺，同样，成立不久的教会对帝国之外的异教徒加以眷顾时也遇到了不少的冲突。当然，在教化这些民族时也使用了一种跟古时不一样的传教方法。[134]在古罗马希腊时代，教化基本上是从个人开始的。按照教皇奥古斯丁的理论，教化必须要自愿进行，并且在洗礼之前内心中已经完成皈依。如果候选人是通过布道被争取改宗的，那他在洗礼之前还必须要经过教义考试。现在在帝国边境上的日耳曼人和其他民族那里却不再采用个人教化的方法，而开始了针对集体的有组织传教，并且从国王和贵族，也就是这些民族、部族和家族的最上层开始，希望教化能自上"向下"继续发挥作用。传教留给个人的做出自己决定的空间很小。传教工作的成功标准是洗礼，洗礼之前的教化工作却被简化了。

当基督教开始在欧洲扩张时，常常会遇到先他们而到的犹太人，基督徒遇到犹太人时的态度与对待异教徒是不一样的。他们行为的基本准则也是圣奥古斯丁的一个神学理论。[135]按照这个理论，犹太人是应该受到教会保护的，因为犹太人的离散证明了他们，也就是他们的祖先曾使基督蒙难。另一方面，基督徒还把古犹太教的信徒看作《旧约》法则的守卫者。他们恰恰证明了上帝与人建立的新的盟约，这个盟约是基督促成的。毕竟使徒保罗在《罗马书》中曾经预言犹太人将在末日皈依。因此，基督徒与犹太人的关系始终是矛盾的，一方面他们被看作救赎历史的参与者和证人，另一方面又是屠神者。在中世纪，强迫洗礼是被教会法律所禁止的，杀害犹太人也被明确地加以谴责，但驱逐犹太人却不在禁止之列。[136]尽管如此，只要是犹太人希望在欧洲能够长期定居的地方，针对他们的各种暴力行为却不断发生。即使有世俗的犹太人保护法，并且信仰基督的统治者保证执行，也无法预防或阻止此类事件的发生。[137]

伊斯兰教想要完成他们的使命的方法又有别于犹太人和基督徒。他们把世界分成两个部分——现在仍然如此——

第四章　欧洲如何发现了自己的多样性

"伊斯兰世界"和"战争世界"。[138]从理论上来说，处在伊斯兰教统治之下的世界的第一部分和没有被教化的第二部分长期处于战争状态；如果敌人太强大，而自己的力量不足时，按照穆罕默德的榜样，战争可以暂时停止。按照《古兰经》的教义，异教徒必须要接受伊斯兰教或者受死，但是这一点并不适用于那些"有经人"，尤其是犹太人和基督徒。扩展伊斯兰教的统治就可以了，臣服的基督徒或犹太人无须变成伊斯兰教教徒。伊斯兰教和"有经人"达成的协议保证他们完全拥有自己的宗教机构和世俗财富，他们成为国家的受庇护者，只要他们向国家交纳人头税和土地税。这种关系的决定性的法律依据在《古兰经》的第9章第29节里被确定下来；按照这里的说法，对那些拥有文字的人，要一直与其战斗，"直到他们规规矩矩地纳税"。[139]因为《古兰经》被看作神的启示，绝不允许更改，因此那些宗教上的少数派，包括基督徒、犹太人或者其他的"有经者"，他们的地位对于前现代的社会来说要以独特的方式加以法律上的保护；[140]但是臣服的文字拥有者必须成为"二等公民"，如果想要获得与伊斯兰教平等的法律地位，只能通过皈依伊斯兰教。[141]不管是在中世纪早期的西班牙，还是从14、15世纪开始在奥斯曼土耳其帝国，那些伊斯兰教统治者通常都对把信仰基督教的民众进行集体教化没有什么兴趣，因为从宗教方面讲，没有什么强迫他们这么做。[142]收缴税金或者供品对他们来说常常更有吸引力，因此伊比利亚半岛以及巴尔干在数百年中只是渐渐地被伊斯兰化，而且这一进程也没有以牺牲基督徒为代价而完成。

137

由此可见，欧洲的一神信仰并没有促使三个宗教的信徒不断地进行针对彼此的暴力行为。在基督徒占统治地位的时候，犹太人作为少数群体是受到教会的基本原则和世俗的法律保护的。在伊斯兰教统治时，基督徒和犹太人都享受着特权，这种特权是宗教的启示本身所认可的。新的研究表明，这三者之间有着长期的共存关系，研究当然也没有忽视少数群体所受到的社会和政治上的不平等待遇，这样的待遇是每一个下层的宗教群体都不得不忍受的。这样的共存关系在历史学家的感知中很长时间都被压迫、迫害、驱逐和杀害所遮蔽。[143] 说起犹太人和基督徒的关系时，人们虽然也会提到"对抗文化"或者"相互排斥"，但是仍然会指出，在两个宗教团体之间"文化上的借鉴是稀松平常的"。[144] 这到底是什么意思？用我们当代一位历史学家的话说就是："史料中显示，很多方面都是正常的邻里关系：既有住在同一座房子里的居住共同体，又有在其他人的家里过夜，还有参加家庭聚会，有时是相互之间的馈赠，一起赌博或打牌，还有在紧急情况下，比如遭受火灾、抢劫和袭击时自然而然的帮忙，这时即使是破坏了神圣的安息日的休息也是正当的。"[145] 这里还要引用一个来自欧洲东南部的史料记载。按照这段记载，11 世纪初期时的拜占庭犹太人享有很多的自由，这些自由在一个来自波斯的诺斯托基督徒的眼中简直是闻所未闻的："罗马人在他们的国家里收留了大量的犹太人，给予他们保护，并且允许他们公开信仰他们的宗教，建立犹太教堂。在他们的城市里犹太人可以说"我是一个犹太人"，他可以信仰他的宗教，进行他的祈祷，没有人因此而攻击他、阻碍他的行为或者为他设置障碍。就像在埃及，妇女、儿童和其他不合适的人都能够进入牧师的神圣领地一样，犹太人自己也可以进入罗马人的教堂。"[146]另一方面，不同的宗教习俗和规定把基督徒或穆斯林在日常生活中与犹太人分离开来，比如关于饮食的规定就限制了或者排除了和其他信仰的人一起共餐的可能性，异教通婚或者发生性关系都是被犹太教方面所禁止的，等等。但正是每天都能够感受到的近与远的变化必将使人认识到差异，使得体验生活方式的五花八门成为可能。

穆斯林与基督徒和犹太人的关系也应该同样看待。不久前的研究显示，在西班牙基督徒和穆斯林是彼此高度依存的，不管两个群体中的哪一个拥有政治上的统治权。在占领伊比利亚半岛的时候，萨拉森人面对他们数量上的极端劣势，也像基督徒在收复失地时对待穆斯林那样，对臣服者给予同样的宽容。[147]在基督徒统治时期，伊斯兰教，即穆德哈尔人还用阿拉伯语书写他们的法律文书，并且按照他们的信仰来发誓言。"他们修建自己的建筑，使用自己的手艺。从他们的建筑师傅的手中建成了数量众多的教堂，一部分的资金来源于犹太教众的无息贷款。在15世纪末期还有文字记载了穆德哈尔人的乐师用他们的音乐给天主教的圣体节游行伴奏过，紧接着也参加了节日宴会。"[148]一个很了解情况的人把伊斯兰教与基督教在中世纪的关系做了如下简短的总结："我们不能把它们总结成一个不间断的血腥冲突与相互歧视和侮辱的链条。如果人们看待这段数百年的历史，那基督徒和穆斯林之间的冲突，比起那些其他对立团体之间的非宗教性的冲突，既没有更经常，也不是更暴力。两个信仰团体之

间进行的真正的宗教战争也是如此。即使在所谓的伊斯兰教
－基督教的对抗中，穆斯林和基督徒也一再结成军事联盟，
并且由此证明，那些战斗实际上都是由于其他原因才发生
的，而不是出于宗教上的信仰。（……）那些危机之外的平
静的、和平共处的时代却没有人提起，但这些时代持续了很
长时间，并且结出了一些成果。"[149]

　　当然，每个在政治上处于较低地位的宗教群体在法律上
也处于劣势，即使他们占人口的大多数。那些无法消解的宗
教对立常常又会通过族裔的或者生物的隔离得到加强，随时
都有可能爆发暴力冲突。近些年历史学家开始注意到，尤其
在欧洲西部，在拉丁教会地区，12 世纪和 13 世纪中曾爆发
过一种前所未有的基督徒针对犹太人和伊斯兰教的敌对情
绪，这种情绪也针对异端主义者。[150]有人甚至称一个"迫害
者社会"产生了，想要理解这种提法，我们在这儿只需要
提起在第一次十字军东征期间针对犹太人和伊斯兰教的迫害
行为。[151]尽管几乎在同一时间，安达卢斯的伊斯兰教统治者
也开始残酷地压迫和驱逐基督徒和犹太人，但是西方的基督
徒在迫害其他信仰的少数群体时，在范围、系统性和彻底性
上都超过了那些穆斯林统治者。这些措施还针对社会上其他
背离常规的人，比如同性恋者。[152]这些措施的起因大概可以
解释为当时的君主统治都有集权化的倾向，尤其是罗马教会
本身。教皇当时很迫切地希望能以罗马为中心，引导整个拉
丁基督教会走向救赎，并且在各地都推行同样的基本原
则。[153]至少从 13 世纪开始，"西方的基督教就被一种必须
'归一'（reductio ad unum）的想法所迷惑，在所有领域、

所有层面都应该这么做。这一点在神学上也有所反映，大部分神职人员的主要事情就是把所有的归为同一，多样性被归入恶和异端的行列。"[154]想要让欧洲国家在国王和一个理性的行政系统的领导下变得更为强大，用宗教的手段来武装整个社会也是一种能够奏效的做法。

　　尽管有各种压迫与迫害，欧洲一神论的三驾马车仍然得以保留；就连从中世纪中期起就一再遭到歧视、剥削、杀戮和驱逐的犹太人也最终在欧洲的中东部和土耳其人的王国里找到了新的流亡地。[155]反过来，奥斯曼人也容忍了被占领的巴尔干国家的基督徒，并且强迫他们仅在有限的范围内皈依，比如通过德夫希尔梅制度。[156]三大宗教的思想家在那时候也早就已经开始思考对方的宗教；11世纪伊斯兰教伊本·哈泽姆在安达卢西亚发表了第一部比较宗教的研究著作[157]，从那时起，各方学者尽管都进行了深入的研究，并且也经常获得令人瞩目的知识，但他们的结论总是，自己的宗教比另外两个要优越。[158]不过，无论如何他们都开始把多样性看作一个问题。令人瞩目的是中世纪中期的神学家能把宗教上的差异与多样性用拉丁词 diversitas、varietas、pluralitas 来加以概括。[159]当然，这还不是近代意义上的宽容；在中世纪，人们虽然可能出于实际的目的来"容忍"多样的存在，但那并不是理论上的"许可"和"认可"。[160]从奥古斯丁直到13世纪的托马斯·阿奎那，或者到15世纪的尼古拉斯·冯·库伊斯，基督教的神学家一直在尝试着确定容忍其他信仰的人的尺度，并且经常把犹太人、异教徒（也就是穆斯林）和异端主义者，以及叛教者仔细地加以区分。[161]毫无疑

问的是，在中世纪基督徒、犹太人和穆斯林数百年的共生关
系之后，也在对基督教的持异论者进行区别对待之后，宽容
的历史才紧接着在宗教改革之后的西方开始了。

然而，我们想要作为中世纪的遗产加以凸显的最高价值
之一并不是宽容，而是多样性。我们的命题是，在都信仰一
个创世之神的不同宗教的信仰者之间发生的讨论中，形成了
一种对于差异和多样性的意识，这种意识不会再被充满诱惑
的统一的想法所遮蔽或者消除。通过容忍，也通过争吵，甚
至杀戮，我们才习惯了这种多样性，这也是我们现在可以用
复数来提出欧洲的文化价值的基础。

注　释

1　下文主要是 2004 年 3 月 28 日在欧岑豪森所做的报告的讲稿，
　个别地方做了扩展，并补充了注释。因此在出版这本书时有意
　没有把某些相关信息加以更新（参见下文中注释 41 ~ 43）。

2　Vgl. Jacques Le Goff, *Die Geburt Europas im Mittelalter*, München
　2004；dazu Michael Borgolte, in：*Frankfurter Allgemeine Zeitung*
　vom 24. 3. 2004，S. L 17.

3　Zuletzt Walter Pohl, *Die Völkerzvanderung. Eroberung und Integration*,
　Stuttgart / Berlin / Köln 2002；Klaus Rosen, *Die Völkerwanderung*,
　München 2002；Norman Davies, *Europe. A History*, Oxford / New
　York 1996,[2]1997，S. 215ff.；Edgar Hösch, *Geschichte der
　Balkanländer. Von der Frühzeit bis zur Gegenwart*, München [4]2002,
　S. 37 ff.

4　Heinz Halm, *Der Islam. Geschichte und Gegenwart*, München [4]2002,
　S. 24ff.；Tilman Nagel, *Die islamische Welt bis 1500*, München 1998,

第四章　欧洲如何发现了自己的多样性

S. 1 ff. ; Günter Kettermann, *Atlas zur Geschichte des Islam*, Darmstadt
2001, bes. S. 19 ff. 比利时经济历史学家亨利·皮雷纳（Henri
Pirenne, 卒于 1935 年）的最著名的论点是，穆罕默德，即伊斯兰
占领了南部地中海地区，才使得查理大帝，也就是"西方"在欧
洲西北部的形成成为可能。参见新近研究成果：Richard Hodges /
William Bowden (Ed.), *The Sixth Century. Production, Distributiort
and Demand*, Leiden / Boston / Köln 1998; S. T. Loseby,»Marseille
and the Pirenne thesis, Ⅱ:› ville morte ‹ «, in: Inge Leyse Hansen/
Chris Wickharr (Edd.), *The Long Eighth Century*, Leiden / Boston /
Köln 2000, S. 167 – 193; Hans Werner Goetz, *Europa im frühen
Mittelalter*, 500 – 1050, Stuttgart 2003, S. 342。

5　Ernst Pitz, *Die griechisch-römische Ökumene und die drei Kulturen
des Mittelalters. Geschichte des mediterranen Weltteils zwischen Atlantik
und Indischem Ozean 270 – 812*, Berlin 2001. 一下文参照 Michael
Borgolte,»Mediävistik als vergleichende Geschichte Europas «, in:
*Mediävistik im 21. Jahrhundert. Stand und Perspektiven der
internationalen und interdisziplinären Mittelalterforschung*, hg. v. Hans-
Werner Goetz / Jörg Jarnut, München 2003, S. 313 – 323, S. 316ff. 。

6　Novalis, *Werke und Briefe*, hg. v. Alfred Kelletat, München 1968,
S. 389. – Michael Borgolte,»› Europa ein christliches Land ‹.
Religion als Weltstifterin im Mittelalter? «, in: *Zeitschrift für
Geschichtswissenschaft* 48, 2000, S. 1061 – 1077.

7　Vgl. Michael Borgolte,»Kulturelle Einheit und religiöse Differenz.
Zur Verbreitung der Polygynie im mittelalterlichen Europa «, in:
Zeitschrift für Historische Forschung 31, 2004, S. 1 – 36; Ders. ,
»Die Komposition Europas «, in: *Enzyklopädie des Mittelalters*,
hg. v. Gert Melville, im Druck.

8　Vgl. Michael Borgolte,»Mittelalterforschung und Postmoderne. Aspekte
einer Herausforderung «, in: *Zeitschrift für Geschichtswissenschaft* 43,
1995, S. 615 – 627; Ders. ,»Das soziale Ganze als Thema deutscher
Mittelalterforschung vor und nach der Wende «, in: *Francia* 22/1,
1995, S. 155 – 171; Ders. ,» Einheit, Reform, Revolution. Das
Hochmittelalter im Urteil der Modernen «, in: *Göttingische Gelehrte*

Anzeigen 248, 1996, S. 225 – 258.

9　Pitz, *Die griechisch-römische Ökumene und die drei Kulturen des Mittelalters* (同注释 5), S. 25。

10　这种世界历史中的平行现象，最早被恩斯特·冯·拉绍尔克斯 (Ernst von Lasaulx) 在 19 世纪中期观察到。Vgl. neben Pitz, *Die griechisch-römische Ökumene und die drei Kulturen des Mittelalters* (同注释 5), S. 524, 540, noch Saeculum Weltgeschichte, Bd. 2, Freiburg/Basel/Wien 1966, S. 9, 151 ff. , 253 ff. , 286 ff. , 317 ff. , 382。

11　Karl Jaspers, *Vom Ursprung und Ziel der Geschichte*, München 1963 (最早于 1949 年), S. 17, vgl, ebd. S. 19ff.。

12　Pitz, *Die griechisch-römische Ökumene und die drei Kulturen des Mittelalters*, (同注释 5), S. 540。

13　同上书, S. 26。

14　同上书, S. 39f.。

15　*Der Kleine Pauly. Lexikon der Antike*, Bd. 1, München 1979, Sp. 763.

16　Vgl. Wolfgang J. Mommsen,»Geschichte und Geschichten. Über die Möglichkeiten und Grenzen der Uni Versalgeschichtsschreibung«, in: *Saeculum* 43, 1992, S. 124 – 135, hier bes. S. 126 f. 提及了卡尔·波佩尔 (Karl Popper), 特奥多尔·席德尔 (Theodor Schieder) 等人。

17　Christian Meier, *Die Welt der Geschichte und die Provinz des Historikers. Drei Überlegungen*, Berlin 1989 (Vortrag von 1988), S. 12 (下面的引文也见于此); Mommsen,» Geschichte und Geschichten« (同注释 16), S. 124。

18　Reinhart Koselleck, *Vergangene Zukunft. Zur Semantik geschichtlicher Zeiten*, Frankfurt am Main 1979, zit. nach der Ausgabe Frankfurt am Main 1989, . 130 ff,; vgl. Mommsen,» Geschichte und Geschichten« (同注释 16), S. 131。

19　Karin Hausen,» Die Nicht-Einheit der Geschichte als historiographische Herausforderung. Zur historischen Relevanz und Anstößigkeit der Geschlechtergeschichte«, in: *Geschlechtergeschichte*

第四章　欧洲如何发现了自己的多样性

und Allgemeine Geschichte. Herausforderungen und Perspektiven, hg. v. Hans Medick / Anne-Charlott Trepp，Göttingen 1998，S. 35（Vortrag von 1996）. 我在这里参考了博格尔特的文章，Michael Borgolte,» Vor dem Ende der Nationalgeschichten? Chancen und Hindernisse für eine Geschichte Europas im Mittelalter «, in: *Historische Zeitschrift* 272，2001，S. 561 – 596，hier S. 584 ff. 。

20　Hausen,»Die Nicht-Einheit der Geschichte«（同注释19），S. 34。

21　Hausen,»Die Nicht-Einheit der Geschichte«（同注释19），S. 38。

22　Hausen,»Die Nicht-Einheit der Geschichte«（同注释19），S. 37。Zur» Einheitsobsession « vgl. Borgolte,» Mittelalterforschung und Postmoderne«（同注释8），S. 619。

23　下文参照 Borgolte,»Vor dem Ende der Nationalgeschichten? «（同注释19），S. 586 ff。

24　Vgl. die Darstellung von Borgolte, *Europa entdeckt seine Vielfalt*（同注释48）.

25　Hausen,»Die Nicht-Einheit der Geschichte«（同注释19），S. 24。

26　Arno Borst, *Der Turmbau von Babel. Geschichte der Meinungen über Ursprung und Vielfalt der Sprachen und Völker*，Bd. 4，Stuttgart 1963，Nachdruck München 1995，S. 1998.

27　Vgl. Otto Gerhard Oexle,»› Der Teil und das Ganze‹ als Problem geschieht; wissenschaftlicher Erkenntnis. Ein historisch-typologischer Versuch«, in: *Teil und Ganzes. Zum Verhältnis von Linzel-und Gesamtanalyse in Geschichts-und Sozialwissenschaften*，hg. v. Karl Acham / Winfried Schulze，München 1990，S. 348 – 384.

28　Vgl. Michael Borgolte,» Europäische Geschichten. Modelle und Aufgabe vergleichender Historiographie «, in: *Die › Blüte ‹ der Staaten des östliche Europa im 14. Jahrhundert*，hg. v. Marc Löwener，Wiesbaden 2004，S. 303 – 328.

29　下文参照 Michael Borgolte,»Türkei ante portas. Osman, Osman, gib uns deine Legionen zurück: Mit dem Beitritt zur Europäischen Union in: *Frankfurter Allgemeine Zeitung* v. 21. 2. 2004，S. 39。

30　Herodot Ⅳ, 45（此处与后文均引用该文），vgl. Ⅳ, 42. –

Zit. nach：Hagen Schulze / Ina Ulrike Paul（Hg.），*Europäische Geschichte. Quellen und Materialien*，München 1994，S. 26，vgl. S. 25.

31 希罗多德（约公元前 445 年）把他的著作称为《历史》（*Historien*），含有研究之意。关于法希斯河的——有争议的——位置参见 *Der Kleine Pauly. Lexikon der Antike*，Bd. 4，München 1979，Sp. 720，关于基梅尔人（在黑海岸边）的聚居区，参见同书 Bd. 3，München 1979，Sp. 210 f.。

32 Herodot Ⅲ，115f.，zit. nach Schulze/Paul（Hg.），*Europäische Geschichte*（同注释30），S. 26。

33 Davies，Europe（同注释3），S. 48：在北部，北波罗的海的海岸延伸 1500 英里（2500 公里），从大西洋直到俄罗斯。在南部，地中海－黑海系统延伸 2400 多英里（4000 公里），从直布罗陀到高加索。

34 参见施特拉本对地球的描述，大约出自公元前 7 年。见 Schulze/Paul（Hg.），*Europäische Geschichte*（同注释30），S. 33 ff。

35 这里引用的是拜占庭人拉斯卡利斯·卡纳诺斯（Laskaris Kananos）在约 1400 年的游记，*Europäische Geschichte*，S. 47。

36 参见：塞维利亚的伊斯多尔（Isidor von Sevilla）的见证（600 年左右），*Europäische Geschichte*，S. 39。

37 Davies，*Europe*（同注释3），S. 8：“不管是古代还是中世纪，人们都对欧洲平原的东部了解甚少。有几个地区直到 18 世纪都没有人长期定居。所以直到 1730 年才有一位为俄罗斯服务的瑞典军官施塔伦贝格建议把欧洲的边界从顿河推后到乌拉尔山和乌拉尔河（……）1833 年当沃尔格的《地理手册》出版的时候，欧洲从大西洋开始到乌拉尔结束这种理念已经得到普遍的接受。”——关于俄国在 1730 年左右的情况参见 Klaus Zernack，Polen und Rußland，Berlin 1994，S. 246 ff.。

38 Davies，*Europe*（同注释3），第 9 页：“时涨时落的欧洲”（»tidal Europe«），参考 W. H. 帕克的观点，W. H. Parker,»Is Russia in Europe? The Geographical Viewpoint«，in：*An Historical Geography of Russia*，London 1968，S. 27－29。

第四章 欧洲如何发现了自己的多样性

39 Vgl . etwa die Denkschrift » Paneuropa « von Richard Nicolas Coudenhove-Calergi von 1923, hier Zitate bei Schulze / Paul (Hg.), Europäische Geschichte（同注释 30），S. 89 – 91。

40 冰岛、挪威和瑞士不属于欧盟。

41 除了马耳他和塞浦路斯，2004 年 5 月 1 日加入欧盟的将有爱沙尼亚、拉脱维亚和立陶宛、波兰、斯洛伐克共和国、斯洛文尼亚、捷克共和国和匈牙利。Vgl. *Der Fischer Weltalmanach* 2004, Frankfurt am Main 2003, Sp. 1117.

42 保加利亚和罗马尼亚在 2007 年已加入欧盟。

43 2004 年 12 月欧洲议会将决定是否与土耳其进行加入欧盟的谈判。

44 Vgl . Janet Martin, *Medieval Russia, 980 – 1584*, Cambridge 1995.

45 Vgl. Brigitte Moser / Michael W, Weithmann, *Die Türkei. Nation zwischen Europa und dem Nahen Osten*, Regensburg / Graz / Wien/ Köln 2002, bes. S. 79ff.

46 Edgar Morin, *Penser l'Europe*, Paris 1987; dt. : *Europa denken*, Frankfurt / New York 1991, S. 19; vgl. Otto Gerhard Oexle, »Stände und Gruppen. Über das Europäische in der europäischen Geschichte «, in：*Das europäische Mittelalterim Spannungsbogen des Vergleichs. Zwanzig internationale Beiträge zu Praxis, Problemen und Perspektiven der historischen Komparatistik*, hg. v. Michael Borgolte, Berlin 2001, S. 39 – 48, hier S. 41.

47 Davies, Europe（同注释 3），S. 28. Vgl. Michael Borgolte, »Perspektiven europäischer Mittelalterhistorie an der Schwelle zum 21. Jahrhundert«, in：*Das europäische Mittelalter im Spannungsbogen des Vergleichs*（同注释 46），S. 13 – 27, hier S. 25f. 。

48 Michael Borgolte, *Europa entdeckt seine Vielfalt*, 1050 – 1250, Stuttgart 2002.

49 Borst, *Der Turmbau von Babel*, Bd. 4（同注释 26），S. 1964, 1973, vgl. 2003. S. 1965："特殊之物的丰富多彩是一种现实的和当下的经验。"

50 同上书，S. 1973, 1965。

147

51　Prosper Tiro, *Libri duo de vocatione omnium gentium*, lib. Ⅱ. 30, in: Migne PL 51, Sp. 716: （...） ut cum in temporibus, in nationibus, in familiis, in parvulis, in nondum natis et geminis quaedam aut varie aut insigniter gesta noscuntur, non ambigamus ea ex illis esse quae justus et misericors Deus in hoc transituro saeculo noluit sciri; dazu Borst, *Der Turmbau von Babel*（同注释 26）, Bd. 2. 1, Stuttgart 1958, Nachdruck München 1995, S. 418 f. （附译文）。关于作者和他的著作参见 Domingo Ramos-Lissón 在《神学和教会词典》第八卷中关于亚奎丹的圣普拉斯的词条, in: *Lexikon für Theologie und Kirche*, Bd. 8, Freiburg / Basel / Rom / Wien ³1999, Sp. 644f. 。

52　最新出版物除了注释 3 中引用的文献外, 还参见 Patrick J. Geary, *Europäische Völker im frühen Mittelalter. Zur Legende vom Werden der Nationen*, Frankfurt am Main, ²2002, S. 115 ff. , 124 ff. ; Hans-Werner Goetz, *Europa im frühen Mittelalter*（同注释 4）, S. 34 ff. 。

53　除了注释 52 中引用的文献外, 还参见: Walter Pohl, *Die Germanen*, München 2000; Malcolm Todd, *Die Germanen. Von den frühen Stammesverbänden zu den Erben des Weströmischen Reiches*, Stuttgart 2000; 关于后来时代的类似研究参见 Joachim Ehlers, »Was sind und wie bilden sich Nationes im mittelalterlichen Europa（10. – 15. Jahrhundert）? Begriff und allgemeine Kennzeichen«, in: *Mittelalterliche nationes-neuzeitliche Nationen. Probleme der Nationenbildung in Europa*, hg. v. Almut Bues/Rex Rexheuser, Wiesbaden 1995, S. 7 – 26。

54　Vgl. Goetz, *Europa im frühen Mittelalter*（同注释 4）, passim; Borgolte, *Europa entdeckt seine Vielfalt*（同注释 48）, S. 24 ff. ; Matthias Becher, *Karl der Große*, München ²2000; Bernd Schneidmüller/Stefan Weinfurter（Hg. ）, *Die deutschen Herrscher des Mittelalters. Historische Portraits von Heinrich I. bis Maximilian I.* （919 – 1519）, München 2003; Ralph-Johannes Lilie, *Byzanz. Das zweite Rom*, Berlin 2003; John Haidon, *Das Byzantinische Reich. Geschichte und Kultur eines Jahrtausends*,

Düsseldorf / Zürich 2002。

55　Lilie, Byzanz（同注释 54）; Haidon, *Das Byzantinische Reich*（同注释 54）; Peter Schreiner, *Byzanz*, München ^{2}1994; Ders. , »Byzanz in Europa-Byzanz und Europa. Modelle der politischen und kulturellen Integration zwischen dem 6. und 15. Jahrhundert«, in: *The Idea of European Community in History*. Conference Proceedings, Vol. I, edd. Evangelos Chrysos/Paschalis M. Kitromilides/Constantine Svolopoulos, Athens 2003, S. 123 – 132。

56　Franz Dölger, » Die › Familie der Könige ‹ im Mittelalter «, in: *Historisches Jahrbuch* 60, 1940, S. 397 – 420, Nachdruck in: Ders. , *Byzanz und die europäische Staatenwelt*, Ettal 1953, S. 34 – 69; Evangelos Chrysos, » Perceptions of the International Community of States During the Middle Ages «, in: *Ethnogenese und Überlieferung*, hg. v. Karl Brunner / Brigitte Merta, München 1994, S. 293 – 307; Stefan Krautschick, » Die Familie der Könige in Spätantike und Mittelalter «, in: *Das Reich und die Barbaren*, hg. v. Evangelos K. Chrysos/Andreas Schwarcz, Wien/Köln 1989, S. 109 – 142.

57　Vgl. Arnold Angenendt, *Kaiserherrschaft und Königstaufe. Kaiser, Könige und Päpste als geistliche Patrone in der abendländischen Missionsgeschichte*, Berlin / New York 1984.

58　Zuletzt Frank M. Ausbüttel, *Theoderich der Große*, Darmstadt 2003, S. 209 ff.

59　Vgl. bereits Theodor Schieffer, *Winfrid-Bonifatius und die christliche Grundlegung Europas*, Freiburg im Breisgau 1954, Nachdruck Darmstadt 1972, S. 40.

60　Borgolte, *Europa entdeckt seine Vielfalt*（同注释 48）, bes. S. 75ff. 。

61　Zuletzt etwa die Beiträge im Katalog: *Die Franken. Wegbereiter Europas. Vor 1500 Jahren: König Chlodwig und seine Erben*, 2 Bde. , Mannheim / Mainz 1996.

62　Walther Kienast, » Die Anfänge des europäischen Staatensystems im späteren Mittelalter «, in: *Historische Zeitschrift* 153, 1936,

欧洲的文化价值

S. 229 – 271：自从大约 1198 年施陶芬国王崩溃以来，就产生了一个欧洲的国家体系，但是并没有固定的使节制度，主要是没有平衡的原则，这种原则在 15、16 世纪之交才出现；Helmut G. Walter,» Der westliche Mittelmeerraum in der zweiten Hälfte des 13. Jahrhunderts als politisches Gleichgewichtssystem «; in：› Bündnissysteme‹ und › Außenpolitik‹ im späteren Mittelalter, hg. v. Peter Moraw，Berlin 1988，S. 39 – 67：在 1300 年左右，虽然在欧洲存在一种平衡体系，但是没有人认为这种体系是值得维持的——尤其是从法国君主的角度来看，应该被一个国家的霸权所取代；Dieter Berg, Deutschland und seine Nachbarn 1200 – 1500, München 1997, S. 48：他发现，自从 12 世纪开始，尤其在欧洲西部佛兰德地区，人们开始努力在欧洲的主要势力之间建立一种"力量平衡"（针对汉斯芬斯克的观点）；目前还缺少直到 15 世纪末欧洲的对外关系结构的系统性研究（同上书，第 60 页及以下），与金纳斯特的观点相似的有 Harald Kleinschmidt, Geschichte der internationalen Beziehungen. Ein systemgeschichtlicher Abriß, Stuttgart 1998，其中的章节包括:» Der Kampf um das Gleichgewicht (1517 – 1648) «、» Die Festigung des Gleichgewichts (1648 – 1714) «以及» Die Erhaltung des Gleichge wichts (1714 – 1789) «。Vgl. auch Heinz Schilling, Die neue Zeit. Vom Christenheitseuropa zum Europa der Staaten. 1250 bis 1750, Berlin 1999, S. 30："文艺复兴时期的意大利也是第一次产生了部分的权力系统的地方。这个系统由五个独立的、从原则上来说相同的、基本同样强大的国家组成一个五国联盟，这五国是米兰、威尼斯、佛罗伦萨、那不勒斯以及梵蒂冈。这是那种欧洲权力系统的诞生之日。这种系统是欧洲近代的显著特点之一。"这一"平衡公式"在约翰·洛克（卒于 1704 年）那里成了欧洲文化意识的一个组成部分，1713 年的《乌得勒支和约》第一次从官方的角度提出了"欧洲的平衡"。按照大卫·休谟的观点（卒于 1776 年），平衡的方案甚至在各霸一方的古希腊就已经发挥作用了：Fritz Wagner,» Europa im Zeitalter des Absolutismus und der Aufklärung. Die Einheit der Epoche«, in：Europa im Zeitalter des

Absolutismus und der Aufklärung, hg. v. dems。 *Handbuch der europäischen Geschichte Europas*, Bd. 4）, Stuttgart 1968, S. 1 – 163, hier S. 64f. 就上面阐释的问题而言值得参考的还有： Martin Kintzinger, *Westbindungen im spätmittelalterlichen Europa. Auswärtige Politik zwischen dem Reich, Frankreich, Burgund und England in der Regierungszeit Kaiser Sigmunds*, Stuttgart 2000; Dieter Berg / Martin Kintzinger / Pierre Monnet （Hg.）, *Auswärtige Politik und internationale Beziehungen im Mittelalter* （13. bis 16. Jahrhundert）, Bochum 2002。

63　《圣经·创世记》11, 1 – 10. Vgl. Borst, *Der Turmbau von Babel* （同注释 26）, Bd. 1, Stuttgart 1957, Nachdruck München 1995, S. 116。

64　*Der Turmbau von Babel* （同注释 26）, Bd. 1, Stuttgart 1957, Nachdruck München 1995, S. 126, vgl. 10 f., 110; vgl. Michael Borgolte,»Europas Geschichten und Troia. Der Mythos im Mittelalter. Über die Zeit, als die Türken Verwandte der Lateiner und Griechen waren«, in：*Troia. Traum und Wirklichkeit*, hg. v. Archäologischen Landesmuseum Baden-Württemberg u. a., Stuttgart 2001 S. 190 – 203, hier S. 200.

65　Borst, *Der Turmbau von Babel* （同注释 26, 51, 63）, Bde. 1 – 4, Stuttgart 1957 – 1963。

66　同上书, Bd. 1, S. 538。

67　Reginonis Abbatis Prumiensis Chronicon cum continuation Treverensi, rec. Fridericus Kurze （*Monumenta Germaniae Historica, Scriptores rerum Germanicarum*, ［Vol. 50］）, Hannover 1890：第 XIX 页及以下：Epistula Reginonis ad Hathonem Archiepiscopum missa, 此处第 XX 页：Nec non et illud sciendum, quod, sicut diversae nationes populorum inter se discrepant genere moribus lingua legibus, ita sancta universalis aecclesia toto orbe terra rum diffusa, quamvis in unitate fidei coniungatur, tamen consuetudinibus aecclesiasticis ab invicem differt。

68　Karl Strecker （Hg.）, *Waltharius*. Deutsche Übersetzung v. Peter Vossen, Berlin 1947, S. 22：Tertia pars orbis, fratres, Europa

vocatur，/ Moribus ac linguis varias et nomine gentes /
Distinguens，cultu，tarn relligione sequestrans. 福森对原文有所
改编。Vgl. Borst，*Der Turmbau von Babel* 2.1（同注释 51），
S. 566；Borgolte，»Vor dem Ende der Nationalgeschichten？«（同
注释 19），S. 569 f.。

69 Alexander von Roes，»Notitia Seculi，cap. 9 «（vom Jahr 1288），
in：*Die Schriften des Alexander von Roes*，hg. und übersetzt v.
Herbert Grundmann/Hermann Heimpel（*Monumenta Germaniae
Historica. Deutsches Mittelalter*，*Kritische Studientexte*，Bd. 4），
Weimar 1949，S. 78（lat. Or.），79（Übers.）. Vgl. Borgolte，
»Vor dem Ende der Nationalgeschichten？«（同注释 19），S. 569。

70 »Memoriale des Alexander von Roes vom Jahr 1281，unter
Verwendung eines Traktats des Magisters Jordanus von Osnabrück«
（于 1251 ~ 1283 年作为大教堂法政牧师宗也在此有记载证
明），in：*Die Schriften des Alexander von Roes*（同注释 69），
S. 48 f.（lat. Or. mit dt. Übers.）。Vgl. Borst，*Der Turmbau von
Babel*（同注释 68），Bd. 2.2，Stuttgart 1959，Nachdruck
München 1995，S. 824 f.。

71 此处将古罗马时代（后期）的皇帝驻跸之地阿尔勒、米兰和
罗马与德国国王的加冕地亚琛结合在一起。

72 Dante Alighieri，*Monarchia*. Lateinisch / Deutsch，Studienausgabe.
Einleitung，Übersetzung und Kommentar von Ruedi Imbach /
Christoph Flüeler，Stuttgart 1989，S. 68 f.，cap. 1.3.8；vgl. Borst，
Der Turmbau von Babel 2.2（同注释 70），S. 869。

73 波尔斯特就是这样自我描述的：Der Turmbau von Babel（同注
释 63），S. 11 f.。

74 Borgolte，»Perspektiven europäischer Mittelalterhistorie«（同注释
47），S. 15；Ders.，*Europa entdeckt seine Vielfalt*（同注释 48），
S. 11 f.，23。

75 Borgolte，»Europas Geschichten und Troia«（同注释 64），hier
bes. S. 192 ff.。

76 Gerd Teilenbach，»Eigene und fremde Geschichte. Eine Studie zur
Geschichte der europäischen Historiographie，vorzüglich im 15. und

16. Jahrhundert «, in: *Landesgeschichte und Geistesgeschichte. Festschrift für Otto Herding*, hg. v. Kaspar Elm / Eberhard Gönner / Eugen Hillenbrand, Stuttgart 1977, S. 295 – 316, bes. S. 302ff.

77 Vgl. bereits Borgolte, »Die Komposition Europas« (同注释 7)。

78 Vgl. Louis Bruit Zaidman / Pauline Schmitt Pantel, *Die Religion der Griechen. Kult und Mythos*, München 1994; Yves Lehmann (Ed.), *Religions de l'Antiquite*, Paris 1999; Mary Beard / John North / Simon Price, *Religions of Rome*, 2 vols., Cambridge 1998.

79 Beard / North / Price, *Religions of Rome 1* (同注释 78), S. 34f., 132 – 134, u. ö.。

80 同上书, S. 96 ff., 160 u. ö.。

81 同上书, S. 140 ff., 166 ff.; Yves Lehmann, »La religion romaine traditionelle«, in: Lehmann (Ed.), *Religions de l'Antiquite* (同注释 78), S. 179 – 246, hier S. 223 f., 233 ff.。

82 Beard / North / Price, *Religions of Rome 1* (同注释 78), S. 212.

83 同上书, S. 222。

84 同上书, S. 242。

85 同上书, S. 313 ff.。

86 参见: 注释 53 和注释 88 及 89, 以及 Bernhard Maier, *Die Kelten. Ihre Geschichte von den Anfängen bis zur Gegenwart*, München 22003; Janine Fries-Knoblach, *Die Kelten*, *3000 Jahre europäischer Kultur und Geschichte*, Stuttgart 2002。

87 Caesar, *De Bello Gallico* 6. 17; 6. 21. 1 f.

88 Tacitus, *Germania* 9. Vgl. Bernhard Maier, *Die Religion der Germanen. Götter*, *Mythen*, *Weltbild*, München 2003; Rudolf Simek, *Religion und Mythologie der Germanen*, Darmstadt 2003.

89 Jan Assmann, *Die Mosaische Unterscheidung oder der Preis des Monotheismus*, München / Wien 2003, S. 32.

90 Vgl. Bernhard Maier, *Die Religion der Kelten. Götter*, *Mythen*, *Weltbild*, München 2001, S. 87.

91 Assmann, *Die Mosaische Unterscheidung* (同注释 89), hier bes. S. 49; Burkhard Gladigow, »Polytheismus. Akzente, Perspektiven und Optionen

der Forschung «, in： *Zeitschrift für Religionswissenschaft* 1997，S. 59 – 77；Fritz Stolz,»Wesen und Funktion von Monotheismus«，in： *Evangelische Theologie* 61，2001，S. 172 – 189；Jürgen Werbick,» Absolutistischer Eingottglaube? Befreiende Vielfalt des Polytheismus? «，in： *Ist der Glaube Feind der Freiheit? Die neue Debatte um den Monotheismus*，hg. v. Thomas Söding，Freiburg i. Br. 2003，S. 142 – 175。

92 Gladigow,»Polytheismus«（同注释 91），S. 61 ff。

93 阿斯曼希望能把多神论（Polytheismus）这个概念用宇宙宗教（Kosmotheismus）的概念来代替，同注释 89，bes. S. 61，64。

94 Martin，*Medieval Russia*（同注释 44），S. 1 ff。

95 《往年纪事》，古俄罗斯编年史，据称由基辅洞穴修道院的修道士涅斯托尔所著，由修道院院长西尔韦斯特于 1116 年编修。由 Ludolf Müller 翻译成德语，München 2001，S. 97 zum Jahr 6488（A. D. 980），Abschnitt 88。

96 Swetlana Alexandrowna Pletnjowa，*Die Chasaren. Mittelalterliches Reich an Don und Wolga*，Leipzig 1978.

97 Zit. nach Hans Blumenberg,» Wirklichkeitsbegriff und Wirkungspotential des Mythos«,in： *Terror und Spiel. Probleme der Mythenrezeption*，hg. v. Manfred Fuhrmann，München 1971，S. 11 – 66，hier S. 17.

98 Vgl. Söding（Hg.），*Ist der Glaube Feind der Freiheit?*（同注释 91）；Jürgen Manemann（Hg.），*Monotheismus（ = Jahrbuch Politische Theologie*，Bd. 4），Münster 2002；Stolz,»Wesen und Funktion von Monotheismus «（同注释 91）；Fritz Stolz，*Einführung in den biblischen Monotheismus*，Darmstadt 1996；Peter Hayman,» Monotheism – A Misused Word in Jewish Studies? «，in： *Journal of Jewish Studies* 42，1991，S. 1 – 15。

99 参见：《古兰经》第 29 章第 46 节（《古兰经》中关于"有经人"，即犹太人和基督徒的内容）："我们归信降示给我们，和降给你们的经典。我们的主和你们的主是同一个，我们是归他的。" vgl. Rudi Paret,»Toleranz und Intoleranz im Islam«，in： *Saeculum* 21，1970，S. 344 – 365，hier S. 349；Albrecht Noth,»

Möglichkeiten und Grenzen islamischer Toleranz《, in: *Saeculum* 29, 1978, S. 190 - 204, hier S. 191（文中引用了古兰经第2章第62节）。实际操作当然有可能不一样，在1492年格拉纳达被天主教的国王征服之后，基督徒曾经想说服伊斯兰教的官员服务于他们，"但是基督徒通常都不会成功。一个伊斯兰教官员有一回遇到了来说服他的'员工'的卡斯提尔国王的使节，他风趣地说道，能凑凑合合地为唯一的神尽义务已经让他忙得不可开交了，他怎么可能再去服侍一个三位一体的神呢?": Alain Brissaud, *Islam und Christentum. Gemeinsamkeit und Konfrontation gestern und heute*, Berlin 1993, S. 238. 我很明白，如果从宗教史的角度来讲，上边的说法应该表述得更加小心，vgl. Stolz,》Wesen und Funktion von Monotheismus《（同注释91），S. 174: "基督徒与犹太人和伊斯兰教拥有同一个神吗? 这是一个很简单的"谁"的问题: 在伊斯兰教和基督徒祈祷的时候他们面对的是谁? 是同一个神，还是每个人都有另外一个神? 他们可以一起祈祷吗? ——这个问题从历史上来说很容易回答，基督教是从犹太教发展而来，伊斯兰教对于神的想象也是从犹太教以及基督教生发而来。但是一个历史的回答显然不足为用。以色列的耶和华毕竟是和巴尔和艾尔是一个连续的脉络，即使这些后来都不再被提起。按照这种说法，基督教的神和乌加里特的艾尔是一致的吗? 也许是，但是如果回答是的话，那基督教的神与乌加里特的艾尔、与《旧约》里的耶和华、与穆罕默德的安拉，是不是都同样一致呢? ——这时候人们一眼就看出来这个问题不能用历史的方法来解答。它是一个系统性的神学的难题，确切地说是一个宗教神学的难题。"

100　Assmann, *Die Mosaische Unterscheidung*（同注释89），S. 11. Jan Assmann, *Moses der Ägypter. Entzifferung einer Gedächtnisspur*, München / Wien 1998, 该作品遭到一些人的批评。这篇文章是与这些批评者进行讨论的，里面把以前的论证精确化。

101　Assmann, *Die Mosaische Unterscheidung*（同注释89），S. 12f.。

102　同上书，S. 22。

103　同上书，S. 26。

104 Odo Marquard,» Lob des Polytheismus. Über Monomythie und Polymythie «, in: *Philosophie und Mythos. Ein Kolloquium*, hg. v. Hans Poser, Berlin/New York 1979, S. 40 – 58; Nachdruck in: Ders. , *Abschied vom Prinzipiellen. Philosophische Studien*, Stuttgart 1995, S. 91 – 116; Hans Blumenberg, *Arbeit am Mythos*, Frankfurt am Main 1979,[5]1990, Sonderausgabe ebd. 1996. Vg. Michael Borgolte,» Historie und Mythos «, in: *Krönungen. Könige in Aachen-Geschichte und Mythos*. Katalog der Ausstellung, hg. v. Mario Kramp, Bd. 2, Mainz 2000, S. 839 – 846; Ders. ,»Europas Geschichten und Troia« (同注释 64)。

105 Vgl. jetzt Irene Pieper / Michael Schimmelpfennig / Joachim von Soosten (Hg.), *Häresien. Religionshermeneutische Studien zur Konstruktion von Norm und Abweichung*, München 2003.

106 此处与下文参见: Haim Hillel Ben-Sasson (Hg), *Geschichte des jüdischen Volkes. Von den Anfängen bis zur Gegenwart*, München [3]1995; Kenneth R. Stow, *Alienated Minority. The Jews of Medieval Latin Europe*, Cambridge, Mass. /London 1992。

107 Beard/North/Price, *Religions of Rome 1* (同注释 78), S. 266f. 。

108 Michael Toch,» *Dunkle Jahrhunderte* «. *Gab es ein jüdisches Frühmittelalter*? Trier 2001.

109 Robert Bartlett, *England under the Norman and Angevin Kings*, 1075 – 1225, Oxford 2000, S. 346 ff. ; Paul R. Hyams,» The Jews in Medieval England 1066 – 1290, in: *England and Germany in the High Middle Ages*, hg. v. Alfred Haverkamp / Hanna Vollrath, Oxford 1996, S. 173 – 192.

110 犹太人流散地图参见: Ben-Sasson (Hg.), *Geschichte des jüdischen Volkes* (同注释 106), S. 569。

111 Vgl. Robert Raphael Geis,»Das Geschichtsbild des Talmud«, in: *Saeculum* 6, 1955, S. 119 – 124, hier S. 123:"犹太人不再对历史产生作用, 他只受累于它。" 在同样的意义上: Michael Borgolte,»Zwischen Erfindung und Kanon. Zur Konstruktion der Fakten im europäischen Hochmittelalter«, in: *Nova de veteribus. Mittel-und neulateinische Studien für Paul Gerhard Schmidt*,

第四章 欧洲如何发现了自己的多样性

hg. v. Andreas Bihrer ／ Elisabeth Stein, S. 292 – 325, hier S. 305。

112 Friedrich Battenberg, *Das europäische Zeitalter der Juden. Zur Entwicklung einer Minderheit in der nichtjüdischen Umwelt Europas*, Bd. 1: *Von den Anfängen bis 1650*, Darmstadt 1990, S. 15f. ; Haim Hillel Ben-Sasson,» Vom 7. bis zum 17. Jahrhundert. Das Mittelalter«, in: Ders. (Hg.), *Geschichte des jüdischen Volkes* （同注释 106），S. 473 – 883, hier bes. 483 ff. ; Borgolte, *Europa entdeckt seine Vielfalt* （同注释 48），S. 246 ff.。

113 Vgl . Michael Toch, *Die Juden im mittelalterlichen Reich*, München 1998, 22003, S. 10 f. ; 关于在德国（以及相邻地区）的定居和被驱逐，见: Alfred Haverkamp (Hg.), *Geschichte der Juden im Mittelalter von der Nordsee bis zu den Südalpen. Kommentiertes Kartenwerk*, 3 Bde. , Hannover 2002。

114 Vgl. Toch, *Die Juden im mittelalterlichen Reich* （同注释 113），S. 34ff. , 96 ff. ; David Jacoby,» Les juifs de Byzance. Une communaute marginalisee «, in: 'Οι ρεριδωριακοι οτο Βνζαυτιο, hg. v. Χρυσα Λ. Μαλτεζουm, Athen 1993, S. 103 – 154; Andrew Sharf, *Byzantine Jewry from Justinian to the Fourth Crusade*, London 1971; Steven B. Bowman, *The Jews of Byzantium*, 1204 – 1453, Alabama 1985; Norman Roth, *Jews, Visigoths and Muslims in medieval Spain. Cooperation and Conflict*, Leiden ／ New York ／ Köln 1994; Eliyahu Ashtor, *The Jews of Muslim Spain*, 2 Bde. Philadelphia 21993; Yitzhak Baer, *Historia de los judios en la Espana cristiana*, Madrid 1981; Marie de Menaca, *Histoire politique des Juifs d'Espagne au Moyen Äge*, Tome 1 – 3, Nantes 1993 – 1996; Nora Berend, *At the Gate of Christendom. Jews, Muslims and › Pagans‹ in Medieval Hungary*, c. 1000 – c. 1300, Cambridge 2001。

115 Vgl. Ben-Sasson,» Vom 7. bis zum 17 Jahrhundert«（同注释 112），S. 518 ff.。

116 下文参见: Borgolte, *Europa entdeckt seine Vielfalt* （同注释 48），S. 261 ff.。

117　关于基督教的传教活动和传播参见 A. D. Lee, *Pagans and Christians in Late Antiquity. A sourcebook*, London/New York 2000; Ramsay MacMullen, *Christianizing the Roman Empire* (A. D. 100 – 400), New Haven / London 1984; Peter Brown, *Die Entstehung des christlichen Europa*, München 1999; Richard Fletcher, *The Conversion of Europe. From Paganism to Christianity 371 – 1386 AD*, London 1997; F. Donald Logan, *A History of the Church in the Middle Ages*, London / New York 2002。

118　Jüratö Kiaupiené, »The Grand Duchy of Lithuania in the times of Vytautas and Jogaila«, in: Zugmantas Kiaupa/Jüratfe Kiaupiené/ Albinas Kuncevičius, *The History of Lithania before* 1795, Vilnius 2000, S. 127 – 160; *La Cristianizzazione della Lituania*, Roma 1986.

119　Peter Jackson, » The Mongols and Europe «, in: *The New Cambridge Medieval History*, Vol. V, ed. by David Abulalfia, Cambridge 1999, S. 703 – 719; Felicitas Schmieder, *Europa und die Fremden. Die Mongolen im Urteil des Abendlandes vom 13. bis in das 15. Jahrhundert*, Sigmaringen 1994; Ulrich Schmilewski (Hg.), *Wahlstatt 1241. Beiträge zur Mongolenschlacht bei Liegnitz und zu ihren Nachwirkungen*, Würzburg 1991; N, Pfeiffer, *Die ungarische Dominikanerprovinz von ihrer Gründung 1221 bis zur Tatarenverwüstung 1241 – 1242*, Zürich 1913; Heinrich Dörrie, »Drei Texte zur Geschichte der Ungarn und Mongolen «, in: *Nachrichten der Akademie der Wissenschaften in Göttingen aus dem Jahre 1956, Philologisch-Historische Klasse*, Göttingen 1956; Fred Singleton, *A Short History of Finland*, Cambridge [2]1998; Torsten Edgren /Lena Törnblom, *Finlands Historia*, Bd. 1, Esbo [2]1993; John H. Lind, » Consequences of the Baltic Crusades in Target Areas: The Case of Karelia«, in: *Crusade and Conversion on the Baltic Frontier, 1150 – 1350*, ed. Alan V. Murray, Aldershot u. a. 2001, S. 133 – 150.

120　Karl Baus, *Von der Urgemeinde zur frühchristlichen Großkirche*

(*Handbuch der Kirchengeschichte*, Bd. 1), Freiburg / Basel / Wien 1962, S. 164, 174.

121　Vgl. Franz Dünzl,» Art. Irenaeus v. Lyon «, in: *Lexikon für Theologie und Kirche*, Bd. 5, Freiburg / Basel / Rom / Wien ³1996, Sp. 583 – 585.

122　Zuletzt Axel Bayer, *Spaltung der Christenheit. Das sogenannte Morgenländische Schisma von 1054*, Köln / Weimar / Wien 2002.

123　Vgl. Kettermann, *Atlas zur Geschichte des Islam* (同注释 4), S. 19 ff. ; Lilie, *Byzanz* (同注释 54), S. 75 ff. ; Walter E. Kaegi, *Byzantium and the Early Islamic Conquests*, Cambridge 1992。

124　Roger Collins, *The Arab Conquest of Spain*, 710 – 797, Oxford 1989; 'Abdulwāhid Dhanūn Tāha, *The Muslim Conquest and Settlement of North Africa and Spain*, London / New York 1989; Rachel Arie, *Espana musulmana (siglos VIII – XV)*, Barcelona 1993; Marie-Claude Gerbet, *L'Espagne au Moyen Age*, VllI⁶-XV⁶ siècle, Paris 1992; Bernard F. Reilly, *The Medieval Spains*, Cambridge 1993.

125　Ferdinando Maurici, *Breve Storia degli Arabi in Sicilia*, Palermo 1995; Aziz Ahmad, *A History of Islamic Sicily*, Edinburgh 1975; Bernd Rill, *Sizilien im Mittelalter*, Stuttgart/Zürich 1995.

126　David Abulafia,»The Nasrid kingdom of Granada«, in: *The New Cambridge Medieval History V* (同注释 119), S. 636 – 643; vgl. Bernard F. Reilly, *The Contest of Christian and Muslim Spain*, 1031 – 1157, Oxford / Cambridge, Mass. 1992; Ludwig Vones, *Geschichte der Iberischen Halbinsel im Mittelalter, 711 – 1480*, Sigmaringen 1993。需要注意的是在基督徒统治时期的西班牙有伊斯兰教少数群体。L. P. Harvey, *Islamic Spain 1250 to 1500*, Chicago / London 1990。

127　Maurici, *Breve Storia degli Arabi in Sicilia* (同注释 125), bes. S. 146 – 153; Ahmad, *A History of Islamic Sicily* (同注释 125), bes. S. 82 – 87; Wolfgang Stürner, *Friedrich II*, Teil 1,

Darmstadt 2000, S. 66 – 74; David Abulafia,» The End of Muslim Sicily «, in: *Muslims under Latin rule, 1100 – 1300*, hg. v. James M. Powell, Princeton 1990, S. 105 – 133; Ders. »The Kingdom of Sicily under the Hohenstaufen and Angevins«, in: *The New Cambridge Medieval History V* (同注释 119), S. 497 – 521; Pierre Guichard, Espagne et la Sicile musulmanes aux Xle et Xlle siécles, Lyon ²1991; Hubert Houben,» Neue Quellen zur Geschichte der Juden und Sarazenen im Königreich Sizilien (1275 – 1280) «, in: *Quellen und Forschungen aus italienischen Archiven und Bibliotheken* 74, 1994, S. 335 – 359, hier bes. S. 340ff.。

128 Rudolf Kaschewsky,» Die Religion der Mongolen «, in: *Die Mongolen. Beiträge zu ihrer Geschichte und Kultur*, hg. v. Michael Weiers, Darmstadt 1986, S. 87 – 123, hier S. 120 f.; Jean Richard,»La conversion de Berke etles debuts de l'islamisation de la Horde d'Or«, in: Ders., *Orient et Occident au Moyen Age: contacts et relations* (*XⅡe ~ XVe s.*), London 1976, Nr. XXIX (zuerst erschienen 1967); Schmieder, *Europa und die Fremden* (同注释 119), S. 35, S. 39。

129 Suraiya Faroqhi, *Geschichte des osmanischen Reiches*, München 2000; Josef Matuz, *Das Osmanische Reich. Grundlinien seiner Geschichte*, Darmstadt 1990; Georges Castellan, *History of the Balkans. From Mohammed the Conqueror to Stalin*, Boulder/New York 1992, S. 33ff; Edgar Hösch, *Geschichte der Balkanländer. Von der Frühzeit bis zur Gegenwart*, München 4 2002, S. 78ff.

130 Menahem Stern,» Die Zeit des Zweiten Tempels «, in: Ben-Sasson (Hg.), *Geschichte des jüdischen Volkes* (同注释 106), S. 231 – 373, hier bes. S. 353 ff.; Beard/North/Price, *Religions of Rome* 1 (同注释 78), S. 275 f.。

131 Vgl. Toch, *Die Juden im mittelalterlichen Reich* (同注释 114), S. 125 f.。

132 关于伊斯兰教叛教者的死刑参见：Halm, Der Islam (同注释 4), S. 61。对于基督教叛教者的死刑有一个例子：1222 年牛津高级神职人员大会判决一个皈依了犹太教与并与一个犹太女人结婚的副主祭火刑，参见 Wolfgang Giese,»In Iudaismum lapsus est. Jüdische Proselytenmacherei im frühen und hohen Mittelalter（600 – 1300）«, in：*Historisches Jahrbuch* 88, 1968, S. 407 – 418, hier S. 411 f.。

133 Horst Bürkle, Art. Mission, I. Religionsgeschichtlich, in：*Lexikon für Theologie und Kirche*, Bd. 7, Freiburg/Basel/Rom/Wien ³1998, Sp. 288 f.

134 下文参见 Michael Borgolte, *Die mittelalterliche Kirche*, München 1992, S. 4 ff. ; neuerdings：James Muldoon（Hg.）, *Varieties of Religious Conversion in the Middle Ages*, Gainesville u. a. 1997; Guyda Armstrong /Ian N. Wood（Hg.）, *Christianizing Peoples and Converting Individuals*, Turnhout 2000; Arnold Angenendt, *Grundformen der Frömmigkeit im Mittelalter*, München 2003, S. 3。

135 下文参见 Borgolte, *Europa entdeckt seine Vielfalt*（同注释 48）, S. 247 f. ; Battenberg, *Das Europäische Zeitalter der Juden* 1（同注释 112）, S. 15 f。

136 Friedrich Lotter,»›Tod oder Taufe‹. Das Problem der Zwangstaufen während des Ersten Kreuzzugs«, in：Alfred Haverkamp（Hg.）, *Juden und Christen zur Zeit der Kreuzzüge*, Sigmaringen 1999, S. 107 – 152; Rudolf Hiestand,» Juden und Christen in der Kreuzzugspropaganda und bei den Kreuzzugspredigern «, in：ebd. , S. 153 – 208.

137 Vgl. Battenberg, *Das Europäische Zeitalter der Juden* 1（同注释 112）, S. 17 f. ; Alexander Patschovsky,» Das Rechtsverhältnis der Juden zum deutschen König（9. – 14. Jahrhundert）. Ein europäischer Vergleich «, in：*Zeitschrift der Savigny-Stiftung für Rechtsgeschichte*, Germanistische Abteilung 110, 1993, S. 331 – 371。

138 此处及下文参见 Heribert Busse, *Die theologischen Beziehungen des Islams zu Judentum und Christentum. Grundfragen des Dialogs im Koran und die gegenwärtige Situation*, Darmstadt 1988,

S. 142 ff. 。

139　Dazu auch Tilman Nagel *Der Koran. Einführung*，*Texte*，*Erläuterungen*，München ⁴2002，S. 148.

140　Busse，*Die theologischen Beziehungen des Islams zu Judentum und Christentum*（同注释 138），S. 145；Norman Daniel，*The Arabs and Medieval Europe*，London 1975，S. 261。

141　Albrecht Noth，»Möglichkeiten und Grenzen islamischer Toleranz«，in：*Saeculum* 29，1978，S. 190 – 204，hier S. 197 mit Anm. 42.

142　Busse，*Die theologischen Beziehungen des Islams zu Judentum und Christentum*（同 注 释 138），S. 148ff. ；Brissaud，*Islam und Christentum*（同注释 99），S. 160f. ，211f. ，228，247ff. Hans Georg Majer，» Aufstieg，Ende und Hinterlassenschaft einer Großmacht. Eine einleitende Skizze«，in：*Die Staaten Südosteuropas und die Osmanen*，hg. v. Hans Georg Majer，München 1989，S. 13 – 22；Castellan，*History of the Balkans*（同注释 129），S. 109ff；Richard W. Bulliet，*Conversion to Islam in the Medieval Period. An Essay in Quantitative History*，Cambridge，Mass. ∕ London 1979。

143　比如 Brissaud，*Islam und Christentum*（同注释 99），S. 161，345；Franco Cardini，*Europa und der Islam. Geschichte eines Mißverständnisses*，München 2000。

144　Toch，*Die Juden im mittelalterlichen Reich*（同注释 114），S. 120 "相互的排斥"（gegenseitige Exklusivität）"是雅克布·卡茨（Jakob Katz）的说法，第 126 页及下页，"对抗文化"（Konfrontationskulturen）是阿诺斯·冯肯斯坦（Arnos Funkenstein）的说法，第 138 页及下页，"文化借鉴的稀松平常"（Alltag der kulturellen Anleihe）。Vgl. auch：Haverkamp（Hg. ），*Juden und Christen zur Zeit der Kreuzzüge*（同注释 136）。

145　Toch，*Die Juden im mittelalterlichen Reich*（同 注 释 114），S. 40。

146　艾利沙·巴尔·辛海亚（Elisha bar Sinhäya）的史料。引自 Borgolte，*Europa entdeckt seine Vielfalt*（同注释 48），S. 251， nach Andrew Sharf, *Byzantine Jewry from Justinian to the Fourth Crusade*, London 1971, S. 109。

147 Brissaud, *Islam und Christentum* （同注释99）, S. 211f.; vgl. Robert I. Burns/Paul E. Chevedden, *Negotiating Cultures. Bilingual Surrender Treaties in Muslim Crusader Spain under James the Conqueror*, Leiden / Boston/Köln 1999。

148 同上书, S. 234f.。

149 同上书, S. 345。

150 Vgl. Borgolte, *Europa entdeckt seine Vielfalt* （同注释48）, S. 261 ff., 246 ff.; Robert Ian Moore, *The Formation of a Persecuting Society. Power and Deviance in Western Europe*, 950 – 1270, 1987' Nachdruck Oxford / Maiden, Mass. 1998。

151 除了注释150引用的文献外还包括 Haverkamp（Hg.）, *Juden und Christen zur Zeit der Kreuzzüge* （同注释136）, vgl. etwa: Jonathan Riley Smith （Hg.）, *Illustrierte Geschichte der Kreuzzüge*, Frankfurt/New York 1999; Steven Runciman, *Geschichte der Kreuzzüge*, München ²1997, S. 273 f.; Battenberg, *Das Europäische Zeitalter der Juden* 1 （同注释112）, S. 61 ff.; Cardini, *Europa und der Islam* （同注释143）, S. 81 ff.。

152 Vgl. Bernd-Ulrich Hergemöller, *Krötenkuß und schwarzer Kater. Ketzerei, Götzendienst und Unzucht in der inquisitorischen Phantasie des 13. Jahrhunderts*, Warendorf 1996.

153 Borgolte, *Europa entdeckt seine Vielfalt* （同注释48）, S. 75 ff.; Colin Morris, *The Papal Monarchy, The Western Church from 1050 to 1250*, Oxford 1989.

154 Andre Vauchez,» Der Kampf gegen Häresie und Abweichungen von der Norm im Westen «, in: *Machtfülle des Papsttums* （1054 – 1274）, hg. v. Dems. （ = *Die Geschichte des Christentums*, Bd. 5）, Freiburg/Basel/Wien 1994, S. 886 – 911, hier S. 889.

155 Borgolte, *Europa entdeckt seine Vielfalt* （同注释48）, S. 246 ff.; Christian Lübke,»› ... und es kommen zu ihnen

Mohammedaner, Juden und Türken... ‹. Die mittelalterlichen Grundlagen des Judentums im östlichen Europa«, in: *Juden und Antisemitismus im östlichen Europa*, hg. v. Mariana Hausleitner / Monika Katz, Berlin 1995, S. 39 – 57; Shmuel Ettinger,» Vom 17. Jahrhundert bis zur Gegenwart. Die Neuzeit«, in: Ben-Sasson (Hg.), *Geschichte des jüdischen Volkes* (同注释112), S. 885 – 1348, hier S. 895 ff.。

156 Majer,»Aufstieg, Ende und Hinterlassenschaft einer Großmacht« (同注释142); Castellan, *History of the Balkans* (同注释129), S. 109 ff.; *Ottoman Rule in Middle Europe and Balkan in the 16th and 17th Centuries. Papers presented at the 9th Joint Conference of the Czechoslovak-Yugoslav Historical Committee*, Prague 1978, passim; Basilike D. Papoulia, *Ursprung und Wesen der»Knabenlese« im Osmanischen Reich*, München 1963。

157 Vgl. Borgolte, *Europa entdeckt seine Vielfalt* (同注释48), S. 265 f.。

158 关于托雷多的耶胡达·哈勒维 (Jehuda ha-Levi aus Toledo, 卒于1150年) 的作品见 *Europa entdeckt seine Vielfalt*, S. 183。关于信仰基督教的马略卡岛的哲学家神学家和诗人雷蒙·卢尔 (卒于约1316年), Ramon Lull, *Das Buch vom Heiden und den drei Weisen*, übers, und hg. v. Theodor Pindl, Stuttgart 1998), vgl. Robert Pring-Mill, *Der Mikrokosmos Ramon Llulls. Eine Einführung in das mittelalterliche Weltbild*, Stuttgart 2000. – Ora Limor (Hg.), *Die Disputationen zu Ceuta* (1179) *und Mallorca* (1286). *Zwei antijüdische Schriften aus dem mittelalterlichen Genua*, München 1994; Thomas E. Burman, *Religious polemic and the intellectual history of the Mozarabs*, c.1050 – 1200, Leiden 1994. Vgl. auch Bettina Münzel, *Feinde, Nachbarn, Bündnispartner.» Themen und Formen « der Darstellung christlich-muslimischer Begegnungen in ausgewählten historiographischen Quellen des islamischen Spanien*, Münster 1994。

159 Klaus Schreiner/Gerhard Besier,» Art. Toleranz «, in:

Geschichtliche Grundbegriffe. Historisches Lexikon zur politisch-sozialen Sprache in Deutschland，Bd. 6，Stuttgart 1990，S. 445 – 605，hier S. 455（K. Schreiner）.

160 同上书，S. 446f.，449（K. Schreiner）；S. 505（G. Besier），歌德在《箴言和沉思》 （Maximen und Reflexionen）1809/ 1829 第 151、146、152 条中写道："宽容实际上应该只是一种稍纵即逝的想法；它必须导向认可。容忍意味着侮辱……一个想法绝不可以是自由的！它可以是有力的、机敏的、自我圆满的，使它能够完成上帝赋予的任务：结出成果。一个概念更不应该是自由的，因为它有一个完全不同的任务……真正的自由是认可，由此产生了对形式上的宽容和内容上的宽容进行区分的意识；第一种宽容只限于对陌生的信仰置之不理，第二种则意味着积极地认可陌生的宗教，把它看作与神圣性相遇的真正的和合理的可能性。"

161 同上书，S. 452 – 461（K. Schreiner），另参见 Alexander Patschovsky/Harald Zimmermann（Hg.），*Toleranz im Mittelalter*，Sigmaringen 1998。

第五章　自由、奴隶制度与权利的现代建构

奥兰多·帕特森

一　引言

　　冷战的结束不仅意味着西方在政治和意识形态上的胜利，也意味着其最核心，也是最珍视的价值理念——自由价值的胜利。今天，我们正在经历自由理念和相关人权概念的周期性爆炸式传播。根据"自由之家"的统计，全世界54亿人中的大多数支持自由观念。尽管西方主流价值观取得了绝对胜利，但世界并非因此而一片欢欣鼓舞。原苏联国家似乎从危机走向危机，它们的人民越来越多地表现出对他们领导者信仰的理想价值的怀疑。东欧的部分地区已经跌入

"种族清洗"的极可怕的噩梦中，这都是争取更多自由的结果。

然而，近年来最突出的发展是近东和远东国家对自由理想本身的从意识形态上的反击，这场运动以 1993 年在维也纳举行的著名的联合国人权会议为高潮，使整个西方为之震惊。西方国家代表的与会目的是在这则新的人权宣言颁布时，见证自由理念的胜利，但他们要面对的却是《曼谷宣言》。

《曼谷宣言》质疑西方国家多数人视为理所当然的东西：所有的民族，即使没有实践自由和人权，也至少接受了自由和人权理念作为值得赞扬的理想。

它在本质上指出，第一，自由和普遍人权的概念在今天不具有普遍性也从未有过普遍性，在世界的绝大多数国家没有这个概念的传统根基，也没有得到认可。第二，只有将经济发展作为基本人权纳入自由理念的概念中，才是可以接受的自由理念。

二　自由的本源

《曼谷宣言》告诉我们：自由理念凯旋之时的最大危险也许在于，我们倾向于将自由看作自然而然的观念，但事实上我们并不是很清楚地知道，自由究竟是什么，自由的根源何在，以及自由未来向何处去。在这里，我会试图阐释自由的大致发展过程（或者更确切地说，阐述我对自由发展历史的认识）。

自由是一个与西方的发展伴随而生的三重来源的概念。

早在公元前 5 世纪中期，我们所谓的自由作为文化的和弦由三个音符组成：个人自由、公民自由和主权自由。个人自由是对个人为所欲为的欲望的限制的缺失；公民自由是参与管理共同体的能力；主权自由是做我们想做的任何事情的可能性，而且这既与我们自己有关，也与他人有关。最后一点今天的争议更为激烈，但它是在西方自由历史中一直强调的。

作为一个三重来源的价值观，自由通过权力的观念获得概念的连贯。个体意义上的我们的自由，是我们不受某种权力控制的程度和不被某种权力阻碍做我们想做的事情的程度。这是这个概念在今天的最基本含义。在概念上和在历史上，它或许也是最基本的。但对西方的绝大部分历史而言，这虽然常常是个最流行的概念，却不是一个占统领地位的观念。只有在 19 世纪，自由的和弦才取得了霸主地位，但讽刺的是，它却不再流行。主权意义上的自由指我们行使对自身和他人的权力。公民意义上的自由是我们分享用来管理我们的国家的集体权力的程度。这些最基本的对自由的理解内在关联，共同构成了西方文化最基本的三个元素。

除了某些不和谐的时间外，人们一直希望的是消极的、不受上面的因素干涉的个人自由，以便行使与自身相关的（独立的）和涉及他人的自由。而且他们始终觉得，在与其关系最为密切的政治单元，如村镇、城市、省或国家拥有权力，是对他们其他自由的最佳保障。

我已经在我的《塑造西方文化的自由》这本书中尝试展示，奴隶制度关系为自由社会的建构提供了可能性。[1] 自由观念之所以能够产生，或者说，自由能够成为一种有意义

第五章 自由、奴隶制度与权利的现代建构

的、有用的和值得追求的理想，是因为先有了奴隶制。在有
奴隶制度的所有地方，都有可能听到自由三和弦的声音，甚
至有时能实现史前历史中的自由。所以，奴隶制度使之前从
未有过的事情——一个人对另一个人的绝对的、不受限制的
和对他人生杀予夺的权力有了可能。[2]正如米夏埃尔·曼
（Michael Mann）指出的那样，在全部已知的人类历史中的
最突出特点是人们对个人权力累积的反抗。换言之，只有在
奴隶制度下，个人才有绝对按照个人意愿处置他人的自由。

在奴隶制的前提下，才有可能出现和促进这样的思想，
即摆脱种种强制是美好的（这种想法在没有奴隶制的时代
则显得可笑），这是个人或消极自由的原始形态。奴隶制度
的到来让自由人的阶层观念在对比中体现出意义。所有的高
卢人已经被分成三部分，但如果不是高卢人已经使用了奴隶
或者他们自己遭受奴役，称其中的一部分为自由的，并没有
意义。

如果人们感知到某种东西甚至偶尔也实现了它，即使人
们希望如此，但也还能说由此产生了某种价值。让群体对某
一观念、愿望或者实践共同看重只可能发生在某种特定的社
会语境中，而且还需要特定的历史事件的加入。对人类历史
的大多数时期和几乎所有非西方的奴隶制社会而言，导致自
由价值观的社会建构的广阔的社会背景，以及特别的历史事
件都不存在。关于这个问题，我试图在最近的一本著作中说
明原因。自由一直都只是一个思想，其原始的萌芽也存在但
自由观念从未被建构为社会价值。但是，现实走向了它的反
面。不管这个观念在只有少数奴隶还是有很多奴隶的国家被

构想出来，比如古代近东、中东，自由观念都被谴责为奴隶的价值观，这种观念是沦落的、丧失社会地位的、堕落的人所欲求的。因此，在所有非西方文化中，如果非要找出自由这一词语的话，那么这个词总是隐含着失去、彻底失败、恶意、犯罪、丧失社会地位和放肆等含义。只有在西方，这个词被珍视为语言中最珍贵的词，可与上帝之名相比。

三 古代希腊 – 罗马和中世纪西方自由的起源

我在《塑造西方文化的自由》中已经阐释了发生在公元前 7 世纪末期的雅典的一系列特殊历史事件如何导致了大规模的奴隶的出现，也解释了在渴望得到土地的小农和拥有奴隶的统治阶级的斗争中，经济再分配的需要如何导致了政治的再分配。民主正是由这种斗争之中产生的，民主的出现和奴隶阶层的大规模出现直接相关。奴隶阶层是内部的敌人，它不仅使统治精英和被解放的小农彼此独立［在无首领后政体的历史中的第一次这样相互独立］，而且通过自由的奴隶主和自由的雅典城邦平民的内部联合解决了由它引发的社会问题。由此，人民（demos）与不自由的外邦人相区别，成为自由的人民，分享了主宰没有权力和被统治的奴隶的权力。

尽管自由被认为等同于分享共同体的权力，但人们将自由的最初观念加以发展，自由不仅是相对于奴隶的自由，而且是相对于所有外邦民族的自由，很快人们就认为这些民族只适合做奴隶。波斯战争时期是这一转折的关键点。原本由贵族垄断的权力、名声和荣誉在对波斯之战的胜利后普及到

第五章 自由、奴隶制度与权利的现代建构

所有雅典人。本来自由是一种赤裸裸的纯粹的权力，现在它披上了贵族尊严（arete）的外衣。但人们没有忘记掩盖在外衣之下的东西。每一个希腊人都知道并珍视这样的观念：想要真正的自由，想要拥有权力，追求贵族生活的尊严、独立和自制，就需要奴役和压迫其他人和民族。他们并不需要亚里士多德来证明这个观念，更何况他的自然奴隶制度理论是他的著作中最让人为难不解的。奴隶制度，自由和统治，就像父亲、新娘和新郎，一同走向雅典娜的圣坛。[3]

随着奴隶制度在雅典的采矿和城市经济中的扩张，大量自由民和客籍民出现了。他们主要是男性，大多数拥有高超的手艺，最重要的是他们存在于一个活跃的城市经济中，这里能为他们提供所需要的一切摆脱原先主人的独立的生存空间（这在分层社会的历史中也是一个新现象）。他们发展和提升了过去主要和希腊女性有关的个人自由。

所有的居民都欢迎这三个音符，但三个主要群体对音符的排序不尽相同。城邦中的农民和男性劳动阶层最赞同公民自由；对贵族精英来说，自由主要意味着权力、名声和荣誉；对从前的奴隶和外来居民来说，基本的自由是个人自由。但是从一开始这个自由三和弦的声音就是和谐的，每个人都接受、看重所有的三种声音，即使偶尔有些勉强或心存嫉妒。即便那些被排除在民主参与之外的雅典人也是如此。但是这个三和弦之中也有张力，这种张力来源于社会之中的张力。自由三和弦既有和谐又有张力的情况在伯里克利的葬礼演说中得到了经典的表达。[4]

自由史的下一个重要时期是古典共和时期（classical

republican) 和罗马帝国早期。随着自由民阶层在欧洲第一个世界帝国中心的民主、经济、社会和文化方面的崛起，自由成为文明化的欧洲最受重视的世俗价值观。它对自由的和弦进行了新的演绎。很长时间里，罗马的历史学家认为自由的公民自由或民主自由的音符仅仅是一种文化上的呼应，音符的政治系统却是被残酷竞争的寡头政治团体垄断，他们控制着元老院和政治程序，与大众无关。但是，在一些极具说服力的修正主义文章里，比如费格斯·米勒（Fergus Millar）认为至少在罗马古典共和时期，这个观点是有很大漏洞的。他说："如果我们的观点不包括人民大会中被代表的人民的权力，不把它与个人担任公职的力量和元老院的集体力量看作一个整体，我们就不能理解罗马政治。"尽管这不是现代意义上的民主，但在立法和法律程序中，在政治精英进行雄辩和劝服人民的重要地位中已经有了强烈的"民主元素"。[5]

尽管如此，我确定米勒会同意如下说法，即和公民自由比较，其他两种自由都是彻底的：自由民和中产阶级的消极的个人自由，君主的主权自由。这两者相辅相成。绝对自由的君主保护他的强权，并施惠以大众个人自由来抵抗元老院阶层的专横的寄生虫；这些手段为强权披上了尊严、权威、名声、荣誉和道德的外衣，君主觊觎这些，祈求它们最终会成为大众的真正信仰。

第三个重要发展时期伴随着基督教的出现。基督教在有大规模奴隶制的最文明化的帝国城市中心被自由民社会性地重建，从犹太教边缘的原始末世论崇拜中脱离，基督教转换了城市教会的核心精神价值。它是第一个也是唯一把自由作

第五章　自由、奴隶制度与权利的现代建构

为终极信仰目的的世界信仰：自由的实现是对超越精神奴役的赎买，是通过牺牲救世主应验亚当之死的诅咒。斯多葛学派（Stoicism）在智识上部分达成的东西和诺斯替主义（Gnosticism）或许是受太强的世俗哲学影响，在青年人的信仰中第一次尝试又随后失败的东西，都在保罗基督教中得到了实现，这种实现既在智识层面，也在精神层面：新约《圣经》中的《迦拉太书》和罗马人的文字都记录了自由的神圣化。前者庆祝个人的精神自由，它的狂热程度直到第一次新教主义的福音运动时期才再次出现；后者用一种十分严厉的，看似冲突的，但终究是补充性的精神自由概念刹住了车，我们最终屈服于这个真正的自由：上帝的绝对权力。要注意这个补充直接与君主的绝对统治自由和自由民阶层的个人自由之间的世俗关系相并列。

随着基督教在接下来的中世纪的胜利，自由被全面制度化。这意味着最初在希腊产生出自由以及使自由在罗马普遍化的社会和历史因素已经不再被自由的存在所需要。通过看欧洲的观念和灵魂，基督教确信任何居于统领地位和成为风尚的文化都会被自由价值观统领和同化。自由，作为自主的中心价值观不再被社会进程或偶然事件决定或者依赖于它们。它是决定性的，它创造出自己的社会空间，它是其他文化价值观和文化方式的轴线。欧洲成了信奉基督教的欧洲。信奉基督教的国家无情地关注一个目的：救赎和自由。

因为在信奉基督教的国家里，其全部农村地区所有的思想都是基督教思想，这导致甚至男人和女人的世俗生活和用来反对教堂的表达方式与赋予的意义都是通过他们唯一懂得

的文化词语来实现的，而这个教堂所崇拜的上帝将他的儿子派去人间解救人类。正如坎托洛维茨（Ernst Kantorowicz）很久之前所说的，政治思想仅是世俗化的神学，高贵的奉献只是巧妙伪装的皇家基督学。[6]保护和拯救肉身的庄园领主与看管和拯救灵魂的领主相对应。奴隶起义都是信仰的起义，它试图用世俗表达来解释精神自由的反霸权。统治阶级的压制被赋予了神的正当性，领主是神授自由的霸权和主权版本的物质表达。

自由的所有三个元素在中世纪末期的世界中汇集成关系紧密的三和弦。西方在所有之前的历史时期，尤其是在人们没有选择的时候，人们能够认识甚至赞同一个元素或另一个元素。更大程度的经济和政治平等成为 1381 年英格兰农奴起义的目标。他们的领导人之一，约翰·保尔（John Ball）在著名的布道演说中说："亚当和夏娃男耕女织时，谁那时是绅士？"但他们也知道这样的平等是一种启示论的梦境。他们真正想要的是消除庄园捐税对他们的限制：一种朴素的消极自由。然而，自由的霸权性的表达总是以和弦的形式出现，这清楚地体现在市民和贵族的立场上。

对中世纪的领主而言，自由是三种自由的捆绑：豁免权、特权和代表权。豁免权是指领主有管理事务而免受君主干涉的自由。特权是指领主任意处置领地的权力，实际指征税、需求劳动力和对违反领地法律行为进行判罪的权力。中世纪的领主一点也不对他们称作"绞刑架的自由"感到好奇，这是在他们的领地中对犯死罪的人进行绞刑的权力。最后，自由对中世纪的领主，尤其是中世纪后期和英国意味着在政府管理的重要方面的发言权，这直接影响领主的征税，是通过在国王议会或者后来的国会中代表他的同胞而行使的权力。

四　自由和农业资本主义：英国案例

在很长时间里，现代自由兴起的标准解释是它是资本家领导的欧洲资本主义革命，尤其是英国和荷兰的资本主义革命的结果。资本主义其实是重新建构现代自由的决定性因素。现在争论的是谁领导了早期的农业资本主义革命和它的意识形态表达是什么：要理解这些问题需要更多地讨论占有性个人主义（possessive individualism）的发展理念的旧问题。据麦克弗森（C. B. Macpherson）和他的追随者认为，这个观念在英国 17 世纪时的市场中完全表现出，它是追求物质享受的资产阶级自由的典范。他写道：

> "它的占有性的特征"体现在个人本质上作为他自己和他自己的属性的概念中，他和社会无关 [……] 这种所属关系越来越成为决定他们实际自由和实现他们未来潜能的重要关系 [……] 人类的本质是脱离他人意志的自由，自由的功能是占有。[7]

我的出发点是波考克（J. G. Pocock）的富有意义的建议：赞同占有性个人主义有许多形式，但不像波考克认为的那么多[8]。我认为，分别存在两种而不是一种形式的占有性个人主义，它们各自有不同的社会历史起源。一种形式是追求物质享受的资产阶级的，另一种是基于尊敬的。让我们先看基于尊敬的自由。英国乡绅，和它在欧洲大陆的对应物一样，发展了以财产为基础的个人占有性资本主义的现代形式，它作为重建传统中世纪价值体系的部分，成功满足了早期现代世界的需要。这个传统观点与两组价值观——现代资本主义的占有性个人主义和中世纪基于尊敬的家族主义——形成对比，但从我们现在知道的中世纪的统治行为来看，我们必须抛弃简单的对比。正如比森（Thomas Bisson）和其他人认为的，中世纪的领主是十分贪婪又通常很残忍的人。他激烈地保护他的独立，在麦克弗森定义的个人主义意义上十分具有占有性。面对大规模的奴隶境遇，对中世纪的人们而言，自制是自由的本质；统治的基础是独立；这是豁免权和特权的全部观点。

这个过程的起点有纯粹的经济来源。圈地运动和农业资本主义的贵族政治开端直接产生于中世纪后期英国的力量。但是，这些独立发展的模式受到外部观念和模型的强烈影响并被它们理性化，尤其是受到那些从佛罗伦萨文艺复兴传承下来的观念和模型的影响。[9]波考克写道："佛罗伦萨经验的最终产物是令人印象深刻的自由社会学，它传递到欧洲启蒙和英国与美国的革命中，它的兴起回应了由共和派致力于世俗历史存在而带来的挑战。"[10]他认为，这个传统的本质是"在不同的分配模式中起决策作用并和其他公民形成权力关系的公民"。[11]并且，自由是这个传统的核心，虽然这个自由被认为是在表达权力，但换句话说，我们称为自由和弦的最高音符的东西："自由、公民道德和军事纪律似乎存在紧密关联的关系中。"[12]

　　商业秩序的经济转变在外在模型方面以同样的方式被就地解释和理性化。例如，在尝试解释新资本主义经济危机和经济困惑的例子中，荷兰人阿普尔比（Appleby）说明了英国的经济理论学家和 17 世纪的实用主义者胡乱地走向把市场当作产生于普通人的个人选择而非来自上层权威的非个人的力量的观念中，走向"个人的自主性和利益增加了公共利益"[13]这样的观念中。在厘清他们的想法的过程中，他们转而认为作为经济奇迹的 17 世纪版本的荷兰人[14]，与贵族政治下值得尊敬的精英对比鲜明，荷兰人将"胆怯的属性"和"普遍化的商业道德价值"[15]作为美德。荷兰的例子也解释了稳定的不受控制的经济的兼容性。[16]

　　今天我们可以看到，两种财产个人主义在对待主权和个人的自由问题上的区别何在。同时我们还可以看到，中世纪不协调的自由如何被继承并改造。重建的作为权力和特权的自由观被贵族们解释成现实的主权自由的主旋律。而作为税收、垄断和商业限制等方面的豁免保护的自由被重新构建为市民阶级消极个人自由的核心要素。

　　财产是弹奏两种和弦的决定性工具，但在表示尊敬的演奏和追求物质享受的资产阶级的演奏之间有重要的区别：对贵族而言，财产随着权力和特权流动，最明显的是出生和继承的特权，这一基本原理一直延续；但对资产阶级而言，他们的信念是权力和特权随着财产流动，不是因为出生而获得，而是通过节俭、劳作和功过。对贵族而言，自由是权力，这种权力来源于财产也保护着财产。那么，他就会自然地把控制国家权力看作自由和财产的前提条件。面对资产阶级的成就原则，贵族们（不是乡村贵族，而是所有贵族）高举贵族的理想，无论是个人的自由还是集体的自由，都必须为全体社会服务，其中包括对穷人和弱者的保护。这种对穷人的辩护有部分的机会主义成分，但克拉尼克（Kramnick）认为："虽然原则的元素是'权宜之计'，但也是'社会状态模型的挥之不去的晚霞'……贵族们支付税收并且照顾穷人；他们既不可能放弃特权又不可能放弃责任。"[17]

在发生于 17 世纪的两种形式的占有性个人主义之间的斗争中，支持更多国家干预的庄园主和手工业者取得了胜利。[18]他们明确反对把个人利益和公共利益间的和谐作为教条的放任政策，提倡其他的贸易差额理论。布鲁尔（John Brewer）的"财政－军事"的 18 世纪国家是内在贵族政治理想的不可避免的外在表现。也许反过来，财政－军事国家的胜利保证了占有性个人主义的基于尊敬形式的至高无上，自由成为权力的霸权概念，权力成为财产的保护人和生产者。

自由的资产阶级传统在 18 世纪变成了什么样呢？这是英国史中最不被理解的方面之一。在保皇党的成功和后期辉格党的政治机制之外，三个因素或许有助于理解这一传统的被动处境。第一，更多的中产阶级和兴盛的手工激进主义在没有被完全吓住或者转向了牟利的情况下，转变成了方式温和的改良主义。第二，大量的激进分子迁移到美国和西印度群岛，许多人成为海盗，他们维持着定居者的激进主义传统，强硬且刚愎，这后来也给英国本身的自由史带来了重要影响。[19] 第三，无产阶级武装转向罪行为和政治流氓的增长，他们用来恐吓激进分子。

坎农（John Cannon）和其他一些人认为，辉格党的霸权没有受到挑战是因为资产阶级完全认识到由贵族统治带来的政治稳定的价值。也许是这样。但也有些解释认为是 18 世纪资产阶级自由主义的深刻矛盾和虚伪。他们可能满怀激情地高谈全人类的平等，同时又把英国大众看作"一片混乱"。他们相信特伦查德（John Trenchard）和戈登（Thomas Gordon）的信念——"自由是所有人类幸福的本源"，但正如克里斯托弗·希尔（Christopher Hill）指出的，"他们比任何其他团体都更受益于奴隶制度和奴隶贸易"，"国家权力造成的事实上的垄断保障了英国商人"。[20] 其实，资产阶级参与罪恶的奴隶贸易显然将资产阶级的政治被动性、经济上的贪婪和新清教徒的虚伪联系在一起。布莱克本（Robin Blackburn）在他对殖民奴役的权威研究中强调了辉格党政权对由殖民地种植者、城市商人和制造业利益组成的利益联盟的重要性。西印度群岛的奴隶所有者和他们的同盟对 1688~1699 年的殖民有重要影响。除了贵格会（Quaker）以外，在整个 18 世纪几乎没人对奴隶贸易和殖民奴役有疑问，"他说，

> 毕竟那是在庆祝生而自由的英国人的特权。议会派系激烈斗争背后的舆论动员的最早例子之一是 18 世纪前十年的宣传册战争，争论的问题是哪个港口能拿到从

事奴隶贸易的皇家非洲公司（Royal Africa Company）的关税。[21]

希尔也指出，前面的奴隶所有者让英国回到了轻视影响理智态度的劳动力的情形中。英国圣公会差会（The Society for the Propagation of the Gospel）对西印度群岛的奴隶制度进行有利可图的投资，它禁止奴隶转换，"所以，奴隶贸易一定加强了清教徒的虚伪、双向思维的趋势，这在19世纪的敬神的工厂主中也显而易见"。[22]

另一个缓解这一情形的因素是普通法（common law）。法律无疑是以压抑的方式使用，它对精英和它的媒介加以限制。正如汤普森（E. P. Thompson）和他的伙伴认为的，尽管法律对贵族的运用是不平等和不公正的，但这个运用仍有内在的逻辑：法律即使没有提高那些自作自受应用它的人，但也限制了他们任意为之的统治自由。[23]人身保护权（habeas corpus）已是现实，所有"生而自由的英国人"都知道它。尽管这个情形或许已经比17世纪后半叶流行的情况更糟，但正如贺加斯（Hogarth）在他的加来之旅所发现的那样，这个情形比那个时候欧洲大陆任何地方的现状都好。在《加来之门》[24]（*The Gates of Calais*）中，他说明了"表示英国自由的最好方式是描绘法国的奴隶"。[25]

在贺加斯的圈子里去看广阔社会的"贵族 – 群众的相互作用"也许是想得太远了。[26]这个国家的偶尔暴乱不是群众轻视法律和权威的不顺从的自由，而是巧妙实行的父权系统。在这个系统里，财产、权力和权威紧密联系，教堂、国家和传统"通过维系服从和尊重，通过使现状合法化，通过持续地重建由财产所建又保护财产的权威结构"来加强法律。[27]

五　美国自由重建中的信仰、种族和奴隶制度

很大程度上，我们是在殖民时期的美国和英属西印度群岛的惊人的奴隶社会中，在英裔美国人重建自由的历史中找到了下一个关键时期。[28]

所有殖民者的共性是他们都认为自己一直拥有生而自由的英国人的全部自由。这在本质上是至高无上的君主的自由概念，设想这是被高级权威授予的权利和特权的集合。正如人们估计的那样，不同殖民地对这些权利有不同的具体定义，但有极鲜明的共同要求。其中的第一个共同点在于，一开始就为各种代议制政府形式而进行了卓有成效的斗争，当然是参照其来源国家的三权分立制度，或者至少抱有这种信念。在模仿所谓英国的议会国家的过程中，殖民者在殖民地的做法很快超越了当时在其祖国盛行的做法。因为统治者和王权的抵制，殖民地议会（colonial assemblies）和统治者之间进行了长期的斗争，这一斗争在自由的现代历史中是果断的。因此，早期坚持选拔公共财务长，坚持分析统治者账目的权利，以及坚持在选拔官员上有提出一般要求的重要发言权都超过了当时英国的实践。加勒比地区，尤其是牙买加和巴巴多斯比北美大陆地区更加超前。

很快，远离权力中心的当地政治被认为只应由当地人来考虑。虽然统治者对接受这个观点并不情愿，但这被孤立的

统治者认为这是对他有利的。反过来，这加强了对只有经过被统治者的同意统治才合法的观点的认同。

谁构成了被统治者或者人民？在英国，激进主义者比如平等派（Levellers）的扩大选民规模的尝试非常失败，平等派实施基本法（fundamental laws）或者"协议"来保护人民免受领导者侵犯的努力也失败了。但正是在英国的美洲殖民地（New World English colony），这两个问题都得到了解决。到17世纪后期，大多数在英属美洲殖民地的自由的成年男性已经有了投票权，在不同地方的比例在50%～80%，这些人算是"公民"。这是古代雅典民主政治崩溃之后第一次大多数自由男性拥有这样的政治权利。

宪章的角色和基本的法律实际上做成了英国的平等派用协议在意识形态上没有完成的事情。所有殖民地的建立都有像是原始宪法的宪章条文。它当然加强了政治共同体应该建立在某种明确定义的法律原则的基础上的观念。从马萨诸塞殖民地宪章（colonial charter of Massachusetts）到康涅狄格基本秩序法（the Fundamental Order of Connecticut）甚至到更有名的罗格·威廉姆斯（Roger Williams）担保的罗得岛宪章（charter of Rhode Island）都是小步的跨越。

英国的殖民当局委托新长官和实施密令巩固了这个观念：权威，即使是殖民地的最高权威会被严格界定，并且如果受到它偏离这个原则的怀疑时可能遭到质疑。

各处殖民者遇到的主要问题都是劳动力的短缺，并都用同样的方式解决这个问题：依靠两种形式的非自由劳动者，

第五章 自由、奴隶制度与权利的现代建构

即白奴①（white indentured servants）和黑奴。没有必要再去重述这两种身份在最初是如何同化，然后又随着奴隶的黑人身份被区别看待的故事。我们更感兴趣的是不常谈到的故事，即现代自由社会重要的建构之一——劳工的概念是以怎样非凡的方式在美洲殖民地被部分创造出来的。正如塞恩菲尔德（Robert Seinfeld）最近论述的，正是把奴隶和契约雇工并列导致了后来农奴性质的出现，迫使用明确的法律方式界定什么是自由劳动（free labour）。[29]

世界上有史以来第一次接受宗教宽容并使它制度化是英国的美洲殖民地的另一个主要创举。很多因素能解释这个发展。虽然建立教堂的英国传统转移到除了马里兰的所有其他殖民地，但不论这些殖民地的精英信仰统一的程度和对信仰统一的期待有多不同，几乎所有的殖民地从一开始就在民间有很多持异见的教派。当早期的宗教迫害，尤其是新英格兰新教徒的迫害被证明是失败的，几十年后随着它在欧洲的发展，持异见的教派的存在被认为是实现国内和平的唯一途径。

在一些地方，宗教宽容成为一种原则，最明显的是宾夕法尼亚殖民地的贵格会教徒，这很大程度上受到罗得岛的罗杰·威廉姆斯的影响。多数情况下，宗教宽容出现的时候只是在原则上被勉强接受，但在 18 世纪早期大多数内陆殖民地都实行了宗教宽容：在马里兰，天主教精英发现宗教宽容法案的通过对他们有利；在南北卡罗来纳和佐治亚，商业经

---

① 契约佣工。——译者注

济的政策和与西班牙的亲近让实行宗教宽容甚至是对犹太教的宽容成为一种明智的选择。在西印度群岛，宗教宽容很大程度上是宗教的冷漠或腐败造成的。不论什么原因，明确提出信仰自由的宗教宽容原则是在美国和西印度群岛进行了第一次实践。同时，信仰自由和宗教宽容也暗示了政治自由和表达自由。宗教观会引起最极端的情绪，但当一个人能容忍别人的不同信仰时，他也会容易并且自然地接受他们的政治差异和知识差异。

在强调了自由的社会建构在英属殖民地社会的共同点之后，我要转向讨论它们的不同点。导致不同点的部分原因是不同的宗教起源和由此造成的带到美国的不同的自由观念，部分原因是出现的物质、社会经济环境，部分原因是不同殖民地的人口和种族混合状况以及殖民地依靠的劳动制的类型，尤其是劳动制的程度和奴隶的种类。

尽管大卫·哈克特·费舍尔（David Hackett Fischer）对英国文化遗存的渊源和地区的起源的强调有时是过度的，但他在最近的研究美国早期的历史民族志中令人信服地证明了这些因素的重要性。[30]新英格兰殖民者的东盎格鲁（East Anglian）出身显然能部分地解释美国在文化陶冶、阶层制度以及清教徒的宗教信仰和世俗信仰方面的特点。

清教徒对自由的定义以古代西方对内在自由和外在自由的区分为中心。正如古代西方最智慧的理论家约翰·怀斯（John Wise）明确说明的："内在是思想，外在是这个人本身。"所有的生命都充满道德目的并被上帝的意志和要求包围。与上帝的誓约立刻意味着在社会成员中建立契约。

第五章 自由、奴隶制度与权利的现代建构

即使信徒永远不会在永恒的内在斗争中取胜，但它使人对自己有极高程度的关注，既关注世俗层面，也关注信仰层面。正是在这个斗争中我们发现了美国的几乎是强迫性的个人主义的起源。萨克文·伯科维奇（Sacvan Bercovitch）出色地探索了这些资源：

> 这是寻求安全感的内向性表露，就像是因自恋而求死，不断地重复，因为永远无法实现：个体通过否定自我确认的能力，从而得到自身的认同。但无论是自我确认还是自我否认，都是一个自我的问题。回头来看，这种对自我的执着探求，是内心"我"之大战的所有资源所在，最终必然牵扯到外部世界。[31]

即使它摆脱了，产生的也不是伯科维奇描述的彻底的"美国人自我"（the American self），而是大卫·李斯曼（David Riesman）所指的美国人的国民性之一——"内在导向"性（inner-directed）：作为个人自我实现的自由。

西南部英格兰的上层中产阶级骑士有完全不同的愿景，一种植根于他们作为保皇党人的同情，对圣公会的信仰，以及植根于表示尊敬的个人主义和自由的最高和弦的愿望。这种愿景赞美延续性，实际上美化了他们想象中完美的英国历史。

随着非洲奴隶的大规模引入，一个系统形成了。讽刺的是，这个系统既加强了英国君主自由的贵族政治传统，又为现代社会已知的最激进的民主奠定了基础的体系。虽然摩根

（Edmund Morgan）从未提到与古代的相似之处，但更能说明问题的是，他对弗吉尼亚殖民地的开创性研究描述了社会和文化方面伟大的历史重演的事件之一，社会和文化方面的重演当然也是历史重演的唯一方式。摩根以大胆的断言开篇："美国的自由和平等伴随着奴隶制度的兴起。这两个看似矛盾的发展过程是同时发生的……是美国史的中心悖论。"[32]

为了阻止白人仆人和白人奴隶的任何起义联盟，种族主义通过制定旨在分裂这些群体的法律和实行严格的制裁被故意加强了。随着"种族歧视之幕"的增长，底层白人的社会地位整体上升了。摩根认为，这"部分由于奴隶制度"，"底层白人被允许获得成功，还能获得社会、物质和政治优势，这些优势使他们远离被剥削并让其成为剥削者的同盟"[33]。

更加反对殖民地总督统治的民众政府（popular government）和强大的地方立法机关的发展壮大与联盟相一致。弗吉尼亚的贵族不害怕民众会选举出他们反对的人。相反，他们鼓励民粹主义政治，"自由和奴隶制的联合"让民粹主义政治有可能出现。到18世纪50年代，南部自由和民主的基本形态以及支持它的要素都已就位：大量被种族主义孤立的奴隶劳动力和与那些与拥有奴隶的统治精英利益与共的白人阶层间的有力团结。

在西方历史上，从这十分独特的体系中首先出现了保守的统治阶层希望控制革命的反常现象，还出现了自由和奴隶制度之间没有冲突的强烈信念。正如库珀（William

第五章　自由、奴隶制度与权利的现代建构

J. Cooper）所说的，"南方白人对自由的赞美总是包括保留黑人奴隶制的自由"。[34]最后，甚至那些对成对承诺有过怀疑的白人精英也认为"奴隶是一种财产，拥有财产的权利是自由不可分割的一部分"。[35]

我要立刻补充，虽然空间限制我们去探索他们，但与主旋律的自由协奏的还有其他的重要传统和和弦。[36]在贵格会的影响下，中部殖民地发展了极度偏向于平等主义的、有原则的个人自由和宗教宽容的概念。因为所有内在的"羊的战争"都立刻表现在外在行为中，贵格会成为第一个在原则上认识到奴隶制度不仅邪恶，而且是要废除的恶习的基督教团体。贵格会不是第一个讨论奴隶制度的邪恶的团体，但正如戴维斯（David Brion Davis）指出的，"不同于孤立地抗议人性枷锁的纯粹废奴主义起源于 19 世纪后期的贵格会的复兴"。[37]

在产生类似亨利（Patrick Henry）和杰克逊（Andrew Jackson）这些人的地方，有些黑人国家的白人以及南方、中部殖民地边境地带的白人，发展了纯粹的、消极的个人自由，他们抵抗一切权威，近似于无政府状态[38]。当然，有一些黑奴出于恐惧、担心和愤怒经历了最基本形式的纯粹自由的再发现：远离另一种力量的赤裸的原始欲望。自由的这两个基本来源极大地影响了美国和美国的自由与权利的概念。边境地带尽管是原始的，却贡献出许多位国家总统。非洲裔美国人不仅是围绕奴隶制问题的美国内战的起因和导火索，是重建自由的伏笔，还是美国社会权利的现代复兴的主要推动力。

　　殖民时期最突出的事实是尽管建立在新英格兰和上南部两个主要地区基础上的自由的和弦有许多不同，但两者在根本的政权关注点是相同的，甚至直到革命时期结束都在不同点上相互补充。这两者都把权力和权威作为自由的本质，一个是宗教的、内在导向的自由，一个是世俗的、外在导向的自由。

　　美洲的两种极度个人主义的自由重建终究会合并。主要的合并发生在美国独立战争时期杀死了共同父亲的兄弟屠杀中。

　　领导殖民地从英国的统治中独立出来的最自由、最有权力的南方贵族成为这个新国家的国父。孤立地看独立战争时期的南方，承袭绝对个人主义的贵族的自由理想，这一占有性个人主义的崇尚尊严的版本，融合了英国的自由权利的概念，产生了美国把个人看作不可剥夺的权利的享有者的美国式自由。这一与众不同的文化融合的关键因素是语言和权利的意识形态的使用。迫于适应北方的自由观，即人人平等，人人是与上帝订立契约的上帝之子，崇尚尊严的自由理念被加以改造并被民主化，这产生了人人在法律上和政治上平等的观念。通过把世俗的自由来源简单地替换为法律规定的神样的创造者，继承性的特权和出生权成为不可剥夺的权利。

　　这一非同寻常的文化融合的重要因素是语言和权利的意识形态的使用，导致了这一过去只是属于哲学家讨论的问题，第一次在历史讨论中得到普及。

六　言论权的普及

　　从中世纪早期到 19 世纪末期的《阿尔弗雷德法典》

(*laws of Alfred*)，"权利"这个词一直用在普通法（the common law）中，通常指"基于法律和道德的合理要求，为了以某种方式拥有、获得和行动"。这一能被 19 世纪英国律师理解的权利的大致含义和今天我们理解的完全一致，比如当美国黑人讨论他的公民权利，当一个被非法逮捕的人声明他适用米兰达权利（Miranda Right）。

至此，权利是可强制执行的对某事物、某人或某群体的法律要求。在英美法系中类似于财产。从中世纪直到 18 世纪末期，权利这个名词像几乎属于同义词的"权力"和"自由"一样占据了语义场，它从积极意义上讲是"特权"，从消极意义上讲是"豁免权"。

令人困惑的议题是哲学家、神学家，以及后来的政治理论家和实践者试图将某种特殊类别的基本权利理论化、特殊化和合理化的努力。这些努力背后是自然法的学术传统。这一传统的神学基础被新教教义和怀疑主义哲学摧毁了，产生了新教教徒以及世俗版的自然法和自然权利。新教传统强调责任和无限的义务是神的自然法的核心，权利来源于此。权利的最基本原则是对人的灵魂和共同体中的他者有益。

虽然强调公有社会和减少需求是新的观点，但权利和义务紧密认同的基本观点仍然可以追溯到中世纪最早期。实际上，新教的自然法神学和哲学已经不再强调把权利看作要求、权力和授权的传统法律概念，而是强调最重要的传统非法律概念，即用基督教中"权利"概念的含义取而代之。它的含义首先是，'某人适宜的或义不容辞地去做的；某人的责任'；[39]其次，"权利"在义务的意义上是根据道德原则、善意的原则、道德操守来行动，这些含义可以追溯到 19 世纪，在中世纪英语中十分流行。最后，"权利"在行动的意义上是正义、平等的；正义的美德；伸张正义或见证正义的实行；公平公正；特别是当正义以"本性的光辉"的形式，也就是说，以"正确和理性"（right and resoun）或"上帝的正确"（godright）和理性去伸张的时候。[40]

我们已经发现权利观念在路德关于基督教自由的著作中得到极大发展。但在实践方面，它却是在上面简要讨论的美国清教有秩序的自由的传统中通过加尔文和日内瓦达到顶峰。

在世俗方面，胡果·格劳秀斯（Hugo Grotius）和托马斯·霍布斯（Thomas Hobbes）试图用以人权的世俗观念、社会和政府的契约论观念为前提的最小化自然权利理论来回答文艺复兴的怀疑主义，这促成了权利理论和权利言论的发展的转向。虽然这两者在观念史中都极为重要，但对 18 世纪权利言论的发展没有什么影响。正如哈孔森（Knud Haakonssen）提醒我们的那样，两者都是危险的激进分子，霍布斯在 17 世纪和 18 世纪是"令人恐惧和不被理解"的人之一。[41]因为这个或者其他原因，我怀疑伊安·沙皮罗（Ian Shapiro）的观点——"权利言论在英国内战时期成为西方自由传统的中心"，也怀疑他关于霍布斯"在表达现代自由权利的传统的词汇，强调现代自由权利的传统的语法二者上发挥了核心作用"的论断。[42]

约翰·洛克（John Locke）对这一传统的贡献有更深远的社会历史意义。[43]很难超越他在对自然的论述中把权利的讨论和社会契约的概念合法化这一论断，去谈洛克的自然法学说的具体影响。沙皮罗在总结洛克对意识形态的影响时表达了极端的传统观念：像霍布斯一样，他宣言了个人作为所有合法权利的主体，而绝非基督教传统的权利脱离于义务的观念；他在本质上的消极层面重新定义了权利；通过优先给予财产权和继承权，他支持代际间的不平等；通过把宽容而非参与作为他的公正观的核心，他的"将范式的、保守的'纯粹自由'自由观"作为自由产生于政治。

读洛克和读那些现代洛克派学者不同，他们中的一些人认为洛克的作品中强烈鼓吹社会主义和基督教。[44]并且，洛克在 18 世纪对英国本土的影响相当有限，在美国的影响更大，历史反复证明不论他是不是占有性个人主义的发起人，洛克的影响绝不是殖民地的美国人或革命的美国人认为的那样。正如莫兰（John M. Murrin）对 18 世纪最有名的洛克派哲学家的观察："总之，杰弗逊不是 19 世纪的独立的个人主义者，更不是占有性的个人主义者。他严肃地对待洛克的权利学说，但他把自己置于为公共利益牺牲个人的情境中。"[45]另一个对 18 世纪权利言论有主要影响的人是塞缪尔·普芬多夫（Samuel Pufendorf）。他的成功得益于他回到了基督教的权利和责任概念。权利来源于神赋自然法的道德面向，其最为基础的是友善（sociable）。[46]权利是我们从上帝赋予我们所有人的责任中获得的利益。在实践方面，权利是争夺我们自身、他人，属于我们的财产和属于他人的财产的"权力"。最基本的权利或权力是所有权本身、权力本身或财产本身，也就是奴隶制的反面——自由。这里，我们已经完全回到把权利概念看作要求或权力的中世纪后期，这一巧妙伪装的 18 世纪的术语如今只是用新教徒的道德框架进行了解释。

这些知识来源于福音派基督教的权利观和大量的习惯法的结合，[47]提供了革命时期的美国人证明他们反抗的合理性和制定联邦宪法的合理性所需要的语词。在以 18 世纪 60 年代中期的印花税法危机（Stamp Act crisis）为起点的革命时期，美国人都相信他们从"生而自由的英国人"身上继承的"自由"会受到威胁，但对他们大多理解为传统习惯法的自由的保护却越来越多体现在权利语言方面的保护上。很难解释为什么美国人坚持这种表达政治诉求的方式。我们知道，在殖民地时期的美国，17 世纪时没有提到权利语言，18 世纪上半叶时只是在教育领域偶尔提到权利。不论权利语言的含义是什么、从属于什么，人们一直认为在革命战争爆发的时候，权利语言已经很普遍了。

这一时期的历史学家也一致认为美国人在讨论他们泛泛要求的权利时，也越来越困惑权利究竟是什么。实际上，这一情况随着革命的开展更加糟糕。起初，大多数人只是在旧的、明确的习惯法意义上合法地声明拥有某一事物而用"权利"这一词；权利是权力、特权或自由。

约翰·亚当斯在 1765 年的声明不仅支持了这一观点，而且暗示了即将产生的困惑。他抱怨说美国人并不理解权利的含义，因为"我们害怕思考权利……我们不愿分析这些特权的来由和应在什么程度上把它当作理所应当的权利要求"。[48]

第五章　自由、奴隶制度与权利的现代建构

从上面的论述看，亚当斯的权利的含义明显是普通法的理解，他的抱怨是知识的"来由"，是诉求或特权的哲学辩护。现在的问题是，像亚当斯这样敏感又实际的人为什么会浪费时间在这样高深的哲学问题上？更让人疑惑的是如何理解理查德·霍夫施塔特（Richard Hofstadter）描述的以实用主义和反智主义民族著称的美国人，尤其是在殖民地时期。[49] 为什么这些最反智的民族最后却展开了在争论中被认为是最智慧的革命战争？

答案简单明了。具体来说，直到革命爆发，他们的自由观、诉求观、权力观或特权观都是普通法的理解，他们坚信这些诉求的道德和法律基础是英国的法律和传统，这些法律和传统赋予他们与生俱来的权利，他们与英国的逆反性决裂造成了他们这些诉求的来由危机。在桀骜地追求他们的自由的过程中，他们已经削弱了这些诉求的合法性，而这些诉求是英国和英国的传统自由的纽带。为了解决他们自由的问题，他们和英国其他传统，比如英国的反对言论，一起转向了哲学和神学，但哲学和神学并不与权利语言的解释问题直接相关，而是和权利语言的发展相反。

令他们欣慰，也令他们更困惑的是权利的语言和权利的意识形态，尤其是自然状态的意识形态、自然权利的意识形态，以及反抗专制的、不公正权威的权利的意识形态。更偏宗教方面的发现是历经乔纳森·爱德华兹（Jonathan Edwards）、约翰·卫斯理（John Wesley）和其他人的福音派神学的新教的自然权利传统；更哲学方面的发现是他们在苏格兰的道德意义上的哲学和普芬多夫（Pufendorf）的哲学

意义上想要建立的，尤其是已经去了普林斯顿的人（如麦迪逊）想要的；不论他们是否读过洛克，他们都转向了洛克。

18 世纪的最后二十五年出现了有史以来最特别的哲学进入政治学。美国人逐渐严肃地相信英国的专制法案导致了他们洛克式的反抗权。反过来，反抗让他们回到自然状态，同样也回到完全的自然权利状态。可以理解，每个人都希望再次摆脱原始状态，这意味着他们必须形成新的社会契约，在这个契约里他们要让渡某些权利给政府，权利的让渡会保证他们全部保留的权利。这些他们所谓的保留的权利在很多州实行的权利法案中得到体现，第一个也是最重要的法案是《弗吉尼亚权利法案》（*Virginian Bill of Rights*）。这一由弗吉尼亚奴隶主乔治·梅森（George Mason）授权的法案不仅是这个年轻的联邦其他州的模板，也是法国《人权宣言》的模板。[50]梅森的法案是纯粹洛克式的，大多数其他州的法案也是一样，当然，杰弗逊的《独立宣言》也是。

契约意识形态提出了一系列它自己的问题，在这里我们就不赘述问题的细节了，我们只是提取对我们的研究最重要的部分，也就是联邦制的拥护者和联邦制的反对者针对美国联邦宪法是否需要权利法案的巨大冲突。联邦制的反对者认为这样的法案对反对专制的联邦规定是必要的。联邦制的拥护者不需要这样的法案。这些法案已经存在于权利所属的州宪法中，在形成州的过程中，个人从自然状态中走入人与他者的社会契约状态中。联邦政府并不产生于自然状态，也不产生于个体的契约，而是产生于集体的契约，产生于已经存

第五章　自由、奴隶制度与权利的现代建构

在的、愉悦地将个人从自然状态中解救出来的主权国家。

最终，《权利法案》附属于宪法，但几乎没有人对此感到愉悦。联邦制的拥护者讽刺地一致同意把《权利法案》附属于宪法以此作为批准美国联邦宪法的唯一方式，它的制定者，足智多谋的詹姆斯·麦迪逊是它的批评者之一，尽管最后他还是不冷不热地支持它，尤其是新的州议会的行为让他相信少数人的利益需要来自作为多数人的统治者的腐败暴政的保护，总之，需要他们统治者的宪法的保护。

联邦制的反对者认为拥护者浪费了拥护者自己的时间，对《权利法案》的争论只是成为他们反对批准法案的策略。正如列维（Leonard Levy）发现的：

> 《权利法案》的制定和批准意味着部分个人把个体自由镌刻在这片土地的基本法中的些许激情……我们可贵的《权利法案》诞生于某些联邦制拥护者不愿利用起初由联邦制的反对者引起的，但在实现进一步的目的上无效的原因。[51]

权利史上发生了一件奇怪的事。在实施的美国《权利法案》中的权利言论取得胜利不久，这个法案和与它相关的全部言论传统就没落并变得不再重要。实际上，很多州甚至都没有批准这个法案，马萨诸塞州和康涅狄克州直到1937年才最终通过它！

对这一法案的两个近乎致命的打击之一发生在1833年，马歇尔的法庭（Marshall court）在巴伦诉巴尔的摩（barron

v. Baltimore）一案中裁定：《权利法案》仅仅限制联邦政府，但不适用于各州与个体公民的关系。这个状况一直延续到 1868 年第十四修正案，它通过将《权利法案》适用于各州而让美国出生的各个种族的所有公民似乎在短时间内重新认识到《权利法案》的复兴。但随着第十四修正案的意图在宣布双重国籍的 1873 年屠宰场案件（slaughterhouse case）中被滥用，复兴的希望又很快破灭了。作为联邦公民而得到保护的个人"特权和豁免权"（可见法案的作者已经回到中世纪的条款而不只是"权利"条款）并不一定作为"根据个人的具体特征和情况而有差别"的州公民而得到保护。[52]

换句话说，曾经的黑奴或饱受剥削的白奴都是以联邦公民的身份受到保护，但在州的法律下却仍被肆意施暴。既然人们住在州的财产而非联邦的财产里，并且普通人要求的所有情况都属于州政府管辖，这共同导致了对《权利法案》的再一次反对。实际上，直到第二次世界大战，最高法院才赋予《权利法案》生命与意义，开启了直到今天我们仍生活其中的权利言论时代。

为什么美国人在极为努力地推动和实施世界上第一个权利法案后，又很快转而摒弃它了呢？这里有两个原因。第一，发起这一改革的本质上的保守派，尤其是北方的联邦主义企业家认为，这个服务于独立战争、为了形成强有力的中央政府而斗争的权利话语和权利言论在形成大众民主中是一个危险的工具。第二，五分之一的美国人是奴隶，他们集中在南部的大规模的奴隶系统中，奴隶是南部的主要财产形式，保存权力法和权利语言是对部分黑奴和支持他们的白人激进分子的永久伤害。事实上，有数不尽的黑奴申诉，声明他们不符合《权利法案》的条件。更重要的是，《权利法案》让奴隶主——《权力法案》的最大支持者一直颇为尴尬。这种尴尬已经在改革的最伟大英雄托马斯·杰斐逊的虚伪、明显的自相矛盾和不得体的推诿中显露无遗。[53]

权利语言和权利法刚被摒弃，美国人就又回到了他们更熟悉的自由语言中。在 19 世纪，"自由"再次成为流行语。这又立刻导致了新情况的出现：似乎出现在革命时代的权利言论中的观念的高度统一（unity of views）主要是革命形势的一个功能。每个人都同意美国人的权利和自由，并以此反对独裁的英国。但随着共同敌人的消失和统一问题的敲定，不同群体的美国人坚持的自由音符在本质上更为不同。这些区别不可挽回地导致了有史以来最残酷的内战之一。

这些区别是什么？首先是更加警醒北方和南方精英的公民自由和大众民主兴起了。这一在改革热潮时期的兴起宣告了所有人生而平等，但在改革衰落的时期却是充满危险的讨论。问题是人生而平等已经镌刻在宪法之石上。在改革后，没有什么比过多的民主更清楚地写在国父和第一代先辈的作品中。约翰·亚当斯在 1814 年就警告说，我们都"生而平等"，"但财富、成功和对生活的影响不等"。他的民主观并不总是圆滑，他曾公然抨击民主是"最卑鄙的、最不公正的和最可恶的统治形式"。这是亚当斯和他的死敌，亚历山大·汉密尔顿（他曾叫大众为"猪"）都同意的。弗吉尼亚人埃德蒙·伦道夫（Edmund Randolph）曾代表大多数精英说道："我们忍受着过度民主之苦。"

但精英最终还是达成了一致。北方的工商业者和南方的种植园主提出的选项是两种完全不同的自由音符。在生活回到常态后，南方拥有奴隶的贵族用来表示尊敬的、他者导向的统治自由和南方资产阶级的良心驱使的、内在导向的统治自由相互冲突。对迅速出现的北方的城市工业资本家来说，纯粹消极的、个人的自由概念成为当时的规则，这和这一自由在工业革命时的英国的发展一致。占有性的个人最终还是成为自由的霸权音符，它不再只是懵懂的哲学家和经济理论家的幻念。

但南方不仅依然坚持旧有的农业资本主义式的占有性个人主义，强调作为权力的荣誉和自由凌驾他人之上，还在英国对棉花的需求量猛增和轧棉机技术革命的双重动力下前所未有地开始扩张这一体系。随着他们这样做，改革派奴隶主对拥有"某种财产"的羞愧感和尴尬感被急于庆祝统治自由的心情取代。实际上，美国 19 世纪最聪明的社会理论家乔治·菲茨休（George Fitzhugh）不仅写过两个最有力的维护统治自由的条约，大量吸收它的古代传统，而且着手以预言马克思的方式攻击工业资本主义者的邪恶和回返自由的消极概念的邪恶。[54]他大胆认为，奴隶制度是理想的社会体系，如果存在有效的权力和规则，最好是由人民统治人民而不是由资本奴役人民。他谴责工业资本主义是自由劳动力没有自由的"道德上的人吃人"（moral cannibalism）的一种形式。对比古代雅典的奴隶制度和民主，以及他自己热爱的南部，他写道，"在南方我们不需要白奴，因为我们有黑奴"，"我们的公民像罗马和雅典公民一样，是特权阶级"。但即使黑

第五章　自由、奴隶制度与权利的现代建构

奴也有自己的容身之地和传统权利，包括他们主人的"财产权"，这建立在他们期待他们的奴隶主履行职责、充满荣耀地承担作为好的主人和保护者的义务的基础上。他们当然比资本主义世界的无主的白奴状况更好，这些白奴被残酷无情的资本奴役。他写道，"自由社会向全天下宣称一些权利"，"奴隶制依然在不同程度上属于所有人……资本是残酷的主人"。

美国和英国的新自由意识形态的领袖更加崇尚这样的观念。实际上，所有形式的奴隶制度，即使不残酷，在自由的欧洲也被看作最大的邪恶。大卫·布莱恩·戴维斯（David Brion Davis）的著作里袒露了废奴主义深远的社会意义和意识形态意义。直到 18 世纪，自由道德家和哲学家，包括洛克，已经发现了许多调和奴隶制度和基督教之间张力和矛盾的方式。但正如他指出的，"既然奴隶制度的概念笼罩在原罪、惩罚、服从、放任和拯救的关联中，那么这个张力和西方思想体系的中心博弈"。[55]在 18 世纪末和 19 世纪初，伴随着工业资产阶级的崛起和福音派基督教在欧洲和美国市民文化中的兴盛，在道德观念方面出现了一种不同寻常的变化，奴隶制成为"所有摧残人类精神力量的一个核心隐喻"。[56]

在世纪之交，隐喻上和奴隶制度有关的事件和现实中发生的事情一样多。"在美国，和奴隶有关的公司成为平衡权力的支点；在英国，反奴隶贸易运动的胜利标志着国家利益的重新定义；在法国，反奴隶制和反殖民主义成为改革派领导的斗争的意识形态武器。"[57]在接下来发生的废除奴隶贸易和废除奴隶制度的斗争中，信仰、政治和经济一起发挥了不可磨灭的作用，重新定义了西方价值体系的核心——它占支配地位的自由概念。

对英国和美国的持反对意见的新教徒来说，新世界的奴隶制度是基督教的"幸运的衰落"，"证明了它自己是人类历史上最自由、最进步力量的巅峰"。[58]这一斗争成为在"现实的仁慈"这一标语下反对建教堂的世俗性的所有福音派的联合力量。这一斗争是挑战启蒙运动的新异教、挑战新工业秩序之残酷性的世俗救赎的代理人，也是对席卷大西洋的改革热的回应。

在世俗面前，启蒙的自由观认为奴隶制度体现了最非理性的、最压抑的事物，是物质进步和道德进步的对立面。但如大卫所指明的，席卷欧洲18世纪和19世纪末期的进步观既影响了物质，也影响了道德方面。如果历史是通过神的旨意之手或在世俗生活中出现的世界精神（world spirit）而逐渐展开，这一点在消逝的农奴制度和封建主义中得到最清楚的证实，那么就不需要人类的直接干预。所有的事情都会逐渐变好。这个论点得到了新的，或者应该说是复兴的经济学科学的支持。亚当·斯密（Adam Smith）认为奴隶制度内在就是非理性且无效率的，它在现代资本主义经济中没有一席之地。从它自身的命运而言，它一定会灭亡。很多年后，美国的自由派经济学家约翰·艾略特·凯恩斯（John Elliot Cairnes）在他的经典研究《奴隶之力》（*The Slave Power*）里得出了同样的结论。废奴主义者很快发现，渐进主义进步理论是他们在知识层面最危险的敌人。[59]

接下来，转为废奴主义者加里森（Garrison）领导的最直接的策略。最终，这个争论被历史上最血腥的内战之一解决。马克思主义者和资产阶级的历史学家过去常常认为冲突的根源是北方和南方不可调和的经济制度的矛盾：一种是极度扩张的、先进的工业资本主义制度，一种是落后的、家族主义的、反资本主义的、倒退回农业经济的制度。[60]我们从最近的计量史学研究中得知这种解释是十分错误的。南北战争前的南方就是彻底的资本主义，它的核心商业——奴隶种植园通常比北方的工厂盈利更多。[61]实际的北方人也十分关注棉花种植和他们的纺织工业、造船工业的正向或反向的经济关系。

激进的废奴主义者，如加里森、塔潘（Tappan）和伯尼是认为单独依靠经济力量并不能削弱奴隶制度的少数人。这一认识和 19 世纪 30 年代杰克逊主义时期的美国（Jacksonian American）的社会和政治危机一致。一方面，南方拥护奴隶制度派绝不妥协，这反映在 1831 年拒行联邦法危机（nullification crisis of 1831）中；另一方面，黑人战斗状态的警示性号角已经在英裔美国人的新世界吹响：曾经是奴隶的大卫·沃特金斯（David Watkins）公开号召进行武装抵抗，奈特·特纳（Nat Turner）在弗吉尼亚发动叛乱，还有更血腥的遍布牙买加的塞缪尔·夏普（Sam Sharp）的叛乱，这本身就是影响英国议会在下一年决定废除奴隶制度的重要因素。

这一切导致了激进的废奴主义者转向了在《反奴隶制社会的宣言》（Anti-slavery Society's Declaration of Sentiments）中表述的最直接的策略。这一宣言直接呼吁了改革时代的价值观，尤其是《权利法案》的价值观，要求不论种族，每个人必须"享有处置身体的权利，自由劳动的权利，受法律保护的权利和社会共同优势的权利"。[62]

讽刺的是，正如那个时代的学者观察到的，尽管这个主张和美国第七任总统杰克逊对后革命时代不平等的经济秩序的攻击一致，广被引用的托克维尔（Alexis de Tocqueville）在他对美国平等的赞颂中对经济不平等没有太多了解，[63]但因为它是种族主义的核心，这个最流行的运动并没有同盟。正如詹姆斯·布鲁尔·斯图尔特（James Brewer Stewart）指出的，杰克逊派清楚地表示他们解除垄断，"把经济自由还给普通人，公民现在可以按照自己的意愿买奴隶或在糖果店购物，并没有什么区别"。[64]

那么，是什么最终使北方的中产阶级和劳动阶级参与到奴隶制度的整个争论中，并最后参与了激烈的内战？原因集中在他们最核心利益的不同概念。比如在欧洲，黑奴问题本身是一个次要问题。如方纳（Foner）所说，核心问题是自由土壤和自由劳动力的意识形态，是美国西部对北方中产阶级、劳动阶级的梦想与现实的作用。[65]北方的中产阶级和上层阶级关心的不是对奴隶的不人性，而是害怕他们所谓的"奴隶的力量"影响到西部、北方，还有南方种植园的垄断统治。对劳动阶级来说，他们把西部当作逃离城市贫民窟可以去的地方，但奴隶制度的扩张威胁了他们唯一的梦想。

讽刺的是，种族主义既鼓动北方人也鼓动南方人卷入战争。在北方，西部必须对所有白人男女开放，并保证他们的安全，共和党在批判奴隶制度时利用了人们对异族通婚的恐惧。在南方，奴隶主用同样的恐惧抵抗废奴主义者。甚至像道格拉斯（Frederick Douglass）那样激进地捍卫黑人自由的人最后也不得不接受美国现实政治生活中最令人难过的规则之一："解放奴隶的权力在种族主义的无奴隶制政治的混乱中，不在希尔（Beacon Hill）加里森主义（Garrisonians）的沙龙里。"[66]

因此，在美国像在欧洲一样，只有当解放主义者能说服人们相信他们自己的自由和精神救赎处在危急关头时，他们在意识形态的战争中才取得胜利。虽然如此，在废奴主义者的现实政治中有深刻的意识形态问题。它关注最古老的自由和弦之一：人在对他人感到满意时最自由的观念；自由是行使超越他人的权力或统治他人。我们已经知道从17世纪以来，男人和女人已经开始对这个观念感到不安。美国南北战争第一次对这一古老观念产生了灾难性打击。林肯的演说，尤其是斯蒂芬·A. 道格拉斯（Stephen A. Douglas）和林肯这两个奴隶制拥护者在1858年参议院竞选中的争论，在历史的见证下、在英裔美国人的世界中以赤裸的形式揭示了对自由的君主含义的最终打击：

林肯宣布："这是才是真正的问题"。

这是两种原则——正确与错误在世界范围内的终极斗争。这两种原则从一开始就相互对立；并且会一直斗争下去。一种原则是人类的普遍权利，另一种是君权神授。[67]

其实，林肯在他六年后的一次演说中更流畅地阐述了这个问题，那是他最充满智慧的演说之一：世界上从没有一个对自由这一词语的完美定义，美国人现在还想要这个完好的定义。我们都声称我们要自由，但我们在使用这个词时并没有指同样的事情。有时自由这个词的意思或许是每个人都按照他自己的意愿安排自身，每个人都是他自己劳动的产物；但有人认为这个词或许是指一些人能按照自己的意愿处置他人，是他人劳动的产物。这两个都叫自由，但是不仅不同，而且不相容的两件事。[68]

美国内战对作为价值和观念的自由历史的重要性可以总结如下：它标志着在自由的语义场中作为直接的、凌驾他人的个人权力的古代自由含义已经不再。这样的观念很快相当于下流的语义地位。

但这并不意味着权力本身脱离自由。正好相反，这种权力的行使必须通过对财产的控制来调节。因此，对奴隶制度的解释加强了财产在这之后获得的神圣地位。在解放之后的美国镀金时代，美国联邦法官不知羞耻地、实际上是骄傲地宣告："政府强调的以及政府存在的三个基本原则是保护生命、自由和财产。主要部分是保护财富。"[69]

也是在 19 世纪末期，所有西方人从英裔美国人身上学到了如何用解放黑奴去实现一些目的，实现信仰的集体救赎，实现加强自由的道德目的，实现为了保护"儿童种族"而证明帝国主义扩张合理的政治目的（比利时开始了对刚果的残酷殖民，将这一殖民当作自以为正义的反奴隶主义运动），实现资本主义对自由或廉价劳动力的要求。

在 19 世纪和 20 世纪的上半叶的发展继续表现出美国和欧洲对权利话语和言论的轻视。在欧洲，权利意识形态比在美国遭到了更彻底的毁灭。法国的《人权宣言》走上了革命道路。法国工人在 19 世纪 40 年代的暴动期间几乎没有呼吁过权利言论，这一点意义重大。相反，如威廉·斯威尔（William Sewell）所说，工人却用古代统合主义体制（corporatist regime）道德共同体中的需求和自由言论来表达诉求，这种言论是等级分明的，是在极力维护特权。法国七月革命或许已经看到了阶级意识的出现，但"工人正是通过发展这种统合的言论才找到他们自己的声音"；这些高呼"自由万岁"的守卫七月革命堡垒的工人很快发现他们的自由概念和自由政府的自由概念并不同。更确切地说，不管左翼还是右翼，都根本没有呼吁人的权利概念。[70]

在工人阶级形成期和集体行动有效的后期，自由的英国也是如此。这并不让人吃惊，因为英国从没有权利语言和权利哲学的传统，尽管英国是哲学的故乡。正如艾伦·莱恩（Alan Ryan）最近指出的，在欧洲大陆，理性的定义一直占上风：公民只拥有那些在权威的法律法条中明确赋予的权利；英国政治谱系中的左翼和右翼都蔑视权利语言和权利哲学。伯克（Burker）对法国大革命的争论和大革命的可怕宣言与边沁著名的把解放权利看作"高跷之上的无稽之谈"（Nonsense on stilts）。尽管当时实施权利条款有阻力，但"非形而上的英国人"（Unmetaphysical British）"坚持个人自由，他们已经普遍怀疑任何在体现自然权利的宪法之上建立政治学的尝试，怀疑这些尝试是不是理性的规定，是上帝的法则或是人心中的律令"。[71]

福利国家在欧洲大陆和英国的发展完全表现在自由语言和自由音符方面，自由语言和自由音符证明了福利国家的合理性。正如马歇尔（T. H. Marshall）在他 1949 年的经典讲座中所说，福利国家的增长体现了公民自由和公民权从政治扩大到社会。虽然马歇尔自己直到演讲的最后都在使用权利语言，但很明显他不是在介绍一个外来概念，就是在介绍一个孤立的英国概念来澄清他的想法。想要获得更多安全保证的英国工会和回应这一诉求的有名的 1948 年个人收入白皮书都没有用权利语言。这本白皮书反而论及了必须要改变的"某种传统的、惯习的关系"。[72]

众所周知，英国拒绝通过立法来确立联合国 1948 年人权宣言或者更相关的 1951 年《欧洲人权公约》，虽然英国是两者的盟友。它的意义是今天英国关于福利国家的未来争论完全是在自由和福利国家的关系方面。尽管罗纳德·德沃金（Ronald Dworkin）反复呼吁他的同僚严肃对待权利，但无论左翼还是右翼都没有在权利方面提出这一问题。和美国的权利比，这是不寻常的、弥散的解决问题的路径。[73]尽管克兰斯顿（Maurice Cranston）不同意，但哲学家阿拉斯代尔·麦金泰尔（Alasdair MacIntyre）似乎用以下言论代表了大多数英国知识分子："没有权利这回事，相信它就如同相信女巫和独角兽"。[74]

美国走了一条截然不同的道路。福利国家的发展和合法化面临更大的抵抗——充满敌意的各州的劳工组织。美国最高法院是这一抵抗的盟友，直到二战，最高法院一直追求权利的双重正义标准，这一标准下的政治自由本质上是保护财产、反对各州干涉个人自由，是以经济自由和安全的代价保护政治自由[75]。尽管资本体系和法律体系猛烈反对经济自由的发展，但美国并没有像起初想的那样被欧洲甩下太多。这是最近西达·斯考切波（Theda Slocpol）著作中的主要发现，他说，士兵和妇女为了从州获得更多惊人的高福利走向了国家主义的、支持军事的、唯物主义的价值观。[76]它的高潮是极度抵抗，但最终不得不妥协，福利事业是罗斯福改革的内容。

1941 年 1 月，罗斯福发出了他建立在四个自由基础上的对世界和平与世界秩序的经典号召，虽然这是用权利语言唤醒人民的绝佳场合，但他仍避免使用。更值得注意的是，他后来在 1944 年签发了《经济权利法案》，把自由扩大到经济安全领域的一些基本经济"权利"方面。一场言论上的革命发生在这四年间。权利语言和言论，即现在所称的"人权"，又回到了政治词汇的巨大力量中。

在这之前，权利语言已经迎来了自己的黄金时代。促成这一重大转变的因素超出了这篇文章讨论的范围。我仅在这概括地列举普遍接受的造成这一变化的原因。排在第一位的原因是美国的建立，美国不仅将加强"人权"写入法案，还很快把设置一个用来发表《人权的普遍声明》（*Universal Declaration of Human Rights*）的委员会作为工作任务之一。纳粹的恐怖让美国如此紧急地着手处理权利问题，纳粹就像以前的奴隶制度那样，通过野蛮地否定所有人性让欧洲意识到保护本质上人性的重要性。甚至像丘吉尔这样的英国政治家也被打动，敦促联合国"确立"人权的"王位"。从讨论自然权利到讨论人权的转变，部分反映出知识环境的改变，新的环境不再需要从神——尤其是基督教的上帝——或理性，或内在道德感，或自然中派生出权利。但这也部分反映出奴隶制度作为对立的利维坦在自由和权利概念化过程中的衰落。

奴隶制度的关键是它违反自然规律，反对人类状态中似乎是最自然的事物，而这种自然的事物是人生来习以为常的，拥有人最亲密的肉体、社会和精神上的自我。严格地说，奴隶并没有被剥夺人性，而是他或她被去自然化了、被去本土化了、被疏远了、被剥夺了公民权。奴隶被不正当地强制要求，而不是出于其本原地与他的拥有者的社会死亡捆绑在一起，他的拥有者为了自己在物质意义上拥有他、使用他、榨干他而希望他活着，像寄生虫一样，为了宿主自己的肉身存在，为了他最看重的个人价值和社会地位。虽然有益，也光鲜，但黑格尔和科耶夫（Kojeve）显然错了：奴隶主没有生存困境，奴隶主明白让奴隶工作就要有人性地对待他们；让奴隶低人一等，让他们绝对成为人类中的其他，这对奴隶主自己身份和自然权利的建构、定义和概念起到了根本作用。值得注意的是，奴隶主阶级从不否定他们对奴隶的人事代理责任，甚至也不减少承担奴隶的罪责，奴隶的罪行被认为是真正非人性的；相反，在所有奴隶制度中，奴隶为自己的罪行付出了极大代价。

纳粹的问题就简单多了，因为问题下降到了兽性。如果说发动战争和杀戮是自然的，那纳粹没有违背自然。这里没有复杂的、象征性的非本土化和寄生的再社会化过程，没有"他者的"，没有和死亡捆绑。这里只是物理的肉身死亡和大屠杀，在所有道德和人性意义上都难以理解。纳粹认为缺少

第五章　自由、奴隶制度与权利的现代建构

发动战争的自然激情是非人性的，这应该是之前世界公认的观点，纳粹憎恨这些缺少自然激情的他者。纳粹主义不是对自然而是对人类产生了疑问。欧洲最文明民族明显的道德兽性用它复杂的头脑企图降低人类在区分人和野兽这一问题上的自信。这一威胁甚至导致了丘吉尔提倡崇敬"人的"权利。

其他因素也在回到权利话语的突发变化中发挥了作用。所有战争后的去殖民化运动都在反君权的意识形态斗争中利用西方的权利话语，尤其是利用民族自决的权利话语，这个策略迫使美国不得不出于尊重它作为第一个新国家引以为豪的传统而支持这些运动。

此外，冷战也起到了一些作用。作为"自由世界"的领导者，美国发现尽管自己支持在拉丁美洲和世界其他地区建立独裁政权的做法和自由的号召相反，但权利言论却成为打击共产主义敌人的有力武器。

不过，冷战更多地是影响了美国国内的权利言论的复兴。它为美国的少数族裔争取平等的政治和社会权利提供了重要机会。领导这一斗争并最终成功说服最高法院严肃执行奄奄一息的《权利法案》的是美国黑人，这并不是偶然。到这里，权利的现代历史完结了。要记得，霍布斯和洛克从基本自然权利方面重新定义了现代世界的自由概念。两人都认为基本权利是不被奴役的权利，但两人都没有勇气或途径去实践或鼓励他们所讲的现实生活的奴隶。那些祖先是预计在财政上否定挥霍的洛克的奴隶，他们的后人赋予了《政府第二条约》中洛克对自由的定义的意义，会被铭记的篇章题目不是《关于自由》那一章，人们或许认为应该是这

样，但最聪明的、已经去世的英国白人男性准确认为的，和大多数人的看法矛盾的，是"关于奴隶制度"的那一章。

本文由米夏埃尔·比肖夫（Michael Bischoff）

从英文翻译成德文*

注　释

1　Orlando Patterson, *Freedom*, Bd. 1: *Freedom in the Making of Western Culture*, New York 1991. 下文是以此书为基础的，需要更多信息的人可以去读该作。我对奴隶制的本质、形式和各种结构的研究参见我的另外一本书：*Slavery and Social Death: A Comparative Study*, Cambridge, Mass. 1982。

2　Michael Mann, *The Sources of Social Power*, New York 1986.

3　对希腊人关于主权国家或寡头政治的自由的讨论参见 Kurt A. Raaflaub,»Democracy, Oligarchy, and the Concept of the ›Free Citizen‹ in Late Fifth-Century Athens «, *Political Theory* 11/4（1983）, S. 517 – 544。

4　最佳的描述应该是 Nicole Loreaux, *The Invention of Athens: The Funeral Oration in the Classical City*, Cambridge, Mass. 1986。另见 Patterson, *Freedom*, Bd. 1, Kap. 6。

5　Fergus Millar,» The Political Character of the Classical Roman Republic, 200 – 151 B. C. «, *The Journal of Roman Studies* 74（1984）, S. 1 – 19; ders. ,» Politics, Persuasion and the People Before the Social War（150 – 190）«, *The Journal of Roman Studies* 76（1986）, S. 1 – 11. 米勒甚至认为，人们很高兴能够

---

* 本文德语版最早见于：Olwen Hufton（Hg.）, Menschenrechte in der Geschichte, Frankfurt am Main 1998。

拥有这三种基本的宪法权利：直接选举立法机关，（……）每
年对政治和军事职位上的所有官员进行选举，由百人团大会和
公民大会组成的公民法庭执法。但我很肯定，他在这里所说的
"权利"是指普遍意义上的集体权限，而不是现代的、杰弗逊
意义上的个人的人权。

6　Ernst Kantorowicz, *The King's Two Bodies*: *A Study in Medieval Political Theology*, Princeton 1957 (deutsch Stuttgart 1991).

7　C. B. Macpherson, *The Political Theory of Possessive Individualism*, Oxford 1962, S. 3.

8　J. G. A. Pocock, «Authority and Property: The Question of Liberal Origins», in: ders. , *Virtue, Commerce and History*, Cambridge 1985, S. 59.

9　Joyce Oldham Appleby, *Economic Thought and Ideology in Seventeenth-Century England*, Princeton 1978, S. 247 Anm.

10　J. G. A. Pocock, *The Machiavellian Moment*, Princeton 1975, S. 85.

11　Pocock, a. a. O. , S. 87.

12　Pocock, a. a. O. , S. 196.

13　Appleby, *Economic Thought and Ideology*, S. 62 f.

14　Appleby, a. a. O. , Kap. 4, passim.

15　Appleby, a. a. O. , S. 97.

16　同上。

17　Isaac Kramnick, *Bolingbroke and His Circle*, Cambridge, Mass. , 1986, S. 55. 另见 Appleby, *Economic Thought and Ideology*, Kap. 6, passim。

18　Appleby, a. a. O. , Kap. 5, passim.

19　Christopher Hill,» Radical Pirates? «, in: Margaret Jacob und James Jacob (Hg.), *The Origins of Anglo-American Radicalism*, London 1984, S. 19 – 34.

20　Kramnick, *Bolingbroke and His Circle*, Kap. 8.

21　Christopher Hill, *Some Intellectual Consequences of the English Revolution*, Madison 1980, S. 37.

22　Robin Blackburn, *The Overthrow of Colonial Slavery*: 1776 –

1848, London 1988, S. 79.

23 同上。

24 E. P. Thompson, *Whigs and Hunters: The Origin of the Black Act*, London 1975, S. 258 – 265.

25 Derek Jarett, *England in the Age of Hogarth*, London 1974, S. 20f.

26 E. P. Thompson, » Eighteenth-Century English Society «, in: Douglas Hay u. a. （ Hg. ）, *Albion's Fatal Tree: Crime and Society in Eighteenth-Century England*, London 1975, S. 158 – 165.

27 Douglas Hay, » Property, Authority and the Criminal Law «, in: Hay u. a. （ Hg. ）, *Albion's Fatal Tree*, S. 25.

28 下面的总结主要来自于以下一般性描述和文集: Bernard Bailyn, *The Ideological Origins of the American Revolution*, Cambridge, Mass. 1967; ders. , *The Origins of American Politics*, New York 1968; ders. , *The Peopling of British North America*, New York 1968; Hilary Beckles, *White Slavery and Black Servitude in Barbados, 1627-1715*, Knoxville, Tenn. 1989; Richard S. Dunn, *The Rise of the Planter Class in the English West Indies, 1624-1713*, Chapel Hill 1972; Richard S. Johnson, *Adjustment to Empire: The New England Colonies, 1675-1715*, New Brunswick 1981; John J. McCusker und Russell R. Menard, *The Economy of British America, 1607 – 1789*, Chapel Hill 1991; Edmund S. Morgan, *Inventing the People: The Rise of Popular Sovereignty in England and America*, New York 1988; ders. （ Hg. ）, *Puritan Political Ideas*, Indianapolis 1965; Orlando Patterson, *The Sociology of Slavery: The Development of Negro Slave Society in Jamaica*, London 1967; Clinton Rossiter, *Seedtime of the Republic: Origins of the American Tradition of Liberty*, New York 1953; Francis N. Thorpe （ Hg. ）, *The Federal and State Constitutions, Colonial Charters, and Other Organic Laws*, Washington, D. C. 1909; Chilton Williamson, *American Suffrage: From Property to Democracy, 1760 – 1860*, Princeton 1960。

29　Robert Steinfeld, *The Invention of Free Labor*: *The Employment Relation in English and American Law and Culture*, *1350 – 1870*, Chapel Hill 1991.

30　David Hackett Fischer, *Albion's Seed*: *Four British Folkways in America*, New York 1989.

31　Fischer, a. a. O. , S. 20.

32　Edmund Morgan, *American Slavery*, *American Freedom*, New York 1975, S. 75.

33　Morgan, a. a. O. , S. 344.

34　William J. Cooper, *Liberty and Slavery*: *Southern Politics to 1860*, New York 1983, S. 39.

35　Cooper, a. a. O. , S. 35.

36　Fischer, *Albion's Seed*.

37　David Brion Davis, *Slavery and Human Progress*, New York 1984, S. 136.

38　Fischer, *Albion's Seed*, S. 772 – 782.

39　牛津英语词典认为这种用法来源于阿尔弗雷德。

40　The Middle English Dictionary.

41　Knud Haakonssen, » From Natural Law to the Rights of Man: a European Perspective on American Debates «, in: K. Haakonssen und M. J. Lacey (Hg.), *A Culture of Rights*, New York 1991, S. 31.

42　Ian Shapiro, *The Evolution of Rights in Liberal Theory*, Cambridge 1986, S. 4, 23.

43　见 Pocock, » Authority and Property « （同注释 8 ）。

44　尤见 J. Dunn, *The Political Thought of John Locke*, Cambridge 1969; J. Tully, *A Discourse on Property*: *John Locke and His Adversaries*, Cambridge 1980。

45　John M. Murrin, » Can Liberals Be Patriots? «, in: Robert P. Davidow, *Natural Rights and Natural Law*: *The Legacy of George Mason*, Washington, D. C. 1986, S. 53.

46　我的描述援引自哈孔森出色的研究，Haakonssen, » From Natural Law «, S. 27 – 30。

47 莱德（John Phillip Reid）认为这是当时意识形态转变的一个重要源头。参见他的著作 *The Concept of Liberty in the Age of the American Revolution*，Chicago 1988，及 *The Constitutional History of the American Revolution*，Madison 1987。

48 转引自 James H. Hutson,» The Bill of Rights and the American Revolutionary Experience «, in: Haakonssen und Lacey（Hg.），*A Culture of Rights*，S. 65。

49 Richard Hofstadter, *Anti-Intellectualism in American Life*，New York 1963.

50 《弗吉尼亚法案》和法国《人权宣言》的逐项比较参见 Robert Palmer, *The Age of Democratic Revolution*，Princeton 1959；更一般的描述参见 Leslie Lipson,» European Responses to the American Revolution «, in: Richard L. Park（Hg.），*The American Revolution Abroad*，Philadelphia 1976, S. 22–42。

51 Leonard W. Levy,» Bill of Rights «, in: Paul Murphy（Hg.），*The Historical Background of the Bill of Rights*，New York 1990, S. 331.

52 见 Henry J. Abraham, *Freedom and the Court: Civil Rights and Liberties in the United States*，5. Ausg.，New York 1988, Kap. 3。讽刺的是，屠宰场案件最早重申了州管理商业和限制自由贸易的权利，该案由新奥尔良的屠夫引发，他们抗议只由一家公司垄断新奥尔良的牲畜宰杀的路易斯安那州立法，他们称该法案是"投机取巧的"。这反映了原告的观点：第十四修正案的特权和豁免权条款保护他们的劳动权免受州的侵害，这也就是支持了《权利法案》不适用于个人与各州关系的原则。但这一条款的主要影响是让实施种族歧视合法化，并继续使权利法案成为反种族主义的无用工具。从这一决议到20世纪20年代末期，法院（court）用明显是保护特定意义上的美国黑人和通常意义上的个体的第十四修正案中的"正当程序"（due process）和"平等保护"（equal protection），主要目的是保护商业利益，反对进一步的国家干预和福利法案。第十四修正案成了真正"企业自由"（entrepreneurial liberty）的大宪章（Magna Carta）。同时，Robert. G. McCloskey 写道："黑

第五章　自由、奴隶制度与权利的现代建构

人的权利问题和由此而来的普遍意义上的公民权利问题已经成为法院的次要问题甚至被忽略。"见 Robert G. McCloskey, *The American Supreme Court*, Chicago 1960, S. 134；概述亦见此书第 5～6 章。

53 关于杰斐逊对奴隶制和废除奴隶制目的的难以自圆其说的道德立场，最好的论述见 Charles L. Griswold, Jr., »Rights and Wrongs: Jefferson, Slavery, and Philosophical Quandaries«, in: Haakonssen und Lacey (Hg.), *A Culture of Rights*（同注释 41），S. 144–214。

54 George Fitzhugh, »Cannibals All« 及 »Sociology for the South«, 两篇文章都见 Harvey Wish (Hg.), *Ante Bellum Writings of George Fitzhugh and Hinton Rowan Helper on Slavery*, New York 1960。

55 David Brion Davis, *The Problem of Slavery in the Age of Revolution*, 1770–1823, Ithaca, N. Y. 1975, S. 263.

56 同上。

57 Davis, a. a. O., S. 86.

58 Davis, *Slavery and Human Progress*（同注释 37），S. 129–153。

59 Davis, a. a. O., S. 104–116.

60 在这个传统中最后一个从马克思主义的角度进行的阐释见 Eugene Genovese, *The Political Economy of Slavery*, New York 1965, 但是有强烈的家长主义功能理论色彩。

61 Robert W. Fogel, *Without Consent or Contract: The Rise and Fall of American Slavery*, New York 1988. 南方的种植园农场是否比"自由的"北方家庭农场更有效率这一问题仍有争议；但这一个烦琐的技术问题，更多是处理农业经济领域的概念界定和方法问题，而不是实时的实际的人的问题。

62 转引自 James Brewer Stewart, *Holy Warriors: The Abolitionists and American Slavery*, New York 1976, S. 52。

63 关于托克维尔对这十分重要的事情无知的原因参见 William J. Murphy, Jr., »Alexis de Tocqueville in NewYork: The Formulation of the Egalitarian Thesis«, *New York Historical Society Quarterly* 61 Januar-April 1977), S. 69–79。

64 Stewart, *Holy Warriors*, S. 53.

65 Eric Foner, *Free Soil*, *Free Labor*, *Free Men*, New York 1970.

66 Stewart, *Holy Warriors*, S. 146.

67 »Lincoln's Reply, From the Seventh Debate, Alton, Illinois, Oct. 15, 1858 «, in: Paul M. Angle（Hg.）, *The Complete Lincoln-Douglas Debates of 1858*, Chicago 1991, S. 393.

68 »Lincoln, Address at ›Sanitary Fair‹, Baltimore, Maryland, April 18, 1864«, in: Mario Cuomo und Harold Holzer（Hg.）, *Lincoln on Democracy*, New York 1990, S. 321.

69 332. U. S. 46（1947）, 引自 Bernard Schwartz, *The Great Rights of Mankind：A History of the American Bill of Rights*, Madison 1992, S. 209.

70 W. H. Sewell, *Work and Revolution in France*, Cambridge 1980.

71 Alan Ryan,» The British, the Americans and Rights «, in: Haakonssen und Lacey（Hg.）, *A Culture of Rights*（同注释41）, S. 375。

72 T. H. Marshall und Tom Bottomore, *Citizenship and Social Class*, London 1992, S. 3 – 51.

73 可以参见 Robert E. Goodin 和 Roy Van Den Brink-Budgen 的现场辩论，在辩论中正是因"权利"一词的缺失而引人关注。Robert E. Goodin,» Freedom and the Welfare State: Theoretical Foundations«, *Journal of Social Policy* 11/2（1982）, S. 149 – 186; Roy Van Den Brink-Budgen,» Freedom and the Welfare State: A Multi-Dimensional Problem «, *Journal of Social Policy* 13/1（1984）, S. 21 – 39。

74 Alasdair MacIntyre, *After Virtue：A Study in Moral Theory*, South Bend 1982, S. 67.

75 Abraham, *Freedom and the Court*（同注释 52）, insbes. Kap. 2。

76 Theda Skocpol, *Protecting Soldiers and Mothers：The Political Origins of Social Policy in the U. S.*, Cambridge, Mass. 1992.

第六章　内向性的价值

库尔特·弗拉施

勿向外求索,真理存在于内心。[1] 奥古斯丁这句发人深省的箴言将内省总结为古欧洲价值体系的构成要素。与此同时,它用急切的、近乎恳求而又绝对的口吻提醒我们:人类总是倾向于投向外部,让自己生活在各种让人分心的事物中,无法认清自己。不是随着工业技术文明的出现内省才受到了外部的威胁,它还面临着内部的种种威胁。在奥古斯丁之前,新柏拉图主义和斯多葛学派的哲学家就提醒过我们同样的事:恰恰是我们自己,忘记了我们的内心世界,一头扎入了外部世界,在纷扰喧嚣之中迷失了自己。奥古斯丁的哀悼在《忏悔录》第十卷中那篇脍炙人口的文章里达到了高

潮，彼特拉克在冯特山之巅翻开的也正是这段："这个问题
让我震惊万分，我感到惊奇。巍峨的山峰、汹涌的海浪、壮
观的瀑布、辽阔的海洋、斗转星移都会触动人们去思考，但
人们偏偏对自己无动于衷。"[2]

古代的欧洲人排斥逃离到外部世界，他们发现了内省的
价值，并对它赞誉有加。用诺瓦利斯的话来说就是"神秘
的道路通往内部"。[3] 它劝勉人们要进行某种自我检验，这种
行为自古有之，起源于苏格拉底，也不时和基督教教义重
合，但它是可以和基督教的终极目的分开的，事实上也与它
分开了。发现内省的价值变成了欧洲身份的一部分，就其本
身而言，它在很多场合都会被描述到。这种欧洲思想还有一
点鲜为人知的补充成就：它思考了内省的价值，却没有隐瞒
这种内省文化带来的疑虑；它明确地表达了这种发现中包含
的问题。它还发现了内向性的矛盾之处，认为需要用其他的
东西来补充它。欧洲哲学不仅促使人们去探索自我，进行
"忏悔"；它还是一个思考内向性的过程。我打算介绍这些
思考的一些阶段，从一个中世纪书籍的读者的角度对一些学
者的重要研究进行补充，如查尔斯·泰勒对于自我源头的研
究和杨·阿斯曼对于发现内心世界的研究。[4]

但是首先，我想要解释一下我为什么会认为回溯整个哲
学史，即使不是不可或缺的，至少也是有益的。

除了在哲学之中，还有一些地方使欧洲的内向性脱离了
"世界历史的噪音"。这方面的例子有：日记和静物的历史；
冥想的历史，而不仅仅是虔诚的仪式；道德心和愧疚意识的
出现；抒情诗的历史；公共与私人空间分离的发展过程；研

第六章　内向性的价值

究和私人图书馆的发展状况（《研究中的圣杰罗姆》）。如今我把研究放在了我个人职业的框架中，即思想史的框架内，我并没有暗示以上的这些现象不重要。明确地说，这一框架的优点在于，它开发了特定的欧洲内省项目，它伴随内省的历史，不仅让人们意识到内省的伟大，还有它的可悲。它了解内省的危险性：缺乏实质，几乎毫无意义。

今天，不只是"世界历史的噪音"使得进行私密的反思变得困难，摩托车、文化产业、飞机和信息流的"噪音"也在干扰着人们。在这种过多的刺激之下，习惯内省的朋友们很可能在冒着用抽象或片面的方式进行反省的风险。内省文化的哲学奠基者在辩解，也在分析。以下言论借鉴自他们的著作，既奠定了反省的基础，也在对它进行批判。让我们从苏格拉底开始说起。

一

在《苏格拉底的申辩》（29d – 30b）中，柏拉图叙述了苏格拉底在大街上遇到了一名法官，他这样对法官说：

上等人，你是雅典人，来自最伟大的城市，一座以智慧和力量而闻名的城市，你难道不觉得羞耻吗？只关心如何尽可能地敛财，如何声名远播，你既不关心也不思考审慎的智慧（实践智慧）和真理，更不思考如何让你的灵魂（精神）处于最好的状态？如果你们中有谁想要反驳我，声称自己的确在意，我也不会离开，我会和他交谈，查实、验证他是否所言非虚。……因为我

219

四处奔走，什么也不做，就是为了劝你，无论你比我年轻还是年长，都要竭尽全力地关心灵魂是否处于最好的状态，然后再去关心身体和金钱。我会说：美德不是从金钱中而来的，而金钱和所有人类公共生活和私人生活中的美好事物都是从美德中来的。[5]

这是一个有力的号召，号召人们向内去探索。苏格拉底排斥那种一心只想着享乐、金钱或是声望的生活。他告诉我们，灵魂是第一位的。此处，我们发现自己正处于心灵关怀这一概念的源头，但更重要的是在很大程度上去除了"灵魂"这一概念中非古希腊罗马的、基督教的尤其是感伤的外衣。文本显示了这些修正的必要性。苏格拉底告诉我们，心灵关怀揭示了对城邦最伟大的爱，并最终会带来更多对城邦的资金投入。金钱源于美德，而不是反之。苏格拉底的心灵关怀在于审视那些引领人们生活的信念。他表明，人们通常的优先排序是错误的，城邦的繁荣取决于对这一错误的修正。"灵魂"是洞察力、在市民的共同生活中或对或错的生活方式存在的地方。向内探索，也就是对真理和实践智慧的探索，是苏格拉底毕生的工作，也是希腊古都德尔斐的守护神对人类的指示，最终这条探索的道路会回到城邦。

我开篇引用的奥古斯丁的格言，已属于另一个世界：其中与城邦的关联与其说消失不见了，不如说是已经延伸至整个感官世界和超感世界（intelligible world）。评估感官世界，是"内在的人"的功能。此处"内在的人"，在奥古斯丁早期的观点中，还没有带有圣徒保罗的激进，而指

第六章　内向性的价值

的是用来评估感官世界的标准存在的地方。只有这里存在真理，即适用于外部事物的那个不变的标准；只有在这里我们才能找到我们调动的全部思想，不感知的时刻——没有感知是不行的——来评估我们的思想。从奥古斯丁的视角来看，我们或许可以说：只有在内心世界，把注意力集中到肉眼看不到的事物上，才能让我们产生洞察力，在不同的符号系统或语言里发现数字 3 的时候意识到，我们的洞察力处理的是同一个概念。奥古斯丁以数学和伦理规范来举例，解释他想象中的真相在内心世界是如何被构建的。这一过程是这样的：我们能够定义圆，因此我们才可以评估我们所绘制的这个圆在多大程度上与圆这个概念相符，这种总是不精确的绘图有多少价值。我们知道不应该撒谎，即使谎言是日常生活的常见特征，是"正常的"。奥古斯丁的内心世界就是标准所在之处，是纠正日常堕落腐败的基准。

不仅如此，在奥古斯丁的内心世界中我们欣赏看中的东西也有不同。它是思想与意志的权威，可以挣脱事物的旋涡、大千世界的炫目；它是一种说不的能力，一种回归自身的能力，一种初次体验自己不只是万千事物中的一个的能力。后人称之为自我经验，并用它的名义反对这种日常意识，针对这种日常意识费希特曾说：人们宁愿相信自己是月球上的一块熔岩，也不愿把自己看作一个自我。他们太容易把一切交给外部世界，迷信它的魅力；他们不明白，他们只不过是让自己做好了失望的准备；他们宁愿从树木获得"现实"的概念，也不愿从自身寻找，因此也无法认识到自身的地位。他们对现实的概念是针对外部和自然世界的，其结果就是，他们既没能理解它们是什么，也没理解自己体验到了什么，他们缺失了对神进行理性认识的基础，这就是精神。奥古斯丁早期的观点认为，"内心世界"和"灵魂"并不主要是罪恶意识或是检验某个人的良心。他讨论的问题不是个体的错误或是原罪，对这些主题的集中探讨是从公元397年才开始出现在奥古斯丁的作品中的，而后一直决定着基督教中灵魂的观念直到13世纪人们对亚里士多德的接受为止。而后经过几个世纪的思想混战，宗教改革派又再次提出了它们，虔信派使其广泛传播。在奥古斯丁的早期作品中，转向内部并不是指个人心理学的范畴，而是对通用规范的积极的理解。按照奥古斯丁的说法，只有在内心领域，我们才能获得对现实、进而对"内在的人"智识化的概念，并进而获得上帝的概念。

我们倾向于认为中世纪是一段格外重视反省的阶段，是注重灵魂的文化。以修道院的形式存在的机构实际上是为了脱离公共设施和暴力行径，从而使人们能够潜心于灵魂的净化，认识内心世界。有多种书面指南指导人们如何一步步在这条向内求索的道路上实现进步，进而站在通往天堂的阶梯上；还有针对个人和修道院的功课，帮助人们实现这一目标。从理论上说，修道院是一种以公共机构的形式存在的向内之旅，即实现对罪的认识，赎罪与冥想。当然现实并非完全如此，也有很多理由来解释，不仅仅是因为人类的堕落或是撒旦的诱惑。我不打算对此进一步展开研究，我想呈现一份修道院冥想的记录——14世纪的内心世界发出的声音。并不是所有的僧侣、神学家和哲学家都和梅斯特·埃克哈特

第六章　内向性的价值

大师想的一样。这并不是说埃克哈特只是在重复奥古斯丁的内省理论。埃克哈特是一个具有独创性的思想家，并坚持认为自己所言是珍稀的（rara）、闻所未闻的（inaudita）。让我们来听听他本人对于内部和外部、沉思和行动的看法。

马利亚和马大（《路加福音》10：38－42）是一对姐妹花，她们被认为体现了两种不同的生活方式：马利亚向内，马大向外。埃克哈特在他于德国的第 86 次讲道中对此有清晰的解读，我摘录在此的译本略有删节。[6]

二　埃克哈特，第86次讲道

DW Ⅲ 481，1　圣路加在他的福音里写道，我们的主耶稣基督来到了一个小城，城里一个名叫马大的姑娘接待了他。她有一个叫马利亚的妹妹，坐在主的脚边，聆听他的教诲；而马大却忙碌着招待我们亲爱的主。

马利亚之所以坐在了耶稣的脚边，有三点原因。第一是上帝之善包围着她的灵魂。第二是出于一种不可言喻的渴望：她渴望着，却不知道渴望的是什么。第三是基督嘴里说出的不朽话语是一种甜蜜的安慰，让她感到愉悦。

同样，马大四处忙碌地伺候我们亲爱的基督也有三个原因。第一是因为她更加年长，有丰富的待客经验，这让她觉得没有人可以把这件事做得像她一样好。第二个原因是睿智沉稳的思考力让她可以因为爱而完美地做好外部的工作。第三就是因为她亲爱的客人非常尊贵（DW Ⅲ S.482，2）。

DW Ⅲ 482，14　然后马大说："主啊，请吩咐他来帮助我。"马大这么说不是出于恶意，相反，她是因为喜爱才这么说的，是爱促使她这么做的。我们或许可以说这是一种喜爱或是玩笑式的责备。为什么呢？注意看接下来发生了什么。她意识到，马利亚已经完全沉浸在了渴望中，想要灵魂实现圆满。马大了解马利亚，比马利亚的对她的了解更多，因为马大活得更久、更明白，生活给了她最宝贵的知识。生活要比今生从上帝那里获得的快乐和光明更能启发我们，在某种程度上，生活可以给予我们比上帝永恒的指引还要纯粹的知识。永恒的指引让我们了解它和上帝，而生活让我们了解它自己，无须上帝。如果只看到自己，可以更清楚地辨认异同。圣保罗和异教徒大师证实了这一点。圣保罗在狂喜中透过内心看到了上帝和上帝之中的自己，但是他没能以图像的形式在上帝身上辨认出每一种美德。这是事实，因为他没有通过行动实践这些美德。异教徒大师却通过对美德的实践获得了丰富的知识，他们比在初次狂喜之中的保罗或是任何一位圣人都更加清楚地了解每一种品德。

马大就是这样。当她说"请吩咐他来帮助我"就好像在说"我妹妹认为她坐在你的身边、内心充盈着安慰，就可以做自己喜欢做的事，让她看看这是不是真的，让她站起来，离开你"。马大说这句话的时候带着关切，即使无法从字面上看出来。马利亚充满了渴望，她不知道渴望什么，她想要某种东西，却不知道这种东西是什么。我们甚至怀疑亲爱的马利亚坐在那里，更多是因为愉悦而不是为了精神上的收获。因此马大说，"请吩咐他来帮助我"，因为她担心马利亚会一直陷在这种愉快的感觉中，没有丝毫长进。然后基督回答她："马大，马大，你为许多事，思虑烦扰。但是不可少的只有一件。马利亚已经选择那上好的福分，是不能夺去的。”基督说这些话不是为了斥责马大，他通过回应来给她宽慰：马利亚会成为马大想让她成为的人（DW Ⅲ 483，20）。

DW Ⅲ 481，1　为什么基督说“马大，马大”，叫了她的名字两次？（484，14）他想表明，马大完全具有一个造物应该具备的所有现世和永恒的价值。当他第一次叫“马大”的时候，他表明了她在现世是完美的。随着他的第二声“马大”，他肯定了她不缺少获得永恒的快乐必要的东西。因此，他说，“你为许多事，思虑烦扰”，他的意思是：你忙于行事，但是事物没有占据你的内心。人生虽不能尽无忧，行事却不能为忧所阻。凡做事有序，循永恒之光指引的人，才能不为烦忧所困。此类人行事其，但不为事所羁。此类人接近事物，所拥有的却好比他们接近永恒之国。我说他们“很接近”事物，因为所有的造物都作为手段位于两者之间。作为手段的造物有两种，第一种包含一切，没有它我就无法融入上帝。它是时间之内的践行与修为。践行是指人完成美德外显的功业，修为则相反，是指人具理性之了悟而从内心行之。第二种手段超脱一切，因为这正是我们被置于时间之中的目的，我们应该通过理性的践行来接近上帝，变得更像上帝。圣保罗说，“要爱惜光阴，因为现今的世代邪恶”正是这个意思。一个人通过理性不断上达至上帝，用这种方式来“爱惜光阴”，不是通过万千虚，而是通过理智而鲜活的真实。“现今的世代邪恶”这句话的意思是，白天也暗示了夜晚，如果没有夜晚，也不会有白天，不会有人用白天这个词，世间只会有一片光，圣保罗想要表达的意思是，光明的生活不足以贵，如果旁边仍有余阴，遮蔽了高贵的精神使其无法获得永恒的快乐。这就是当基督说"还有光，你就继续走"的意思。在光中工作的人可以自由地上升，靠近上帝，而不需要任何手段。他的光就是他的修为，他的修为就是他的光。

这就是亲爱的马大所处的状态。因此，他对她说，"但是不可少的只有一件"，注意不是两件。我和你，一旦被永恒的光所笼罩，就合二为一了，这个二合为的一，是燃烧的精神，在万物之上，但在上帝之下，接永恒之缘。说是二，因为它不通过别的东西是无法看到上帝的。它的所知、它的存在或是它的所知与它所知的意象，永远也不会变成一。只有通过精神才能看到上帝，这是脱离所有意象的。化形之中一实为二，存在之中二合为一，光和精神在永恒之光的笼罩下变成了一体。

但是现在我们回过头来解释，马大还有所有上帝的朋友，为什么是生虽有忧，但不为忧所用。在他们看来，时间中的修为与靠近上帝一样珍贵，像我们做的最崇高的事一样，让我们接近上帝，当然除了见到纯粹的上帝。因此他说，"你近事，亦近忧"，他的意思是她有限的判断力当然会让她担心忧虑；因为她没有纵容自己在精神的愉悦之中。她靠近事物，但不为物所困；她立身自处，事亦自处其所。

我们的修为，应该有三个特点，人们应该有序地、理智地、知认地修为。有序地是指在各方面都要与"最崇高的"相对应。理智地是指人在时间之中发挥了认识力的极致。知认地是指在善行中找到活生生的真理的愉悦的显现。无论这

第六章　内向性的价值

三点在哪里相遇，它们就像荒野中的抹大拉的玛利亚一样引我们深入，促我们前进。

现在基督说，"你为许多事，思虑烦扰"，而不是只为一件。意思是，当她处于一种纯粹的状态，不进行任何外部的修为，把注意力集中在上接永恒之缘的时候，一旦某种事物充当了干扰的手段，她就受到了困扰，无法继续随心所欲地摆脱一切，而会受到干扰，处于担忧之中。但是马大身上具有崇高的美德，根基深厚，她的精神是自由的，不受任何事物的阻碍。因此，她希望她的妹妹也可以处在同样的状态中，因为她发现后者生活的不够本分。这是一个非常好的理由，她希望她的妹妹马利亚可以立足于所有必要的条件，获得永恒的幸福。这就是为什么基督说，"不可缺少的只有一件"，这究竟是什么呢？这一件就是上帝，对所有生物来说都是必要的。如果上帝收回属于他的一切，所有的生物就什么也不是。如果上帝从基督的灵魂中收回属于他的东西，而灵魂是精神与一个永恒的人会合之处，耶稣最终只会是一个造物。因此，这一点就是必要的。

马大担心她的妹妹依赖这种安慰和甜蜜，她希望后者可以变得像她自己这样。所以耶稣说"马利亚已经选择那上好的福分"，就好像在说"开心点，马大，这样的情况会停止的。一个造物能够获得的最崇高的事她一定会获得：她会变得和你一样喜乐"。

现在基督说，"你为许多事，思虑烦扰"。马大的根基是如此稳固，以至于她的行为并没有妨碍她。践行和修为使她获得了永恒的幸福。当然，她的喜乐仍然是间接得到的，但她高贵的天性、她的自强不息和前面提到的美德帮她获得喜乐。马利亚要成为另一个马大，而后才会成为真正的马利亚。因为她坐在主的脚边，她还不是马利亚。她的名字当然还叫马利亚，但从本质上说却不是，因为她坐在那里，沐浴在欢乐与甜蜜中的时候，她不过才刚开始聆听主的教诲、开始了解人生。但是马大对自身的存在非常坚定，因此她说"请吩咐他来帮助我"，就好像在说"主啊，我希望她坐在那里不只是因为快乐。我想让她能够认识生活，这样她就可以在本质上拥有生活。叫她起来，这样她或许可以变得完美"。

坐在耶稣脚边的时候，马利亚的名字不完全是马利亚。在我眼里，她应该是一个训练有素的身体，听命于一个智慧的灵魂。而洞察力要求什么，意愿就配合什么，这就是我说的顺从。

三

在这次布道中，埃克哈特用一种别具特色的方式探讨中世纪，特别是僧侣式的内省文化。他没有排斥这种文化，而是进一步发展它。他把这当作第一步，而不是一个目标。它是必要的，但不是最高的价值。这使我们感到惊讶，有以下几个原因：第一，因为他颠倒了优先次序，在《路加福音》10：38－42中，《圣经》研究者，包括现代的研究者，明确划定了马利亚和马大之间的优先次序。难道早期的基督徒不是在用马利亚和马大的故事说明冥想和基督的教诲优于外部世界的活动吗？首先，埃克哈特把这两名女性看成了具有象征意义的人物，这是常见的处理方式，但他用另一种方式解

第六章　内向性的价值

读《路加福音》：马大代表了完美的更高境界。其次，埃克哈特让我们惊讶的是，他对历史悠久的教会文学，尤其是僧侣文学传统发起了挑战：这种传统把马大视为世俗的典范，马利亚象征了更高价值的修行生活。在此之前，马利亚是生命沉思或向内路径的卓越地位的保证。最后，我们肯定想不到，从一个一直被误断为"神秘主义者"的作者口中说出的竟然是对积极生活的赞许。但是，让我们忘记这些肤浅的标签，看看埃克哈特究竟说了什么。

他是如何刻画马利亚的？《路加福音》中耶稣安慰马大，说马利亚已经做了最好的选择。埃克哈特通过这则寓言，阐释了他自己的排序。他用温和的讽刺，让我们怀疑马利亚坐在耶稣脚边更多是出于纯粹的快乐，而不是获得"理智地发挥作用"。"理智地发挥作用"，不是平庸的唯目的，不是实用，而是理性的进步。马利亚倾听、思考、沉醉于精神的愉悦之中。她不仅是因为对知识的渴望或是出于好奇而着迷，而且有强烈的感情在作怪："她产生了渴望，却不知道渴望什么，她想要得到，却不知道想得到什么。"埃克哈特通过重复对这句话特别加以强调。他塑造了马利亚模糊的形象：追求是好的，但是缺乏实质。我们几乎可以说，这一形象是一个"痴迷"的形象。她还没有想明白该如何生活。这只有通过设限、确认、放弃，否定一种可能性，赞成另一种，才能完成。她不允许任何"东西"出现在她和她的强烈冲动之间。她是纯粹的内省，享受与上帝如此近距离的时刻，而与生活拉开了距离。

埃克哈特与备受称赞的妹妹拉开距离，他甚至更进一步，借马大之口说，马利亚一定是觉得处在安慰之中就可以做自己喜欢做的。"让她看看这是不是真的，让她站起来，离开你。"马利亚是善意的，却没有体验过反对意见。她没有感觉到缺失，因此找不到采取行动的理由。她感受不到冲突，觉得没必要做出选择。她的存在收束于不会受到威胁的一点，自我感觉不错。她没有检测自己，也就高估了自己。她没有把她的好意付诸实践，无论在身体上还是在灵魂上都没有。但是，埃克哈特通过一个奇怪的词源来解释"马利亚"这个名字的含义——"一个训练有素的身体听命于一个智慧的灵魂"，马利亚避开了不断的实践和演练。她没有符合她的名字。她还不是"真正"的马利亚。埃克哈特告诉我们，耶稣对她赋予的赞誉指的是她会变成什么。马利亚会变得像马大，也就是说，她将超越单纯的内省阶段。

但她会到哪里去呢？目标是什么呢？其目标不是，比如，她有意识地决定要打断自己的沉思，为乞丐送上一碗汤。这虽然是正确的，会符合一个埃克哈特式的律令，但这不是我们要讨论的问题。她不应该（根据这段文字，一个思想家并不总是说同样的话）做什么，但是应该作为别的什么。她必须获得关于内心和外界的新的认识。她会用不同的眼光看待她崇高的内心状态，用不同的方式接触世界。

埃克哈特宣布：她会像马大那样。马大并没有避开"事物"。她把它们与她内心最深处的自我连在一起，并且用一种特别的方式将内心最深处的自我和事物关联起来：使这些事物不仅仅是外部的了。她让"事物"和它们的诸多限制与她的最高目标相符。她抛弃沉思生活和实践生活二选

第六章 内向性的价值

一的作法。她是第三条道路的榜样。她让自己直面生活，她主动进入生活。这样一来，她掌握了只有通过"出离自己"才能学到的东西。埃克哈特关于体验生活经验的表述颇有些不同寻常：生活提供了最好的认识。生活就是认识；生活比喜乐和永恒之光的指引让我们思考得更多，比永恒之光的指引更好、更纯粹。在奥古斯丁那里，真理的永恒之光只在心中燃烧。这也是它为埃克哈特燃烧的地方。永恒的光真理，揭示了自身，也开辟了通往神的理性认识的道路。生命揭示了自身——没有依靠上帝。它和以前一样，依然由"事物"构成，由"无上帝的事物"构成。它着眼于自身，更清晰地显示差异；没有它，一切看起来都是一样的。保罗在七重天外——这使他无法看清一个好人的完美。异教徒的伦理学家——比如亚里士多德的《尼各马可伦理学》和塞内卡的《致门徒卢基利乌斯的 124 封信》——实践了美德，在生活中看到了美德，而且比那位一心只向着天堂的使徒理解得更准确。他们告诉我们更多关于美德的事。

埃克哈特的这种想法是很难理解的，我们很难在中世纪的哲学著作中找到任何相似的表述。大概没有哪次布道如此明显地颠倒了福音书的优先次序，虽然大阿尔伯特对这部分的解释为提升马大的评价奠定了基础。[7]库尔特·鲁和其他人对埃克哈特是不是这一文本的作者产生了怀疑：以马利亚为代价，对马大不停地称赞，是在公然抵触福音书的内容。事实上，比起着迷的保罗，埃克哈特似乎更偏爱异教徒哲学家的道德指引，这也一样不合逻辑。但最让人震惊的是他的生活概念：永恒之光真理，指向自身，从而指向上帝，但生活指向生活本身，与上帝无关，被认为是洞察力更高级的源泉。生活是一种自我指涉的完成过程，是一种实践。生活就是不断出离自己，又回归自己的过程。生活的目标在自身之中：生活本身就是自己的目的。这是一个亚里士多德式的观点。此处，"生活"不是主要从生物学意义上去解读，而是现实的全部包含着上帝和世界，因此即使没有一个明确显露的上帝也照样存在。

马大的卓越地位源于她在现世生活。因此，她具有睿智沉稳的思考力，使她可以在爱的指引下完美地完成外部的工作。真正有智慧的生命不在于获得沉思的乐趣，而在于根据我们已知的最好的、根据爱的最高指引来安排外部世界的活动。她进入了事物的世界，身处在事物之间，但是这些事物不在她内心：它们没有压缩她的内心生活，而是表达了这种生活。她与外部世界中的事物靠得很近，这些事物充当了她和爱的最高指引之间的中介角色，但她仍然，据我们所知，在上方接永恒之缘。这是否指的就是最高的天际？就像与埃克哈特同时期的但丁的作品中出现的那样？然而，不管他怎么想，关键之处要转变思想——让我们认识到现世的修为与我们和上帝的融合同样重要。在自己的内心世界迷失自我的人无法"本质地生活"，"事物"让她忧虑重重；而四周到处都存在事物，她也会生活在永无休止的矛盾中，将生命缩小到狭小的范围。马大却是走向事物，按照自己的生活方式安排它们，无忧无虑地站在事物之间，而不是陷于事物之中。

埃克哈特对时间因素的强调也值得关注。他让马大变得更年长，还断定：她活了很久，也活得很对——由此产生了认识。比起马利亚对自己的了解，马大更了解马利亚。她担心马利亚逃避时间的考验。埃克哈特赋予了时间极大的意义，就好像在反对短暂地沉浸在永恒之中。他说，理智地是指人在时间之中发挥了认识力的极致。一个探求如何理智行事的人，他的时间位置一定程度上决定了他的结局。时间和生活作为理解的基础——这一论点虽然是狄尔泰在 20 世纪提出的，却早有先例。当耶稣谈到马利亚的时候，他相信时间带来的影响。他幽默地安慰马大："开心点，马大，［她已经选择那上好的福分］这种情况会停止的。"她还在上学，"学着如何生活"，如何拥有本质的生活，而不仅是片面地生活；也就是变得完美的意思。

埃克哈特从另一方向发展了这一思想："不可少的只有一件"。谁处在孤独的状态中，谁就是一个炙热的灵魂，他处在事物之中，也在事物之上。他在事物之中，但是这些事物不存在于他本身，因而也不会给他施加重量、使他下降。在他身上，二元变得统一。而对于其他人，理解和存在是不同的，或者说，埃克哈特的表述更加准确，因为我们从来都不是直接认识事物的，而是通过图像，这些人的认识和被认识的图像二者是不同的。而实现统一的人，不用通过图像就能看到上帝的，其认识和被认识的图像——认识和存在合而为一。这就是马大：她不只是积极生活的典范，也是智慧的化身，事物和爱的最高诉求在她身上实现了统一，二者之间没有区别。马大体现了经过时间考验的被实践的美德，是一个自由的灵魂，她之所以是自由的，是因为在那些马利亚认为分散了注意力、与之保持距离的事物中，马大找到了最好的自己，完整的、无忧无虑的自己。在马大身上，形而上的"一"超越了积极生活和沉思的界限。

四

内部和外部之间并不存在一个一成不变的问题，只有历史和智识的过程，我们后来又把它们合并成了一个"问题"。路德教派的职业道德和加尔文主义的经济伦理使一系列新情况产生了：他们提升了外部世界。这又反过来引发了新的转向内部的探索：西勒修斯转了宗，因为新教徒缺失了神秘的艺术（ars mystica），或者说是"与上帝合一的艺术"；虔信派的目光重新回到了奥古斯丁的座右铭：上帝与灵魂。没有其他的了吗？什么都没有（Nihil omino）！但它被迫不断创新：先是对抗新教正统；后又，也是最重要的一点，把灵魂的概念个性化了。现在——更像是耶稣会的做法——审视一个人的良心，检验灵魂和罪恶，被提上日程。这种现代化的改变，几乎违背了相关人士的意愿，在1800年左右进入了一个关键期。

1794~1796 年，歌德在《威廉·麦斯特的戏剧使命》的基础上创作了《威廉·麦斯特的学习时代》，全景式地展示了各种各样的生活方式。这是一部丰富多彩的作品，形式多样，但第六部只围绕着一个美丽心灵的自白展开。制帽女工毫不留情的自我反省，以及她对离开珍贵的内心世界的恐惧找到了一种最精湛的文学表达，也不缺乏对这个非常敏感、聪明的女人的同情，她走入外部世界，还不忘观察自我的变化。她发现她给自己披上了一件"愚蠢的外衣"，感叹道，这不仅是一个在外表戴上面具的问题，"而是愚蠢立刻穿透了我"。[8]外部试图压倒内部，最好还是待在内部。

在《精神现象学》一书中，黑格尔将歌德对虔信派的内省文化的分析系统化地表现了出来。美丽的灵魂出现在书中最后一个主要部分，列在"精神"这个标题之下，换句话说，被放在后面更加重要的、受尊重的位置。欧洲的精神，因为已经开始回归它本身，有了出离外部世界的倾向。这不是一个偶然的突变，而是来源于精神的本质。黑格尔明确指出，精神的本质决定了它不能一直这样；埃克哈特通过马大这一女人的形象展现的东西，歌德通过朦胧的具体的角色描写，通过一个年轻女子的发展形象展示的东西黑格尔却说得直截了当。黑格尔写道：

> 然后，我们就能看到自我意识退回到了它最隐秘的存在中，所有的外部性对它来说就像这样消失了——消失在对"自我"的观照中，此处的"我"指的是包含本质和存在的整个"我"。它在这个概念中沉浸于自身，因为已经到了自身的极限。[9]

退回到最内心的存在中——这是精神的生活，但它不能忍受以这种极端的形式存在，并计划留在内部；这种状况必须有所缓解。如果精神被净化至一种抽象的纯度，如马利亚坐在主的脚边，意识以其最贫乏的一种形式呈现，失去了一切世俗的实质，它就只不过是一种自我意识和至福，但作为意识，它也应当是一种世界意识。"这种情况会停止的"

的，意识枯萎成自我意识，不会持续存在。通过对抗外部而僵化成形的内心必然会消失，它永远也无法抵达现实：它像马利亚一样，存在于本身之中，关注其本身。物体不会变成对"实际自我的一种反面"。它们不会侵扰它，因此也不会为它解锁。"它缺乏将自身外化的力量，以及将自己变成事物、忍受存在的能力。"这就是马利亚，她无法出离自己，走向外部事物，无法用爱的最高要求来协调它们。黑格尔接着写道：

> 它生活在恐惧之中，担心行动和任何存在的事物会污损内在的光辉；为了保持内心的纯粹，它避免与现实世界接触，并继续存在于其固执的无力状态中，放弃了彻底沦为抽象的自我。

为了避免放弃自己，它放弃了一切。如果它为自己生产物体，这些都是虚幻的图像、代理人，内部是空虚的，就像歌德提到的"面具"。对歌德来说，它们只是产生了一种空虚的意识。歌德写道："愚蠢立刻穿透了我。"这种寻求停留在内心的做法被黑格尔称之为一个不快乐的，所谓的"美丽的心灵"，并预测"它的光在它里面逐渐消失，像一团未成形的水汽渐渐消逝在了稀薄的空气中"。

最后，我想说，我今天听到有人呼喊：我愿意有这种烦恼；我们今天面临的问题完全不同于对美丽的心灵的批判。但是值得思考的是：任何人想要谈论内省的价值，都应该在心中记住它的起源，特别是在它面临如此威胁的时候。它现在几乎已经完全消失了，我们偶尔能在穷诗人洋溢的热情，或是某个成功的商业大亨预先计划好的几分钟冥想里找到它的踪迹。我们应该了解它究竟是什么，引发了什么运动和反运动。它并不是欧洲从外部不劳而获的，而是抽象化的辛勤劳动的产物。内在性不是用来游戏的，它本身就具有某种极端性，让它与生活保持距离。它的创始者们——苏格拉底和柏拉图，普罗提诺和奥古斯丁，埃克哈特和歌德——缓和了它的激进，提供了平衡它的力量。任何人思考内省的价值都应该注意这个几乎被忽略的过程。

注　释

1　Augustine, *De vera religione* 32, 79 Dauer 234, 12.

2　X15, deutsch bei Augustins, *Bekenntnisse*, übers von K. Flasch, Stuttgart 1989, S. 261.

3　Novalis, *Schriften*, hg. Von P. Kluckhohn-R. Samuel, Band 2, Darmstadt 1965, S. 419.

4　Charles Taylor, *Quellen des Selbst. Die Entstehung der neuzeitlichen Identität*. Deutsch zuerst Frankfurt/M. 1994, als Taschenbuch 1996; Jan Assmann (Hg.), *Die Erfindung des inneren Menschen. Studien zur religiösen Anthropologie*. Gütersloh 1993.

5　Plato, *Apologie*, 29d – 30b.

6　Josef Quint, *Meister Eckhart. Deutsche Werke* Ⅲ, Stuttgart 1936ff., S. 472 – 503.

7　Albertus Magnus, *Opera*, ed. Borgnet, Band 23, Paris 1894, S. 87 – 89.

8　Goethe, *Werke*, Zürich 1949, Artemisausgabe Band 7, S. 407.

9　Hegel, *Werke*, hg., von H. Glockner, 2, S. 503 – 504.

| 第七章　理性——欧洲的独特特征？ |

沃尔夫冈·施路赫特

一　序言

a 对话题的重新表述

我的论文标题中含有一个问号。我怀疑大会组织者经过考虑才选择了这一标题。简单地说，理性不正是以一种有根据并以循序渐进的方式进行思考的能力（理论理性）或者以一种有根据并循序渐进的方式，按照某些规则采取行动的能力（实践理性）吗？我们难道不正是把理性视为人类之所以为人的原因吗？人类难道不正如伊曼努尔·康德这样的

238

第七章 理性——欧洲的独特特征？

人所想的那样，是一种理性的动物（animal rationale）吗？进一步来说，一些文明难道不是已经经历过理性化进程了吗？尤其是卡尔·雅斯贝尔斯所说的那些轴心时代文明，或换一种更好的表述方式——轴心文明，以及什穆埃尔·艾森施塔特要刨根问底研究的那些文明。[1]一连串的问题已经给了我们足够的理由来重新考虑这篇文章的标题：相比于"理性——欧洲的独特特征？"或许"欧洲——一种独特的理性？"更好。事实上，后一个标题似乎确实与我想在这篇文章中表达的内容更为匹配，问号当然得保留。因为我们目前还不知道我们是否能将这一标题的含义论述清楚。或许，当我们的探究结束时，问号也并不会变成感叹号。

在回答是否存在一种独特的欧洲理性这一问题前，最好先考虑以下两个问题。一个是方法论层面的问题，另一个则是概念层面的问题。在方法论层面，我们必须将一种文化现象的起源及传播与这种文化现象的有效性清楚地区分开来。在对起源及传播进行探究时，我们处在实证和历史层面，我们会找出与事实相符的因果归因。在对一种文化现象的有效性进行探究时，我们又会跳到规范层面，对其正当性进行考察。我们可以以资本主义的文化现象为例对这一区别进行阐释。我们需要区别资本主义的普遍意义和其普遍有效性。资本主义可能具有普遍性意义，可能与我们每一个人都有关系。但是，这却并不一定代表资本主义具有普遍有效性。最有可能的是，没有人会否认，全球化的资本主义经济对我们所有人的生活都产生了重大影响，并且我们必须去深入探究其运作方式、其文化先决条件及文化影响，因此从这一层面上来说，其代表着一种具有普遍性意义的文化现象。但是，对于这种文化现象同样具有普遍有效性这一观点，却会有很多人提出不同意见。相反，他们将全球化的资本主义经济视为一种正在威胁人类生存的力量。

实证－历史（empirisch-historisch）层面和规范层面相互联系，但又需要加以区分，这一事实阐明了另一个问题。一种文化现象可能最初出现在某个文明中，然后从那里开始向外传播，并最终具有普遍意义，但是这种文化现象也有可能获得普遍有效性。人权的出现和传播便是一个很好的例子，我们现在不仅认为其具有普遍意义，更赋予了人权普遍有效性。人权最早出现在欧洲这样一个特定的文明中，最早由美国和法国将其作为权利进行了制度化。毫无疑问，人权起初只是一种局限在某一具体文明内部的现象，正如格奥格·耶利内克在其关于人权起源的名著中首次提出的，这一现象深深植根于拉丁基督教的历史中，但是这种独特的文化现象在演变中具有了普遍有效性。[2]这至少是我们的观点。我们需要强调：我们的这一观点不是毫无争议的。有相当数量的其他文明的代表将这一论断视为西方文化帝国主义的一部分。但是，基于上述考虑，我们能够将我们的标题改得更加准确："欧洲——一种具有普遍意义和普遍有效性的独特理性的承载者？"

b 欧洲：不固定的历史实体

在进行下文讨论之前必须先阐明修改后的标题中包含的两大术语。这里的欧洲是何含义？理性又是何含义？首先对

第七章　理性——欧洲的独特特征？

欧洲这一概念做一探究。无须多言便能明显看出欧洲这个词并不指某个固定的历史实体。地理上，欧洲从来没有过明确界定的东部边界；宗教上，欧洲一直被分为拉丁基督教、东正教和伊斯兰教；语言上，欧洲从来不局限于罗曼语族和日耳曼语族；政治上，举例来说，欧洲、俄罗斯以及奥斯曼帝国之间的界限也发生过变化。

因此，当提到欧洲时，我们指的是一个流动的结构。但是，至少从历史的角度来看，这个结构的轮廓从相对较早的时间开始就一直具有相当高的稳定性。历史学家斐迪南·塞特（Ferdinand Seibt）在其对欧洲历史基础的研究中说道：

> 在第一个千年到来之际，可能就已经能够在政治地图上辨认出当今的"西欧"民族国家了。以下这些国家要么已经清楚划定，要么已经开始成形：英国、法国、德国、波兰、波西米亚、匈牙利、克罗地亚。此外，还有意大利各个部分以及斯堪的纳维亚半岛和波罗的海国家的崛起，不过当时尚未划定明确的边界。西班牙则显得与众不同，这个国家逐渐将自己从阿拉伯人长达几个世纪的统治中解放出来。或者将我们的视角倒转过来：西班牙在千年之交时是稳固的王国，现在是稳固的民族国家。[3]

综上所述，欧洲过去和现在从来都不是一个固定的实体，而是一个总会经由历史的参与者和观察者添砖加瓦从而焕然一新的历史结构。在这篇文章中，当提到欧洲时，我们指的是尽管轮廓相对稳定却是一个多变结构的西欧。因此，我们不妨问一问：这里的西欧是独特理性的承载者吗？如果是的话，那么这种理性是仅仅具有普遍意义呢，还是也具有普遍有效性？

c 理性：不固定的概念

理性或理性主义指的是什么呢？正如欧洲不是一个固定的历史实体，理性或理性主义也不是一个固定的概念。正因为如此，理性或理性主义方面杰出的理论家和历史学家马克斯·韦伯在一百年前发表的对禁欲主义新教与资本主义的新精神之间的联系的研究（我随后将会对该研究做更为具体的论述）中才会提出如下警告：

> 事实上，一个人可能——这一简单的论述经常会被遗忘，应当将其放在每一篇研究理性主义的论文开头——从非常不同的基本视角以及非常不同的方向来对生活进行理性化。理性主义是一个包含着无数矛盾的历史概念。[4]

我们应当如何将这个含有无数矛盾的概念进行结构化呢？在我看来，马克斯·韦伯对于此也有诸多思考。他针对理性和理性主义提出了三组概念：价值理性和目的理性，物质理性和形式理性，理论理性和实践理性。这些区别有何意义，它们怎样才能实现最好的相互联系？

只要是在韦伯式的视角下使用这些成对概念，我们就是

第七章　理性——欧洲的独特特征？

在实证和历史的层面上进行探讨。韦伯的观点包含一个多层模型。第一对概念是价值理性和目的理性，描述的是参与者在给定环境中可能具有的行为导向：他们是否以成功，也就是最终的目的理性为导向；或者是否以有效性，也就是最终的价值理性为导向？第二对概念是物质理性和形式理性，关注的问题是如何对不同行为进行协调，或者更确切地说，对至少两名参与者行为导向的协调。关注的焦点可能在于这种协调"如何实现"或者"是什么"这一问题。如果关注的是"如何实现"，那么关键点便在于这种协调实现的方式（形式理性）；而如果关注点在于"是什么"，那么重要的便是这种协调的内容（物质理性）。然而，还有第三方面的考量。导向和协调都扎根于超个人的意义关联中，这种关联既有认知的方面，又有评估的方面。如果认知方面占据着核心位置［韦伯称之为观照世界（Weltanschauung）］，那么我们所说的便是理论理性；而如果我们关注的焦点在评估方面［韦伯称之为塑造世界（Weltgestaltung）］，那么就是实践理性。这种世界图像（Weltbilder）由观念和理想组成，必须由个体主观获得。秩序和组织机构，或者更笼统地说，制度在这里起着十分关键的媒介作用。正因为如此，韦伯提到了"物质基础、社会和政治组织的形式以及……观念之间相互依存的影响所造成的巨大混乱"，并且他还对不同"层次"间的密切关系进行了探究。[5] 在下文中，我们将会坚持这一理论框架以及与之相关的方法论建议。

因此我们的问题是：西欧是否如前文所述在行为导向、行为协调以及世界图像方面是某种具有普遍意义和普遍有效性的独特理性的承载者？这个问题由马克斯·韦伯提出，现在我将对其进行探讨。

二　马克斯·韦伯的疑问

a 现代欧洲文明的独特性

事实上，马克斯·韦伯确实希望我们"从本质上解释西方理性主义的独特性，以及其中现代西方理性主义的独特性"，[6] 并且他还将这种希望与为什么中国和印度的"科学、艺术、政治或经济发展（没有）进入西方所特有的理性化道路"[7] 这一问题联系在了一起。因此，正如他在其他地方所描述的，他认为"现代欧洲文化世界"以某种独特的理性主义为特征，而他最初则认为这种理性主义是经济理性主义，是"通过一种理性的方式将自由劳动组织起来的市民的工业资本主义"。[8] 然而，在他的研究过程中，他却将这种理性主义拓展到了整个"现代欧洲文化世界"中，比如西方科学领域中的思维活动、数学基础以及实验室实验；比如西方音乐领域中的对位法与和声，以三种形式的和弦与和谐的三度音程为基础进行谱曲，还有半音以及等音，并不是要求等距，而是要求和谐；比如西方绘画领域中的线条透视和空气透视；还有比如拥有成文法和一套专门为其打造的专业政府机构的西方宪政国家。[9] 马克斯·韦伯认为，现代欧洲文化世界不仅在那些具有理性本质的价值领域中创造出一系列理性建构的方法、形式和方向，在那些具有非理性本质的领域亦是如此。这是在其他地方都没有出现过的情况。对他而言，这一点尤其适用于工业资本主义、现代国家和现代科学的三位一体，其中现代国家成功建立起合法化物理外力的垄断，而现代科学则"已经导致世界的祛魅化以及其向一种因果机制的转变"。[10]正如韦伯所见，一种独特的理性主义正在欧洲发挥作用，并且其体现形式在不同的价值领域中亦有所不同，但其内核是相同的，这一内核可能具有普遍意义和普遍有效性。

b 规范性或启发性的欧洲中心主义

因此，这便是为什么马克斯·韦伯在其未完成的著作《宗教社会学论文集》（*Gesammelte Aufsätze zur Religionssoziologie*）中会以这样一种在许多人看来似乎属于欧洲中心主义的挑衅性言论开篇："在研究普世史的问题时，我这个现代欧洲文明孕育出来的人必然不可避免地、合情合理地去问：到底是何种环境条件的组合使得在西方文明中，也许只在西方文明中，文化现象朝着普遍意义和普遍有效性的方向发展？"[11]他在后文中对这些文化现象进行了罗列，其中的绝大多数我都已经提及。在这些文化现象中，韦伯将现代工业资本主义视为"最具决定性意义的"一股力量。在他看来，这种资本主义要想合理地运作就必须要嵌入合理的法律和行政体系，并且还要获得基于理性概念和实验的现代科学的支持。[12]如今，随着对现代工业资本主义的全球扩张具有抑制作用的两极世界格局的解体，现代工业资本主义似乎比过去任何时候都更具决定性意义。

马克斯·韦伯是欧洲中心主义者吗？当然是，但他又是何种意义上的欧洲中心主义者呢？为了回答这一问题，我们必须非常细致地对这段开篇论述进行剖析。这时我们便会注意到他所提出的警告。对于一个"现代欧洲文明孕育出来的人"而言，以这样一种方式看待事物，虽然是有道理的，但更多是不可避免的。我们很乐意想象，构成欧洲文化世界的文化现象不仅具有普遍意义还具有普遍有效性，但是实际上，在所有人中，韦伯最不愿意将现代欧洲文明称为人类发展的顶峰。他并不掩饰自身对于这种文化发展的后果的怀疑，他在这里表述的意思是，我们从诠释学的出发点出发，不得不接受这种看待事物的方式，我们可以通过思考突破这种视角，但是不能简单地跳过它。这种诠释学上的联系并没有强迫我们认为西方文明相比于其他文明具有优越性。因此韦伯所践行的欧洲中心主义是具有启发性的，而这是因为他作为一名研究者将自己的兴趣局限在研究起源和传播的问题上。

现在我们再将目光转向韦伯对西方文明起源和传播的分析，与此同时，我将把其他分析囊括在内，尤其是他的弟弟阿尔弗雷德和他的同事恩斯特·特勒尔奇所做的那些研究。首先，我将谈到外部条件，即那些对现代欧洲文明的崛起和传播十分重要的、为其开辟道路的制度发展，其次再讨论内部的和精神层面的条件，最后，我将着手讨论西方特有的理性主义类型这一问题。但是，不论我们是在讨论外部条件还是内部条件，多层次模型，即行为导向、行为协调和超个人的阐释模型或意义关联的三位一体，或者说行为、秩序和文化的三位一体，都会起到决定性作用，即使没有逐一对这些要素进行讨论时亦是如此。

三　"世界史中一段独特的、充满活力的历史进程得以展开"的原因（斐迪南·塞特）

a 结构性张力及其平衡

人们普遍认为，在第一个千年到来之际，欧洲仍然落后于其他文明，比如中国、印度和阿拉伯国家，但是自此之后，其中的一段充满活力的进程使之至少在一段时间内，逐渐成为世界上最为发达的地区。我们应当怎样解释这一现象？哪些核心事件为斐迪南·塞特口中的这段独特的、充满活力的历史进程开辟了道路？

首先要明确的是，我们一直所说的欧洲，即那个从一个相对落后的时间点开始在世界史中那段独特的、充满活力的进程中得以发展的欧洲，并不是古代神话中所描述的欧洲。正如斐迪南·塞特所言，宙斯并没有将欧罗巴带到巴黎或伦敦，而是带到了克里特岛，并且在很长一段时间里，西欧的居民都没有自称欧洲人，而是自认为属于天主教或说拉丁语的西方。恩斯特·特勒尔奇在他对基督教会和基督教团体的社会学说的伟大研究中提到了由教会领导的、统一的中世纪西方基督教文化，[13]之后则由于受到宗教改革的影响而在一段时间内出现了宗派主义，其间发生了血腥的宗教冲突，现代欧美文明正是在这样的环境中最终得以诞生的。[14]因此，欧洲并不是一个在启蒙运动之前被参与者和观察者描述时使用的概念。欧洲本身就是我所提到的政治-文化建构和再建构进程的一部分。

欧洲的文化价值

　　这也就意味着，在小亚细亚和地中海古典文化所包含的异教的与犹太基督教的文化现象（阿尔弗雷德·韦伯称之为二级文化第一阶段）与中世纪由教会领导的基督教的统一文化（阿尔弗雷德·韦伯称之为二级文化第二阶段）之间尽管有诸多的连续性，但也包含着断裂，而后一种文化正是现代欧洲文化世界的发展之基。年轻的马克斯·韦伯显然清楚地认识到了这一点，他对古代和中世纪时期的法律和农业历史十分精通。在他早期的一场科普性质的讲座中包含了对于希腊－罗马文明的衰落及其长期影响的思考，而其中的措辞——我确信你们将会表示赞同——则达到了文学作品的水平。韦伯首先对罗马帝国的衰亡进行了评论："古代世界的经济发展兜了一个大圈子后又回到了原点。"他告诉我们，其所产生的脑力劳动的成果似乎已经消失殆尽。回归自然经济模式所造成的后果就是："古代城市中气派的大理石建筑已经不复存在，而这些城市中所有的智力成果和价值观念——他们的艺术、他们的文学、他们的科学以及他们复杂的商法——似乎也已经沉入黑暗。在所有者和领主的封地里，人们还未曾听到游吟诗人的宫廷抒情诗。"他接着说道：

　　　　当我们看到这般景象时，难免会感到一丝悲伤——一个伟大的文明，几近完美，却因失去了经济基础而分崩离析。然而，在这个非同凡响的过程中究竟发生了什么？我们所看到的是社会基本结构的一种转变，这种转变是不可避免的，但总的来说应该将其视为一个剧烈的康复过程。因为广大不自由的民众恢复了家庭生活，重获个人财产，并且他们自己的社会地位也获得提升，从"会说话的工具"到被当作人来对待。影响越来越大的基督教如今确保他们的家庭生活拥有牢固的道德保障；事实上，即使是罗马帝国晚期也在前所未有的高度上承认了为保护农民的权利而制定的法律，以及保持不自由民家庭的完整的重要性。当然，与此同时也有一部分自由人下降到了与农奴相当的社会地位，古典时代的文明贵族也变得野蛮化。此外，不自由劳动力的膨胀使自然经济成为古典时代文化发展的基础，对奴隶的占有使公民之间产生贫富分化，自然经济在一段时间内继续保持繁荣，当罗马帝国的政治中心从沿海转移到内陆，奴隶供应枯竭时，这种自然经济出现了向封建主义转变的倾向，并把它的结构强加于本来适应商业经济的上层建筑。由此古典文化的外壳开始弱化乃至最终崩塌，西欧的精神生活陷入长期黑暗。然而，古代文明的坠落就像安泰俄斯，每一次重新接触地面都会从大地母亲那里获得新的力量。当然了，如果某位古典作家从某间修道院里的羊皮手稿中醒来，看着法国加洛林王朝时期的世界，他会觉得这个世界真的很奇怪：庭院中飘来的动物粪便气味将向他的鼻孔发起猛攻。但是，当然不会有任何希腊或罗马作家出现了。他们陷入了冬眠，整个文明均是如此，在又一次带上乡村色彩的经济生活的怀中冬眠。当封建社会的游吟诗人和马上比武大会出现时，没有人记得古希腊或古罗马时代的经典著作。只有在劳动力的自由分配和商业交换的基础上，城市在中世纪诞生，只有当自然经济向国民经济的过渡做好了准备，只有当封建时代对人们施加的外部的和内在的枷锁被最终卸下时，古典巨人们才能像安泰俄斯一样重新获得新的力量，古典时代的文化遗产才能在现代资产阶级的光芒中重获新生。[15]

毫无疑问，这些评论中暗含着一种根深蒂固的偏见，那就是从罗马帝国的衰亡到墨洛温王朝和加洛林王朝的这段时间属于"黑暗"时期。但更重要的是：对韦伯而言，古典文化留下了遗产，其象征是耶路撒冷、雅典和罗马这样的名字，或者如黑格尔所说的美的、崇高的、合目的性的文化，但这些遗产必须在全然不同的经济和政治环境中重新被利用起来。相比于古典时代，两大进程改变了中世纪早期的出发点：首先，社会、政治和文化生活的中心从沿海转移到了内陆；其次，它又从城市转移到了乡村。文化的乡村化——其最重要的意义便是标志着与古典时代的中东和地中海文化的决裂，那时的文化从根本上而言并不是内陆和乡村文化，而是一种沿海和城市文化。但是，至少对西欧而言，罗马法和"以罗马的行政机构概念为基础的罗马天主教会"保证了延续性。[16]后来西方和东方教会之间的分化又强化了西欧的这种发展特征。

马克斯·韦伯的弟弟阿尔弗雷德认为，这种新的框架中存在四大张力，原因在于欧洲民族大迁徙时期产生的年轻的民族，其文化尚未发展成熟，在他们与古代遗产发生碰撞时

第七章　理性——欧洲的独特特征？

产生了这些张力，也造成了一种政治上的多元化。这四种张力存在于：

（1）这些年轻的力量与基督教之间——年轻的力量充满活力，而基督教受奥古斯丁思想的影响，崇尚先思后行，有缜密的教会组织；

（2）教皇的普遍性权力要求以及复兴的皇权统治之间；

（3）分散的乡村庄园和复苏的城市中心之间；

（4）教会所承载的具有普遍性的拉丁文化（该文化同样影响了科学）和移民群体、后移民群体的语言以及文化独立性之间，换言之，矛盾存在于具有普遍性的拉丁文化和能够创作出自己的文学作品的地方文化之间——这些地方文化没有消失，反而通过通用希腊语进行交流，从而进一步发展，并最终促进了民族国家的形成。[17]

因此，阿尔弗雷德·韦伯将古典时代视为一个整体（包括其中的异教徒成分和犹太教与基督教所共有的成分），将其视为一个具有普遍性的"有权威性的前人遗产"，[18]必须由年轻力量加以利用并与各自的地方文化相互融合。特别需要注意的是，这些矛盾经过了一次又一次的重新平衡，但并未被彻底消除，这在某种程度上说明了上文所提到的这种新发展的动力。

在马克斯·韦伯那里我们能找到与他弟弟类似的观点。尽管由于英年早逝，他没能系统地对这一问题进行论述（他的《宗教社会学论文集》一书计划包含四卷内容，其中第四卷准备对西方基督教进行探讨），但是他所流传下来的手稿（全名为《经济与社会》）中含有大量支持这一观点的

251

表述。他引用了中世纪的四次"革命"(教皇革命、科学革命、城市革命以及封建革命),且更多的是在结构史而非事件史的层面上进行论述。用他的话来说,这是为了让西欧的独特发展道路及其动力变得易于理解。随着东西方教会的分野,格列高利七世所推动的教皇革命和主教叙任权之争自然强化了教会所领导的统一的基督教文化,但是也导致了僧侣权力和政治权力互为补充的二元存在,尽管其并没有完全阻止通过支持某一方来解决宗教和政治的关系问题而做的尝试(君王对教会及国家的绝对控制或者神权体制)。不过,这为很久之后所建立的宗教和政治在制度上的分离奠定了基础。[19]科学革命与博洛尼亚、巴黎和伦敦等地大学的创办有关,尽管这种革命将受柏拉图思想影响的一套神学放在了优先位置,但也通过对亚里士多德学说的深刻吸收,推动了各个领域的"科学化",并通过由教师和学生们所提出的社团思想,促进了逐渐将自身从神学中解放出来的知识生产的自主性。[20]城市革命同样为大学的创立创造了条件,这种革命提升了市民相对于地区权威的政治-法律自主性以及东正教教会、主教、神父等的独立性,并且在圣餐团体的支持下,这种革命促进了民主的萌芽。最后是封建革命,用韦伯的话说则是"朕即国家"(rex et regnum)。这种革命使得个人化的封建关系变得社会化(Vergesellschaftung),因此也为基于社会契约模型的国家形成创造了条件。最终成形的国家成了一种政治机构,具有"一部理性的成文宪法,理性地修订成文的法律体系,受理性规则即法律条文约束的一套行政机构,以及训练有素的行政管理官员"。[21]此外,千年之交的

第七章　理性——欧洲的独特特征？

一场农业革命使得货币经济和市场经济得以复苏，人口也出现增长。僧侣可能是这一发展的主要刺激因素。随着铧式犁、三圃制的出现，人们开始培养腐殖质，进行沼泽地的排涝以及大规模开荒，由此不仅社会、政治和文化生活的物质基础得到了改善，气候也发生了变化。斐迪南·塞特告诉我们："位于中部山脉和东部林区的阿尔卑斯山以北的森林中有一半都遭到砍伐，这显然改善了潮湿的气候。农业产量增长了好几倍。播种和收割不再需要全部人口，一部分农村人口被从农业劳作中解放了出来。"[22]

但是，我们不应当忽略，新兴的基督教统一文化在内部出现制度性分化，接纳和排斥的标准已经变得更加严格。这里的关键词有宗教裁判所、迫害女巫、屠杀犹太人，以及十字军东征和收复失地运动。其中，十字军东征带来的活力最为显著。甚至马克斯·韦伯年长的同事卢约·布伦塔诺都在一篇基于一场演讲的论文——《现代资本主义的开端》(Die Anfänge des modernen Kapitalismus) 中对马克斯·韦伯的观点进行了矫正，他写道："因此，现代资本主义的开端孕育于贸易、借贷和战事之中；在以资本为基础组织的十字军军事远征的影响下，资本主义经济秩序同样渗透到了意大利等国的商业和农业之中，这些国家都拥有繁华的城市中心。"[23]

然而，对韦伯而言，所有这些，包括文中归在他名下的中世纪四次"革命"，似乎仅仅只是开幕戏，大戏还未上演。这出戏的名字叫作"现代专业人士的崛起"。韦伯关注的是：有一种生活方式，它最初为工业资本主义提供了适合其需要的企业家和工人，后来扩展到其他职业群体，比如官员和科学家。这样一种生活方式是如何发展成以掌控自我和（更重要的）掌控世界的理性主义为特征的呢？这种理性主义不仅是一种理论理性主义，更重要的还是一种实践理性主义。在韦伯看来，这种理性主义是西欧发明出来的，并从这里传播到了北美和其他地方。

b 精神上的紧张和解决之道

想要理解这一命题（通常被称为"韦伯命题"），就必须将目光从 11、12 和 13 世纪挪开，转向 16 和 17 世纪。在西欧发展史上的这一时期，随着不同教会和教派的出现，由教会领导的、统一的基督教文化逐渐解体。早在 1904 年或 1905 年，韦伯就出版了很快成为名著的作品《新教伦理与资本主义精神》，试图证明宗教改革后，新教教义中的某些思潮为现代世界的发展做出了贡献，这与恩斯特·特勒尔奇试图从神学视角出发的阐释相似。韦伯与特勒尔奇在这一时期的关系，正如弗里德里希·威廉·格拉夫找到的恰当表达一样，是一种"专家间的友谊"。可以说，韦伯后来对世界宗教的经济伦理的对比研究也在围绕着这一原始命题。这些研究的目的是要证明这种以掌控自我和掌控世界为特征的理性生活方式是一种文化现象，这种文化现象只产生于宗教改革之后的西欧，然后才从这里传播开来。

这一命题的核心是什么？核心是以职业观为基础的理性生活方式由基督教禁欲主义思想孕育而生。宗教改革之后，这种思想对某些群体，尤其是想要顺着社会等级阶梯向上攀

第七章　理性——欧洲的独特特征?

爬的城市小资产阶级分子产生了影响。这一命题的关键点是:与格奥格·耶利内克探讨人权的方式颇为相似的是,韦伯试图证明,就资产阶级生活方式而言,宗教因素在其发展中起到了一定作用,因此宗教和理性主义并不像"启蒙的"宗教批评家(自百科全书派开始)一直以来所声称的那样相互阻碍或者互不理睬,而是可能会相互促进,因此在一定条件下,某种宗教能够激发出具有普遍性意义,并且有可能具有普遍有效性的理性化过程。但是,我们得马上对刚才提出的论点加上一个限制条件。并不是西方理性主义的所有特征,尤其是现代西方理性主义的所有特征都来源于基督教,甚至是新教。就现代欧洲文化而言还存在其他"塑造因素"。例如,文艺复兴时期的人文主义的理性主义,还有哲学和科学实证主义,这种与自然科学的整体发展密不可分的技术也是通过革命性的飞跃而获得了发展的,如今我们正处在第三阶段,这是一个以自动化、信息、原子核以及细胞等技术为特征的阶段。早在中世纪,所有这些成就的实现基础就已经奠定,那就是大学知识生产的体制化,并且欧洲在很长一段时间内一直是科学领域的先锋。当然毫无疑问,现代科学的运作方式已不再局限于欧洲,而是遍及全世界。[24]

　　上文已经概述了古代沿海文化和中世纪内陆文化的区别,已经找到了主要在 11～13 世纪出现的一些体制创新。作为总结,我们要问:这种现代专业人士,这种拥有使命和职业的人,这种韦伯口中以一种特殊理性主义为特征的人,是如何诞生的? 换言之,我们必须更加仔细地审视"韦伯命题"。他的解释模型是什么?

欧洲的文化价值

如前文所述，韦伯最关心的是解释"我们的现代生活中最具决定性的力量"——现代工业资本主义。[25]他并没有将主要精力放在解释现代科学和现代国家的诞生上。从一开始他就将自己的关注点局限在现代工业资本主义这一问题上。资本主义（我们这里所指的都是现代资本主义，而非古代或中世纪资本主义，不过对后两者韦伯也曾仔细分析过）和其他所有社会制度一样，必须从"形式"和"精神"两个方面加以分析。"形式"是外部的，这里指的是经济秩序（市场经济）和经济组织（商业公司和作为生产单位的家庭）。"精神"是内部的，必须和"形式"区分开来。韦伯一再强调这一点。"形式"和"精神"是资本主义的两个方面，可能"互不相干"。"一般而言，一个经济的资本主义形式和经济运作所基于的精神有相应的联系，但二者并不一定是相互依赖的。"[26]

在对新教伦理的研究中，韦伯从来没有声称他已经在禁欲主义的新教和现代工业资本主义的"形式"间建立起了一种因果关系。在他看来，禁欲主义的新教和资本主义的"精神"间的联系虽然毫无疑问是存在的，但这并不是说禁欲的新教徒有意地创造了这种精神来促进经济的发展。这只是一连串有意识的宗教行为所产生的无意识结果，仅仅是为了迎合信徒得到救赎的心愿。因此，价值理性导向是这种精神的基础。这一点相当重要，因为韦伯所处时代的经济学家和现在的经济学家一样，将理性的功用算计或者说目的理性导向视为这种"精神"的激发器。

韦伯首先对宗教改革后的宗教思潮进行了整理，出发的

第七章　理性——欧洲的独特特征？

角度是其是否对基督教禁欲主义的发展有促进作用。在他看来，发挥这种作用的既不是世俗的天主教徒，也不是路德教派，而是天主教僧侣制度和新教教派，包括形为教会实为教派（有形教会中的无形教会）的加尔文教派。若以图示加以说明，那么韦伯对各种宗教思潮的整理可能会如图7.1所示。

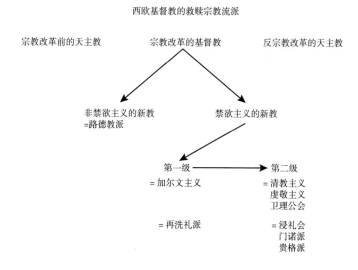

图7.1　西方基督教中的思潮

正如韦伯所特别强调的，禁欲主义新教教派与其他教派差异极大。作为一类教派，它们不仅不同于天主教，也不同于路德教派。它们倾向于将救赎思想与旧约而非新约中的上帝联系起来，并且必须通过将自身视为上帝的工具（而非容器）来在这个世界中证明自己（而不仅仅是向自己所处的环境妥协）。此外，尽管不可能均是如此，但在一些宗教思潮中，关于宿命论，即神的拣选学说占据了统治地位，这

257

导致出现了一种与信徒的得救心愿（certitudo salutis）相冲突的宗教世界观。他们想知道自己得救的前景如何。但是，这种宗教世界观从最开始就已经将获得这类信息的途径堵死。正如这项不可动摇的原则所言：上帝在他的决定上具有完全自主性，他的意志深不可测，而且最重要的是，他的决定不会受人类行为的影响。受此原则影响，信徒中出现了一种极端不安全感。因此，他们迫切要求找到一条出路，以摆脱这种境地。这种一开始看起来毫无实现可能的愿望在牧师的灵魂关怀中得到了满足：一个人职业上的成功尽管并没有被解读为被选择的原因，但被解读成了被选择的征兆。因此，原初的结构得到了保留，并且信徒得到确定答案的需求也得到了满足。一场极大地改变了人们工作态度的教育开始了。工作，尤其是成功的工作，获得了宗教基础。一个人每天在自己工作中的表现突然与是否能得救产生了联系。

我无法在这里详细讨论韦伯在他的研究中所使用的复杂解释模型。一些要点能够从图7.2中找到，而且该图示也涵盖了前文所提到的多层次模型。关键点在于，禁欲主义新教的宗教伦理（意义关联Ⅰ）和最初同样以伦理基础为特征的理性资本主义的"精神"（意义关联Ⅱ）间的联系是间接的。这种联系由于两方面因素而产生断裂，一方面是制度因素（宏观层面），另一方面则是信徒对信仰的基本宗旨的主观习得以及他们对此的反应（微观层面）。

和分析从古代沿海文化到中世纪内陆文化的转变时一样，韦伯在分析从宗教到世俗的现世禁欲主义的转变及内心

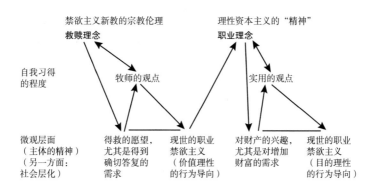

图 7.2　新教伦理与资本主义"精神"

世界的职业禁欲主义时，也看到了连续性和断裂。禁欲主义
新教使得宗教驱动的禁欲主义和个人的世俗职业间产生了联
系，这属于新鲜事物，因为过去禁欲主义只会和宗教职业产
生联系，但是现在，宗教驱动的禁欲主义在文化上产生了重
要意义，甚至被理解为与工作有关的禁欲主义。这项成就的
主因却并非禁欲主义新教，而是西方僧侣制度。早在宗教改
革之前，西方僧侣制度就已经实现了这项成就。这推动了主
要文化成果的实现，尤其是前文所提到的农业革命。然而，
僧侣制度下的禁欲主义却一直是一种特殊道德，是由宗教驱
动的、超越尘世的理性生活方式的组成部分。从某种程度上
说，这种禁欲主义引导信徒出世。但是，新教禁欲主义却引
导信徒入世，也就是追求一种由宗教驱动去掌控世界的理性
生活方式。这种生活方式向世俗化敞开了大门。

　　尽管如此，韦伯最终还是向前迈出了一步。他不仅在禁

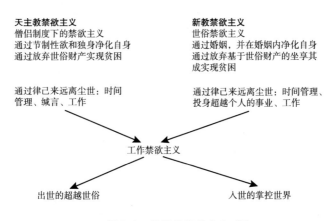

图 7.3　基督教禁欲主义对比

欲主义新教和僧侣禁欲主义之间，即禁欲主义的新教和中世纪以及古典时代的基督教之间看到了一种连续性，他还写道："基督教禁欲主义的最高形式早在中世纪，某些形式甚至在希腊－罗马时代就已经具有了理性这一特征。"[27]他同样看到了一种能够追溯到更早时期的联系——古犹太教。然而，这里关注的焦点并不是禁欲主义，而是道德上正确的行为。在利未人和先知反复灌输的古犹太教日常道德中，韦伯看到了"后来信仰基督教的西方所正式宣扬的日常道德"[28]的前奏。禁欲主义新教以一种更加彻底，也就是说更加理性的方式将这种日常道德变成了现实。因此，在修订后的新教研究中，韦伯插入了一段将禁欲主义新教和古犹太教联系起来的话："那个宗教发展史上具有重要意义的祛魅过程，始于古犹太人对先知的信仰，它与古希腊的科学思想携手，将所有的借助魔法获取救赎的方式都贬斥为迷信和罪行，现在这一过程获得了圆满的结局。"[29]

韦伯在古典时代、中世纪和近代早期之间看到了多座桥梁。这些桥梁由制度创新和精神内容组成。但是，在对现代欧洲文化世界的理解上，禁欲主义新教的贡献是独立的、不可或缺的。因为就其文化上的重要意义而言，基于伦理的职业人这一理念已经远远超出了经济的领域，这一理念为理论理性主义，尤其是实践理性主义构建了基础。

四　结束语：使命理念的命运

然而，即使是在韦伯自己所处的年代，他也看到了职业人理念的伦理基础被侵蚀的现象。对他而言，这一理念世俗化了后就会退化为对职业工作的外部条件发挥作用，也因此最终失去了其旧时的意义。此外，致力于掌控世界的理性主义作为一种生活方式也一直有竞争对手，因为它把理性与自然进行严格的二元区分，而人们总是希望能让这两方面都获得协调和谅解，不仅在其自身文化中是这样，在其自身文化之外亦是如此。如前文所述，在对新教所做研究的最后，韦伯也做出了一些具有高度怀疑色彩的评论。因为在他看来，资本主义，至少是基于"机械基础"且已经获得胜利的资本主义变体，已经不再需要基于伦理的职业人理念："没有人知道将来谁会住在这个笼子中，或者在这样一种巨大发展的最后，是否会出现全新的先知，或者是否会出现旧思想和旧理想的伟大重生，或者，如果这些都不会发生的话，是否会出现机械的僵化。"[30]这句话的另一层含义是，"现代欧洲文化世界"同样有其黑暗面。我们站在与其相关的文化现象的基础上所看到的未来，真的是一个有问题的未来。

因此，最终还是留给了我们一个问号。毫无疑问，一个特殊的理性化的进程与现代欧洲文化世界有关，而这一进程的结果便是理论理性主义以及更加重要的、掌控世界的实践理性主义。理性主义起源于欧洲，也正是从这里传遍了整个世界，理性主义逐渐具有了普遍意义，那么它是否也具有普遍有效性呢？从与这一个理性化进程相伴而生的暴力历史来看，我们有充分的理由对其表示怀疑。马克斯·韦伯也这么认为。

注　释

1　轴心时代文明这一观点由阿尔弗雷德·韦伯首次提出，卡尔·雅斯贝尔斯对其进行了进一步发展，艾森施塔特接触这一观点后对其进行了综合对比研究。例如，他所编辑的丛书 *Kulturen der Achsenzeit. Ihre Ursprünge und ihre Vielfalt*，Frankfurt a. M.，1987，以及 *Kulturen der Achsenzeit. Ihre institutionelle und kulturelle Dynamik*，Frankfurt a. M.，1992。但是，我们指的应当是轴心文明，而不是轴心时代文明。例如，伊斯兰教是一个轴心文明，但并不是一个轴心时代文明。

2　Dazu Georg Jellinek，*Die Erklärung der Menschen-und Bürgerrechte. Ein Beitrag zur modernen Verfassungsgeschichte*，München/Leipzig，3. Auflage，1919（zuerst 1895）.

3　Ferdinand Seibt，*Die Begründung Europas. Ein Zwischenbericht über die letzten tausend Jahre*，Frankfurt a. M，2002，S. 21.

4　Max Weber，*Gesammelte Aufsätze zur Religionssoziologie*，Band 1，Tübingen，1920，S. 62.

5　Dazu ebd.，S. 83，其著名的论述如下（S. 252）："直接支配人类行为的不是观念，而是物质利益和理想中的利益。然而在很

第七章 理性——欧洲的独特特征？

多时候，由'观念'创造出的'世界观'就像扳道工操控轨道一样能够决定受利益驱使的行为的发展方向。一个人希望'从什么中'获得救赎，以及'为了什么'而希望得到救赎，也不能忘了还有'是否能'得到救赎，都取决于一个人的价值观。"

6 同上书，S. 12。

7 同上书，S. 11。

8 同上书，S. 10。

9 同上书，S. 1 – 4。

10 同上书，S. 564。

11 同上书，S. 1。

12 同上书，S. 10。

13 Ernst Troeltsch, *Die Soziallehren der christlichen Kirchen und Gruppen*, Tübingen, 1922, bes. II. Kapitel.

14 特勒尔奇努力想要更加准确地对现代世界、现代欧美文化的特征进行界定，具体方法则是通过与中世纪基于教会的、统一的基督教文化进行对比。后者是一种权威文化，被认为是绝对正确的并且绝不允许前者的存在，而与此同时，前者却是相对的，并且允许后者的存在。前一种文化当然也失去了其同质性。这种文化的基础是具有自主性的理性个体这一理念、根据个人的内心想法而选择的活法以及以对进步的绝对信仰为特征的乐观主义；这种文化脱胎于最初由宗教改革进行维系的、统一的基督教文化，尽管其随后又开始破坏这种统一文化。见 Ernst Troeltsch,» Die Bedeutung des Protestantismus für die Entstehung der modernen Welt «, in: Ernst Troeltsch, *Kritische Gesamtausgabe*, Band 8, Berlin-New York, 2001, bes. Erstes Kapitel. 对特勒尔奇而言，现代文化包含了"一系列最广泛的努力，但是其却并不拥有某种具有连续性的特征"（ebd., S. 208）。他后来将他提出的文化整合应用到了欧洲这一对象上，在某种程度上应用到了共享的欧洲文化上。

15 Max Weber,» Die sozialen Gründe des Untergangs der antiken Kultur«, in: *Die Wahrheit*, Ⅵ, 3. （63. Heft）1896, S. 76f. 韦伯的核心论点："罗马帝国的衰亡并不是由于外部因素的影

响，比如敌军的人数优势或其领导者的无能。"他继续评论
道："蛮族的入侵仅仅只是终结了一个在蛮族到来很久之前就
已经开始走向终结的发展阶段。"*Die Wahrheit*, Ⅵ, 3.
(63. Heft) 1896, S. 57.

16 Dazu Max Weber, *Gesammelte Aufsätze zur Religionssoziologie*,
Band 3, Tübingen, 1920, S. 7.

17 Dazu Alfred Weber, *Kulturgeschichte als Kultursoziologie*, *Alfred
Weber-Gesamtausgabe*, Band 1, Marburg, 1997, insbesondere
Kap. 5 A.

18 同上书，S. 302。

19 关于这一问题及后续问题，除恩斯特·特勒尔奇的《基督教会
社会教化》外，还需特别参考哈罗尔德·J. 贝尔曼：《法律与
革命：西方法律传统》[Harold J. Berman, *Law and Revolution*：
The Formation of the Western Legal Tradition (Cambridge, Mass.,
1983)]，尤见第一部分《教皇革命与教会法》 (The Papal
Revolution and the Canon Law)。作为此处论述的补充，可参考
我的另一部著作 Wolfgang Schluchter, *Religion und Lebensführung*,
Band 2, Frankfurt a. M., 1988, Kap. 10。

20 若想通过文化的对比分析对科学的发展过程进行反思，可参
考托比·E. 赫夫（Toby E. Huff）的优秀著作 *The Rise of Early
Modern Science*：*Islam, China, and the West*, Second Edition,
Cambridge, 2003 (zuerst 1993)。其中，他对阿拉伯科学和伊
斯兰世界在科学的整体发展中所起的作用进行了探讨，若不
是他所做的深入思考，西方对亚里士多德学说的全面吸收根
本不会发生。他同样探究了伊斯兰学校和大学作为组织机构
的区别。特别参见第5章。西方大学作为具有自主性的组织，
其发展与城市的发展息息相关。例如，可参见 Franco Cardini
und M. T. Fumagalli Beonio-Brocchieri, *Universitäten im Mittelalter.
Die europäischen Stätten des Wissens*, München, 2000，该书在第
29 页写道："大学形成的基础有交通运输业发生的巨变、城市
和经济领域发生的巨变，以及11～13世纪人口结构发生的巨
变。大学与城市和街道息息相关；与低层次牧师的流动性及
其作为牧师和俗世信徒间社会和文化纽带的角色息息相关；

第七章　理性——欧洲的独特特征？

与知识的商业化和独立行业的发展息息相关；与神学辩论息息相关。这种辩论又与异教运动关系密切，产生了爆炸性的社会影响，并且也代表着一种需要加以应对的挑战：通过一种辩证的过程、辩证的宣传，通过对这些骚乱的镇压。"正如这里提到的三所大学的创立所表明的，后来变得如此重要的西方科学"最开始"只是西欧的一种现象，并且西方科学也要求学者自愿过上一种具有流动性的生活。事实上，他们或多或少都要四处漂泊。德皇腓特烈一世于1158年颁布的《完全居住法》为博洛尼亚的学者们创造出一种特权，保护学者免受城镇居民的攻击，也强化了大学作为组织机构的自主性。见卡尔迪尼和富马加利·贝奥尼奥 – 布罗基耶里所著的《中世纪的大学》（*Universitäten im Mittelalter*）第68页。13世纪时又创立了16所大学。这个大学网络不断扩展——最初并没有"德国人"参与。亦可参考 Rainer A. Müller, *Geschichte der Universität. Von der mittelalterlichen Universität zur deutschen Hochschule*, München, 1990, S. 31 ff. 。

21　Max Weber, *Gesammelte Aufsätze zur Religionssoziologie*, Band 1, S. 3 f.

22　Ferdinand Seibt, *Die Begründung Europas*, S. 24. 另一个重要因素是那段时间里蛮族的入侵被成功击退了。

23　Dazu Lujo Brentano, *Die Anfänge des modernen Kapitalismus*, München, 1916, S. 48.

24　三次科技革命中的第二次，也就是机器、化学和电力的兴起，与欧洲文化密不可分，见 Heinrich Popitz, *Epochen der Technikgeschichte*, Tübingen, 1989, S. 10 ff. 波皮兹意识到，农业技术、火的使用（制陶术和冶金术）以及城市发展（大规模建设）已经在一定程度上决定了古代文明的特征。首先是工具的出现，有证据指向公元前50万年。现代科学当然早已不再是纯粹的欧洲成果，而是人类的共同成果，是具有普遍意义和一般有效性的成果的例证。即使作为一项欧洲成果，现代科学也从来不是自给自足，其发展受到希腊和阿拉伯思想家的影响，尤其是对亚里士多德学说的吸收。

25　Max Weber, *Gesammelte Aufsätze zur Religionssoziologie*, Band 1,

S. 4.

26 Max Weber, *Gesammelte Aufsätze zur Religionssoziologie*, Band 1,
S. 49.

27 同上书, S. 116。

28 Max Weber, *Gesammelte Aufsätze zur Religionssoziologie*, Band 3,
S. 310.

29 Max Weber, *Gesammelte Aufsätze zur Religionssoziologie*, Band 1,
S. 94 f.

30 同上书, S. 204。

本章引用文献

Harold J. Berman, *Law and Revolution. The Formation of the Western Legal Tradition*, Cambridge, Mass., 1983.

Lujo Brentano, *Die Anfänge des modernen Kapitalismus*, München, 1916.

Franco Cardini und M. T. Fumagalli Beonio-Brocchieri, *Universitäten im Mittelalter. Die europäischen Stätten des Wissens*, München, 2000.

Shmuel N. Eisenstadt, *Kulturen der Achsenzeit. Ihre Ursprünge und ihre Vielfalt*, Frankfurt a. M., 1987.

Shmuel N. Eisenstadt, *Kulturen der Achsenzeit. Ihre institutionelle und kulturelle Dynamik*, Frankfurt a. M. 1992.

Toby E. Huff, *The Rise of Early Modern Science. Islam, China, and the West*, Second Edition, Cambridge, 2003 (zuerst 1993).

Georg Jellinek, *Die Erklärung der Menschen-und Bürgerrechte. Ein Beitrag zur modernen Verfassungsgeschichte*, München / Leipzig, 3. Auflage, 1919 (zuerst 1895).

Rainer A. Müller, *Geschichte der Universität. Von der mittelalterlichen Universität zur deutschen Hochschule*, München, 1990.

Heinrich Popitz, *Epochen der Technikgeschichte*, Tübingen 1989.

Wolfgang Schluchter, *Religion und Lebensführung*, Band 2, Frankfurt a. M., 1988.

第七章 理性——欧洲的独特特征？

Ferdinand Seibt, *Die Begründung Europas. Ein Zwischenbericht über die letzten tausend Jahre*, Frankfurt a. M. , 2002.

Ernst Troeltsch, *Die Soziallehren der christlichen Kirchen und Gruppen*, Tübingen, 1922.

Ernst Troeltsch, »Die Bedeutungdes Protestantismus für die Entstehung der modernen Welt«, in: Ernst Troeltsch, *Kritische Gesamtausgabe*, Band 8, Berlin – New York, 2001.

Alfred Weber, *Kulturgeschichte als Kultur Soziologie*, in: Eberhard Demm (Hrsg.), *Alfred Weber-Gesamtausgabe*, Band 1, Marburg, 1997.

Max Weber, »Die sozialen Gründe des Untergangs der antiken Kultur«, in: *Die Wahrheit*, VI, 3. (63. Heft) 1896.

Max Weber, *Gesammelte Aufsätze zur Religionssoziologie*, Band 1 und 3, Tübingen, 1920.

第八章　对日常生活的肯定

沃尔夫冈·赖因哈德

一

当我想到每天收到的那些不请自来的电子邮件时，我觉得我们同时代的人首先看重两种价值——钱和性，二者都是很平常的东西。这个世界当然不是只由垃圾邮件构成的，但从某种更高层次来说，当我们谈到以金钱为衡量标准的职业成就和经济成功或爱情时，我们实际上言说的是西方文化与社会的核心价值。但是它们太普通太日常了，以至于我们没有觉得这些实际上是我们所信奉的价值观念。

然而，一旦将我们的文化与社会置于纵向的历史分析和

第八章　对日常生活的肯定

横向的文化人类学分析的对比之中，便可清楚看到，上述价值不仅构成我们的价值观，而且是具有核心意义的价值观。其实，无论在哪里，人类的日常生产与繁衍一直都很重要，但并不具有同样的价值意义，或有别于我们。在这里，我们显然看到了西方文化中价值体系所具有的一种独特性，看到了我们文化与其他文化根本不同的且具有深远意义的差别。

当某人将一项产品推向市场，或者创建了一家很有成就的公司，他当然可以感到坦然而自豪，因为他做了一件很有价值的事情。

当某人，像我这样，靠头脑吃饭的公务员，在学术上小有名声，在家庭中有些微薄的资产，仍然可以说在这个社会里成就了某种价值。

一个年纪轻轻就失业的人，按我们的价值体系来看自然不会幸福，他的生活没有意义，他甚至会觉得自己受到歧视，是一个失败者。

在中世纪的欧洲，对这些事情的评价是完全不同的。做一个有进取心的商人，在工作中充满雄心、勤勤恳恳，以及从事工作——这些在现在看来显然都是正常且必需的。但在当时的文化中，这些都难以进入价值世界的层次。

若要达成此目的，一位成功的商人应当建立一个修道院、一个慈善医院，或者是资助某项艺术创作——这些在那个时代也屡见不鲜；一位官员则应为他的国王赢得战争，然后迎娶公主（就像童话里那样）；一个工人没有必要认为失业和贫穷是苦难，因为这些都已经被宗教神圣化了。如果他没有结婚，就可能会进入托钵修道会的行列，然后成为一个圣徒——就价值体系而言，他实际上超越了前述所有人。

　　这样，在谈到价值观的时候，关键点就不再偏向生活的实际，而是人们赋予它的意义。当然，人们总是在以各自的方式忙于经济活动、工作或恋爱。这些在一开始就有必要说清楚。但实际上，从历史上某一时段开始，这些行为不再一如既往地被看作生活所需，而是开始被赋予更高层次的意义，一直延续至今。这一价值变化绝不能被看作是不证自明的，它对人们的行为方式有重要影响，因而也对文化与社会有广泛的意义。我们在下文将会考虑这一点。不过，我需要先阐明我们当前的首要任务——哲学家查尔斯·泰勒[1]曾明确提出论题，即 14 世纪与 17 世纪的欧洲（中部、南部和东部）对大众的日常生活、生产和繁衍行为的评价是如何且为何发生了根本性的变化。然而，后一话题已饱受学者争议，并大有延续之势；这并非仅因学者们那人尽皆知的好辩秉性，更因为用严格的逻辑思路来解释整个社会的价值变迁这种复杂的现象似乎有些简单。倘若能先将"如何"说清楚，我便心满意足，而此后可继续与学者们讨论"为何"之问题。在此，人文学科无法与自然科学相比，经常必须满足于这样一种结论，即好的描述往往就是所能给出的最好的解释。

二

　　带着这种想法，我首先转向研究价值转变最初发生的背景，使其过程清晰地呈现出来。就世界历史和比较文化而言，不同于我们文化的价值体系处处存在，这一点只需从对中世纪欧洲的简单一瞥就能初见端倪。

　　让我们从人类经济行为的领域开始。在这里，最好从货币和市场的意义上区分经济体制，尤其是将大范围的生产和全球贸易与耕作农业和小范围贸易区分开。这首先由于货币经济体制的出现远比体力劳动更晚，而后者从最初就是人类生活的典型特征，并且现代意义上的市场是否始终普遍存在尚无定论。其次，体力劳动和货币经济出于上述原因也被打上了分级的烙印，被长期归于不同等级群体的人。在东亚、印度的阶级和种姓社会，以及中世纪的欧洲，小农、工匠和商人是具有不同社会地位的单独群体。意欲转换个人身份和所在群体的难度颇高，且这一行为本身也被看作缺乏正当性。

　　在此我们可以看到前现代和现代价值体系的一个显著差异。在所有的前现代社会里，社会中整体来看最为推崇的生活方式及其文化内涵会被认为是更高的社会群体和阶级的所有物。劳动不属于他们的生活范畴。古希腊、古罗马，以及其他先进文明中的精英们当然认识到了人类劳动的必要性，并且完全能认识到劳动成果的重要性，但是在日复一日、乏善可陈的劳作中，这些先贤从来不曾发现劳动赋予生活意义，以及使人类达到自我实现的积极因素。在那个时代，如今"劳动使人高贵"的中产阶级信条毫无影响力；相反，人们认为"劳动使人卑贱"。在许多欧洲国家，一位贵族如果亲自从事农民或工匠的工作，或者经营一家商店，他必然已经失去了自己的阶级隶属，变成了一个卑贱的普通人（gemeiner Mann），正如"普通人"这个德语词在 16 世纪时的含义。

中世纪的人们同样十分清楚上帝以劳动惩罚人类的堕落，而女人要忍受怀孕和生育（《创世记》3∶16－19）。在中世纪高地德语中，"arebeit"一词很少出现，因为它意为辛劳和苦难，正如《尼伯龙根之歌》中的例证所说。法文单词"travail"据说是从晚期拉丁文单词"tripalium"衍生而来的——这是一种刑具。与此相应，晚至1724年的一部法语词典也仍仅仅把劳动定义为累人而费力的行为。即便是在信奉教条"ora et labora"——"祈祷与劳动"——的本尼迪克特修道院，劳动也不是生活的基础，而是一种自我惩罚。不过，至少劳动以这种方式获得了一个确定的精神价值。

使徒保罗贬斥了懒散并传播了著名的准则："若有人不肯作工，就不可吃饭。"（《帖撒罗尼迦后书》3∶10），但是这并不意味着他赞扬劳动。耶稣作为木匠之子，从未被说成劳动者。他像一个离群索居者一样生活，比起忙碌的马大，他更认可默观的马利亚（《路加福音》10∶38），并且赞扬天上的小鸟和田间的百合，它们既不耕地也不吐丝作茧，但感谢天父，它们总是生得比所罗门王还要华丽（《马太福音》6∶25）。

与此相一致的是，中世纪中期影响力最大的神学家托马斯·阿奎那给劳动赋予了一个十分平实、远非理想化的概念。他认为，劳动具体有四种目的：第一，维持生存（注意，还不是说增加家庭财富，这个主题只有到中世纪末期承认社会流动性的时候才出现）；第二，避免懒惰，而懒惰被

第八章　对日常生活的肯定

广泛认为是各种恶习之源；第三，与此相同，为了控制对肉体的欲望，因为劳动可以弱化肉身的色欲；第四，获得救济的必要手段（《神学大全》2Ⅱ，q.187，a.3）。

在另一方面，对他来说的最高价值，即彼岸的永恒天国，存在于"神视"（visio beatifica）中，存在于上帝不断的关照中，也就是一种永恒的静观状态中。与《天上的慕尼黑人》不同，中世纪作家但丁可以毫无困难地在他的《神曲》中想象这一状态。这种价值体系完美地符合了彼时欧洲的文化，并且在适当可调整的范围内，存在于所有前现代发达的文明中，古希腊和古罗马自不消说，这二者对欧洲历史和基督教的精神世界起了决定性的影响。正如我已概述的，不同的社会体制，不同的社会阶层，都忠实地反映了这一价值体系。

古欧洲社会的第一阶层是神职人员。尤其是修道院里的僧侣们，他们在祈祷和冥想之余定有闲暇时间用于智力活动，书写或誊写书籍。从根本上说这是现代学术的发源，也是一个在最近才被"创造性的闲暇"的原则所激发的领域。第二个阶层即贵族，最初是武士阶层，注定要靠勇敢赢得荣誉。然而，一旦在军事活动之外，并且作为西方社会的第二最高价值，勇敢本身成了刻意追逐的目标，那集体荣誉感也会变质，而且在道德上也很成问题。毫不意外，傲慢在中世纪中期被认为是最严重的罪恶。

与之相似，在印度，祭礼的执行者婆罗门是最高的种姓，武士和统治者在其次，各自进行着与之身份相对应的活动。最高的价值——与基督教中永恒天国在人生中占有同样的位置，在结构上也颇为相似——却是一种对上述所有行为的放弃和否定，甚至是对智力活动的放弃，以及自我的泯灭，并与世界灵魂合二为一，达到涅槃。在日本，佛教僧侣是武士阶层之下的第二阶层；在中国，一种与宗教无涉的平淡闲暇价值观立于价值体系的顶峰：儒家精英的学识。统治国家的官员就来自这些精英。尽管在希腊以及随后的罗马中同样没有成熟的阶级体系中，反映着上帝和世界的学术理论仍然被置于价值体系的最高点。不过对于古代人——至少在古典时代——当他们没有被君主剥夺其政治权利时，他们的美好生活还包含着第二个方面，即政治生活，也就是花大量时间参与城邦生活。这两者都要求大量空闲和自由支配的时间，以至于从经济上讲，古典时代城邦的市民可能最多就是名业余劳动者，不可能参与大量的劳动。

上述举例中，繁重的劳动无一例外都是交付他者进行的，在古典时代主要是奴隶，而在其他文明系统里则是农民和城市下层阶级。这就使得中国和日本农民的处境尤其引人深思，因为无论劳动的宿命是多么艰难，在社会价值等级体系中，农民的地位仍然紧随精英分子之后。与西方和日本截然不同的是，在古典中国，武士不会被特别看重为一个阶层，而商人无论多么富有，在中国和日本也被鄙视为社会阶层的最底层。

在西方，商业和放贷同样名声不佳，但绝非纯粹是基督教的缘由。不过它们仍可以追溯到古典时代，尤其是亚里士多德。首先，凡不是出于家庭生计需求的贸易皆被视作不道德的，任何一个把东西拿出去卖的人都自然而然地被认为是在用过高的价格谋取不正当的利益。其次，这必然和大多数

第八章 对日常生活的肯定

贩售商品都为奢侈品而非生活必需品有关（便宜的东西不值得一卖），因而他们的商品既有一丝罪恶的诱惑，也暗示对稀有资源不负责任的浪费。最后，考虑到有偿借贷，为什么钱在最初的主人什么都没做的情况下就以这种方式增加了？即便不考虑它违背了《圣经》的戒律，这一行为也是很成问题的。值得注意的是，严格的伊斯兰教义依然反对收取利息，并在某些伊斯兰国家创建了作为替代的银行系统。

总体来看，尽管劳动和市场经济在前现代是不可避免的，它们也几乎总是被看作人类不可避免的罪恶，而且也远没有被赋予任何一种价值。即便劳动在稍后的历史中最初被赋予了价值，比如修道院的"祈祷和劳动"准则，那也是出于与劳动本身相异的目的，出于一个更高的追求，如僧侣们的自我惩罚。

又或者，许多希腊城邦的市民不满足于只是通过生产和贸易变得富有，并仅仅把这些财富用来享受生活。当然，在我们看来，市场经济中获取收入的行为与消费中资源上的浪费形成了荒诞的对比。人们会在自己城市里的公共项目上花费大笔金钱，如建筑，而它们可能永远不会完成，只不过是为了自己获得名誉，甚至是为了治下的市民们给自己立一座雕像表达感激之情，然后全联邦的人都会投他一票。我们再一次面临着名誉作为最高或第二高价值的情形，而这和经济学是格格不入的。人类学告诉我们，这样的行为并非超乎寻常的。美国西北部海岸印第安人所谓的"夸富宴"非常有名。在这样肆意赠礼的狂欢中，破坏珍贵的物品只不过是为了突出自己的地位并羞辱那些没有能力这样做的对手。也有一些欧洲贵族，尤其是君主做类似的事。钱是用颇为现代的手段挣来的，同时花起来大方得毫无节制，而只是为了表现贵族式和君王式的慷慨，然后获取名誉。

正如劳动和经济，严格说来"爱"同样并不具备价值，而是为其他更高的价值服务。我再重复一遍：当然自古以来就有各种不同寻常的性爱方式，当然自古以来就有恋人、相爱的夫妻、父母对孩子的爱，无论是在怎样的文化差异下这些都存在。但是，这一切确切说来都构不成一种价值；它们或者仅仅是一种达成目的的手段，或者最多是一种被容许的行为，其本身并没有意指。繁衍的目的和这一领域内的一切都朝向的核心价值是家庭的维持与生存。正如前述，劳动和经济行为同样包含了家庭的因素：当挣得的利润超过了赡养家庭所需的总量，即在所谓的家庭经济之外，它就变得可疑了。

历史学与人类学都详尽地描述过家庭的不同组织形式，但绝大多数例子中的男性都居于主导地位。全世界普遍的性别劳动分工直到现代才失去其合法性，而在这之前，这种分工将家庭的"对内政策"制定权分配给女人，"对外政策"则分配给男人，并允许后者进行真正意义上的政治和军事行为。但这绝没有导致父权制在原则上和整体上对女性的压制和削弱，正如激进女权主义者意欲灌输给我们的那样。至少在前现代的欧洲，家庭妇女确实可以取得二把手的重要地位，但毫无疑问男性仍是主导。

然而，这意味将爱情作为一种建立在互惠基础之上的伴侣关系来重新评估时，就需要以女性在一定程度上的解放为前提。这比重新评价男性的经济行为要困难得多。出于这一原因，对爱情的重新评价会遇到更多抵抗力，并需要更长时间。因此，关于14～17世纪的爱情观念的价值演变不会占用太长的篇幅。

据说爱情作为一种富于价值的现象是12世纪的"发明"，且有两种背景：在修道院中，作为和上帝的神秘联结，具有具体的性象征意义；在文学含义中，对抒情诗人和游吟诗人笔下的女性形象的热烈追捧。无论哪种背景，其被虚构的过程都带有某种女性解放的意味。然而，显而易见的是，这些不过是在说那些独特的精英行为，而绝非对日常爱情生活的重新评价。

与之相反，一个正常的丈夫绝不会以充满激情的方式爱他的妻子。激情意味着通奸，而且可能的话会被认为是婚外关系，是应受指责而非有价值的。法定的和公认的性交行为被冠以"婚姻义务"这个好听的说法绝非偶然。即使是像法国的怀疑论者米歇尔·蒙田这样聪颖的、"启蒙"时代的人，在16世纪末也明确地支持这一观点，而且这也绝非他的个人之见。

三

到目前为止，我的论述旨在表明，从一种历史视角来看，对日常生活的肯定、对日常生产与人类繁衍的高度评价绝非不证自明的。这种肯定绝非常态，反而是上述有着相反价值体系的世界才是常态。因此，严格来说，需要解释的恰恰是我们对日常生活的肯定看法，而不是其他态度的评价。

因为其他的评价在某种程度上是"正常"的，而影响深远的那种对日常生活的肯定却是例外。

你可能会惊讶于我们的立足点根植于 14 ~ 17 世纪犹太教 – 基督教传统的发展，而非同一时期与人文主义和文艺复兴相关联的古典复兴。但是前文已经说过，古典文化以理论和闲暇为导向，那么显然决定性的推动力不会来自那里。顺便说一句，人文主义和文艺复兴是很精英化的现象，并不能取得普遍的效应。相对的，彼时基督教仍然理所当然地与所有人密切相关，无人不被它变革的历程所影响——通常是指中世纪晚期的教会改革、宗教改革以及天主教改革，尽管这些传统术语不再严格地符合当下的学术论述，但这并不影响我们的讨论。

这些价值观变革有其基督教根源，这一事实也许会显得和我们一直以来所讲述的完全世俗化的价值观相冲突——但也只是"显得"而已。实际上，劳动和性经历了进一步的世俗化以后，对它们的现代性评价又被引回了教会。但是，当我们意识到历史在以辩证的方式而非线性的方式前行时，上述矛盾也就消失了。这意味着世俗的和基督教的观念并非严格从各自的类别中分别衍生而来的，而是通过人类行为意料之外的副作用，衍生出了不同，甚至与原先意图相反的东西。按照社会学家马克斯·韦伯的观点，加尔文教派的成员对永恒拯救的渴望带来了资本主义，尽管这丝毫不是他们的本意。

我们需要用辩证的方法来理解为何正是崇高的犹太教 – 基督教的上帝观点最终悖理地引发了对日常生活的重新评价

第八章　对日常生活的肯定

以及随之而来的现代世俗价值体系。顺带一提，犹太教－基督教意味着虽然犹太教奠定了基础，但它最终并不是直接传入欧洲的，而主要是通过基督教这一媒介。犹太教－基督教的上帝在本质上是超验的，也就是说，他不是世界的一部分，而是在世界之外。他从无中创造了世界，从自身中把世界分离出来。其他宗教观的世界中都有神居住，或者世界本身就是上帝，但犹太教－基督教的世界有确切的自主性，它只是间接地臣服于上帝，而且有最终被设想为无神世界的可能性，正如当今人们所信。马克斯·韦伯说，世界失去了它的魔力。这意味着其中一个可能性就是世界会按照自己的规律运转，并发展出它自己的普遍价值。这一价值起初依然受到神学规则的间接影响，但最终还是会朝向完全的独立。抽象地说，这正是我们所关注的价值体系的变迁过程。

问题自然立刻就出现了：世俗化的日常生活若起初便有合理的地位，还谈何要苦心孤诣地去争取自己的合法性？据哲学家查尔斯·泰勒所说，这是原初基督教教义和希腊思想——或曰希腊价值观——融合的方式导致的。在那时，早期基督徒的基本看法是，世界将要毁灭，被派回的基督已经对人类彻底失望。希腊人的价值观我们已经了解了。一方面是对理论化的世界观高度推崇，对日常生活嗤之以鼻。另一方面是有上帝的世界以一种隐秘的方式回归了，根据新柏拉图主义的观念，存在一个无所不在的复杂的半神体系，这里指的是天使或斯多葛主义中的作为世界灵魂的上帝。这也意味着从最初开始，对世俗化生活的肯定就存在于基督教福音的初始形式中，并且将进一步发展。

四

我从研究得最好的经济领域开始，先讨论劳动，再讨论崇尚静默闲暇的传统理想是如何过渡到对忙碌生活的正面评价的。

在圣奥古斯丁和其他一些古典时代晚期的神父看来，仍然十分认同劳动是上帝造物的愉快的延伸，绝非仅是上帝所降下的悲惨的惩罚。但是随着神职人员和世俗群体的分离，神职人员（尤其是僧侣们）的静默生活方式备受推崇，而世俗之人的繁忙生活则相应地被贬低，于是这种看法也就消退了。中世纪神学是神职人员和为神供职的人的神学，它几乎不和世俗有所牵连。那些遵守"贫穷、贞洁、守戒"这样的所谓"基督福音忠告"，甚至远离邪恶的世俗世界生活在修道院里的人，自然发现自己处于一种完满的状态中。说得粗鲁一些，那些沉迷于垄断《圣经》解说权的基督教神学家，也不过是在为自己的阶级谋利。因此，要想领悟永恒拯救的感召适用于所有人这一简单存在的道理并非易事，尽管神职人员他们自己轻而易举就能领悟（只因其独享那远离世俗的生活方式）。不过，即使是不得不做一些劳动的普通人，只要他虔诚地工作了，也是在为上帝服务，因为他们同样收到了永恒拯救的召唤（神召），他们从事的也是被神认可的工作。"有用和诚实的劳动也能令上帝愉悦"，13 世纪早期雷根斯堡的贝特霍尔德（Berthold）如是布道过。

宗教改革家们，特别是马丁·路德虽然强调这一观念，

第八章　对日常生活的肯定

但绝非第一次使职业神圣化，并通过提升日常劳动的价值而创造了现代的职业概念，他们不过是传播了一种早已存在的教义。实际上在某些方面，由于其学说的激进性质，改革者们立即再次撤回了对日常生活的肯定。尽管这对于个人的得救毫无助益，劳动也是一个基督徒在遵从信仰时不得不背负的十字架。上帝是唯一的动因，人类不过是他的傀儡。这一明确的教义和古基督教会模糊的教义背道而驰，后者认为上帝虽确是第一推动力，但人类至少也是第二推动力，凭借着自由意志能够对自己和世界的拯救做出贡献。没有人知道这具体是怎么运作的，尽管如此，这依然对职业劳动的重新评价有根本性的作用。

不过，宗教改革在另一种方式上对这一重估起了关键作用，即从总体上说，在神学意义上和随后的实际中消除了神职阶级，尤其是修道院阶级。信仰即可得到拯救，任何人都可以直接阅读和阐释《圣经》，这让整个基督教会组织和其衍生人员都成为冗余。改革者们认为，修道院生活同样是对福音教义的错误挪用，它实际上绝不可能令上帝满意。这样一来，旧教义中"任何做好的事都是令上帝满意的职业"的观点终于占了上风。

对游手好闲的僧侣和神职人员的抨击带来了对农民和工匠所从事的体力劳动的重新评价。但这只是一时的现象，因为新教教会中的牧师很快又成为不从事体力劳动的领导阶层。可是，这一新观念符合劳动阶层不断增强的自我意识，因此产生了重要的影响。这一影响可表现为，在传统农民劳动仍然存在的同时，城市新兴劳动形式也迅速发展起来，工业领域居多，但商业和智力职业也并行不悖。与贵族、城市或乡村的家庭里各种仆人一道，也出现了熟练工、学徒工以及协助工匠劳动的家庭成员；出现了新的薪资劳动力，这些人缺乏基础教育，也没有在职业阶梯上攀升的希望；而在纺织工业中，则出现了乡村外包工作。

对农民特有的蔑视和嘲笑变成了这样的观念：农民的体力劳动比僧侣的游手好闲更接近最完美的生活方式。与此相一致的是，路德在威滕伯格的同行安德烈亚斯·卡尔施塔特放弃了他的牧师职位转而去当一个农民。宗教改革时期的小册子中，精明的农民是一个标准的新教徒形象。瑞士尤其将农民道德和贵族恶习做对比。农民运动在1525年的农民战争期间达到顶峰，它不只将矛头对准了神职人员，也对准了贵族。不过，中产阶级对贵族的批评也毫不留情，尤其在他们对游手好闲的挖苦和对体力劳动的推崇上：

> 当亚当耕地，夏娃纺织，
> 贵族又去了哪里？

在懒惰的蟋蟀和勤劳的蚂蚁这一寓言中，蚂蚁时时称呼蟋蟀为"Junker"，也就是贵族的意思。其实，那些引用这则寓言来评论是非的人，也不妨援引《圣经》。正如《旧约·箴言》（6：6 - 11）中所说的：

> 懒惰人哪，你去察看蚂蚁的动作，就可得智慧。

第八章　对日常生活的肯定

> 蚂蚁没有元帅，没有官长，没有君王，
>
> 尚且在夏天预备食物，在收割时聚敛粮食。
>
> 懒惰人哪，你要睡到几时呢？你何时睡醒呢？
>
> ……
>
> 你的贫穷就必如强盗速来，你的缺乏仿佛拿兵器的
> 人来到。

农民战争过去了，但是对体力劳动重新评价的过程如此持久，以至于它总是被提起，例如在 1596 年一本关于农业的书中。在此我想从中为你们举出一例（见下页图）。[2] 在诸多对世俗化持肯定态度的例子中，这一幅图尤其特殊，它相当不同寻常地使用了古代神话的主题，与农业劳动毫无关系，却象征了劳动并用来对其进行重新评价。至少在德国，再早一百年这都是难以想象的。

这里我们看到的是密特拉神的画像，它与遍布全欧洲的密特拉教朝拜中心所展示的该神的形象并无出入。由于古典时代末期以罗马军队为主的人们广泛信奉密特拉教，它甚至被认为是基督教最危险的竞争对手，将与它一同竞争未来帝国宗教的地位。就算如此，在罗马帝国，这位波斯神被转变成了日神并被作为救世主朝拜。我们在这看到的是对这一角色的标准描述，可由于这一宗教的隐秘本性，其具体细节无法一览无余。图中，日神在左上方，月神在右上方的马车里，而在他们中间的七个祭坛可能代表了一天的三段和月亮的四相。左侧的两个持火把者分别代表了白天（上）和黑夜（下），这从他们持火把的姿势可以看出。主图依然是

密特拉神跪在牛的背上，抓住它的嘴并用匕首捅它的脖子，使它血流如注。图中还有一只狗、一头狮子和一条蛇，一只蝎子在蜇这个可怜生物的生殖器，而一只鸟——很可能是渡鸦——在俯视全景。这些不同动物的神话学意义至今仍不明确。

不过无论如何，我们关注的只是作者怎样解释这个神话中的内容。对他来说，这象征性地表现了一位合格的农民的责任（officium boni coloni exprimentis）。密特拉神变化为最善良、最勤恳的农民（K 指 terrae colonus, optimus et diligens agricola），那头牛（L）代表了待耕的土地，剑（M）即我们当下的主题，也即农民所做的劳动，由此带来的血（N）是土地的肥料，而不同的动物则主要是为了具象化这位极好农民的优秀品质：渡鸦代表细致，狗代表爱与忠诚，蛇则是先见之明，如此等等。毫无疑问，作者对农民的体力劳动有很高的评价。

与农民的劳动一样，工匠的劳动和他的整体生活方式也都被重新评价了，正如纽伦堡的作家汉斯·萨克斯的作品中写的那样。除了贵族概念里的荣誉，现在也有了独特的德国工匠的荣誉感。它要求勤恳、精工细作、饮食节制，以及严格的性道德。举例来说，未婚者会受到歧视，这在其他国家是不甚普遍的。工匠们当然已经很勤劳，而且也不可能比其他人放荡。但现在一种更明确的价值系统被创造出来了。感谢林达尔·罗珀，现在我们知道这一中世纪晚期小资产阶级的价值体系是由于宗教改革而合法化并得到认可的。[3]

在著作《新教伦理与资本主义精神》（1904～1905 年）中，马克斯·韦伯将加尔文主义与资本主义联系到一起，并且该资本主义更加富有一种上流社会的资产阶级精神。韦伯论述的这一联系显然较上述例子享有更多声誉。根据加尔文所说的，神可以直接控制这个世界，但是神更希望——与我之前提到过的神的超然性非常一致——用人当他的工具来代理。这就是工作的价值，而即使在路德的著作里，人类也只不过是上帝的傀儡。由于根据得救预定论的教义，谁会得救谁会下地狱早就被永久地决定了。由于一切都被决定，那么信徒们做什么也就无关紧要了；如果他过有德行的生活，行善事，那么这表明他可能在被选之列。从这一角度看，加尔文教徒对自己的日常生活所做的精确记录就有意义了，因为这类对他们理性化生活方式记录的作品正是给予他们宗教慰藉的方式。

这并非加尔文，而是他的那些后继者所选择的生活方式。他们缺乏宗教改革领袖们那般自信的虔诚，因而才希冀通过采用理性化的、道德的生活方式来确保自己的被选中者地位，以此强行获取内心的平静和沉着，因为遁世苦修的德行已经不再被认可。根据韦伯所说，由于内心苦行的生活方式首先会以个人的经济成就来衡量，这就将企业家精神——对商品的追求——从前述良心的折磨内省中解放出来，企业家不再是为了享用物品而追求利润，只是为了将来更好地实现克己的生活而默默积累。从这一点看，当宗教冲动消退并最终消失，留下的就只有资本主义精神，一种强迫症似的持续攫取的精神，宗教已经成为一种习惯意识，指引着人们的行动。用韦伯的话来说就是："清教徒们一心想要追求职业生涯——我们也不得不这样做。"

第八章　对日常生活的肯定

韦伯的这一观点确实合乎逻辑，而且仍被一些出身于加尔文教派的资本家当作他们行为的历史性辩护。但可惜的是，从经验来看，这是站不住脚的。首先，韦伯错误地阐释了他作为论据基础的理论文本。其次，大多数加尔文教徒远没有将自己内心苦行的成功和经济成功等同起来，事实上正相反。据说在高度加尔文教派化的荷兰，有些放贷收息的银行家被当作罪人排除出圣餐会，而这一经济行为在天主教意大利则通常会促成欢庆活动。

若谈及理性化和勤劳的生活方式的理论基础，我们仍然可以同意韦伯，但关于资本主义的基础这一命题则恕难苟同。这两者当然是不可同日而语的。在某些情况下，新教徒在同等条件下（如经济学家所说）在经济发展上确有优于天主教徒之处，但这可能是他们对节制勤恳的工作生活的突出肯定所带来的意外副作用，也与他们为自己准备永恒救赎的习惯有关，而且很容易就能拓展到对现世短暂存在的应对之中。这些联系可以被证实。

总之，同时期天主教对世俗生活的肯定是可以被证实的，且实际上更为显著。它明显扎根于旧教派试图与宗教改革者的信念做出调和的神学尝试中。其最强有力的表现之一是 1647 年西班牙耶稣会士巴尔塔沙·葛拉西安在《智慧书》中的第 251 条格言，其内容是：人应该有效利用人的方法，就好像没有神的方法一样，而同时，也要有效利用神的方法，就好像没有人的方法一样。这一格言在双重论证的神学模型下得到了支持，先是依靠上帝不应得到的仁慈，继而是承蒙天恩的良好劳动得以实现。这确凿地和加尔文的思想有所联系。与此相应，特伦特理事会批驳了这一教义，但它仍然持续了一个世纪。耐人寻味的是，这里我们看到的显然是前述加尔文教徒记录自己工作的做法。

这是一种天主教神学的处世方式，正如弗朗茨·冯·萨勒斯已在 1609 年为门外汉所写的《虔诚生活入门》（*Anleitung zum frommen Leben*）中所讲授的那样。他的讲授既正统又务实，他的主要目标读者是出身高贵的非神职人员，包括贵族女性，但是他的教义广泛适用。他也抱有那种宗教改革者所持有的错误观念，即只有牧师、僧侣和修女才能是真正虔诚的，但作为天主教主教，他当然没有那么激进。用他自己的话说：

> 当它［虔诚］和我们法定的职业相抵触时，那么毋庸置疑这份虔诚是错误的。［……］真正的虔诚［……］不会伤害任何职业或工作，相反，它装饰并美化它们。［……］对家庭的照料变得更温和，夫妻间的爱更真诚，对王室的效劳更忠诚，所有工作都更愉快宜人［……］这一切都是上帝的旨意［……］对于各种道德，我们应该更关注那些符合我们职业义务的道德［……因为每一个］工作都需要特定的美德。［……］让我们把崇高留给崇高的灵魂；我们如果在厨房或面包店［为上帝］工作，如果被允许做他的男仆、脚夫或仆人，理应感到天堂的极乐。能够侍奉上帝的大机会是不多的；但小机会则从来不缺。但是正如救世主告诉我们的［《圣经寓言故事》、《马太福音》25∶21］谁若能虔诚地做好小事，就会被赋予大的任务。以上帝之名做

任何事［《歌罗西书》3：17］，事都必能做好。无论你在吃喝［《哥多林前书》10：31］、休息或烹饪：只要你做好自己的工作，你就会对上帝大有助益，只要你做上帝命你做的所有事。[4]

然而，无论路德教会、改革派还是天主教会，这里面工作的价值都不在劳动本身，而在于上帝的意志通过劳动得到了实现，因而劳动的内容也就完全无关紧要了（这就是马克斯·韦伯弄错的地方）。从15世纪晚期开始，意大利的人文主义者在这一点上已然走得更远。他们通过宣扬人类的创造力来肯定劳动的内容本身，认为这是上帝造物的延续。乔凡尼·皮科·德拉·米兰多拉发出了他响彻世界的声音，在1487年《论人的尊严》的传教文中，他以恢宏的乐观主义姿态，明确地抨击关于人类的悲观主义观点。不仅中世纪的教会传统，而且宗教改革者的神学，都具有悲观主义的色彩。中世纪的传教文主题通常是"论人的困难"。皮科甚至走得更远，宣称按照上帝造物主形象创造的人类，不仅是世界的创造者，也是他自己的创造者，通过劳动而实现自我的现代原则在这里已初露端倪。这种观点也许在持不同立场的神学家那里会遭到批判，但完全不是非基督教的，即像早期文艺复兴运动所认为的那样，完全是世俗的观点。可以说，这些观点并非来自古希腊罗马，而是源自基督教传统。甚至加尔文也具有此类观点。

从实际层面上讲，这导致了对技术的赞扬，而人正是依靠技术才通过劳动利用自然，过上好日子的。早在1450年，

建筑师莱昂·巴蒂斯塔·阿尔贝蒂就有过类似表述。在这一
精神的指引下，阿尔萨斯的约翰·费沙尔特于 1576 年表达
了他对人类劳动的无限信仰，并创作了首颇为幼稚的诗歌：

> 没有什么艰难或剧烈
>
> 不能被劳动征服
>
> 没有什么不便
>
> 不能被劳动解除
>
> 懒散不能面对的
>
> 用劳动很容易解决。

　　尽管是新教徒，费沙尔特更推崇劳动和技术，甚至在赞
美劳动的时候都不再援引上帝。

　　因为劳动不再像对宗教改革者那样是十字架或受苦，而
是相当快乐且具创造性的活动，解除劳动和贫穷之间古已有
之且理所当然的联系就成为可能了；简单地说，直到那时为
止，只有不得不劳动的人才去劳动。这一进展当然是由于劳
动早已超出了体力劳动的范围。劳动对阶级不证自明的区分
作用消解了，正如"好的生活只能是闲散，虔诚生活只能
是沉思"这一自明的定义也消解了一样。我们已经看到弗
朗茨·冯·萨勒斯在 17 世纪早期就抓住了这一论点。

　　在 15 世纪，多明我会的著名教士和佛罗伦萨美第奇家
族大主教安东尼诺·皮耶罗奇就积极劳动的生活如何在神学
上与至今为止内省的理想调和的问题做出了成功的辩解。在
佛罗伦萨这一大工业和早期资本主义的聚所，他显然别无选

择。他当然也回到了最初《圣经》里那只众所周知的蚂蚁上，但他找到了其他的观点，第一次以耶稣基督为标准宣扬一种混合的生活方式，即多次为祈祷选择隐居独处，但随后又再次奔波于人世。正如安东尼诺那文学性的表述所说的，耶稣为了祈祷，治愈伤者，把面包变多，诸如此类。对他来说，这是因为上帝之子成为人与上帝在人世行使力量是同一的。在他对"人出去作工，劳碌直到晚上"（《圣经·诗篇》104：23）的注释中，他这样阐释人类的劳动："人在他所从事的劳动中，以及他在天之将晚、人生暮年之前所创造的成果中实现自我。"[5]

天主教会在新时代做出的调整产生了重要的新秩序，带来了对世俗活动态度的转变；而耶稣会从一开始就一反古代修道院生活的传统，朝向一种在世的积极生活。耶稣会士具有强烈的精神和心理塑造以及严格的戒律，并且他们不再一辈子都隶属于一个地方的一个组织，也不再遵从繁文缛节的约束过一成不变的生活。基督教会领袖有所保留地认可了耶稣会参与在世活动的自由，但女性类似的在世权利则被无情否决了。再一次，对女性来说，其世俗化的生活距离被认可还需更多的预备时间。尽管如此，天主教会在重估劳动的个人在现世的积极生活方面还是起了它的作用。

在英格兰，等级制度的解散开始得最早；在那里，不仅形成了面向自由个人的雇佣劳动市场，而且雇佣劳动者也得到认可。因此，考虑到对人类劳动的重估已然开始，在17世纪末经济快速发展的背景下约翰·洛克于1690年提出现代劳动的概念也就不足为怪了。他将其和现代经济学的第二关键概念——私有财产——联系到了一起。这时人被视为自主的个体，并因此开始被看作自己的主人。因此，他通过占有未经处理的自然材料而获取的劳动成果，同样无可争辩的是他的财产，而且第三方无权挪用。劳动力变成了一个人不可剥夺的私人财产和以工作为基础的独立生存之基础——这是一场经济学领域的人类学革命。

不久后，甚至都能在"女性祈祷书"中读道：

> 哦，我主，您为我们创造了服务于团体的生活、劳动和极乐的生活［……］勤劳是您让我们存在的最主要原因［!］而它给我们理智的生活。劳动是唯一真正的生活［!］[6]

启蒙带来的新的劳动概念将个人的尊严完全置于做他所负责的、合适的工作上，而这一概念正好和中产阶级的蓬勃兴起相对应。正是由于对日常生活的重新评价，现如今对依然存在的贵族式的傲慢和其对工作的鄙夷，人们大可嗤之以鼻，并反过来讥笑贵族们懒散的生活。但凡有工作的人都有这个权利。与此相一致，在《钟之歌》里，弗里德里希·席勒写道：

> 工作是公民的装饰，
> 劳动的荣誉是神圣的；
> 国王因皇室地位才显赫，
> 忙碌的双手却最为光荣。

五

迄今为止我们几乎没有论及货币行为，尤其是大范围、长距离的贸易和金融交易。实际上，我们不得不切断了马克斯·韦伯在神学和资本主义之间建立起的联系。从历史的角度看，总体而言，肯定这些经济行为远比肯定劳动和内心修行困难得多。这不仅是因为在先进文明的价值体系中贸易和金融交易普遍没有地位，而且还由于欧洲早期历史中希腊人和基督徒同样很少有时间从事这一类经济活动。当马丁·路德赞扬体力劳动时，他不只是在贬斥僧侣的闲散，也包括商人不劳而获的利润，他因循传统地怀疑他们在放高利贷。

不过在 13 世纪的意大利，具有资本主义特点的大规模贸易和银行业务的商行已经存在。远距离贸易和金融流通为以后很长的一段时间奠定了风气，只有到了 18 和 19 世纪商品生产才成为经济发展的关键因素。当然，它们作为现实的一面被接受，却明确地在价值体系中持续被否定。中世纪中期的主要神学家托马斯·阿奎那将这种交易看作不正义的罪恶（《神学大全》2 II，q. II 8；1 II，q. 77，a. 4，q. 78），将其归结为"贪婪"（avaritia；德语中另一译法为 Geiz，同样在古德语中意为"贪婪"）。中产阶级的贪婪如今取代了贵族阶层的傲慢成了社会的主要恶习。

贪婪地追求利润是罪恶，这是因为它违反了适当节制的原则，而一个人的生活所需只允许和他在等级秩序中的位置相符。这一节制是必须的，因为一个人的富余就意味着另一个人因贫穷而受苦。经济增长的概念到现在为止还不为人知：商品被看作大小永远不变的蛋糕，需要分配。根据托马斯所说，能够给人们提供必需品的贸易和维持生计必需的适当利润是被允许的，而对利润无止境的追求和投机如同高利贷一样是充满罪恶的。这是因为只有购买生活必要的物品才是对金钱的正确使用。

经院哲学诡辩论通过多种渠道，至少在某种程度上，调和了早期资本主义活动和那些严格的教条。教皇制本身就是一种经济控制力，而且成功地发展出了高度现代化的公共信用体系。但是这些与其说是肯定，不如说是容忍。这也同样适用于 20 世纪的罗马教会。而且我们已经看到了，宗教改革者同样绝非现代资本主义的倡导者。尽管根据马克斯·韦伯所说，他们变成那样并非出于本意。在这方面，基督教并没有立场来肯定日常生活，推动力应当来自世俗范围，因而与我前面提及的对劳动世界的肯定相一致。

在 1429 年的佛罗伦萨——早期资本主义的中心，人文主义者波焦·布拉乔利尼写下了《与贪婪的对话》。贪婪的自我辩护在文中得到呈现，而且也被作者尽职尽责地反驳了，但读者读完文章时却往往留下这种印象——人文主义者的对话常常如此——觉得作者反而是同情它的。贪婪是自然的、有用的，而且必要的，因为它让人们为自己提供生活所必需的物品。每一个人，尤其是历史上的大人物，都想要获得远超过他所需要的东西（这是奥古斯丁关于贪婪的经典定义）；几乎没有人追求共有的幸福。但只有有富余了，施舍、交际、艺术创作、城市的美化、政府的维持才成为可能。

第八章 对日常生活的肯定

第一个公开捍卫商业资本主义的是奥格斯堡的人文主义者康拉德·波伊廷格（Conrad Peutinger），那时（1530年）奥格斯堡的商业大集团——他和玛格丽特·维尔泽结为夫妇——一度受到他们在纽伦堡的竞争者巧妙颁布的反垄断法的威胁。据此法令，禁止某些特定的交易，限制公司资产的上限，并且需接受定期公共监督。其目标很明显，就是打击大公司，仅仅让20~30家小商家生存。在宣称他们的投机行为和高资本消耗明显有益于整体繁荣和税收以作为反驳之前，波伊庭格针对大公司的指控进行了辩论。为了达到整体繁荣，他们的商业必须因此畅通无阻，毕竟，谁又能在毫无利润的情况下让自己面临风险呢？

针对所谓可恶的利己行为的批评，他强调对利润的追求对于社会共同体是有价值的。但早在1564年，莱昂哈德·福隆斯伯格——一位来自军人家庭的作家——并未受审也写下了他的小册子《赞颂利己主义》。他直接宣称世界上并没有所谓的公共利益这种东西；相反，整个世界、婚姻与家庭、经济与科学，都是由利己行为而推动的。利己用这样的方式创造和劳作，因而地球上什么也不缺。甚至宗教也是建立在利己的基础上的，即希望自己进天堂。利己只有在和他人的利益，即他人的利己相冲突时才会受限。

诚然，一开始这只是一个孤立的声音。古老价值体系的最终颠覆、对世俗经济利益追求的肯定发生在18世纪。在伯纳德·曼德维尔1714年的《蜜蜂的寓言》[7]中，他描绘了一个蜂窝，其中虚荣和奢华、堕落和其他恶行支配一切，而蜜蜂们接受这一切，尽管相互有种种矛盾，但一直团结一致，因为只有这样才有共同的富裕。家都朝着群体的繁荣而努力。然而，当一个奇迹发生，人人突然诚实正直时，其结果却是灾难性的：

> 放弃了傲慢和奢侈，
> 商业很快消亡，
> 手工业日渐萎缩，
> 企业纷纷关门。
> 艺术与工业在颓废，
> 人人不贪不求，
> 日日享受满足，
> 拥有无几，无念无想。

随之而来是贫穷、衰落、政治无能。因此，唯一的结论就是下面这样：

> 欺骗、奢侈和傲慢必须存在，
> 我们就可从中受益。

实际上在大约同一时期，当劳动摆脱了它和贫穷看似自然的联系，人们也放弃了由来已久的对奢侈的鄙夷。对多余物品的需求不再被看作浪费，而被认为是对贸易的刺激，因而是国家福利的来源。

在所谓的重农主义在 18 世纪首次宣扬生产是主要国民财富来源以后——尽管农业在当时仍以多种多样的形态存

第八章　对日常生活的肯定

在——亚当·斯密在他 1776 年的《国富论》中为现代经济行为找到了理论基础。这一行为的基础在于，尽管每个人都追求自己的利益，劳动分工和商品交换的必要性以及与之一致的供求关系如同被"看不见的手"操纵，带来了国民财产和国家财富。"我们的晚餐并非来自屠宰商、酿酒师和面包师的恩惠，而是来自他们对自身利益的关切。"这也许是全书中最有名的一句话。当然，根据他的话，那些雇用大批人的富人是为了自己的贪婪，但是他们以这种方式无意中改善了工人的生活以及整体的国家经济。

日常的经济生活因此最终得到肯定和合法化，而且在某种情况下已经成为价值体系的一部分。斯密从未宣称发现道德中立的经济规律，更不用说像曼德维尔那样将不道德行为宣称为一种新道德。相反，作为一个道德哲学家，他以 1759 年的《道德情操论》为基础，经过仔细考察，热切地想要证明曼德维尔的蜂巢中设定的无道德的经济生活等同于良好的自然秩序和人类的相互作用，人们受到自己的道德感的指引并且——很容易就被忽略的一点——受国家立法的修正。

六

对爱情的普遍肯定用的时间最长：由于以上提及的理由，在 14 ~ 15 世纪它甚至都没有迈出第一步，而这段时间恰是我们需要给予关注的。对性的评价尤其受到限制，而且它还远不能被当作一种价值。在对性的认识方面，长久以来最广为接受的观点认为，它是出于对现实的接受和对诸多人性缺点的让步。某种意义上，男人与女人以伴侣关系为基础建立两性关系的可能性虽然在犹太教－基督教传统乃至中世纪神学中都确切存在，却直到今天才被真正认可。

"女人是用男人的肋骨创造出来的"这个故事（《创世记》2∶21－22）为无尽的男性玩笑提供了素材，而《创世记》同样包含了创造人类的另一个版本，它用简略又颇带平等主义色彩的语气陈述道："神……乃是照着他的形象造男造女。"（《创世记》1∶27）

总之，尽管中世纪神学家和教会法学家得到了一个在当时不太可能的结论，即根据《圣经》，一个法律上有效的圣典婚礼——因而也是牢不可破的婚礼——只有通过那种自由选择的性交才能存在；严格来讲，无论家庭还是教会在这件事上都没有发言权。这对前现代社会体系而言是一个意外但强有力的重击：在这一体系中，人不允许生活，更别说按自己的渴望结婚，只能服务于家庭（从米歇尔·蒙田的自由主义精神中可见一斑）。结果就是无数遭到质疑的秘密婚姻和严重的家庭冲突——自从莎士比亚以来，就有了罗密欧与朱丽叶综合征，而自从布鲁克（Gene A. Brucker）以后，有了乔凡尼和路珊娜综合征。[8]

随后基督教会就倒退了。在特利腾大公会议上，天主教会提出了一项正式法规，认为在将来有效合法的婚姻可以只在一名牧师和两名见证者面前缔结。新教教会认为婚姻是世俗事务，因此将管理权事实上下放给了父母和政府。发人深省的是，离婚虽然由此在法律上成为可能，但也仅仅是在理论范畴之内。经验事实表明，所有的新教当局都很不情愿认可离婚。

第八章　对日常生活的肯定

但是至少在宗教改革时期，同婚姻的首要目标即繁育后代相比，夫妻关系得到了一定的重新评价。在这一框架下，尽管直到那时，性欲甚至在婚姻中也备受怀疑，因而不能被视作价值，但至少已被合法化了。新教牧师的居所体现了浓浓的基督徒日常生活气息，力争至少成为一个普通家庭的样本。这也许强化了对两性伴侣关系的特殊优待的观念，虽然生太多孩子也会臭名昭著。事实上，关于路德、加尔文以及清教徒家庭的相关研究从来就不匮乏。

不过，两性观念的发展并不是人们往往认为的那样，是新教独有的现象；在天主教阵营中也屡见不鲜，虽然独身主义的势头在其中也有所上扬。根据路易斯·查特里尔的研究，我们得知，正是在耶稣会于欧洲各处所组织的圣母玛利亚礼拜会中，以伴侣关系为基础的家庭理念得到传播，而这相较于父权制社会更接近现代家庭的雏形。[9]

而且甚至之前我们提过的弗朗茨·萨勒斯也写了一些现在看来很奇怪，但在当时传统性观念的背景下必定是革新性的观点。"在圣餐日要求夫妻性交（确实）是不得体的，但不是罪恶的，而满足对方需求则不仅没有不得体，甚至是值得称赞的。"对于所谓的"配偶之间合理的互相需求"，不仅是正确的，实际上也是一种责任；严格说来，节欲只有在配偶同意下方可。因为"在合法的婚姻中"——当然不可能脱离婚姻而谈——"有性欲的空间；它的神圣能够弥补性快感带来的精神罪恶"，关键在于保持自我的控制。这是夫妻间的贞洁，比受到吹嘘的童贞更难保持，而就这一点来说，后者明显并没有被给予特别高的地位。除此之外，他的作品没有提到"孩子是神的赐福"这一概念，而这是直到最近为止所有天主教话语都有的固有观念。

当然有许多种替代方法可以达成基督教对婚姻的教义，但是这些都和价值无关。当然也有许多替代的价值可以从文学作品中找到，但那些从来都是精英的特例。基督教会设定了日常生活的基调，而且他们至少做出了不少卓有成效的革新，使得以伴侣关系为基础的爱情能够在随后成为日常生活的核心价值。

七

我们已经追溯了这一发展历程，即从对劳动、生意、贸易以及性或多或少勉强地接受，到肯定它们作为日常生活的关键因素。让我们稍作停顿，来尝试为这三种看似毫不相干的过程找到一个公分母。同样让我们也来研究一下这是否能对回答"为什么"——为何会发生如此深远的价值观改变——这一问题提供些许线索。

我坚信价值总是和社会群体的需求相符合，不过这并不意味着价值就是群体的意识形态；事情没有那么简单。但是我们最好问一下，究竟哪个群体有兴趣把自己的日常行为看作是有价值的。如此阐述问题，答案也就显而易见了：我们讨论的是世俗大众从神职人员手中的解放，那么这就必然使典型的世俗行为变得有价值。在此之前，神职人员因远离世俗生活而往往对其持贬损态度，至多也只能勉强容忍。这些世俗行为包括：劳作、挣钱、性爱。

在中世纪早期和中期，教育被教会垄断。用现代话语

第八章　对日常生活的肯定

讲，教会掌握了话语权，也就是在所有思想领域，自然和道德科学、政治和经济理论都被神学化甚至成为神学的一部分，别无选择。再一次用现代术语讲，这导致了神职人员对现实生活至高无上的解释权，因而社会价值体系也成了神职价值体系。这并非神职人员的诡计，只是没有其他可能性罢了。贵族以荣誉为目标的价值体系确实与此同时共存，但并非并行不悖：与教会的价值体系的频繁冲突只会导致更加恶劣的结果，因为它太具有群体特殊性了，无法提供对世界全面的解释。此外，由于贵族作为与神职阶层相对应的另一个精英群体，一旦他们中的大部分都和社会上其他人一样是文盲，便更无法清楚地表达自己了。

这一切由于城市的兴起而改变了。一群接受世俗教育的世俗精英发展起来了。他们从意大利发端，人文主义和文艺复兴对其发展有显著的贡献。这些世俗人士能思考他们的生活并清楚表达他们的需求，以使自己的行动朝向自身的价值而无须被别人无视，甚至嘲笑。该过程最初在古代欧洲的意大利和低地三国（指荷兰、比利时和卢森堡）之间的城市带中出现。但现在显而易见的是，世俗人的解放并非如我们起初想的那样不过是带有反基督教宗旨色彩的现代世俗化的第一波浪潮。相反，我希望我已经表明，这些关于价值观的创造性思考，往往可以追溯到犹太教－基督教的教义，而这些思想在以世俗面貌出现的教士这里，又受到古希腊的精神的压抑。

新价值从来都不是全新的。关于价值的创造性思考根植于对生活的需求，而且为了满足这些需求，现成的原材料在一开始就会被利用，即那些早已存在却尚未被发掘的思想。
然后新的东西形成了，可能会反过来对现实产生影响。人类
会思考和行动，再将它们外化，正如社会学家所说的那样：
这些思想和行为的原材料客观存在于各处，等待着什么人重
新把它们拿起来，把它们内在化，然后新一轮的创造便又开
始了。因此，总体的现象不是简单的因果线性关系，不是一
个有开始和结尾的线性序列，而更像是一个圆，或者说是螺
旋式过程，因为这个圆永远不会闭合，而是会继续发展到新
的水平。附加的外在影响（输入）也可以在这条路线上出
现；或者，有时路径也会分叉，而这些分叉往往会以走到死
胡同的形式告终。

从这一观点来看，世俗的反叛——我主动选择了这个颇
具争议的词供大家批评——反而得到了神职阶层帮助，这丝
毫不令人惊讶。足够多的牧师已经注意到了世俗人士的新需
求并且准备好做出回应，甚至将之视作职责。如果我们考察
一下在这反叛的巅峰之一——宗教改革——中的五位最重要
的改革者，我们会看到这样一组人物档案（且这绝不是特
例）：两个神职人员——奥斯定会的路德和多明我会的巴
策；平民牧师茨温利；两个世俗人，即语言学家梅兰克森和
人文主义者兼神学家加尔文。即使是在旧教会内，也有许多
人能看到时代的征兆，并回应基督教会以外的世俗人的需
求。

八

然而，公分母不仅仅是日常生活中的价值的发现。确切

第八章 对日常生活的肯定

地说，应该是在这一发现之后觉醒的新思考方式，如果不是之前的话。对日常生活中价值的发现即便没有直接导致这一全新的思维方式，在某个角度上说也确实为其铺平了道路。这一种思考方式直到今天还在塑造我们与现实的关系。这让我意识到，人对日常生活的肯定这一价值转向的影响至今仍在。尽管这意味着我将越俎代庖，超越自己作为历史学家的学术界限，跨入哲学、文学和社会学的禁忌之地，我仍认为自己需要再多嘴几句。

这种思考方式——虽然在彼时是全新的，但现在我们已经颇为习惯——其实在本质上是将重点从宏大的追求转移到日常生活，换言之，从一般转到特殊，从抽象转到具体。古希腊为中世纪思想铺路，也很大程度上对现代仍有影响；它不仅产生了许多伟大的研究者和思想家，也使人类获得了许多技术进步。不过，古希腊人从未达到通往实验自然科学和技术的关键门槛，而这些正是最能代表现代性的。我认为这并不意味着他们做不到，而是他们不想这么做。他们同样对这个世界的一切充满兴趣，但总是从一个系统的、理论的视角来看待世界。理论意味着全局观念而不是个体分析。符合系统的对个别的观察才是正确的。这可能会导致大范围的错误解释，例如，他们得出的关于男人和女人的解剖学和生理学差别。

这一希腊人的理论思维并没有在后世立即得到改变，直到世俗化价值观得到肯定，这一思维转变才作为直接结果而非后续事件出现。对具体事物感兴趣的科学占据了上风。从那时开始，正确性要经由可控观察的经验证实，观察要经得

303

住检验或实验。古希腊的大多数思想家估计都会认为这一求证过程有损自己作为思想家的尊严。1600 年前后，当对日常生活的肯定已经有了稳固的发展，弗朗西斯·培根又建立了日常的科学系统。寻求整体观点的经典追求被视作双重意义上的徒劳无益：既傲慢又无用。在将来，有价值的是研究具体事物如何单独而不是在整体中起作用，并且探究这些知识如何对人类有用。这把我们带向了自然科学和技术的开端。

直到 19 世纪，许多哲学家都将建立宏大的体系视作自己的奋斗目标，但黑格尔甚至都意识到了一般只能作为个别而体现，简单来说，所谓的人类作为一个整体并不存在，有的只是男人和女人、德国人和法国人等大家都共有的性质。但发人深省的是，这一发现早在 16~17 世纪西班牙思想家的著作里就被提及了，而他们实际沿袭的是中世纪大神学家托马斯·阿奎那的传统。在实践中，多明我会的弗朗西斯科·维多利亚已经瓦解了以宣称教皇或皇帝对世界统治权为特点的庞大价值系统，并把对个别国家的研究提升到政治典范的地位。顺带一提，这使他成了国际法之父。在一个多世纪之后，从弗朗西斯科·苏亚雷斯的哲学 - 神学体系中我们可以看到他如何吸收托马斯·阿奎那的思想，却不再认为事物的普遍本质是人类知识的基础，而是它们各自独有的性质。这确实还未发展成现代经验知识认识，但它对具体知识的问题给予了公正的评价，认识到了它们的迫切性，不失为一次勇敢的尝试。

九

随着向具体事物的价值转向，具体的、特定的个人也能

第八章　对日常生活的肯定

够被承认是有趣和有价值的；夸张些说，对日常生活的肯定最终发展到了对普通人作为一个具有整体性的个体的肯定，对于其个体生活现实的肯定：这尤其意味着他的劳作和爱情都被肯定。

这一独特兴趣在当代相关的表现不仅有诸如脱口秀或"老大哥真人秀"这样的特殊现象，也出现了被称作"微历史"这样费尽心力再现普通人日常生活的倾向，如记录巴伐利亚村庄的历史、萨尔兹堡的偷猎者，或者最近的例子，一个19世纪法国工人的生活，那是一个从档案中随机抽取出来的完全没有社会地位的人。

历史因而向文学靠拢，从18世纪我们便有了小说；小说之所以是"现代的"，是因为它不同于其前身和传统的荷马式的史诗，不是讲述非常的、特殊的人物和特殊的事件。按照传统标准，故事中的"英雄"和现在的"女英雄"根本不是英雄，因为他们以很非英雄的、日常的方式去爱和受苦的。

这同样也适用于传记和自传，这种体裁在此之前的主题往往是像艾因哈德的《查理大帝传》或奥古斯丁的《忏悔录》这样。也就是说，它们要么所叙述的人是重要人物，要么著作必须与宗教教化故事有关，比如某个人皈依的记述。

与这些圣徒的生活相关，很有趣的是，天主教会圣徒的社会著作也发生了上述价值转向。直到19世纪，在天堂居住的特权依旧主要被牧师、修女、相当数量的皇室成员以及著名的世俗人物占据，例外至多也就留给殉道者们。美化自然完结一生的普通男女的倾向直至很晚才出现，在这些例子中对日常生活的肯定才得到表达。

然而，对于普通人的兴趣归根结底还是建立在犹太教－基督教的传统价值体系之上的。如果没有基督教关于个人在良心上有道德责任感的理论，那么不朽灵魂说、上帝选中说或加尔文的永恒地狱说就都变成无稽之谈了。这不仅为宗教基础上的个体尊严创造了可能性，而且在此之上，还促进了对这一个体尊严的合法性的反复思考，这在世界历史中是绝无仅有的——不仅是单纯思考个人自己的个体性，更是思考这一个体性在最初是如何成为可能的。这种想法似乎从未出现在其他文明的个体中。

基督教关于独特个体的永恒拯救的基本主题无疑是一个新发展，首先使得个人生活的历史富有研究的趣味性——奥古斯丁虔诚的《忏悔录》在这一点上是这一新兴观念得以诞生的先决条件。根据安东尼·吉登斯对世俗的自我的反思计划，我们从未结束，而是应当翻开新篇章，甚至创立新的版本，换言之，应当对我们个体人生进行全新阐释。让－雅克·卢梭的《忏悔录》接过了调和的角色。起初，人类的主观性被认为是有缺陷的，需要依赖于其创造者；同时作为对照，人类也认识到作为上帝完满性的永恒表征：自主、不变、永恒、全知、创造性。在某种程度上，人类争取自己的自主并开始依据自己的个性来打造真实的自我，而不是从作为"永恒上帝的造物"的身份中寻求。审美的经验篡夺了神性的断言并将其转变为自我意识的常态，这在现代自传的形式和文学意味中都十分明显。[10]卢梭坚持那个知道自己的

第八章　对日常生活的肯定

一切，或至少希望知道的自主的自我，并通过回忆的过程达到不朽。最终，人类成为自己个性的创造者。对歌德来说，世界和其他人不过是神为自己独特个性形成所准备的原材料，以便让他自己的生活成为艺术作品。不过，这种水平的思考从那以后就消失了，因为曾经是高等精英才能取得的思想成就在多元化的社会里人人皆可习得，也就是说，哲学式的生活已经式微了。

宗教改革尤其强化了基督教的这一方面，因为它将救赎从教会机构的独有变成众有，因而使独立的个人用全新的方式自我观照并完全对自己的个人救赎负责。因此，新教徒无论过去还是现在都特别依赖于观察、理解和为自己辩护。某种意义上他是一个天生的自传作家。而且，由于救赎完全是通过《圣经》传递给他的，他也就习惯于依照文本生活；正因如此，他继而便更倾向于创造他自己人生的新文本。有一个与此密切相关的例子（也是一种写作体裁），你们大概都很熟悉。我指的是许多现代人普遍在圣诞节或新年互寄明信片的个人或家庭活动。在这方面，加尔文则把这类事情中固有的自我中心的倾向扼杀在了摇篮里，通过保持冷静的距离并转用外部视角观察自己。因此，关于加尔文本人，我们对他内在的宗教生活知道得很少，只知道零星的关于他作为改革者的职业生涯的事情。我们已经看到加尔文主义者是如何通过一种典型的注重外在表象的生活来明确自己身为被救赎者的地位的。

路德则不同，他一贯视自己的内在经验为救赎的舞台，因此说了很多。结果就是，早期的现代人中很少有像马丁·

路德这样透彻地为人所知的。但是，正由于他和他创造的路德教派都只重视内心的活动，外在行为反而被贬低甚至被忽略了。如果需要的话，一个人信仰的外在信号便足够显示出他是否有正确的内在感受。作为普通人特有的行为模式，这便导致了人所共知的德国人的内省性格，也与当下所说的德国的内心感应文化（Betroffenheitskultur）相一致。

十

话题已经转到了当下，我在这里简短讨论一下对世俗生活的肯定迄今已把我们引向了何处。在路德和他的上帝争执的过程中，作为启示的主体已经降格为对主体的启示，堕落为在电视上自我暴露的浅薄，同时我们与日常生活的细枝末节的经验交流让我们取得了一个又一个科学和技术上的成就。在性关系中对爱情的肯定已经被持续实现，这当然是以家庭为代价，而家庭先前一直压抑着它。部分金融企业再也不以商品作为其实际的基础，仍然可以借助于新技术而蓬勃发展。对于大多数西方人来说，工作或许已经成为最高价值，因为它决定了一个人在道德意义上甚至物质意义上是存在还是不存在的。

对我来说，与它兴起的时代相对立，似乎对日常生活的肯定已经成为完全独立的现象，或多或少脱离了和其他价值的联系。而超验的上帝，正如我一开始解释的那样，在他的自主性中独自离开这个世界，尽管他还保留着通过人类服务来调解的间接控制权和某种否决权。甚至弗朗西斯·培根也把他的经验科学看作不只为人类服务的，同样也是为了比以往更加清楚地掌握上帝创造世界的目的。

不过，上帝当然已经死了，其他意欲援引更高的、彼岸的价值的企图似乎没有多大意义。亚当·斯密所说的道德感和与大众福利的联系似乎收效甚微。市场经济不仅解除了所有其他事物的联系，甚至现在已经在非经济领域作为衡量标准而出现。它弥漫在我们的语言中：无论我们讨论爱情或体育、科学或宗教，我们用的都是经济学范畴的语言。也就是说，经济现在正如神学在中世纪时一样占据了话语权。我们过去一度信仰上帝，而现在我们信仰市场。除此之外，我们别无选择。

注　释

1　In：Charles Taylor, *Quellen des Selbst. Die Entstehung der neuzeitlichen Identität*, Frankfurt, 1996.

2　摘自 Konrad Wiedemann, *Arbeit und Bürgertum. Die Entwicklung des Arbeitsbegriffs in der Literatur Deutschlands an der Wende der Neuzeit*, Heidelberg 1979, S. 298。

3　Lyndal Roper, *Das fromme Haus. Frauen und Moral in der Reformation*, Frankfurt a. M., 1995.

4　Franz von Sales（François de Sales）, *Philothea. Einführung in das religiöse Leben*（*Introduction à la vie dévote*）, Eichstätt／Wien, 1981.

5　Peter Francis Howard, *Beyond the Written Word. Preaching and Theology in Florence of Archbishop Antoninus*, 1427—1459, Florenz, 1995, S. 245.

6　Von J. G. Marezoll, Leipzig 1798, nach Wiedemann（同注释 2）

S. 30。

7 Bernard   Mandeville,   *Die   Bienenfabel*,   *oder*   *private*   *Laster*,
   öffentliche Vorteile, Frankfurt, 1998.

8 Gene A. Brucker, *Giovanni und Lusanna. Die Geschichte einer Liebe
   im Florenz der Renaissance*, Hamburg, 1988.

9 Louis Châtelier, *The Europe of the Devout. The Catholic Reformation
   and the Formation of a New Society*, Cambridge, 1989.

10 Hans Robert Jauss in: Odo Marquard / Karlheinz Stierle（Hg.），
    Identität, München, 1979, S. 709.

第九章　内在自然与社会规范性：
自我实现的理念

克里斯托夫·门科

两百年前，在 1804 年春交会上，美因河畔法兰克福的弗里德里希·威尔曼出版了荷尔德林翻译的索福克勒斯的两部悲剧——《俄狄浦斯王》和《安提戈涅》。关于主体问题的所有现代思考，主体的成熟状态，其独立意志和命运，都表现在这两部戏剧中。颂歌中对《安提戈涅》的描述如下："凡人中只有你根据自己的法律存活"，这样她的路会把她"带入死亡国度"。[1] 颂歌一部分以此表达斥责：安提戈涅服从她自己，只顺从自己的法律，这是她的狂妄自大，只能导致死亡。当克瑞翁问安提戈涅为何胆敢打破他的法律，违反他的意愿行动，也就是打破克瑞翁对掩埋叛徒波吕尼刻斯的

禁令时，她提到了"我的宙斯"，也就是她的上帝告诉她的
话："我的宙斯没有如此规定。"[2] 换句话说：我的上帝，我
的权威和行动指南，并没有在我身上实行这一禁令，你的禁
令。荷尔德林在《安提戈涅》中的回应，重点在对这个物
主代词（"我的宙斯"）之上；在荷尔德林的整个翻译文本
中这是唯一使用斜体突出的一个词。荷尔德林在安提戈涅身
上凸显的是，她准备好了只服从自己的上帝。承认上帝的存
在并且遵循其旨意，这是就安提戈涅而言的，上帝或许存在
于其心中，或许因她而存在。当她的妹妹伊斯墨涅打算帮助
她埋葬她们的兄弟且与她一同死去，荷尔德林让安提戈涅
说："不要平凡而死。"也就是说，不要像我一样做，仅是
因为你认为必须这样采取行动（和死去）；不要采用通行的
方式去行动和死去，而要采用自己的方式。这也是荷尔德林
对上面的第一个引用感兴趣的原因，合唱指责了安提戈涅的
自主性格，说她对生活的关注多于对法律的考虑。沙德瓦尔
德更直白的翻译是："凡人中仅你一个根据**自己的法律**存
活"（粗体为笔者所加）。而荷尔德林将这两句的翻译为
"凡人中以你自己的方式独立生存，你会下到死亡之谷"
（第96页，我的重点）。荷尔德林笔下的安提戈涅的独立自
主不仅涉及法律，也与生命有关。对她而言，自由不只是自
己制定法律——她自己的法律。对于她，自由意味着更多，
各有不同：她自己生活的满足和实现。她的行为和放弃，她
的希望和痛苦的连锁反应，一定累加在生活之中表达了她自
己和真理。

安提戈涅独立生存的过程在死亡中结束，以克瑞翁为

代表的公共社会判处了她死刑。安提戈涅所承担的风险在于：以自己的方式生存的人可能与公共社会发生冲突，并被斥为故意犯罪而受到惩罚。但对于安提戈涅，这种冲突只是外在的：并没有触及，其实还强化了安提戈涅完美自我实现的愿景。主体的现代思考从一开始就受到一个问题的困扰，这个问题源于荷尔德林所翻译的他人的悲剧：自我实现的美好愿景，即完全以自己的方式生活的另一面，会不会是一件可怕的事？俄狄浦斯不也以自己的方式生存，最终却谴责和诅咒自己吗？俄狄浦斯也是一名"我"的宣言者："但我来了，无知的俄狄浦斯，让她哑口无言（狮身人面像），凭借我个人的智慧，我想到了答案，而不是依赖群鸟"。[3] 而其他人，尤其是同样拥有技术和知识的人，无法解答狮身人面像之谜，拯救城市。俄狄浦斯的行为是他自己的，与自己的意志一致；但与美丽的自我实现不同，这是在深刻的内部分裂和对自我的诅咒中升华的。最后，他以非常不同的意义表达了"我"：我，俄狄浦斯，因我所做的一切和我的生存方式诅咒我自己。俄狄浦斯也以自己的方式生存，最终却谴责和诅咒自己。首先，为了"以自己的方式生存"，他确实做了可怕的事：他谋杀了他的父亲，并与母亲乱伦。其次，根据自己的法律规范自己的生活，他又给自己带来了可怕的命运：他让自己如幽灵般存活于社会和文化之外。以自己的方式生存，俄狄浦斯成了他自己都无法忍受的怪物。

　俄狄浦斯和安提戈涅具有相似之处，这两种相互矛盾的生存经历在面对以自己的方式生存这一问题上，有着共同的处境。安提戈涅已经成为一种"真实"生活中"自我实现"人生的浪漫主义女英雄，其外部敌人是社会的惯例和传统权威。而在俄狄浦斯，存在浪漫主义之后的"现代的"疑惑，即在自我的内部和本我之处是否存在着某种强势的他者，以致自我非但不能自我实现，还必须为自身的存在而斗争，甚至于自我诅咒。我对下文将概述的自我实现的理解并不排除这一疑问，而将其包含其中；不是对自我实现的外部疑问，而是对所有自我实现正确理解之中的疑问。但首先，我将尝试说明什么是"自我实现"，什么是"正确理解"（第一节）。我将分两步进行：第一步从批评内核论的自我模式入手，阐述正确的自我实现观的基本特征；第二步是通过对自我实现的两阶段论的论述而深化讨论（第二节）。最后，我将回到自我实现的双重性问题（第三节）。

一 对内核的批判：真实性的现状与前史

1

荷尔德林笔下的安提戈涅建立了（或构思出）一个新的主体：一个不仅希望遵守自己的法律，也希望过自己的人生的主体。按照自我法律行事是现代的自治理念。从这个角度来看，不受其他任何人定下的法律约束的个体是自由的，他只服从自己制定（或可能已经制定）的法律。根据现代的自治理念，主体的自由正包括这一点：为自己制定法律，然后在所有个人意愿和行为中遵守。荷尔德林的安提戈涅将法律的"自我性"诉求推及生命，表现出真实

第九章 内在自然与社会规范性：自我实现的理念

性浪漫主义理论家对自由作为自主的现代概念的批评。这种浪漫主义异议并不反对主体自由的思想，而是赋予其不同的、激进的形式：我自己是不是我所遵守法律的创建者或作者并不重要，重要的是我在遵守这一法律时的生存方式，根据或按照这一法律生存，我的生活实际上是什么样的。

伊曼努尔·康德提出自主概念之时，他将主体视为成员，换句话说，就是"目的王国"的一员。每一个主体都是这个王国中的"首领"，也就是说，在这个意义上他拥有主权，"以立法者的身份，不服从于任何其他个人意志"。但其自由是不充分的，而且是消极的。（自治的）主体不仅是（拥有主权的）首领，也是"目的王国"中的成员，因为个人虽"将普遍法律合法化，他也受到这些法律的约束"。[4]自主性批评家和真实性理论家是如此理解的，席勒在其《审美教育书简》中也是这么阐述的：尽管自主权确实让"我"成为法律的书写者，却不能改变"我"与自立法律之间的关系——仍然是征服的关系。真实性或自我实现的理念起源于此。作为首先建构并服从法律的个体，对主观自由的理解不再存在。[5]因为对法律的遵守，无论其起源如何，都意味着对法律的服从。另外，"自由"在浪漫主义中的理解，是过我"自己"的人生，或以我"自己"的方式生存，因其代表在这样的人生中，我能实现真正的自己。事实上，这种回应或表达的关系应该可以表现个人在参与起草法律和遵守法律之时是否走了弯路。

2

尽管这一浪漫主义理念为人熟悉，但对主体行为和生活的这种理解以及对自我的行为和生活过程的追求，或者说，自我实现这一表达毕竟会引起质疑，这一观念具有何种明确的、清楚的意义？这个真实的"自我"（及其相对应的行动和生活）是如何存在的，又包括什么，我们又应该如何理解呢？另外，如果这种关系存在于法律之外，也就是，没有规则和标准，"表达"或"对应"的关系又代表什么？自我实现和真实性的共同理念引发了这些疑惑，将概念上的混淆与政治和道德层面的致命后果联系在一起。

"自我实现"和"真实性"作为旨在描述个性化生活方式的理念表达，只有几十年的时间。[6] 这两种表达产生于20世纪60年代的青年和学生运动之中，随后于20世纪70年代在非政治化个人主义和享乐主义的文化中迅速发展成为大规模使用的词语。以消极意义而言，对自我实现和真实性的追求所表达的生活并不完全满足个人的角色期望，与行为规范相适应，或遵循传统意义上的生活计划。在积极意义上，对自我实现和真实性的追求，正如福柯提及的所谓的"加利福尼亚式自我崇拜"那样，要"发现一个人的真实的自我，避免掩盖或疏远真我的事物，以破译心理或精神分析科学的真理，这样你就能知道真实的自我是什么"。[7] 从这个角度来看，真实生活的理念和概念与这样一种概念相关，即所有适用于自我（并在该术语的常识意义中为"真"我）的定义，以不同程度甚至以不同的方式与之适用（在更深的层次上构成了"真"）。在格哈德·舒尔茨对所谓的"自我实现环境"的阐述中，他将这个概念描述为"内核"的自我模式：

> 虽然在自我实现环境景观特征之中，内核含义并不明确且是无形的，但其是具体的现实。它与肉体一样实实在在，就像一个人的存在那样重要……这种自我模式的一个关键组成部分是一种预定论心理学说，其指出内核被设定为一种非常具体的，但同时很难界定的发展道路，正如一种遗传倾向。[8]

如此，内核不仅是关于自我现存与确定的事实，也有表征，即决定自我所采取的行动和生存方式的能力。

面对这种（一时）非常普遍的"自我模式"，可以有两种反应方式。文化社会学家如格哈德·舒尔茨极具说服力地指出，背离传统转向自我的真实，与以"后工业化"生产形式为标志的资本主义经济新阶段，以及以前所未有的规模和速度扩大的大众消费相关联。这使得个人面临很多混乱，更为迫切地寻找方向和建立秩序，然而，解决这一问题的方案更需要个体自己去寻找。自我实现和真实性的理念是"在一种时刻面临失去秩序的环境中追求秩序的努力"，"通过在自我内部生成的'内向型的语义'，借助内核的理念，重新建立外部传统和惯例不再能提供的稳定性"。[9]这种观点的基本角度也可以解释为什么自20世纪90年代起，20世纪70年代真实的自我实现模式似乎越来越多地被既持久又灵活的自我重设的模式所取代。这表明,去传统化的主观形式或许会提高,其可应对去传统化造成的秩序缺失,以及方式上偶然性的增加,而非以固定的和可固定的自我核心追求稳定性。

然而,更灵活的自我或许与固定的内核模式带来的病状同样严重。[10]这让我看到实现自我模式的第二种观点,从中人们可以查看真实的自我。如果文化社会学方式与产生功能性的解释有关,作为通过实现秩序解决加剧的社会和经济问题的战略,文化批评集中抨击建立文化和社会自我核心的普遍破坏性后果。他们对抨击自我实现和真实性理念的批判存在两个看似矛盾的缺陷。第一种批判,由米歇尔·福柯提出,他受尼采的颓废概念启发,批评自我的弱点:一种发自自身的自我,以既定的自我核心为基础的自我,误认为走向自我本身是一种"创造性实践"。[11]其通过圈定固定说法的评论,即怎样和已经是怎样,以寻求安全和稳定。因此,"真实的"自我并不关心自我,也就是说,不是真正地,积极地关心自我。另一种批评,针对目标或自我的过分关注,是自相矛盾的,并在很大程度上受现代社会的保守分析启发。麦金泰尔等人已经提出了这种批判,他们认为自我相信自己可以在内核特点中找到个人行为的指导原则,却不可避免地无法理解个人认知的社会环境。[12]这种观点认为,个人可以在其自身找到脱离所有社会和文化叠加的,完全属于自我的事物。这就是真实的自我不再关心其所属的社会和文化的原因。内核理念导致消极的姿态,一个人完全接受现实中的自我。内核理念导致自恋主义,每个人只对自己感兴趣。

第九章 内在自然与社会规范性：自我实现的理念

　　自我实现和真实性的功能性解释和文化批判这两个角度，都找对了对象，但同时也误解其对象。内核论的自我模式并不能把握"自我实现"和"真实性"的含义，二者先是在 20 世纪 60 年代的反文化中，后来在 20 世纪七八十年代的大众文化之中形成。这不仅意味着"自我实现"和"真实性"必须与内核论的自我模式本身理解的方式有所不同，也意味着如果一个人并不能理解那是对"自我实现"和"真实性"的误解，那么就不可能理解内核本身的自我模式。这是十年前查尔斯·泰勒重新开启的"真实性道德"的辩论中贯穿的主题，反击纯粹的文化社会学解释及纯粹的文化批判论断：内核消极 – 自恋模式往往等同于思想自我实现和真实性，无论是出于解释或评估的目的，都是"更高的道德理想"的"贬低和抹黑"形式。[13]

　　泰勒就自我实现和真实性的全新视角，首先替代了，也是击退了（希望是）短命的内核论的自我模式，使得自我实现和真实性观念获得了更长的生命力。这些理念属于，正如泰勒所强调的，所谓的"现代认同形成"的核心问题。[14]在下文中，我将对此进行简要的评述。其次，泰勒认为自我实现和真实性的全新视角，相对于其对自身后果的尊重，它有助于将一个不同的批判应用于内核的自我模式，有助于从另外的角度，不同于对其后果的关注对内核论的自我模式进行批评。[15]据此，内核论的自我模式显然是一个错误的答案，但针对的问题是正确的。

　　就这一问题实质而言，如果重视这个模式的实践取向问题，充分理解并迫切地试图找到一个解决方案，很明显，内核论的自我模式给出的答案是错误的（因其开始就理解有误）。从这个角度来看，每个人作为一个个体经历生活，可能做的——面对各种各样的事情，希望做的——仍会想做更多的事情。面对如此多的可能性和意愿，我们该如何选择？本文以内核模式开始，说明了在这样的情况下，只要我们适当关注自己，我们就会发现：我们比别人想要的更多。实际上，"更多"不仅是相对意义上的，而且是在（准）绝对意义上的。我们如此渴望某些事物，如果我们不能获得或去做，我们就失去了获取或做其他事情的兴趣。这种"更多"的渴望对我们来说是一种绝对命令，我们无条件地去渴望，这已成为我们其他任何渴望的条件。[16]

如果一个人迄今为止一直遵循（并按照）内核论的自我模式查看手头问题的方式，那么此模式下一步需要采取的解决问题的方法，会使模式本身出现问题。我需要通过直接观察内核论的自我模式，以发现我的欲望之中出于无条件状态的欲望是什么：我在自身中寻找，并确定对我而言哪些欲望是无条件的（或形成自我的"核心"——我的"真正的"欲望）。事实上，直接观察内核论的自我模式并不意味着这种观察过程很简单。相反，人们极易做错，而且最重要的是，会被误导，相信某些欲望是无条件的但实际上并非如此。因此，人们必须，举例而言，营造适用于进行这种纯粹观察（可能或需要帮助性指导）的环境。但如果，无论我如何营造，我得出的结论是，这对我来说是一个无条件的欲望，那内核论的自我模式就会理解为，这意味着我已经在事实上建立了这一欲望的无条件状态：无条件意味着人们会或者不会认识到这种欲望，人们会建立或误解这种欲望。如果人们寻找具有这种条件的需要范本，他们会发现强势（或软弱）概念在功利思想中十分普遍。因此，内核论的自我模式潜在之中将欲望的无条件性放在了同一水平线上。自我追寻其核心，通过其欲望的力量确认最强的欲望。此内核的理念如下：为了知道我应该做什么，我需要找出我真正的欲望，这意味着，我可以通过一定的程序确定最打动我的欲望。因此该内核范本的"准则"为：追求你最强的欲望。

　　如果这是内核论的自我模式的答案，那么我们就可以发现其缺陷。问题是很现实的，我想要做什么以及我希望如何生活。这个问题在本质上是规范的，与我该如何行动和生活如何对我有利有关。对这个问题的第一种回答可以是以实现我无条件的或绝对的欲望为目标行事和生活。按照内核论的自我模式观察事物的角度，这意味着依据我认为最打动我的欲望行事。但是，这无法回答我想要做或我希望如何生活的问题。因为欲望的强度或许的确能解释我想要尝试并实现的事情，我这么做是否正确或合适。[17]与内核相关的自我只能辨别其渴望的强弱，由于自我客观化或自我对象化这种自涉关系，而无法具体知道其目的何在，无法回答实际的问题，如想做什么或如何去生活。也就是说，自我在不断变化的观察流中迷失方向，辨别不出在某个时刻自身最强烈的欲望。

　　对于真实性和自我实现理念，我们可以就内核论的自我模式提出如下的反驳。真实性和自我实现理念表征的生活是我"自己的"、自由的、较好的：表达或反映真实或确实的自己。内核论的自我模式反映的真实或确实的自我与观察结果相悖，这证实了一个事实：欲望是多么强烈。这也物化或自然化了表达或反映的本质（真实自我和我的行动之间的关系）。这成了因果关系。正如我们所看到的，结果，内核论的自我模式没能回答这一现实问题。相反，这意味着，在真实性和自我实现的理念背景下的"表达"或"反映"的性质，必须以不同的方式理解：不是因果关系，而是基于规范考量评估的结果。对真实性的判断有以下形式："这是对主导我的最强烈的欲望的表现。"然而，在其规范内容方面，对真实性的判断是："这是适合我的行为方式；或者，与真实自我相悖的合适行为。"这显示了内核论的自我模式出现的问题。真正的自我与客观观察对象相悖，这种观察不能解释真我在规范的真实性价值判断中扮演的角色。真正的自我不是观察的事实，而是我判断的准则。

3

对内核论的自我模式的批评，并不意味着在讨论自我实现或真实性时，可以或必须放弃"内在自然"这一概念。相反，自我实现或真实性理念是生命中的，是作为生命"表达"的，包括一个人的"天性"。[18]然而，内核论的自我模式面临的问题，证明我们应思考如何看待个人的内在自然（作为事实观察，或许会作为根本原因产生影响），以及我们如何看待作为评价标准的规范性关系。个体的内在自然不能仅仅被看作为导致一种行为的因果力量，即"强烈"愿望的力量，而应被视为一种规范的力量，否则它不足以构成决定行为和生活的关键。这并不是规范性的性质问题，而是

第九章 内在自然与社会规范性：自我实现的理念

个人的（内在）本性的规范性。关于自我实现或真实性理念的任何讨论的任务在这一理念上更加明确：个人的内在自然，可以也的确必须作为衡量和引导其生活的标准。

但这似乎是一个悖论：一个人的内在本性怎能作为评估他做法和生存方式的规范性准则呢？如果"本性"，包括内在多种可能，无非就是一系列事实的事物和事件？我们迈出解决这个看似自相矛盾的问题的第一步：如果我们仔细思考，事实上在什么情况下和以什么方式，这个围绕固有的内在自然的问题就出现了。在这里，查尔斯·泰勒有关自我实现或真实性的前史的言论发人深省。泰勒强调真实性和自我实现理念是最近提出的：对真实性和自我实现的引用与内在准则理念出现的时间同步，个人依此可以评估和度过他的人生。而该观点以无可置疑的形式出现，围绕主观自由作为给自己施加法律的浪漫主义批判也就此发生。但与此同时，泰勒将真实性和自我实现的浪漫主义概念放到基督教早期思想史的传统。他称这一传统为"奥古斯丁真义"，这一传统在16~17世纪现代时期的形成阶段，在全部告白差异之中"盛放"。[20]这种与奥古斯丁的关系有关"根本反身'转向自我'"（第130、240~241页）。关于上帝和好人，奥古斯丁的《忏悔录》采用了"第一人称立场"。泰勒提出的理念被称为"整体意志道德"之一。奥古斯丁的《忏悔录》形成了一种视角，"使得承诺至关重要：生活不可能完全是好的，无论与自然如何统一，除非生活由整体意志掌控"（第330页）。所以奥古斯丁告诉我们，正面追求最重要的是要克服软弱意志，这是一种"内心病态"。因此，关键是个人苛求正面的方式：个人必须"全身心"投入（ex toto）正面的意愿。[21]我们必须真切具有对正面事物的渴望，或反过来说，将正面事物完全带入我们的内心，使之常驻。

泰勒对真实性和自我实现理念的发展命题之一是，这种理念应该被理解为"整体意志道德伦理"的延续。从这个角度来看，要认识和实现我的欲望和行为，构成我内在自然的事物能够解释内在自然的欲望和"完整"做某件事的举动。如我们所见，"整体意志道德伦理"涉及愿望的方式，而不是其内容。它指的是一个人想得到或做一些事情的方式，并不是想得到的事物。如果这是真的，正如泰勒所表达的，真实性和自我实现理念可以理解为这个"整体意志道德"的后期变种，那么这也适用于个人自然的实现或表达理念。按照这一思路，表达我的内在自然不是我欲望的代名词，而意味着我渴望的方式，无论我的欲望是什么。"自我实现"和"真实性"理念与欲望、行动和生活内容无关，"自我实现"和"真实性"没有目标或目的，而是指一个人拥有追求目标或目的的方式。欲望驱使我拥有和追求目标或目的，这样我全身心都渴望。这意味着，在具有或实现这些目标或目的的时候，不管它们包括什么，我在同时表达和实现着内在自然。[22]

自我实现或真实性理念指的是欲望的方式，而不是目标或目的，反之，直接追求自我实现或真实性是不可实现的。如果"自我实现"或"真实性"的意义是欲望的"实现方法"，那么我只能通过渴望某物——某个具体和不同的东西实现它们。这让我们回到前述内核论的自我模式的批判。这

第九章 内在自然与社会规范性：自我实现的理念

是一种双重的批判。第一个批判（福柯）是这种模式导致了消极和理论主义，因其将内核视为可观察到的事实。这种批判让人们想到，我们理解的自我固有的内在的自然，是在人的一生中实现并表现的，不是作为一个事实，而是衡量标准的常态。第二个批判（麦金泰尔）是内核论的自我模式导致自恋，不受约束地转向关注并只关注自我。现在看来，与这种自恋有关的是对"自我实现"或"真实性"的严重误解。内核论的自我模式混淆了欲望的方式和内容。这一观点的错误在于认为可以把欲望的方式直接转化为欲望的内容，换句话说，个人可以有欲望，在这里是指真实的欲望，而不追求特定的目标或目的。这使得内核的目标"与世界无关"：认为自己可以渴望自我，不渴望某个事物。

但我的欲望有其实质，我不再是一切欲望包含的内容。对于我可能想要的一切，所有的目标和目的，都是由我所在的文化和社会（共同）决定的。因此，我期望的行事方式由一套非正式的社会认可的潜在规则决定，行事的方式体现了社会提供和定义的常态。因此，通过欲望的实质，自我总是与规则、规范和标准的社会世界息息相关。个人的行为方式各有不同，个人的行为必须与实现自我和表达本质统一，这些问题涉及的不是"内在"反映的关系，而是自我与社会世界的关系，或者更准确地说，自我与构成社会世界的规范和规则的关系。如果真实性或自我实现理念涉及的是做法而不是渴望的事物，如果渴望的事物始终在社会和文化规范之下，那么真实性或自我实现理念并没有驱使我们找到自我的固有和内在自然，而是社会决定的规范性本质，这是对

"自我实现"或"真实性"内核论的自我模式的自恋视角。相反，自我实现的真实性理念要求自我参照社会确定的规范，表达或实现自我内在的自然。因此，在内核论的自我模式的自恋主义中，对规范的忽视还有另一个特点：事实上，对真实性的判断围绕的是个人（和他的内在自然）与社会规范之间的关系。真实性或自我实现脱离了社会规范是不可能实现的，当其与社会规范相悖之时，更无可能。[23] 而只有在这种与社会规范的关系之中，个人的内在自然可以获得规范性力量，即一种规范性的反作用力。

二　自我实现的概念：主观能力和自然力量

1

　　自我实现或真实性理念将个人的行为和生活视作他的自我表达或实现。针对内核论的自我模式对此理解的评论引发两种命题：行动是主体内在自然的表达（或实现），这意味着首先人的内在本性成为评估他行为的标准。其次，行为（或行为方式）是主体内在自然的表达，这意味着主体的行为受到社会给出并确定的规范的制约。因此，在自我实现或真实性理念中，不仅仅是从单一简单视角看待个人，还是在双重规范的视角下看待主体。让我们扭转目前为止我们的讨论中的顺序：主体的行为，与个人有关的包括，第一，在社会规范之下的世界；第二，他内在自然的规范需求。根据自我实现或真实性的理念，个人受其社会世界及其内在自然的双重影响。[24]

第九章　内在自然与社会规范性：自我实现的理念

这一理念仍然有被误解的可能，而这也往往与"真实性"或"自我实现"的概念联系在一起。这个概念将社会规范性与真实性判断的关系与"世界"联系在一起，并在这个问题之外，以便借助其"内在"自然以比较和评价方式面对这一问题。这里，真实性判断似乎是指内部和外部之间的关系。但这是错误的，因为主体本身在其"内在自然"之中。它因此而获取的社会形态，与个人的（"内在"）自然一样需要内在的坚定意念。从这个意义上说，与在内核论的自我模式中发现的不同，"真实性"或"自我实现"的概念事实上指主体内的关系：其社会形态和内在及内在自然之间的关系。

下文中，我将进行更详细的解释，在一开始就将"自我实现"这一表达的不同含义区分开来。[25]

首先，基本上，我们可将"自我实现"相对于社会确立的规范而言：它是一种规范（或规则），仅能借助其在特定情况下的应用来实现。规范是有顺序的，在特定的事件中仍然保持其认同的具体表达，仅作为"本身"而存在。从这个意义来说，规范的实现是其自我实现。但进一步说，规范只能通过本身实现，只能在丰富的应用之中保持其认同，如果它成为一个自我的话，或者说，如果规范（如黑格尔在谈真实时所言）在实体意义上成为主体的话。的确，规范只能通过自我存在，规范性只存在主观性之中。

这是"自我实现"概念内容的基本，也是第一个层面。在第二个层面，这种表达意味着主体通过实现社会确定的规范性需求，也在同一时间实现了自我。主体因此不再仅

是在第一个层面的定义——自我实现的概念阶段，规范的
实现媒介；除此之外，主体也是本身的规范性内容，这是
他必须认识到的。自我实现，该所有格在第一个层面上意
味着主观理解，自我进行的实现。此外，在第二个层面，
该所有格需要具有主观含义：自我是通过（自身）实现的。
自我实现意味着，第一，自我实现了法律；第二，自我也
通过自身实现。换一种说法就是自我首先是媒介，其次是
实现的（规范性）内容。

"自我实现"概念的这两个层次，也可以理解为主体化
历史进程中的两个连续的步骤：主体理念在经验和意识历史
中不断发展。在第一个步骤中，主体自我意识到，社会规范
是否存在取决于他自己；主体发现他的欲望和行动都是社会
规范中定义的唯一实例。在第二个步骤中，需要使第一步演
进，主体自我意识到在每个实现社会规范的行为中，他也实
现了他自己，他的行动与社会决定的规范相符，在同时表达
和发展着他自己。在自我实现或真实性理念中，第二种经历
成为明确的需求。

在主体化模式中的这两个步骤被理解为自我实现，我将
在下文中就主体的 18 世纪理论进行详细说明。在 18 世纪发
生了行为的重大突破，17 世纪的理性主义曾思考的"自我"
就在其中。理性主义的自我是由自身的透明关系及自我意识
的确定性定义的。同时，18 世纪的主体具有较强的实践性：
具备可进行活动的能力。主体的新概念的关键话语是正在发
展的美学哲学学科。它形成了浪漫主义真实自我实现的背景
和前提，作为内在自然的表达，不可制定而成。

2

　　关于规范的现实或实现问题，其实就是如何从"应该"到"行动"的问题。18世纪的主体理论所提供的答案是，个人通过能力从应该到达行动：某人应该做的，必须是能够做的，这样才能使之成为现实。我们把这一理念更具体地表述为：当我们意图实现一个规范，这就意味着规范本身或"这种"规范还没有成为现实。但规范告诉我们应该实现的规范并没有实现：开始时也只能口头说明（其）存在。但这种对现实的说法并不导向实际，而是导向主体的行为和行动。因为主体去实现常态，他必须能够实现这些规范。[26]规范可能至今尚不真实，在其应该称谓的意义上，也在其是（或成为）可能的意义上而言，而且在主体本身、其才能或能力的意义上都不真实。该规范不能一直作为单纯的规范性要求，为成为现实，它必须成为一种主观的能力。在主体法律批准的情况下，实现规范需要内化。只有当规范成为主体"固有"的（当规范变成主体所有），规范才会成为现实。在18世纪的术语中，这也就这意味着，当主体的规范性需求变成一种内在的"力量"的时候，规范就会变成现实。

　　18世纪"美学的"主体理论与自我的理性模式相悖，如果我们将这个基本理念拿过来说明现有一个个体，通过准许规范性要求，获得力量和才能（附加），我们就误解了这个理念。相反，主体首先通过获得力量和才能产生，或个体存在在于（只在于）拥有力量和才能以实现规范。[27]（同样的，如果我们将这个基本理念拿过来说明现有的一种规范，或者比其通过主观行动实现更重要的责任，我们也就误解了美学主体理论的基本思想。相反，一种规范可以成为一个个体——一个独立的个体的责任，只有在其已经为主体实现的情况下，也就是如果这个规范已经成了主体。) 主体性的关联模式指出，作为一个主体不仅要认识自己，也要能够做一些事情。主体起初不是理论关系，也就是说，它不像自我意识一样是可定义的，而是一种实际关系。事实上，主体与自身的实际关系在于能够管理自己：自我管理和自我经营是主体性的基本定义。在这里，能够自我管理意味着拥有采取行动的能力，具有给世界带来变化的潜在可能性或能力。从看似微小的事情开始：婴儿的"力量"，需要通过很大的努力获得，他用手将东西从这里移动到那里。最后落脚在大事上：政客的权力或能力，他们要行动特别是要言说，让别人跟随他们；艺术家的力量或能力使她自己画像和描绘（包括选择"不让自己这样做"的选择，如果机会合适），完成一部作品以供人观看和欣赏。

这种主观性的实际理解解释了教育、实践和纪律（和训练）成为 18 世纪思想的关键问题的原因。构成自我性的自我行为的能力并不是现成的，而是必须通过努力而获取。此外，自我行为的能力也不能凭空获得，而是通过以某种方式的行动或实践获得的。在能力、才能、力量的概念中，或在此可使用的任何术语中，两个方面从一开始就相互联系：自我行为的能力是通过执行任务的能力获取的。在这里，我们不应以纯粹协助的意义理解执行任务的能力，因其能带来外部变化。这实际上是特殊情况。相反，执行任务的能力的基本定义是掌握行动或实践的能力。行动或实践的方式是通过其衡量成功的特殊标准定义的。行动或实践的具体做法，如做一把椅子、踢足球、给人讲课，只能通过说明使之做得正确或好的行为来预测。行为或做法并不是成功外在条件的结果没有提及它们；而是成功的条件内在于行为或做法之中的。因此，能够施行行为或做法也意味着能够使其成功，或者说，能够做某事总是意味着能够做好某事，能够带来行为或实践的好处。

这个主体及其能力的实用定义，让我们重新认识构成自我实现概念的两个步骤之间的关系。在第一个步骤中，"自我实现"是指自身实现一个规范需求。第二个更激进的步骤指出，个体通过实现规范需求同时实现自身。显而易见，第二个步骤在一定意义上对第一个步骤是必需的：如果人们正确理解，一个规范的实现只能通过个体实现，正确理解每一个规范例子，始终是主体的自我实现。这一观点是上述的自我实现。根据这种观点，一种规范仅能通过成为主体的能力才能成为现实，即主体的才能或能力。[28]这在实践的固有需求关系之间十分明显。能力即实现成功的能力，能够根据规范需求进行自我行为。但同时，恰恰是这种现实的自我关系定义了主体。带来实践的好处，或规范需求的实现，或某人才能的发挥，意味着自我行为和执行任务是同一件事。所有行为是规范需求和"自我实现"的完成，因为只有这样行为才能成为可能。

3

对主体概念"从实践角度"的新理解，即主体建立在力量或能力之上，导致了这样的结果，自我实现成为从根本上确定主体性的问题。个体每一个行动依据的规范需求因此必须被理解为他的自我实现，也就是说，是其能力或才能的实现。[29]这样的结果，在个体定义层面（行动的）具有说服力，但也在自我实现理念层面令人失望。作为主观性现实定义，在这种存在论自我实现的理解之下，"自我实现"的需求似乎失去其规范性严格意义。如果每一个行为已经成为自我实现，自我实现理念就成为空谈，仅仅是同义重复而已。

但似乎只能如此。然而在现实中，情况正好相反：主体性自我实现的本体论定义，并没有摒除自我实现的规范意义，而是首先使得其规范使用具有意义。从历史上看，在修正后的"实际"主体概念版本中，主体具有能力和才能，尤其是18世纪的美学理论，是该世纪末自我实现理念的"浪漫主义"公告的先决条件。将这个理念与前提剥离开来，就产生了查尔斯·泰勒曾提到的"贬值和抹黑"版本："自我实现"成为对自我的本质定义的固执坚持，但正是这个原因让它缺少所有的规范力量。相反，如果在自主性的实际新理解的背景下讨论自我实现这一浪漫主义理想，首先问题就清楚了，其次所指向的答案也清楚了。

主观能力，是修正后主观性适用版本的主题，经后天获得的规范需求。成为一个个体在内化过程之中，借此需求成为能力；这里，主体发展从而知道如何自我行为（在这个意义上也有自我意识）。但主观化过程曾是社会化的过程，因为自我行为的能力，主体的构成方面正是其根据成功的内在标准开展其规范性规定的行为或做法的能力。不过，作为规范现象，行为或做法从根本上是社会性的：它们在本质上

第九章　内在自然与社会规范性：自我实现的理念

总是社会性的。这并不意味着一旦我们掌握了它们，我们能与他人一同始终贯彻进行。在诸如锤击钉子和散步等活动中，显然并非如此。在不同意义上，实践是"社会性的"：因其成功的内在标准作为社会现实而存在。在某个具体实践中，成功的意义不是由个人，而是由社会所规定的。要学会开展实践或行为意味着学习去做的方法。一般学习的过程是连贯的，其功能是体现社会的"个人"（那人即是事实上的第三方）。举例而言，他——老师或裁判——为社会的"个人"发声，或作为社会的"个人"，我们试图通过学习其成功的标准，制定我们自己的标准，也就是说，我们能够满足这些标准。因此，主体化作为自我行为能力的实现手段，意味着通过学习和实践成为社会"个人"的代表。

主体化意味着社会化，成为主体意味着成为人，这是不言而喻的。因为如果不学习开展社会定义的实践，就不可能获得自我行为的能力。但主体化如果仅仅是社会化，那就是一个规训的过程，如同福柯复述海德格尔对人的评判（评判意味着厘清，而不是击退）。众所周知，福柯将"规范"或"惩戒力量"与 17 和 18 世纪早期现代社会关联在一起。然而，人们也可以这样理解这些概念，从力量历史角度定义，福柯使用这些概念指向个体新概念的一个问题在此期间出现（并在这些社会条件之下出现）。福柯将这一主题刻画为"能力和力量关系的悖论"。这意味着，"能力的增长和自主性的增长之间的关系并不像 18 世纪的人们认为的那么简单"。[30]主观化——能力或力量的增长——总是意味着自由的增加：只有当一个人能够做某件事情，他才能自由选择做

333

或不做。但与此同时，这种做与不做的自由只能通过主体学习满足社会定义的成功标准来实现，这种成功标准定义了实践。福柯对惩戒力量是这样描述的，主体获得符合"正常级配系统"的能力（或者用维特根斯坦的术语来说，这种过程是"经过训练"的）。这里，通过实践习得行为的能力及力量是正常或能够发挥作用的条件。主体化的过程，其实不过是社会化或排除一切的社会化，也就是"规范化"的过程。

福柯的这一批评，其实重新表述了自我实现理念或真实性伦理所带来的困扰。这种困扰包括的事实是这样的，通过迄今为止主体仅通过上文阐明的方式发展出的方法，不足以理解习得规范要求的过程。到目前为止，"习得"仅仅指主体的常态性要求成为其自己的能力。这对于惩戒作为正常化的批判证明来说是不够的。然而，我们试图掌握这里缺失的到底是什么，实现自我道德的困境已经出现，并在其"庸俗"的形式中愈发明显。让我们忽略其表达的多种方式，来看看其主要直觉。表达这种直觉的初始方式如下：重要的不只是我习得的规范要求，或者让其成为自己的以便我学习如何实现，而是按照规范要求来行动。规范要求必须是我可以接受或确认的。但是，这不能让我们更进一步。因为我肯定可以接受或肯定很多构成社会实践的成功标准的规范需求：我可以肯定其存在是社会实践。因此，自我实现理念针对的肯定必须是不同的、更具体的：不是我做出的肯定，而是对我的肯定。因此，在真实性道德出现时的直觉意味着规范要求的形成过程，自己本身必须再次服从于进一步的、更强的规范要求之下，面向的不是社会实践的成功，而是个体生命。这就是荷尔德林的颂歌告诉我们的，安提戈涅希望过"自己的生活"的意义。

　　我们可以尝试（当然也已经尝试过）两种不同的方法，解释这种进一步或更强烈的对个性的规范性诉求，内化社会规范也来自这一对个性的诉求。第一种方法是将之理解为串联所有或至少大部分的，也是最重要的活动的需求，个体已经习得。在这里，"个性"是一种整体性理念，整合主体的许多活动和能力，形成有意义的语境（通常被理解为一个生命故事的叙述语境）。第二种解释包括理解个人天性相对于具体行为或实践的关系，个人已以不同方式学会实行。根据第二种解释，即个人"自我实现"或"真实"行为经历的行为，意味着此行为是他"自己的"，在更具体意义上而不是基础意义上，他具有方式或能力实现其社会定义的规范要求：这意味着行为适合他。而与此相反的第一种解释方法，并不意味着该行为反映出他的其他行为（也就是它们在意义上互相联系），而是该行为反映了他，也就是他自己的样式。

4

　　然而，如此理解也导致一个问题，内核论的自我模式只能以这样的方式回答，却不能掌握其作为规范性的问题的真正意义（关于自我与行动之间的对应规范关系）。与内核论的自我模式相反，现在我们至少可以正确提出这样的问题：虽然学习过如何去遵守和实践行为方面的社会性规范，但自我应当如何去面对之？更确切地说，这个问题是，自我在学习了如何遵守和实践社会性的行为规范之后，还能否与之保持独立于外的关系？因为主体只有通过习得的过程才会出现，也在这一过程中获得能力。这种类型的"社会"主体无疑可以决定并能够反对个人实践，能理解并制定与社群（"个人"）不同的成功的具体标准。但这都是在参与社会实践的同时在其关键步骤中进行的。同时，行为是否可以成为我"自己的"这一问题，并不形成主体的社会性质，而是以评价方式指向这一性质。

因此，为使这样的评价成为可能，自我定义不能等同于其社会性质，即其必须具有一个"本质"定义。然而，内核论的自我模式批判表明，本质定义的评价并非内在统一的（或循环的）。本质定义因此不能成为规范需求的来源，更不必说与社会习得的自我行为以及执行任务的能力相反的要求会经过衡量。但是，在这个意义上，一个已习得了这些能力的个体也就成了社会主体，也就可能会为其本质定义做出规范发声：作为一个社会主体，它可能会意识到自己的本质定义，并以解释和评价的角度注意其与社会性质的关系。

通过建立审视自己的新方法，赫尔德果断超越迄今为止成为重建的社会主体理论，上升到自我实现道德。赫尔德将这种审视自我"人类学"的方式理解为描述主体的"诞生"、起源、发展的不同方式。在这里，一方面，赫尔德采取切实可行的社交主观性概念，使得18世纪的美学与17世纪的理性主义一同出现，尽管与主观化和社会化的等式相对，美学冒险成为单纯的惩戒意识形态。[31]赫尔德有一段关于语言学习的论述可资说明：

> 在大多数情况下这种"我们理性的诞生"对于这个世界的智者而言是如此不雅的，他们没有认识到它，认为他们的理性是先天的、永恒的、完全独立的、绝对可靠的神谕。毫无疑问，这些聪明人从来没有以孩子的眼光看世界，从来没有像他们的仆人那样说话，从来没有完全没有限制的"感官循环"，完全不曾使用母亲抑或人类的口吻。他们像神一样说话，也就是，他们纯粹地思考，像空气一般地认知，因此，他们也可能提及神灵或理性。一切对他们来说是与生俱来的、早就有的，是不用依靠普罗米修斯就可以从天堂偷来的不灭的理性火花。他们不知道自己在说话，在向他们的话语偶像祈祷。对自己的认知越接近他崇高思想的结构和起源，那么他就越会掩盖自己的眼睛和脚，说："我是既往形成之我。我已经像一棵树一样长大：种子在那里，但我没有自己存留空气、土壤和所有的元素，需要贡献这些以形成种子、果实和树。"[32]

"我是既往形成之我"是赫尔德从历史角度进行的人类学反思，或者更准确地说，这是一个谱系。从这个角度来看，一切使人类成为主体的事物必须被理解为其发展和学习的结果。因为只有脱离主体的"背景"理解其"起源"才能够理解主体的构成和能力。这种方案是针对"我们这个世界的智者",也就是理性主义哲学家的。他们谈论起来,如同他们的理性是"不用依靠普罗米修斯就可以从天堂偷来的"(即不通过冥想或协助)。因此,他们不知道他们在做什么。因为他们弄错了理性的起源和发展,也误解了其存在及极限;因为他们错误地将理性视作"没有限制的感官循环",纯粹的、无差错的、完全确定的"众神的发言"。

与理性主义忽略发展的倾向不同,赫尔德的主观能力人类学系统告诉我们,首先,没有别人的帮助我们什么也不是,什么也没有。正如他们对自己的看法一样,这些理性主义哲学家"从来没有以孩子的眼光看世界,从来没有像他们的仆人那样说话,从来没有完全没有限制的'感官循环',完全不曾使用母亲抑或人类的口吻"。在这里,赫尔德重新表述了这样一种见解,即成为个体的过程只有通过社会化才可实现,需要借助教导和实践的手段(第212页):

> 这种教导,在这个意义上,烙印在我们之上的陌生事物,使我们思考其整体的形状和方向。撇开外部的观察、听见和输入,可以这么说,如果我们并不是一开始就思考这些教导,我们会在黑暗中盲目摸索,带着早已成形的思想范式。

但根据赫尔德的描述,社会实践的标准和形式的习得与内化只是个体发展的一方面。另一方面是表达,现有背景的表达及进一步发展。毫无疑问，我们需要有"外部媒介"，"为（我们）表现某些特点和事物的方面"（第 211 页）；对于"注意到孩子是如何学习说话和思考"的人们来说，这是显而易见的（第 211 页）。而这些事物之所以叫"媒介"正是因为在这个意义上，事物是通过它们表达的。观察一个孩子也能看到这点，"孩子不仅带来了身体和脸的形态，与之也带来了思维和感官的内在方式"（第 235 页）。它带来了某件事物，或已被赋予某个事物作为"礼物"（第 232 ~ 233 页），从而构成其"个人天性"（第 235 页）。这里赫尔德所概述的观点是，一个可以思考但不表达任何（具体）意思的主体，的确只能在借助外部帮助的情况下才可感受和感知（具体的）事物；但与此同时，如果个体不忙于解释并通过其"灵魂的能量"以模糊的方式创造联系，也就不会需要或能够接受这种外部指导和指引。赫尔德的反理性主义系统不仅让已完结的主体回归其获得能力的社会化过程，也在其系统中——史前史，也就是"黑暗地带"——带我们走到主体化 - 社会化过程的背后，成为关注焦点。

这是赫尔德通过主体实践社会概念的批判分析提出的主体性新理解。所有能力的习得是由于已经使用的力量的发展：各种力量，必须在个体内开始使用，以便为能力的发展提供可能。这首先适用于它们的状态：它们经过主体化 - 社会化的进程，在这个意义上，他们是自然力量。这也适用于它们的内容：通过从一开始就发挥作用的灵魂力量，人类个体之间区分开来，[33] 在这个意义上，它们是个人的力量。更准确地说，因此，所有主体社会习得的能力是自然赋予和个人特定力量发展的结果。如果没有这种天分或模板，主观性就不可能形成；没有天性，即每一个人特定的能力发展或教育，社会也就不会容纳规范。

"谱系"将自然和个人力量作为主体化"基础"，首先，赫尔德的人类学客观解释的目的，是要清楚了解成为主体的所有过程的先决条件。但"谱系"指向的并不限于此；相反，自然－个人的力量作为"基础"经此获得了规范性力量，举例而言，赫尔德在以下需求中是这样表述这种力量的："如果天分和性格是唯一存在的人的本性，不多也不少"，[34]那么我们来看这一点，"滋养内源，培养心灵的活性和弹性，但只是在其希望进行培训的前提下"（第 236 页）。按照这种"任其发展"的说法，即任自然－个人的力量自由发展，这种力量就会成为判断主体化过程的标准。自然－个人的力量提出其愿望，这是对一个更复杂的、两个阶段的过程的简化说法。这一主体的自然－个人的力量"想要"的东西意味着这些力量（如同不受外界阻碍的所有力量）会以特定的方式体现自身。但这种自然力量的意愿不是一种规范性需求。相反，规范性是指消极面对自然－个人的力量的单纯奋斗。自然－个人的是没有标准的，但是它可以成为标准。事实上，只有主体可以这么做，通过将其自然力量的奋斗变成其欲望的内容。只有不仅仅是天性的主体可以声明其忠于自己的天性；人只能成为其自然所允许的样子，所得和所愿，都离不开这一限定。因此，自然－个人的力量自己"想要"的东西（不仅努力开发出来），在规范理解下，不是对这些权力的观察，而是与具有这些力量的主体有关。它告诉我们主体想要什么：一个主体，在赫尔德的意义下，从人类学谱系自我反省，想要社会习得主观能力，其中对能力的使用也会被认为是自然－个人力量的发展和进一步发展。想要达到此目标的主体就是关注自身的自我实现。

5

主体的否定性（与天性相对），是天性（个体天性）规范性的前提，这听起来像是一个悖论，但事实并非如此。相反，这是在描述在自我实现或真实性理念之中，个人的自然力量是如何获得规范力量的，也就是成为评价和要求的标准。涉及社会构成的主体之时，这种情况才会发生。这个关系采取的形式是主体对其"自然"史前史的回顾。作为这种回顾的例子，我已经解释了赫尔德的谱系视角。按照这种解释，对赫尔德而言，谱系角度基本上不具备人类天赋的哲学研究的客观意义，而是个体看待自己的一个方面。赫尔德使得谱系回归自然力量，表现了个体自我意识的历史维度。这也带来了在这样的谱系学的自我反思中表现"自然"的后果。

让·斯塔罗宾斯基（Jean Starobinski）对卢梭在自传尤其是《忏悔录》中采用的"起源学方法"进行了解释，在这里十分具有启发性。此方法带领我们"追根溯源……"："我们的目标是要证明进化的连续性"（"我的性格隐藏的线索"）；但卢梭在这样做的同时也想记录"首次"冲击他灵魂的"影响"。[35]这种回转不会将我们带到任何"绝对"的开端。赫尔德谱系学意义上的自然概念，亦可以从起源学角度理解。这里的"自然"或自然力量与历史没有实质性的差异。相反，"自然"和"历史"表明，他从个人自我反思的角度做出了功能区分。个人在讲述其历史之时，在后续开展的内容之上，将某件事物视为"黑暗的"基础：她通过回顾延续历史和随后展开的内容追溯反思自己的历史。赫尔德的谱系学模式谈及的"自然"即是在这种立场上对自我历史的回顾，这似乎是潜在或持续进行的。

当我们评价一段人生是真实或满足了自我实现时，我们其实有了进行判断的结构。这是一个对关系——个人的自然权力与他能通过社会习得能力所做出的行为之间的关系——的判断，也就是，对自然与历史、自然与文化之间关系的一个判断。因此，这是一种具有自我影响，其自然力量和社会习得能力之间的关系构成了自我，与个人与社会之间的关系。这种关系的一个侧面，即历史或文化，是主体的形式，是通过其社会化实现的，即通过其社会实践的规范性的内化。在判断真实或自我实现时，主体的这种社会形式是相对于个人的自然力量进行评估的。因此，这里没有评估，是由于一开始对内核论的自我模式批判所犯的错误，也就是一种行为或生活是否直接与一个人的自然力量相对应（或者是表达）。只有个人的自然力量具有行动的能力，这种直接的对应关系才会出现。然而，自然力量只有通过社会化才能成为能力，就是通过自然力量的即时性破裂。自我实现或真实性理念与主体的中心同对这一破裂的洞见相关。能够行动的能力因是社会习得的，在这个意义上就是非自然的：主体化

即社会化。但相反，这并不是解决方案——自我实现或真实
性理念希望提供一种解决方案（并且以其品质低劣的形式
急于避免），这样就把问题落在了文字上：自然和文化的
"异化"问题在主体内出现。要解决这个问题并不意味着跟
随自然或与自然同步（因为行为总是主观的或社会的）。解
决方案并不是要实现平衡，而是必须假定并将自然和文化的
差异视作理所当然的，自然和文化都希望摆脱其恶劣形式及
异化。[36]

三　真实性的欢乐和恐惧

1

　　真实性或自我实现的理想在于个人自然力量与主体的社
会存在之间的协调。而批评者认为内核论的自我模式无法完
全符合这一理想，并认为这一理想必须以两者的本体论的差
别为前提，并以协调二者为目标，才是有意义的。这是自然
和文化（或自然和规范性）之间的差异。真实性理念的一
个重要观点是，我们不必认为这种差异是无从比较的：如果
个人"从谱系的角度"反思自己，用赫尔德的话来说，自
然力量有可能成为评价社会和文化习得的主体性准绳，自然
力量可能呈现规范力量。有了这种认识，真实性和自我实现
理念确立了文化和社会批评的一个新的激进形式：对文化和
社会形态的批判性反思，是根据它们是否能够将我们的自然
－个人能力发展成为社会能力，而且还能提供探索和便利的
空间，这使我们能够表达和展现这些力量。

这种真实对应和激进批判实践的理念结合，我称之为
"浪漫主义"，卢梭和最重要的赫尔德是其第一批代表。这
种组合也需要形成一个特征，其将现代性文化定义为一个整
体：现代性文化代表自然文化的折射，在个体的自然力量层
面对文化和社会形态的评价的反思。然而，真实性的浪漫主
义理念的意义不止于此：真实性浪漫主义理想，不仅要求我
们根据主体的自然力量判断其社会形态，而且要使主体的社
会形式与其自然力量一致，并探讨实现这种可能性的方法。
浪漫主义的观点是，社会和文化可以被改造，或者在事实上
可以被彻底改变，以这样的方式，个人的社会化经历，也就
是其自然力量的进一步发展将正如赫尔德所表述的：灵魂与
自己的意愿一致。青年马克思可能已经发现了真实性浪漫主
义理想的最精辟的公式，他写道："作为完成了的自然主
义，等于人道主义，而作为完成了的人道主义，等于自然主
义。"马克思表示此公式代表"共产主义"，也就是：

> 人和自然界之间、人和人之间的矛盾的真正的解
> 决，是存在和本质、对象化和自我确证、自由和必然、
> 个体和类之间的斗争的真正解决。它是历史之谜的解
> 答，而且知道自己就是这种解答。

共产主义无非就是真实性和自我实现的、已成为通行状
态的结构。

马克思所追求的观念，其实就是自然力量和主体－社会
能力完全匹配的浪漫主义观念。只是马克思的共产主义将此

观念投射到未来，而赫尔德（及卢梭）将其置于开端。这是赫尔德的"母语"概念所具有的整体性意义。像所有的语言一样，母语也是需要学习的语言。但与其他一切社会习得的事物不同，如后天学习的任何语言（拉丁语，以我们为例），学习的第一个语言："它首先给我们留下印象，在我们最年幼的时候，因其是通过话语的方式将成为作家写作宝库的概念和影像世界聚集到我们的灵魂之中。"[38]相反，对赫尔德而言，这是（或成为）一种我们保持完美和谐的语言，赫尔德不再使用社会学习和实践概念，而是自然的统一形象的概念："我们的思维方式是被（母语）植入后的样式，我们的灵魂、耳朵和语音的器官都随之形成。"（第408页）这是"我的语言"（第408页），我是其"主人"（第412页）。[39]赫尔德在此一定又一次使用了前面所述的两阶段模式：阐述了灵魂的这一"幽暗地带"，是通过社会性学习和运用，首先是在学习和运用母语过程中而明晰和确定的。就母语这一独特的例子而言，如赫尔德所言，社会学习和运用不可理解为"进入我们内心"的"外来之物"。在幽暗地带和主体的由学习而形成的社会形式之间应该有完全的匹配关系。

　　定义了赫尔德的母语概念的相同结构也决定了他对个人的概念，他将之理解为一个"小世界"或"感官宇宙"。这里又一次，根据赫尔德的人类发展模式系统，我们必须将两种不同层次、两种不同方法区分开来，从中我们找寻出一种[40]自然力量和社会习得能力。在母语模式中，赫尔德的个性概念合并了这两个层次。这样一来，赫尔德必须放弃在自然和个人性质的灵魂黑暗地带已经生效的力量，并赋予其社会预先建立的形式。或者，他必须放弃通过学习和社会实践获得的能力，让其从个人天性中出现（因为一个人的内在天性始终是个人的）。无论如何看待，赫尔德对母语和个人总体模式的真实对应得到成功的解释，可能会导致他对主观性的"谱系学"反思所要集中表现的差异的忽略。

赫尔德的谱系学角度的基本观点是在社会习得形式之前，主体就产生了自然－个人力量的黑暗地带。赫尔德用这一观点批评了主观化和社会化的完全对等。[41]这也是最开始使真实性概念成为可能的观点：真实性理念与标准化和惩戒的实践相悖，根据除具有获得社会定义的成功标准外的另一个标准来衡量主体的形式。这另一个标准是自然－个人力量的进一步发展。这些力量是"自然的"（或根据每人的经历），意味着这些力量与社会习得的主观能力截然不同。这些力量不是为了满足规范标准而存在的：自然－个人力量并不具备内在的规范性定义的终极目的。从这个意义上说它们是"不确定的"：它们是无规范方向努力与活动的潜在力量。如果像赫尔德的谱系学角度试图表明的那样，的确存在这种力量，也就是说，如果我们承认拥有一个如同幽暗地带的灵魂，以便理解主体能力社会学习的过程，那么，我们便拥有一种"自然"，这种自然虽然可以培养成为社会形态的主体，但永远是社会形态的前提，同时也与之脱离。自然力量地带也就成为主体无法解开的谜题。自然力量地带既是主体社会形式的基础，也是其深渊：个人的自然力量，从来没有完全成为社会习得形式的一部分，因此也总是超越其社会习得形式。自然地带和个体社会形态之间的紧张关系或能缓解，但出于概念原因，因为其绝对差异，这种紧张关系不能被完全解决。[42]赫尔德的真实性语言模式，对于个人而言是独有的，个人总体的真实性语言表现为完整而连贯的，误导了我们对这种紧张关系的理解。然而，正是有了这种对紧张关系的理解，真实性后浪漫主义历史才得以展开。

2

真实性后浪漫主义历史有两个关键点：它是后浪漫主义的，但也是真实性理念的历史。"后浪漫主义"在这里意味着主观性概念让人怀疑自然－个人的基础和主体的社会型塑形态之间的完全对应是否可能，换句话说，主观性概念了解主体中心贯穿的自然与文化之间的（本体论意义上的）裂痕。尽管如此，它们仍是真实性概念。因为即使它们使我们对真实性的浪漫主义概念采取的最后一步产生怀疑，即自然个体基础和主体的社会型塑形态之间的完全对应是否可能，这些概念还是追随这些脚步，因其首先也是基础的一步。这一步就需要将规范言语归到自然力量本身，据此判断主体社会习得的形式。对赫尔德的母语和个人概念的浪漫主义反对观点是，它简化了自然和社会概念，这样就掩盖了二者的根本差异：个体的自然力量不会以这样的方式构成（因为他们没有"结构"），自然力量的展开不等同于社会实践的参与。但与此同时，事实上，如果个人缺少社会参与能力，自然力量不可能展开；如果个人缺乏参与社会实践的能力，那么，这个主体就什么都不可以实现。这就是真实性主体面临的问题。正是这种认识及遇到的这个问题，使主体成为真实。根据赫尔德的观点，它能够满足其自然权力的规范需求，也就是个人可以根据意图利用这些力量，只有这样，即通过主观能力的社会习得，也就没能满足这一要求，缩减甚至背叛其自然力量的发展。我们可以称之为"真实性困境"。从后浪漫主义角度来看，"真实"意味着不可能通过主体的天然力量来判断主体的社会形态，并了解二者之间的完全对应。

在结尾处，我想回顾两个比喻。通过这两个比喻，我们的后浪漫主义文化已经就"真实性"紧张关系的解除进行了思考和实践。第一个比喻以完美主义角度理解这种紧张关系，作为文化不断改善的动力和空间；第二个比喻以悲观角度理解这种紧张关系，作为限制，或者甚至是所有文化的深渊。

如果困境是没有出路的，就会不为人相信。但是，这并不意味着人们在这种困境中无能为力。个人可以尝试改变社会实践，从而在其中的参与至少能与规范要求接近，以发展自己的自然力量。这种变化可以（举例而言）导致新的、单独的和原始的话语形式出现。这里的重点不是与别人的说话方式不同，而是话语具有特点，就是以个人自己的方式，以与自己内在的自然相吻合的方式。尝试找到自己的语言，就是寻找不同于惯常的语言，但这并不意味着寻找与他人不同的语言。因为，如果我能通过参与社会实践，满足规范需求发展我的自然力量，如说话，那么每一种将这个语言改变为我自己的语言的努力，也就意味着必须提高社会实践的公共语言。因此，如果把对于语言的创造性改变，仅仅理解为把语言变成了自我的语言，那是不对的。我没有认识到，每次我想到一种独特的语言方式，我已在事实上改变了或建议改变公共语言，语言必须从这个角度证明自己：创建一种更好的语言，也就是对大家更好的语言。我试图找到我自己的语言，无论我是否知情，或是否想要，我都因此参与了公共语言的改善，并最终完善了进程。

这让我们清楚看到，即使是真实性后浪漫主义文化——一种个人形成的关乎其主观性的文化——也不是一种完全私人的文化。相反，真实性文化发展出了自己的公共领域形态。但是，这是一种特殊的公共领域，而不是一种同质的媒介，其中个人表现为平等的人。相反，这是一种竞争空间，争论的平台。[43]个体在平台之中，以确定谁能使得语言"特点"是每个人都可以接受的、正确的。由于竞争的提议出于个人的视角，这种竞争就绝不可能获胜。但比赢得比赛更重要的是参与并掌控，也就是不去误解改善公共语言的方式，这种方式可能会被认为是某人自己的，即一种个人主义情况，而是要将之作为一种与他人的讨论，以获得最好的、我们共同的公共语言的完美形式。

真实性理念的完美主义理解认识到个人构成的深不可测，与其自然力量的莫名特点相关，是创新和社会实践变革的源泉，个人通过参与其中成为具有能力的主体。因而这里经历的自然力量成为改变主体的导引，贯穿着社会和文化。[44]但这只是自然力量和主观能力之间的紧张关系中的一面，这种紧张关系处于真实性的后浪漫主义理念的中心。另一面是自然力量不仅能够在社会或文化中具有生产力，也因为反社会而具有破坏性。通过与主体中的内在自然建立规范性联系而开启的鸿沟，既非浪漫主义的原始主义，也非后浪漫主义的完美主义观念能够重新填平。少有评论家能像莱昂内尔·特里林一样将这点解释清楚，在对真诚和真实性的研究中，他宣称约瑟夫·康拉德的《黑暗的心》是"对真实性的现代忧虑的一种典范式的文学表达"。[45]康拉德的小说谈到了库尔兹，后者作为皇家贸易公司的代表，在比属刚果的丛林中进行了残酷的统治，死前说出了这些黑暗的话："恐怖！恐怖！"特里林提醒我们，这句话常常被"自由派或持激进（即左翼）观点的批评家"解释为对比利时帝国主义政权的批判，这实际上是很可怕的。但据特里林的观点，这点并"没有基础"（第133页）。库尔兹的恐怖不在于殖民社会极其残忍，而是自己。根据特里林的解释，恐怖占领了那个人，鲁莽而又真实，他开始审视自己。

索福克勒斯的《安提戈涅》中的颂歌指出，安提戈涅完全根据自己的法律存活，或以她自己的方式生存，在此之前还表示，有许多"可怕的"事物，"但没有什么比人更可怕"。[46]颂歌里涉及的事实是，尽管人掌握了知识和能力，人却借助于这些知识和能力成为法律的践踏者："比他希望获得的智慧和技能要多，他时而作恶，时而行善。尽管起过誓他仍冒犯法律，冒犯人间的法律和天神的法律。"（第81页）因此，《安提戈涅》的颂歌中称社会习得能力的伦理歧义恐怖。同时，库尔兹的恐惧，类似于主体的现代思

第九章　内在自然与社会规范性：自我实现的理念

想对《俄狄浦斯》中的人物的看法：恐怖是这样荒谬、可怕，人类自然力量和欲望所导致的结果，恐怖是这样荒谬、可怕，人类因此必须对他自己所做的事，对他的自然力量和愿望，当他成为一个社会主体，并建立了自己的社会定义的规范性。

注　释

1 Sophokles, *Antigone*, v. 821 – 824; Übers. W. Schadewaldt, in: Sophokles, *Tragödien* (Düsseldorf / Zürich, 2002).

2 Sophokles, *Antigonae*; Übers. F. Hölderlin, in: F. Hölderlin, *Werke und Briefe*, hg. F. Beißner / J. Schmidt (Frankfurt am Main, ²1979), S. 752.

3 Sophokles, *König Ödipus*, v. 396 – 398; Übers. W. Schadewaldt. 关于荷尔德林对《安提戈涅》的评论见 Ch. Menke, *Tragödie im Sittlichen. Gerechtigkeit und Freiheit nach Hegel* (Frankfurt am Main, 1996), 第三和第四章; 关于《伊底帕斯王》的评论见 Ch. Menke, *Die Gegenwart der Tragödie. Versuch über Urteil und Spiel* (Frankfurt am Main, 2005; im Erscheinen), 第一部分。

4 Immanuel Kant, *Grundlegung zur Metaphysik der Sitten*, AA 433.

5 正如舍勒反对的, 以"个人法律"(齐美尔)替代一般法律, 其实无济于事, 参见 Hans Joas, *Die Entstehung der Werte* (Frankfurt am Main, 1997), S. 151 f. 。

6 海德格尔的真实性一词是 Eigentlichkeit, 法语译为 authenticité, 并因此而引起关注, 参见 K. Röttgers /R. Fabian, Art. »Authentisch«, in: *Historisches Wörterbuch der Philosophie* (Basel, 1971 ff.), Bd. 1, Sp. 692。黑格尔将信念和行动的关联视为自我实现, 参见 G. Gerhardt, » Selbstverwirklichung, Selbstaktualisierung «, in: *Historisches Wörterbuch der Philosophie*, Bd. 9, S. 556。他的关于

个体自我实现的论述来自存在主义的马克思主义观。

7　M. Foucault, » Genealogie der Ethik：Ein Überblick über laufende Arbeiten «, in：H. L. Dreyfus ／ P. Rabinow, *Michel Foucault. Jenseits von Strukturalismus und Hermeneutik*（Frankfurt am Main, 1987）, S. 283.

8　Gerhard Schulze, *Die Erlebnisgesellschaft. Kultursoziologie der Gegenwart*（Frankfurt am Main ／ New York, 1992）, S. 314.

9　Schulze, *Die Erlebnisgesellschaft*, S. 72, 249 ff.

10　Vgl. Richard Sennett, *The Corrosion of Character*：*The Personal Consequences of Work in the New Capitalism*（New York ／ London, 1998）.

11　Foucault, » Genealogie der Ethik «, S. 274.

12　Alasdair Maclntyre, *Der Verlust der Tugend. Zur moralischen Krise der Gegenwart*（Frankfurt am Main ／ New York, 1992）, Kap. 15.

13　Ch. Taylor, *The Ethics of Authenticity*（Cambridge, Mass. ／ London, 1992）, S. 17, S. 72.

14　Ch. Taylor, *Sources of the Self*：*The Making of the Modern Identity*（Cambridge, Mass. ／ London, 1989）；德文版 *Quellen des Selbst. Die Entstehung der neuzeitlichen Identität*（Frankfurt am Main, 1996）。

15　将福柯和麦金泰尔的观点简化为这种外在的、结果导向的批评，是完全错误的。恰恰相反，他们对客观主义和自我模式的唯我论的批评，其实是反对将规范性简化为自然本性。参见麦金泰尔在 *Der Verlust der Tugend* 一书第二和第三章中对情感主义的批评。

16　Bernard Williams, » Persons, Character and Morality «, in：Williams, *Moral Luck*（Cambridge UK, 1981）, S. 11. 关于欲望的选择结构可参见 Ch. Taylor, » What is Human Agency? «, in：Taylor, *Human Agency and Language. Philosophical Papers 1*（Cambridge UK, 1985）, S. 15 – 44。

17　或者说，想要的并不是最欲求的，这里还包括对其好坏的判断。

18　Taylor, *Quellen des Selbst*, S. 639 ff.：» Die Wende zum

Expressivismus«.

19　Vgl. *Quellen des Selbst*，S. 207 ff.，652 ff.；*The Ethics of Authenticity* S. 25.

20　*Quellen des Selbst*，S. 260. 泰勒的图景还需要用施内温德所讲的故事来进行补充，见 J. B. Schneewind，*The Invention of Autonomy：A History of Modern Moral Philosophy*（Cambridge，1998）。施内温德认为，自文艺复兴以来近代道德哲学所提出的问题，就在于法律与自我、服从法律与自我控制之间的关系问题，并以康德的自治概念结束了这一历史过程（重点是第 23章）。关于包括黑格尔在内的批评者对康德方案的种种问题，乃至"矛盾"之处，请看 Terry Pinkard，*German Philosophy 1760 - 1860：The Legacy of Idealism*（Cambridge，2002），S. 59f.，224ff.；Robert Pippin，» Über Selbstgesetzgebung «，in：*Deutsche Zeitschrift für Philosophie*，Bd. 51（2003），Heft 6，S. 905 - 926。

21　Augustin，*Confessiones-Bekenntnisse*（München，1980），Ⅷ，9，S. 400 - 403. Harry Frankfurt 延续了这一主题，参见 » Identification and Wholeheartedness«，in：*The Importance of What We Care About*（Cambridge UK，1988），S. 175 f. 。

22　Dieter Thomä 对真实性概念的讨论，源自 Joseph Raz 对完整性（Integrität）的定义（*The Morality of Freedom*，Oxford，1986，S. 381 - 385），见 D. Thomä，*Erzähle dich selbst. Lebensgeschichte als philosophisches Problem*（München，1998），S. 29。

23　Vgl. Michael Theunissen，*Selbstverwirklichung und Allgemeinheit. Zur Kritik des gegenwärtigen Bewußtseins*（Berlin / New York，1982）. 托伊尼森明确反对一种简约化的自我实现概念，强调自我实现是不可简约的，应该被视为是一种如黑格尔所说的"普遍性生活"（自我实现与普遍性，第 12、16 页等）。与全面性联系的形式可以是多种多样的，其中一种是黑格尔在精神现象学中在论及安提戈涅时提出的形式，即讽刺，认为这是一种个人自决和自我实现的建设性认定。参见 Menke，*Tragödie im Sittlichen*，Kap. 4. 关于黑格尔对全面性与自我实现的论述，参见 Axel Honneth，*Leiden an Unbestimmtheit. Eine Reaktualisierung der Hegeischen Rechtsphilosophie*（Stuttgart, 2001），重点参见 S. 79ff.。

24 根据我对自我实现理想的论述，社会世界和内心本质的并行关系也是一种从内而外的先后的关系，但同时也是相互对立的关系。

25 我所理解的自我实现，在两个层次上与自我立法范式不同。自我实现观反对自我立法，因为后者片面或者抽象。自我立法观仅从法律制定的角度来理解法律与主体的关系。这样，法律与主体关系中他者（Fremdheit）的问题就简化为法律的起源问题。通过法律而带来的主体他律（Heteronomie）问题的解决只有一条路径，即让主体成为法律的起源和"作者"。自我实现的理想建立在这样的经验基础之上，法律和主体关系中的他者这样是无法克服的，正是自我制定的法律可以作为他者而压制主体，主体在自己制定的法律面前，虽然在字面和政治意义上是主体，仍然可以处于被征服者或臣仆的角色。因此，法律与主体关系中的"他者"问题不能局限在法律从何而来的问题，而要涉及法律应用的方式问题，这就是法律现实的视角。针对近代的自我立法观念，浪漫主义的自我实现观带来了视角的转换，即从来源转换到应用，也就是从法律的内容转换到了法律现实。

26 此句中的"能够"一词具有两种不同的含义，一种是逻辑的，一种是实践的意义。

27 »Anima mea est vis«是鲍姆加滕提出的自我概念的核心内容。A. G. Baumgarten, *Metaphysik*, § 505, 引自 Baumgarten, *Texte zur Grundlage der Ästhetik*, hrsg. H. R. Schweizer（Hamburg, 1983），S. 2. 详见 Ch. Menke,»Wahrnehmung, Tätigkeit, Selbstreflexion. Zu Genese und Dialektik der Ästhetik«, in：A. Kern／R. Sonderegger（Hg.），*Falsche Gegensätze. Zeitgenössische Positionen zur philosophischen Ästhetik*（Frankfurt am Main, 2002），S. 19–48. 另参见 Ch. Menke,»Zweierlei Übung. Zum Verhältnis von sozialer Disziplinierung und ästhetischer Existenz«, in：A. Honneth／M. Saar（Hg.），*Michel Foucault. Zwischenbilanz einer Rezeption. Frankfurter Foucault-Konferenz 2001*（Frankfurt am Main, 2003），

第九章　内在自然与社会规范性：自我实现的理念

S. 283 – 299.

28　这是我对 Dieter Thomä 针对自我实现批评的回应。他批评到，在"自我实现"之前自我（只）是一种可能，他认为关于自我实现的讨论是"概念错用"，见 D. Thomä, *Vom Glück in der Moderne*, Frankfurt am Main 2003, S. 275）。而我认为这正是关于自我实现的一个基本的（正确的）观点，在规范成为现实中，主体将其可能性和潜在能力变为现实。

29　这正符合 Charles Taylor 提出其标题 action as expression 的含义。见 C. Diamond/J. Teichmann（Hg.）, *Intention and intentionality：Essays in Honour of G. E. M. Anscombe*（Ithaca / New York, 1979）, S. 73 – 89. 我与 Taylor 观点的不同在于，他认为通过行动表达的是意义，而不是力量，参见»Force et sens«, in：G. B. Madison［Hg.］, *Sens et existence. En Hommage à Faul Ricaeur*, Paris, 1975, S. 124 – 137）。泰勒仅仅在因果实际关系上来理解力量，而不是潜力和能力。

30　M. Foucault,»Was ist Aufklärung?«, in：E. Erdmann u. a.（Hg.）, *Ethos der Moderne. Foucaults Kritik der Aufklärung*（Frankfurt am Main/New York, 1990）, S. 50 f. 我认为福柯在此将自主权理解为无特指的主观自由。

31　高于福柯和伊格尔顿（18 世纪）对美学作为规训的意识形态的批评，见 Ch. Menke,»Die Disziplin der Ästhetik. Eine Lektüre von *Überwachen und Strafen*«, in：G. Koch/S. Sasse/L. Schwarte（Hg.）, *Kunst als Strafe. Zur Ästhetik der Disziplinierung*（München, 2003）, S. 109 – 121。

32　J. G. Herder, *Vom Erkennen und Empfinden der menschlichen Seele. Bemerkungen und Träume*, in：*Werke*, Bd. 4（Frankfurt am Main, 1994）, S. 359.

33　»Der tiefste Grund unsres Daseins ist individuell, so wohl in Empfindungen als Gedanken.«（Herder, *Vom Erkennen und Empfinden der menschlichen Seele*, S. 365）»［...］es ist dünkt mich, die platteste Meinung, die je einem Papierkopf gekommen, daß alle menschliche Seelen gleich, daß sie alle als platte leere Tafeln auf die Welt kommen. Keine zwei Sandkörner sind einander gleich, geschweige solche reiche Keime und Abgründe von Kräften, als zwo Menschenseelen, oder ich hätte von dem Wort Menschenseele gar keinen Gedanken. « (385)

34 这是指赫尔德先前对"天才"崇拜所提出的批判性讽刺言论，他以此回应 Klopstock 的定义："普通的德国人，Klopstock 说，幸运的是他们称之为天赋，我没有提出进一步的概念或解释。天才和性格是"个人的天性（赫尔德的脚注：Genius, ingenium, indoles, vis animae, Character 在所有语言中都有这个意义）是上帝给予某人的"，无论多还是少。见 Herder, *Vom Erkennen und Empfinden der menschlichen Seele*, S. 380 f. 。

35 Jean Starobinski, *Rousseau. Eine Welt von Widerständen*, Übers. U. Raulff (Frankfurt am Main, 1993), S. 287. 在这里，斯塔罗宾斯基引用了《忏悔录》中的一段文字："刻在我的脑海里最早的痕迹仍然存在，而那些自那时以来铭刻在我身上的痕迹已经与它先前的痕迹相结合，而不是印在其之上。情感和思想的明确序列存在，而那些先来的修缮后来的；一个人必须知道这一序列以正确地进行判断。我总是试图找出最初的原因，以解释"影响"的顺序（S. 287f.）。

36 避免这种个体内部差异的方法之一，在自然与文化之间，在于直接实现自然力量，不必表现出有能力采取行动，又一次的，这是内核理念。而避免这种差异的另一种方式是相反的说法，即将自然力量完全吸收成为社会行动的能力，构成其基础和前提，不留一点痕迹。如果我们不采用这两种回避形式（从而打破了自然真实性和全部社会交往道德之间的对立关系），因此我们必须设法设想（自然）力量和（社会）能力之间的差异。这种尝试开始便立刻遇到的困难是这种差异显然不是对称差异，即相同种类事物之间的差异。自然的力量，因此不能从内容，以及要完成的目标方面将自然能力和社会能力上来区分开来。这证明了其不确定性。但二者不同之处在于这样一个事实，即这种差异不能被确定：这与从内容方面区分目标不同，这是力量的操作模式及能力之间的差异。因此，这种差异的说明（通过自我实现道德确定）将展示每一个社会上习得能力的力量元素（规范上不确定，因此主观不可用）。与安德烈·克恩的讨论让我意识到了这个问题，这是一个根本的、悬而未决的问题。

37　K. Marx,»Ökonomisch-philosophische Manuskripte«, in：Marx/f. Engels, *Werke*, Ergänzungsband, Erster Teil（Berlin, 1977）, S. 536.

38　J. G. Herder, *Über die neuere deutsche Literatur. Dritte Sammlung*, in：*Werke*, Bd. 1（Frankfurt am Main, 1985）, S. 407.

39　关于赫尔德反复运用的这一比喻，参见 G. Plumpe,»Eigentum-Eigentümlichkeit. Über den Zusammenhang ästhetischer und juristischer Begriffe im 18. Jahrhundert«, in：*Archiv für Begriffsgeschichte*, Bd. XXIII（1979）, S. 175 – 196。

40　Herder, *Vom Erkennen und Empfinden der menschlichen Seele*, S. 353 f. , vgl. 350 ff.

41　以下言论也针对杜威对自我实现的"自我实现作为道德理念"（1893 年）（Dewey, *Early Works*, Bd. 4, S. 42 – 53）的概念的批评，杜威正确地拒绝自我为"预设的固定模式或大纲"的观念（第 43 页），其以可能性或理念形式存在，必须被实现。他与一种观点相对，即假定自我是一个"具体特殊的活动"，这一观点在这一基础上提供了可能性和能力（第 45 ~ 46 页）。然而，与此同时，他将这些指出以其最广泛和最适当的形式（见第 50 ~ 51 页），以便排除一个根本（"无限"；第 45 页）超出其通过行动的实现。

42　本段中的原因遵循耶特·托马对个体作为"自爱"的真实关系的解释。托马使用"自爱"描述自我关系"能够确定一个动作，一个决定，一个感觉，是一个人'自己'的"（Thomä, *Erzähle dich selbst*, S. 246）。自爱的其中一个层次，根据托马延续自卢梭的思想，是一个人自己的"存在"感，他介绍道，采纳尼采和普勒斯纳使用的措辞，作为可能性深层次的基础（第 203 页；另见第 184，206 页）。自爱的关系之中，根据托马的观点，个体"定义"的可能性深层次基础（经过社会化，我的解释）是一种"补充"（第 203 页）。但这一说法与托马先前描述的卢梭的"存在感"的方式不同：因这是一种只有从（社会）脱离才会获得的"狂喜"的体验（见第 198 页）。在我看来，这种原因表现出托马决心避免的不可避免的后果：并不提及"额外的"可能性深层次基础与社会主导之间的关系，与德里达一样，我们必须提及自我的不轻信的性格特点。论德里达的批判，见第 199 页和 D. Thomä,» Das › Gefühl der eigenen Existenz ‹ und die Situation des Subjekts. Mit Rousseau gegen Derrida und de Man denken«, in：A. Kern / Ch. Menke（Hg.）*Philosophie der Dekonstruktion. Zum Verhältnis von Normativität und Praxis*，Frankfurt am Main 2002，S. 311 – 330.

43 Vgl. Stanley Cavell, *Conditions Handsome and Unhandsome* (Chicago / London，1990)，Kap. 3.

44 典型的例子是 G. H. Mead, *Mind, Self, and Society*：*From a Standpoint of a Social Behaviorist*（Chicago / London，1967），S. 214 ff. 。

45 Lionel Trilling, *Das Ende der Aufrichtigkeit*（München / Wien，1980），S. 103.

46 Sophokles，*Antigonae*，S. 748；Übers. Hölderlin.

第十章　启蒙运动在德国历史中的地位

赖因哈德·科泽勒莱克

如果上帝不存在，那就有必要把他创造出来（Si Dieu n'existait pas，il faudrait l'inventer）。伏尔泰的这句话常常被人引用，借以强调 18 世纪的人们所获得的自主性——当时人们由于脱离了宗教和形而上学的束缚而获得了极大的自由。他们不仅认为人类可以决定上帝的位置，而且还争辩说，如果出于社会控制等需求，人类还可以取代上帝的地位。对于上帝的信仰不再是以神学为基础的不证自明的诚命，而变成了放之四海而有益的信念，或者用更加现代的语言讲，变成了一种可以替代的意识形态。

请允许我在此补充另一句常常被引用的名言，它描述了

18 世纪的人们至少在理论层面所拥有的自决性——"是否可以有一种先验（a priori）的历史？"康德曾自问自答道："如果预言家创造并策划出他所预言的事件。"很多人据此总结出，人类已经拥有或正逐渐获得一种能力，从而可以根据计划安排历史，或者去创造自己的历史。

很明显，对以上两句名言的解读是相互呼应的。如果上帝不再是世界的主人，以未知的方式干涉人们的日常生活，而只是一个想象中的人物，那么他的地位就应该为人类所取代了。人类成为"世俗的神"，从而可以用理性的方式掌控自己的历史。从 18 世纪晚期起，曾经引用上帝和天意的人们开始引用历史，引用关于人类不断进化，将计划发展为现实，持续努力实现更大程度自由的历史。所有这样解读思想史的学者都能总结道，18 世纪在某种程度上是启蒙的时代。那个时代可以被称为转折点、分界线，也可以被称为一个历史时期的终结点，现代社会（或者说属于我们的历史）就是在那个终结点之后开始的。在那个时代中，人类不能向任何非人的或是超人的力量求助，而必须依靠自己适应这个世界。这样的解读由 18 世纪知识分子的两位代表——伏尔泰和康德提出。如果分析那段受到启蒙思想影响的历史，这种解读可以说具有一定的合理性。然而不幸的是，这种解读是不正确的。

虽然以上两位的观点已经被我们当作老生常谈，但在当时具有和今天不同的含义。伏尔泰认为在需要的情况下可以创造上帝的观点只是一种提议。对于自然神论者来说，上帝的存在是毋庸置疑的。对伏尔泰而言，整个自然世界都指向

第十章 启蒙运动在德国历史中的地位

上帝的存在，我们的生命也都维系于上帝。上帝必须存在，这是伏尔泰作为自然神论者的基本假定，这也是一种对于上帝存在的主观证明。那些宣称自己是无神论者的学者，例如狄德罗（Diderot）、霍尔巴赫（Holbach）、拉普拉斯（Laplace），都是下一代才出现的学者了。

赫伯特·迪克曼（Herbert Dieckmann）已经向我们展示了启蒙运动的哲学体系是如何深深卷入基督教神学悬而未决的疑问中的。对于那些问题，神学家们尝试了各种新方法去解决它们。神学家们提出了很多问题，讨论灵魂的存在、来世、原罪、自由与必然的关系，以及很多神学界中类似的老问题。这些问题也同样适用于康德和上文引用过的他的名言。对于康德而言，对这些问题的讨论并不能证明历史是可以被创造的。相反，和伏尔泰的引言一样，康德的那句名言也是半讽刺性的。那些将预言变为现实的人，其中一类就是认为人民反叛成性而心生恐惧的政治家，他们也因此激发了自己本想避免的革命。除此之外，另一类人则是悲观论者，他们也通过引发悲剧而无意中实现了自己的预言。如果说他们以这样的方式创造了"历史"（康德谨慎地称之为"事件"），那么它们其实是与人类计划相反的——这是一种没有人希望出现的"自我实现的预言"。

从政治角度来讲，康德的攻击对象是国家和教会中的掌权者，但他的最终目的并不是证明人们创造历史的潜力。基于这种解读，我们应该适当淡化一下启蒙运动中这两句名言的重要性。相较于它们，本文会显得比较保守甚至有些矛盾。

让我们回到开篇引用的关于创造上帝和创造历史的论断，并再次回顾对于它们的解读。这两种解读都来自 19 世纪。它们假定了上帝的死亡，因此才有可能去重新创造上帝——并将创造上帝解读为人类的计划。它们也回顾了历史可以被创造和生产的可能性，也只有先验哲学才能想象那种可能性——历史的情况与决定其是否可知的文化环境往往是相符的。

但是，这两种解读都出自特定文本。那些文本提供了这种解读的可能性，或者至少作者有可能会这样想。但是，这些文本的语义应当比作者的本意延伸得更广。一个简单的反问就可以坚定我们的推测：这两种论断难道有可能出现在 17 世纪吗？毕竟它们都基于某种人类学的假设：即使人类还没有获得自主权，他们也注定要自己做决定，要变得独立自主。不受外部权力干扰的理性自决是一种潜在的条件，在此基础上方能想象创造上帝和创造历史的可能性，也才有可能进行这些思考。如果考虑到在审查制度的限制下，启蒙思想家不得不使用或是有意使用的讽刺武器和伪装技术，那么伏尔泰和康德的那两句名言就更加意味深长了——它们可能恰恰就是二人的本意，或者至少是这些语言所能展现的意思。这适用于康德"历史先验"的说法——在解读约伯（Job）这个人物时，他是期待强大的实践理性可以进行主导的。

虽然伏尔泰关于创造上帝的讨论是具有讽刺意味的思想实验，但他至少指出了人类某种程度的自主性。康德希望通过道德哲学建立这种自主性，并进一步讨论是否有可能掌控未来的历史。

尽管对这些文本的批判性分析尚有局限，但我们还是可以大胆地从中分辨一种趋势，进而帮助我们从整体的角度看待启蒙运动。这种趋势帮助我们从"他治"追踪到"自治"，而这也正是启蒙哲学家们交给自己的任务：远离宗教迷信，远离教会和国家的统治，在普世的理性与道德中立足。每个独立的公民都应当明白并在政治生活中远离君主统治，远离这种不受法律控制的统治——共和国的公民成了每个社会的标杆。

这些论断概括了精英知识分子中一小部分人的自我认知，他们认为自己所处的时代正是启蒙的时代。这种观察带我们来到了今天讨论的核心：虽然我们关注启蒙运动在德国历史中的地位，但是我们应当如何定义"启蒙"呢？

在第一部分中，我将回顾"启蒙"这个概念发展的历史。如果我们运气好的话，这将帮我们从系统层面展开"启蒙"的最基本定义。

在第二部分中，我们可以将新定义的"启蒙"作为标准，来衡量有关德国历史的一些研究成果。

让我们先把视线转向已经习惯于被称为"启蒙运动"的那段概念史。我们在此面对的是一种新颖的语义——对于一个历史时期的定义同样还延伸到了未来。毕竟用历史时期的名称来定义当下的时代，这在历史上也是很新颖的。对"文艺复兴时期"的命名花费了三个世纪，直到大约 1550 年才得以确定。在神学界和教会发生变革的一百年后，"宗教改革"这个词才被用来界定那一历史时期。"现代社会"

只有到 19 世纪才被赋予了这个有力的名称，而所谓"中世纪"有可能早在 1500 年就已结束。与以上这些发现不同，"启蒙运动"是一个惊人的例外。生活在一个理性的、批判的、启蒙的年代，正是 18 世纪自身定义的一部分——也就是说，尽管那段历史是逐渐展开的，但与此同时，它也被当作一个与众不同的时代被人经历着并解读着。因此，所谓的"人类"也以自决的态度做出了关于他们所在历史时期的决定。他们不仅理性地思考，也从历史的角度做出判断——在这一点上，我们可以坚决地反驳关于历史主义的贫乏讨论。

但我们还是要保持谨慎。在德语中，将 18 世纪定义为某个世纪或是"启蒙时代"的做法，只在 18 世纪 80 年代出现过。这种叫法是由策尔纳（Zöllner）"什么是启蒙？"的著名提问所引发的。门德尔松（Mendelssohn）认为，"启蒙"这个词在德语中是个新鲜词语——他的判断是正确的。

如果我们认为"启蒙"开始于莱布尼茨（Leibniz）或笛卡儿（Descartes），以及托马西乌斯（Thomasius）（在此我们要感谢哈雷大学）和沃尔夫（Wolf）（我们要再次感谢哈雷大学），那么相较于现在的"启蒙"，这个词在当时仍然是不为人知的。无论如何，从 1780 年前后它所引发的讨论来看，"启蒙"这个新鲜词语就像密涅瓦（Minerva）的猫头鹰，只在特定历史时期的尾声处展开双翼。黑格尔也尽可能确保"启蒙"的概念仅被用于 18 世纪，所以"启蒙"这个有力的自我定义也迅速成为一个事后定义的词语。

因此，分界线的概念和使用"启蒙"去开启新时代的做法也被推入过去，在短短一代人的时间里成为历史。而

第十章　启蒙运动在德国历史中的地位

且，启蒙运动的起点被放得越早（比如 17 世纪），人们就越容易认为它过时了。但是，我们不能满足于目前对"启蒙"语义的发现，尤其是它们都来自在法国大革命中长大的这一代人。

"启蒙"虽然只是一个词，但它并不局限于对一段历史的自我定义。"启蒙"总是需要持久的、系统性的人类学状态，这就意味着"启蒙"不会过时，也必须不过时。这个词在本质上就代表了创新的潜能。对此，我们可以参考一些语言学研究。

在德语中，"启蒙"（Aufklärung）最初是指一种自然状态，随后发展出了比喻含义，最后才成为专业术语。起初在日常用语中，这个词是指云散天晴或朝阳初升时天色瞬间变幻的光亮。在 1793 年舒曼把它浓缩成单数集合名词的"一般启蒙"（Aufklärungüberhaupt）之前，作为动词而具有性含义的"启蒙"在 18 世纪也是非常常见的。

当它从动词转变成名词时，"启蒙"才获得了理论上的地位——同时期的哲学、社会学、政治学和神学术语也都有类似经历。德语中的"启蒙"大约于 18 世纪 80 年代成为名词。虽然这晚于法语中"启蒙"（éclaircissement）作为名词的用法，却也对当时缺乏的一些术语带来了创新的理论启示。例如，德语从"理解"（Verstehen）衍生出了"智慧"（Verstand），用以表示某种特定的状态；从"感知"（Vernehmen）衍生出了"理性"（Vernunft），表示一种长期的状态；从"掌握"（Begreifen）衍生出了"观念"（Begriff），表示一种我们尝试去理解的概念。"启蒙"与以上词语并不完全相同，它不仅是出现在 18 世纪 80 年代的一个新生名词，还以创新的形式引入了一种以改变和进步为目标的过程。

　　1784 年，康德也提出了同样的观点。在那一年，他修正了"我们生活在'已启蒙'的时代里"的说法——他断言，人们正生活在一个"启蒙"的时代。在这里，他强调的并不是目标或是结果，而是方式和任务。正如维兰德（Wieland）所说的："启蒙是一种手段而不是目的。""启蒙"从而进入了过程性名词的行列，与"进步""发展""历史"等词语一起，在那一时期逐渐获得理论地位。由于"启蒙"既是及物动词也是不及物动词，它在语言学层面就有可能根据经验呈现复杂的转变。"启蒙"作为一种不证自明的道德训诫，帮助人们从自我强加的不成熟中重获自由（最初在 19 世纪时被理解为"解放"）——这是一种动态的训诫，将"启发"（aufklären）这个动词变成了可以一直重复的、作用于自身的行动概念。从系统的角度来看，"启蒙"的概念除了认可理性自主而获得的知识，认可自我控制而形成的意念，并不承认任何权威——只有当它参与由"启蒙"引起的历史发展时，这一以人类学为基础的概念才有可能被需要并被建立起来。因此，"启蒙"是一个系统性的概念。如果不首先考虑由启蒙运动造成的历史变迁，我们是无法想象这个词的，而这也正是"启蒙"这个词的特点。

　　"启蒙"是一个独特的词，它既是一个时代独有的名词，也可以被不断重复使用。自 1800 年以来，"启蒙"这

第十章　启蒙运动在德国历史中的地位

个词既可以描述 18 世纪的一些突破，也可以描述具有类似
情况的历史时期：从雅典的文化繁荣时期、中世纪的启蒙时
期、文艺复兴时期、19 世纪和 20 世纪发生的诸多事件，直
到马尔库塞（Marcuse）在 1968 年学生运动期间定义的所谓
"第三次启蒙运动"。"启蒙"这个词具有双面性：一方面，
它是作为一个已经完成的阶段被发现的，也因此被界定为一
个独特的概念；另一方面，它又可以被一次又一次地移植到
任何地方。既在产生时具有系统性，又可以在历史上进行重
复——这种双面性贯穿了 1780 年以来的所有定义。

真理、正义、成熟（Mündigkeit）、人道，即使给它们
赋予意义的唯一途径是通过"启蒙"，谁会愿意放弃继续使
用这些词呢？在这里，"启蒙"是采用字面上的意思：将不
公正的事情、不人道的行为、谎言、偏见和错误大白于天
下。到底什么构成了"真启蒙"或"假启蒙"？无论新教徒
或天主教徒，无论左派或是右派（自法国大革命开始），各
个阵营都对这个问题争论不休。从这个角度来看，自从
"启蒙"这个词诞生起就致力于达到某种最低限度的共识。
如果没有这种共识，人们是不可能或是难以想象能够在社会
中共存的。任何历史化的解读都不能剥夺"启蒙"这种系
统却又不断重复的要求。

诚然在这种广义的层面上，当以很少有人会反对的方式
表达出来时，"启蒙"这个词便可以被随心所欲地应用在各
个领域。每个人都可以尽其所能地启蒙自我——无论在社会
层面、宗教层面、政治层面，或是其他方面。自从诞生以
来，"启蒙"就像"进步"和"历史"这些词语一样成了

陈词滥调。它变成了一个笼统的术语，使我们无法进行深入区分——因此，这样的术语也最好要避免使用。

正因为如此，我们必须对"启蒙"的语义进行更加深入广泛的研究。很多人都会留意到一个具有消极意味的词——"假启蒙"（Aufkläricht）。这个词由里欧（Leo）创造，词根有影射"垃圾"（Kehricht）的意味。还有一个引人注意的消极概念是"到处启蒙"（Aufklärerei）。这个词被用来指责启蒙哲学家们草率无礼的态度——虽然他们展示出一副无所不知的样子，但他们的观点都是脱离现实的。这种批判的起源不晚于法国大革命时期。一些人赞同将法国大革命追溯到启蒙运动，并认为后者在大革命中得以实现。另一些人则将大革命的失败和恐怖，以及罗伯斯庇尔和拿破仑的专政归结到启蒙运动没有进行彻底，之前只不过进行了"一半的启蒙"。因此，无论大革命成功与否，"启蒙"永远是没有错的。既然它的本质是正确的，那么只是在尝试运用它的概念时出了差错。又或许是相反的情况："启蒙"是被专门创造出来对失败负责的。自从数以百万计的人在法国大革命中丧生（包括法国内战、后革命时期的战斗、拿破仑在欧洲的战争），"启蒙"就被认为缺乏对其有利的证据。即使它仍自称是正确的，它的反对者也会将它作为意识形态来攻击。

那些送命于巴黎断头台的人们，那些在阿维尼翁被蓄意淹死的人们，那些死于里昂行刑队之手的人们，那些淹死在特拉法尔加的人们，还有那些在莫斯科被冻死的人们——他们都不再会听命于"启蒙"。用莱辛（Lessing）的话说：

第十章　启蒙运动在德国历史中的地位

"任何需要抛头颅洒热血的事情，都不值得哪怕一滴鲜血。"

从 1789 年起，这段历史改变了"启蒙"在德国词汇中的地位。最初对大革命报以乐观态度，也将其看作启蒙运动结果的维兰德就是一例。他曾在 1793 年总结说："最伟大的启蒙运动阶段永远是各种投机、疯狂、对实用主义的崇拜盛行的阶段。"在 1798 年，他又痛苦地补充道，随着启蒙运动的传播，我们"已经将自欺欺人的艺术演绎到了前所未有的高度"。后来，这种见解被称为"启蒙的辩证法"，其中的分析是对"启蒙"的"启蒙"，即某种程度的"元启蒙"。

源源不断的历史挑战总是激发着揭示真相和批判意识形态的艺术。在此我只简单列举 19 世纪的马克思、弗洛伊德和尼采，20 世纪的曼海姆（Mannheim）、霍克海默（Horkheimer）和阿多诺（Adorno）。"启蒙"展示了它适应变革的能力，却因此失去了单纯的对 18 世纪的强调，以及人们可能会强迫达成进步的想法。

因此，我们也应当再回顾一下"启蒙"在 18 世纪时的语义。即使在那时，"启蒙"也面临着它无意中为自身设置的无法忽视的限制。在大多数情况下，"启蒙"被当作及物动词使用。因此，那些提及"启蒙"的人不得不问自己：是谁去启蒙谁？又是关于什么的启蒙呢？随后，我们发现高举理性旗帜的"启蒙"正在迅速地放弃它自身所要求的包容性。在"启蒙"的背后，总是潜伏着某种霸道的道德专制，或是通过教学手段而将特定观点合法化，这通常意味着根据不同团体或国家的优先权而分配教育资源。例如，约瑟夫二世（Joseph Ⅱ）通过结束对路德教派的限制而打算将这些人重新拉回天主教的阵营，但前提是每个人都要先完成六周宗教再教育的课程；例如，康德虽然认为现有教会是历史遗物，他还是敦促人们定期去做礼拜；例如，无神论者仍然会被从根本上孤立；又例如，犹太人皈依后才能被解放，或是以道德平等的名义被要求放弃自己的仪式和习俗。这也都是"启蒙"，而它也迅速地联合起属于先进阶级的学者、律师、神学家、哲学家和医生，从而将他们整合到由君主和国家建立起的家长式制度中。摩西·门德尔松由于自身经历而没有宣誓效忠于进步事业，因而他比较能够洞察事态。他告诫启蒙思想家们，不要将传播真理的行动仅仅与实用主义联系在一起："那些热爱美德的启蒙思想家们（Aufklärer）将因此谨慎行事，选择包容偏见而非驱逐它们，因为它们是如此紧密地与真理交织在一起。"虽然现在我们也能听到类似的声音，但这种观点在当时是智慧而不保守的声音。当门德尔松在1784年定义"启蒙"时，他也观察到了这个词的长期有效性。他对比了与实践相关的"文化"和与理论相关的"启蒙"，并将它们并入"教化"（Bildung，包括"生成""教育""培养"等不同内涵）这个最高级别的概念之下。这三个词在当时都是新生的德语词，但"教化"在其中级别最高，这在后来也逐渐明显。"教化"并没有脱离"启蒙"，反而吸收了它。尽管是同一时期出现的术语，但它成了19世纪新的核心概念。

"教化"既不是"想象"（Einbildung），也不是更加正式的"教育"（Ausbildung）。康德曾要求"启蒙"实现的自决，最终是通过"教化"来完成的。在理性控制的"启蒙"中，心灵和情绪都太容易受到冷落，而它们都被整合进了"自我教化"（Selbstbildung）中。同时，艺术也被整合进了生活。自主而非被动地生活，意味着将"启蒙"的任务交到每个个体手中。

这种自我生成的渴望很快就影响到了社交层面，尤其是性观念。与"启蒙"的教条认为感官享受需要管理和控制不同，"教化"认为感官享受等同于爱，而爱则是人类学意义上人体构造的一部分。这在我们对语言的使用中仍然是显而易见的。没有任何关于两性关系的"启蒙"可以超越经验，而经验只能通过爱去获得。简而言之，"教化"的概念极大增强了从"启蒙"开始的人类学层面的自我辩护。

这包括曾经被理性的启蒙学家质疑过的宗教重返社会——考虑到虔诚主义者"启迪"（illumination）的概念，宗教重返社会是与理性的"启蒙"存在竞争关系的。而自主的"教化"将宗教转化成了一种广义的宗教性，将它纳入每个人的日常生活。

让我们在此稍事休息。无论从字面上怎样解释"教化"和"启蒙"，或是从意识形态层面批评它们，语义价和跨时代的排序都证明了"教化"将"启蒙"收纳其中，成为最为核心的概念。魏玛古典主义、浪漫主义、理想主义都是总结启蒙思想的结果，也都是从未停止超越自我的"教化"的产物。

这在政治语言中也是适用的。在关于"人民的启蒙"（Volksaufklärung）的文本中，"人民"始终是自上而下"启蒙"的称呼对象和接受者。这也很好地解释了戈培尔（Goebbels）"国民教育与宣传部"（Ministerium für Volksaufklärung und Propaganda）名称的来历。与"启蒙"不同的是，接受"教化"的对象实际上会发挥积极主动的作用。关于"人民的教化"（Volksbildung）和"国家的教化"（Nationsbildung）的文本至少会给"人民"或"国家"分配潜在的统治权，使其为自身的发展负责，成为自己的主人。

我们因此可以假设，门德尔松之所以从语言学层面观察到"启蒙"和"文化"应当归入"教化"之下，是因为他有意将康德在理论层面建立的假设付诸实践：对于独立的主体而言，他们的言论必须通过公众审核才能成为理性的。这些主体的独立性并非从外部的"启蒙"演化而来的，而是从自身的"教化"发展而来的。

正如赫尔德（Herder）在讨论共济会成员时所肯定的："所有打败偏见的胜利都必须从内部获得，而不是从外部赢取……使人类成为他们自己的，是他们的思考方式，而非外部社会。"有谁会听不到这位来自哥尼斯堡（Königsberg）的老师的声音呢？——"敢于思考"（Sapereaude），要有勇气去运用自己的理智！

到目前为止，我们在语义领域的盘点已经回到了原点。从长期来看，我们找到了最基础的方案：要有勇气去运用你的理智。应该没有人会反对这一点，但是我们也要问清楚：谁能够真正鼓起勇气呢？当"启蒙"是面向未来和可以作用于自身的行动概念时，它或许可以与之兼容。但是，当"启蒙"成为道德专制的代名词而不能容忍偏见时，这种

第十章　启蒙运动在德国历史中的地位

"启蒙"会迅速成为一种意识形态，并运用恐怖的手段以维护其合法性。因此，我们在语义层面的发现是具有多面性甚至相互矛盾的。这些语义没有给我们提供任何规范，从而帮助我们评估启蒙运动在德国历史中的地位。但是作为总结，我们可以提出与前文关于语言的讨论相呼应的六条结论。

（1）在德语世界，启蒙运动主要是新教运动。如果没有假定良知拥有自主权，将无法想象启蒙运动的发展。

（2）天主教堂、寺院、庄园、宪法地位的世俗化也都是启蒙运动的结果——尽管我们西方的邻国（即当时的法兰克人）对其也有推动作用。

（3）强权政治势力因此将关注点转移到由新教主导的北部地区，以及在此蓬勃发展起来的、受过良好教育的中产阶级身上。

（4）在此过程中，自然法的持续影响是至关重要的。它借由康德哲学而被纳入宪法框架，酝酿了争取自由民主宪法的运动。

（5）因为尚未被社会历史学家充分研究，仍然难以评估共济会会所的影响。但至少这个启蒙内部的秘密组织刺激了不同阶层间的交流，也是道德和民主的训练场。普鲁士和巴伐利亚的重大改革都是由共济会成员发起的。由弗雷（Frey）制定的《施泰因市市政条例》（Steinian municipal ordinance）和由沙恩韦贝尔（Scharnweber）整体控制的哈登贝格土地改革（Hardenbergian agrarian reforms）也都使用了"启蒙"的语言。这种语言致力于使所有阶级（包括资产阶级和农民）都获得独立——作为人类，各个阶级都应该是平等的，如果有可能还应当成为兄弟。

（6）这也引出了最后一条结论，即通常意义上区分德国启蒙运动和法国启蒙运动的标准。德国的启蒙运动仍然受到神学的启发。从莱辛以保护教学启示为目的的批判，到康德以道德名义否认假定的启示，再到黑格尔对于精神的自我启示的解释——在他们的历史哲学中贯穿着一条线索，而这条线索最终深刻影响了受过良好教育的中产阶级的世界观，并将他们联合在了一起。

《哈雷年鉴》（*Hallische Jahrbücher*）这本传递青年黑格尔派（Young Hegelians）声音的期刊就见证了这一切。青年黑格尔派们将自己视为激进的、真实的，仅有的始终如一的启蒙主义者。事实上，他们确实比法国或英国的启蒙哲学家们更加激进——因为作为职业新教徒，青年黑格尔派们还保留了一些宗教动机。

对于"来生"的批判性摧毁，将宗教扬弃并使之成为人与人之间社会性的自我建构，这些并没有阻止激进的启蒙思想家们继续相信救赎。更重要的是，他们相信自己可以救赎自己，无论神圣的国家是否承担了这项任务，又或者它们是否已经废除了这项权利——因为社会这个至高无上而自由自在的主人认为国家是不必要的。这一系列的观点从怀斯豪普特（Weishaupt）和费希特（Fichte）的光明会（Illuminati），到青年黑格尔派，再到马克思和恩格斯都一脉相承。

最后，让我们再次回到语言这一最初的议题。当启蒙语言的隐喻转移到政治领域时，人们只看到了两个阵营：一种是光明的，另一种是黑暗的。在这种光明与黑暗对立的背后，其实还隐藏着很多可能性，其中一种是我们不得不接受的，而我们也只剩下了唯一的出路。毕竟，谁不想置身光明之中，迈向阳光，将所有黑暗的产物置之脑后呢（如果有可能或有必要，甚至将其彻底毁灭）？我们应当放弃这种通过政治宣传式语言所传递的遗产。愿我们都有足够的勇气，去运用自己的理智吧！[1]

注　释

1　应汉堡大学艺术史系邀请，我于 1980 年 1 月在汉堡大学举办讲座，本文第一部分文稿即出自该讲座。原讲座的后半部分包括对于社会历史的解读，在本文中被省略。本文后半部分出自纪念哈勒大学建校 300 周年的演讲。引文摘自 Horst Stuke 的词条"启蒙运动"，*Geschichtliche Grundbegriffe*，hg. von Otto Brunner u. a.，Stuttgart，1972，Band I，S. 243 – 342。

第十一章　黑色大陆——欧洲和极权主义

马克·马佐尔

　　这是一个命题作文，论述欧洲与极权主义的关系。这两个概念常常被使用，但也常常被误解。在使用这两个概念之前，需要做一些细致的讨论。先从欧洲这一概念开始。我想先提出一个似乎奇怪的问题，现代欧洲有整体的历史吗？然后我想更进一步提问，如果有，这些历史中极权主义又占据了什么样的位置呢？

　　埃里克·霍布斯鲍姆（Eric Hobsbawm）曾提出质疑，世界各大洲作为一块大陆能有其历史吗?[1] 毕竟，从一个纯粹的地理视角来看，欧洲只不过是亚洲西部的延长，且没有明确的区分界线。无论是按照俄国地理学家塔季谢夫

（Tatischev）的观点，视乌拉尔山脉为区分的界线，还是依照曾经一度提出的"铁幕"划分论（文化交流的障碍），又或者是将俄罗斯目前的国境线作为划分的界线，都是根据各种不同的政治文化信念而进行的区分。俾斯麦曾经说道：谈论"欧洲"这个概念的人都错了，欧洲是一个纯粹的地理概念。然而，实际上它绝不仅仅是一个纯粹的地理概念。

现代政治中"欧洲"这个概念的出现是源于基督教世界的划分，并且它们（基督教世界）之间的联系从未完全中断。正是拿破仑战争结束之后，列强才第一次开始行使权利，以欧洲的名义发声。但是当俄罗斯人在19世纪20年代称"神圣同盟"为"欧洲伟大的国家联合"时，他们的基督徒品格与法国人的无神论产生了对抗。基督教精神代表着文明反对野蛮，欧洲也因经历着同样的、从野蛮到文明的解放斗争而逐渐被定义。在克里米亚战争中，以奥斯曼帝国为代表的几个国家向俄罗斯帝国宣战。1854年，英国的克拉兰敦（Clarendon）伯爵认为，此战争是为维护欧洲独立、文明对抗野蛮的战争。接着，两年之后，《巴黎和约》宣称：若奥斯曼帝国苏丹同意在他的领土上实行宗教平等原则，就将他的国家纳入条约范围。[2] 换言之，尽管在1815年，"神圣同盟"已将土耳其人排除在外（因为他们不是基督徒），可是40年后，"欧洲"这个概念逐步被用来代表一套标准化的观念，它甚至可以扩展，并适用于信奉伊斯兰教的国度。值得注意的是，这套观念的核心是自由。

再者，19世纪的外交意识也对"欧洲"这个概念的一个重要方面的出现产生了影响。"欧洲"与强国之间进行均势外交，以维护欧洲大陆安全的观点关联起来。也正是均势外交被拿破仑通过外在武力以令人恐惧的方式废除了。由此，"欧洲协调"与"国际国家体系"的出现产生了联系。对于其赞助者哈布斯堡家族和罗曼诺夫家族来说，这些国家最初是世袭的君主国和帝国。弗兰茨一世皇帝曾经说："民族？那是什么我不知道，我只知道国民。"然而自"欧洲协调"建立以来，该组织就一直在设法解决民族主义这个新的政治力量的问题。民族主义在 19 世纪接下来的时间里改变了欧洲大陆，彻底打消了梅特涅等人想要永久控制它的念头。那时，欧洲所面临的挑战是：如何在分崩离析的世界中保证安全，这与康德当年看见的如出一辙。

民族主义的崛起对欧洲的历史学家们意味着不同但又与之相关联的挑战。历史作为一个专业兴起，大体上与民族主义的胜利同时发生，并且与民族国家的崛起也密切相关——是历史赋予了这种全新的政治形式合法性，因此历史学家功不可没。要从历史来思考——引用卡尔·肖尔斯克（Carl Schorske）的一句话——人民和国家，因为国家现在的地位需要一个光辉的过去来解释，历史学家的任务就是讲述这样的故事。这就导致了绝大多数的历史学家，过去乃至现在仍被训练在种种不同的国家历史领域中，制作能够反映这种条件的作品、议题和论点。[3]

所以，除了书店里随处可见的、关于不同国家历史的书目外，是否有一本针对开篇提到的问题的、专门的欧洲民族历史的纯粹合集，大多数学者本身也不确定。他们给出了三种答案。第一种是我们在任何一本教科书中都能找到的：现

第十一章　黑色大陆——欧洲和极权主义

代世界的历史——至少是 1815 年至 1945 年的这一段——就是欧洲历史。这是在特定国家体系的兴衰，以及与之相关的政治和社会组织的意义上的解释。这种专业的思考方式起自第一次世界大战、签订《凡尔赛条约》后世界性的对于战争罪的讨论和国家档案的公开。这些进步使得外交历史作为一个学科出现，并且塑造了如今仍旧主导我们的教学工作的现代欧洲历史故事。在 20 世纪 70 年代，一名英国学者对 12 本最常用的现代欧洲历史教科书的结构进行了统计学分析。[4] 他说，历史学家们还在为是谁发起了第一次世界大战这个老生常谈的问题而争论，有关第二次世界大战起源的议题也因此被牵扯了进来。他们超过三分之二的注意力集中于三个国家——英国、法国和德国，并在 1914 年的历史、第一次世界大战、和平协议及其瓦解、魏玛与经济危机、第三帝国的崛起、人民战线的崩溃和西班牙内战的两极化等方面提出了基于相同描述，却又存在细微差别的看法。其中有关东欧的历史很少出现，关于俄国的内容也不多。再者，大部分历史学家都十分赞成费利克斯·吉尔伯特（Felix Gilbert）的假设，他认为"1945 年是欧洲时代的终结"，[5] 因为除了对冷战的敷衍讨论外，他们对近期发生的事件并没有什么研究。从严格意义上来理解，欧洲历史好像随着超级大国的出现戛然而止了。1956 年，杰弗里·巴勒克拉夫（Geoffrey Barraclough）在《泰晤士报文学副刊》中写道："若我们能够跳脱出欧洲历史的范畴，将思想从短视的、专注于西欧层面的历史中解放出来，情况会有所好转。对西欧的盲目专注掩盖了一个事实，那就是我们现在所生存的世界与俾斯麦当权时期的世界是全然不同的，所有基本的先决条件都产生了变化。"也仅仅是最近，冷战的结束才使历史学家们将 1945 年到 1990 年这段时间视为欧洲历史来观察。

第二个版本的欧洲历史和第一个截然不同。它试图拯救、重视欧洲观的很多细节；并从 1815 年之前的罗马、哥特民族和早期基督教的历史中追述"欧洲观"。这个方法大体上是将眼光牢牢地锁定于现在甚至是未来。法国新教教徒、历史学家、政治家吉佐（Guizot）将欧洲文明视为德国独立、基督徒个人主义精神和罗马公民美德的融合。一些人到现在都觉得这种融合极具吸引力，并总结道：欧洲文明已经成为真理、上帝计划的一部分，它是按照上帝的方式来发展的。这就是欧洲文明具有优势的合理原因。[6] 雅格布·伯尔克哈特（Jocob Burckhardt）的看法就远没有那么乐观。他认为，欧洲文化不断地被越来越严重的"群众暴政"、民族主义、唯物主义和现代国家的崛起所威胁。在他看来，欧洲观归属于接受过良好教育的精英阶层，且其本质上是一股文化力量。它的世界性文化或许是对抗战无不胜、排除异己的民族主义最后的堡垒。还有一种观点，尤其在 20 世纪前 50 年中，通过欧洲边界线外的敌国来定义欧洲。他们的"欧洲化的欧洲"——欧洲的某些地区比其他地区更具欧洲特色——占领了从比利牛斯山脉到多瑙河之间的区域，这片区域历史上是受非欧洲的伊斯兰教教徒和斯拉夫人控制的天主教的地盘。所以比如说，在冷战期间，奥地利的历史学家赞扬神圣罗马帝国和它的哈布斯堡继承者，称他们执行了历史的使命，保卫欧洲免受东方的入侵。然而其他人甚至将查

第十一章　黑色大陆——欧洲和极权主义

理曼大帝描述为某种形式的冷战发起者。这种观点很大程度上构成了第二种欧洲历史的最新版本，也就是获得欧盟委员会支持的，被称为"欧元历史"的那个版本。读一读Doroselle 出版的 1990 年的《欧洲：欧洲民族的历史》（*Europe：A History of Its Peoples*）或者由米勒扎（Milza）和伯恩斯坦（Berstein）著于两年后的现代欧洲大部头历史，[7] 你会从中发现，这两本书对从查理曼大帝到阿登纳统治时期的欧洲历史有相似的、被称为基督教民主主义政党的解读。它有诸多的不完善之处：它忽略了基督教的正统性和拜占庭帝国（提出了一个最反常的早期教会历史的版本），它对欧洲基督教世界内部产生的冲突一笔带过，它对伊斯兰教教徒和犹太人的影响力不予重视，它对普遍的冲突，尤其是对欧洲在 20 世纪中期不经意地产生后陷入专制独裁的趋势感到不安。

下面我们要说的是第三种研究欧洲历史的方法——自由主义，它与我的观点契合度最高。将欧洲的历史看作人类追求自由的历史，这一观点至少可以追溯到黑格尔的时代。黑格尔认为，从东方世界到古典时代再到日耳曼世界，重大事件的演变过程是一个逐渐发展自由的过程。自由主义对于我们对欧洲历史的理解有很大的影响，尤其在经过过去五六十年的调整后，它很难被轻描淡写、一笔带过。20 世纪末期，自由主义者的信心曾一度受到重创。可以肯定的是，即使在英国，墨索里尼和希特勒的崛起也给自由主义者造成了这种打击。然而，自由主义却坚持了下去。两次世界大战之间，英国销量最高的历史作品之一（H. A. L. Fisher 著）

力排众议，坚持认为欧洲通行的自由主义应作为整体得到继承。意大利哲学家贝奈戴托·克罗齐（Benedetto Croce）也在 1941 年称，自由是"历史永恒的创造者"。[8]他写道："自由仍然是人类的道德理想。"但同时他也提道："自由主义秩序应该是 20 世纪最为重大，并且持续时间最长的一项成就，但很多国家当代的事件和状况，让自由主义秩序走向衰退。"[9]

此类言论不乏批评者。马克斯·韦伯（Max Weber）的追随者对于现代资本主义能否让自由和民主得到繁荣发展表示怀疑。马克思主义者也批评了自由主义者，因为后者认为自由主义的价值观胜于其他一切价值观，或者说是最为重要的价值观。最为有力的批评者应数英国保守主义政治家、哲学家迈克尔·欧克肖特（Micheal Oakeshott），他在 1940 年控诉自由主义者低估了他们的对手以及反对他们的动员力量。自由主义者着迷于个人能动性，并且很自信地认为他们的观点代表了人性的本质。他们将敌人看作个别的暴君和独裁者，对现代专制统治的深层根基视而不见。[10]

1938 年，杰出的美国历史学家卡尔顿·海斯（Carleton Hayes）对"极权主义的挑战"做出的警告仿佛印证了欧克肖特的话。他用极权主义的概念来主要概括俄罗斯、德国、意大利、土耳其。冷战并没有将土耳其变成美国有价值的同盟。他强调：在不受思想意识的影响下，决定独裁者绝对统治权的是他的地位、一党执政方式和现代沟通方式。下面我将简短介绍极权主义的概念及它的发展情况。需要注意的是，海斯写这篇文章最初的动力是出于对当时美国国内公众舆论的担忧。他提出这个概念时，也表达出了这些担忧：尤其是在年轻的一代人中，对未来世界的选择并非介于民主统治与独裁统治之间，而是介于法西斯统治和共产主义统治之间。对于一大部分思想容易受到影响的，变化无常的人们来说，美国必须进行改变。那么唯一的问题产生了：是选择法西斯主义还是共产主义？极权主义集中了来自左右两派的威胁，由此作为一种沮丧且强烈的自由之声出现在这里。这种思想热衷于重申自由的价值观，并提前对政治斗争的基本性质进行重新定义。海斯写道："相比共产主义，我更不喜欢法西斯主义。""我不支持任何极权主义。我要坚持民主。"[11]这是一个清晰易懂的个人政治立场。然而，问题是这样一种观点给书写历史带来了什么样的影响呢？把自由的敌人视为异类，通过纯粹的胁迫将其观点强加给基本自由的民众，人们固然可以采用这种做法。但问题是，20世纪对此类观点产生了巨大的怀疑，而这种怀疑的性质也正是我现在想要讨论的。

第一次世界大战本应该随着自由主义的胜利而终结。美国总统伍德罗·威尔逊提出"用民主让世界更安全"，并且这种想法似乎在1918年年底得以实现。三大帝国已经瓦解，四年前欧洲大陆上仅有3个共和国，而1918年时增加到了13个。根据最新的自由主义原则而起草的新宪法加强了民主国家之间的联系，从波罗的海到德国、波兰再到巴尔干半岛的整个区域形成了一条纽带。英国学者詹姆斯·布莱斯（James Bryce）在其1921年著述的《现代民主国家》一书中说道："对民主的广泛认同，是正常而自然的政府形式。"

然而短短数年后，这种英美式的乐观主义就遇到了挑战。甚至是在墨索里尼得势之前，在俄国、匈牙利、土耳其发生的事件说明了想实现伍德罗·威尔逊夸下的海口并不容易。

1917 年第一次俄国革命为真正的议会民主制铺平了道路，得到持国际自由主义观点者的赞同，但它在同年晚些时候被布尔什维克推翻。一场"资产阶级民主"革命就这样被一个高举无产阶级旗号的政权控制了。列宁解散了制宪议会，随后苏联第五次代表大会决议通过了新的宪法，然而实权还是掌握在布尔什维克政党手中。列宁曾写道："'独裁'这一科学术语意味着权力不受任何法律控制，也绝对不受任何规则控制，并且以武力作为其保证。"这一观点令列宁对新宪法的理解显露无遗。这种国家权力的新概念首次亮相，后来在意大利和德国渐渐明晰。在布尔什维克统治下的俄罗斯没有单一的独裁者，至少在斯大林掌控大局之前并不存在。事实上布尔什维克党组织从未进行党内调整去接受一个独裁者。因此，不同于希特勒、墨索里尼和弗朗哥，斯大林的去世并没有导致其统治的政治体系的终结。

在布尔什维克党人成功夺取政权的同时，发生了一次世界战争和一次内战。相似的时代背景不仅扫除了旧的专制王朝，而且还促使一些新成立的其他国家向着非民主的方向发展。在匈牙利，第一次世界大战的结束触发了共产主义和反共产主义之间的内战，右派获胜。此时，战争、大众民主主义和威权主义之间原本较为模糊的关系首次变得明晰了。1920 年 1 月的选举是匈牙利举办的首届普选，此次普选后，霍尔蒂·米克洛什（Horthy Miklos）以国家元首

第十一章　黑色大陆——欧洲和极权主义

候选人的身份出现。协约国取消了一名哈布斯堡人的提名机会，于是霍尔蒂自荐担任摄政（Regent）。仅仅是早些时候，他还提出一项军事独裁政策来复兴国家，但没有得到英国和法国的支持。之后议会适时地推选并赋予他推荐政府首脑的权力。可是霍尔蒂所选择的拜特伦连议员都不是。由此，匈牙利开始了为期 24 年的专治统治，大选在此期间照常进行，议会手无实权的状况也仍在继续。这是独裁统治吗？霍尔蒂当然不是民主人士，也从未刻意去建立自己的政党，他只是享受着国民对他适度的个人崇拜。在白色恐怖将他推上统治地位后，他的政权并未实行高度镇压政策，相比在 20 世纪 40 年代末期统治的匈牙利政权，霍尔蒂杀害的人要少得多。

下面让我们对比两个差不多同时期发生的，非欧洲国家的例子。土耳其和匈牙利相似，都是庞大帝国瓦解后所剩下的一部分。同匈牙利一样，土耳其也被外敌入侵，其保护领土完整的需求突出了军队在政治中的作用。在第一次世界大战结束之时，穆斯塔法·凯末尔·阿塔土克成为新土耳其国民军队的领导人。和霍尔蒂不同的是，他并不是一个正统主义者。在 1921 年，他将土耳其大国民议会总统职位和总司令职位结合，并享受着"我下达的命令就是法律"的特权。在他的领导下，亚美尼亚人和希腊人受到排挤，哈里发的职位被废除，奥斯曼苏丹遭到流放。从 1924 年直到 1928 年阿塔土克去世这段时间里，他一直作为一党国家的独裁者统治着共和人民党。就在阿塔土克控制了国家机关之后，他于 1927 年被任命为国家首脑。死后，他被称为"永恒的领袖"

和"国家永恒的领导人"。[12]

伊朗国内情况与土耳其相似，第一次世界大战结束后，古老的王朝被推翻，一个名叫礼萨汗（Reza Khan）的军人掌权，并以振兴国家和实现现代化为目标。在土耳其废除哈里发职位这一消息令伊朗宗教学者惊慌之时，礼萨汗考虑沿着土耳其的国境线建立一个共和国，自己做伊朗的阿塔土克。通过伊朗共和国不由伊斯兰教主导的法令时，礼萨汗在制宪议会的支持下立自己为元首。与阿塔土克一样，礼萨汗也认为独裁统治是实现现代化和宗教分离的必经之路，然而不同点是，他将独裁统治包裹在君主主义的外壳下。[13]

我们就此来做一个总结，这三个欧洲和非欧洲国家的例子共同表明了，在两次世界大战之间，国家趋于发展为个人独裁统治。首先，这几个国家都是世界大战或是国内危机导致旧王朝破产、合法政权缺失的产物。国家的劣势引发了其对新力量的渴望，为军人取得政权提供了途径。然而国民议会在这几个例子中都起到了作用，这一点很关键，我稍后会继续谈及这个问题。独裁统治下的大量不同种类的立宪形式已经明显出现，正如在匈牙利的例子当中，议会投票选出了新的国家元首，并将权力交给了这个成为摄政的人。在土耳其的例子中，议会则将权力交给了自己的议会主席，后者成了新共和国的元首。礼萨汗在成为国家元首并建立新王朝之前，已经担任了总理一职。在两次世界大战之间，截至1940年，在欧洲涌现出来的这些独裁统治国家有 12 ~ 13 个，这种情况加重了分类的难度。

在两次世界大战之间，欧洲最典型的两个右翼独裁者当

第十一章 黑色大陆——欧洲和极权主义

数墨索里尼和希特勒。与上文所探讨的三个人物不同，他们两人与部队之间并没有明确的联系，并且他们都是通过发起政治运动而非通过军事政变获取政权的。希特勒在1923年慕尼黑啤酒馆政变失败后，发表声明宣布放弃改革之路。在1922年10月，意大利法西斯政府的14名成员中，仅有4名是法西斯主义者。然而墨索里尼已经意识到了这一点，他将权力集中在一个政治联盟之中，并逐渐施行一党执政。直到1926年他才明令取缔联盟中的其他政党，由此"议会制法西斯主义"时代宣告终结。

但法西斯统治下的意大利仍然遗留有旧有的政治体系，它们之间的联系没有彻底中断。在意大利，领导者仅为政府首脑，尽管在理论上法西斯大议会可为国王提名新的首相，但是在1943年意大利军队败北的严重性显露出来之前，他们并未这样做。宪法的混乱程度十分惊人，它巩固了"个人一党独裁"的态势。该党派的思想家吹嘘"法西斯主义不需要冗长的章程、复杂的规则"。实际上，它在一开始几乎没有建立任何正式的组织，值得注意的是领导者尽管是政府首脑，在党组织和统治集团内部却没有正式的职位。领导者的选举和任命方式从没有被明确地定义过。1929年的党内法规将领导者描述为第一掌权人，然而1932年的法规又刻意地将他从统治集团中抹去，使其凌驾于集团之上。[14]

1921年7月，在第三帝国，希特勒作为第55名党代表毫无疑问地担任了纳粹党的元首。但是直到1925年该党重建架构之时，它才正式宣布领袖原则为其基本原则。之前内部选举领导者的系统也被废除，希特勒成了公认的领导人。

与墨索里尼相比，希特勒在掌权之前就在党内建立了威信，并且领袖原则清楚地阐明了他的权威。

纳粹征服德语国家之后，新的宪法更为复杂，它将以往的革命性突破与对法律连续性做出的巨大让步结合了起来。《魏玛宪法》从未被正式废止，在兴登堡总统去世后颁布的1934年《继承法案》，以希特勒的名义将德意志帝国总统和总理的官职合并在了一起。内阁和德意志帝国国会继续存在，《授权法案》作为该政体真正的法律依据，至少分别于1937年、1939年和1943年修订了三次。对于一个被普遍认为极其漠视法规的国家来说，这个过程非比寻常。另外，希特勒比兴登堡享有更多权力：法官们被告知，当实施法律时，应该考虑《我的奋斗》（希特勒著）一书中的内容，并忽略所有1933年之前的、由最高法院制定的、与社会主义国家的意识形态相悖的裁决。德国和纳粹党一样，都是基于元首原则来运转的，但这对这个党派的意义远胜于对这个国家的。纳粹理论家宣称希特勒的领袖国家已"根植在人民心中"，并且认为其合法性来自希特勒与"人们真实意愿"的特殊关系。这种民族共同体思想解释了这个政体对公民投票的热衷，比如，从国际联盟退出，或在1934年废除德国总统。[15]

换言之，我想要说的是：我们若仔细观察就会发现，在两次世界大战之间的欧洲，民主与右翼独裁之间的关系绝对不是明确的。一方面，欧洲有反对议会制度的悠久传统和对统治集团的理想化看法。另一方面，民众对独裁者的个人崇拜与战后大众政治机制共存，并且独裁者比19世纪的资产阶级精英更能够"获得大众信赖",这一点使其受到拥戴。在 20 世纪 30 年代之后,我们发现欧洲大陆上还有以下这些非民主政体类别:苏维埃共产主义;基于平民—党制的法西斯主义(意大利和德国);匈牙利、南斯拉夫、罗马尼亚和希腊的独裁者的准独裁主义;奥地利和葡萄牙的法人政体;波兰的军队政府;西班牙的军队独裁统治。许多国家都存在不同版本的个人崇拜和法西斯运动,但法西斯在其中很多地方都未能掌权,比如比利时、英国和罗马尼亚。走议会这条路不能保证成功,还可能会遭遇当时政治精英的阻碍。

谁说民主一定会胜出?在 20 世纪 30 年代,民主在欧洲一直处于守势,对此评论家给出了多种解释。一些人倾向于新宪法的不可操作性,另一些人则关注社会中阶级和种族的分裂,其他人认为 20 世纪的议会制度很难适应现代世界的经济与技术需求。

然而,对于有些人来说,缺乏有效的反对和许多独裁者的长期任职——通常仅会因为外部干涉、军队战败或其死亡而终止——的理由则更加简单。他们实施恐怖统治,剥夺民众自由。在自由观察者的控制下,极权主义的概念原本是由意大利法西斯分子创造的,用以描述他们自己的政治野心,后来演变成了一种新的政治理论。[16]

一开始,法西斯主义理论家把极权主义当作一种积极的概念来使用。阿尔弗雷多·洛克视其为一种"国家绝对的权力垄断",而哲学家真蒂莱(Gentile)则用它来传达法西斯主义的野心,这不仅重塑了政治领域,还形成了"一个国家的全部希望、想法和感受"。如前所述,直到 20 世纪

40 年代，这一概念才被那些反对法西斯主义和共产主义的人们消极地、批判地加以利用，来捍卫自由的领地。在这种情况下，乔治·奥威尔创作了《1984》，汉娜·阿伦特于1950 年出版了她的长篇研究著作《极权主义的起源》。随着冷战的到来，纳粹德国和苏维埃俄国并入了美国的政治想象。美国总统杜鲁门在 1947 年发表声明："极权主义国家之间并没有任何不同，我不在意你如何称呼它们，纳粹、共产主义还是法西斯。"这种反共立场在欧洲也很受欢迎，在法国，这一立场是一种攻击方式，它将不受左翼知识分子批判的马克思主义作为攻击对象；在西德，这一立场受到这样一些人的欢迎，他们对日益突出的、战后德意志第三帝国罪行的"奇异性"感到不安。[17]

许多学者认为：一些 20 世纪中叶独裁国家的特质很明显地将它们与过去的独裁国家区分开来。比如在德意志第三帝国或苏联，这两个国家的政体显然是以规范个人和国家行为、干涉个人生活、分裂社会、废除自治权以及集中权力为目标的。它们作为现代大众政治的现象，与早先时期的专制统治并无直接联系。一些学者认为极权主义的知识根源可以追溯至启蒙运动时期，特别是卢梭共同意志的教义和民主实践的某种变异。因此，罗伯特·尼斯贝特（Roberl Nisbet）在 1943 年，雅各布·托曼在晚些时候，讨论了他们眼中的"极权主义民主"[18]——它是对现代社会内在的悲观解读，它表现出过去保守的君主政治和传统社会比后来的凡尔赛继承人更好地捍卫了自由。持相反观点是卡尔·弗里德里希和兹比格涅夫·布热津斯基（Zbigniew Brzezinski），他们强调了恐吓和强迫的作用，并把社会看作被小型专制集团被动侵略的对象。

比起现在这个已经过时的辩论，我更愿意对一些极权主义思想忽视的事情进行着重探讨。很明显，极权主义思想贬低了意识形态的重要性，在其宣传中就体现了这一点。意识形态在很多方面的重要性均被降低（毕竟，斯大林的苏联与希特勒的德国是一样的）。在这些政体发展的过程中，宣传无疑是重要的一部分。但是，同样明显的是，纳粹德国和苏维埃社会主义共和国之间存在一些重要的意识形态区别，而这种区别有利于这两种政体制定政策，以及实施强制性统治。这些政体不是为了自身利益，而是为了促进实现它们的目标而使用武力。因此在纳粹反对德国民族共同体的种族威胁，以及苏维埃反对敌人革命的过程中，这两个政体均使用了武力。忽略意识形态意味着拒绝它们的整个文化环境——人类学家从不会这样做。

若要严肃对待意识形态，我们必须承认一种可能性：国家和社会的关系以及统治者和被统治者的关系并不仅是一条简单的单行道。比如，是否有可能书写一部苏维埃联盟的社会历史？一些人显然认为可以这么做，他们也确实尝试过并解释道：20 世纪 30 年代的恐怖活动不仅是一种强制性手段，而且是新一代共产党官员上层流动的一种方式。最近，学者们强调的不是社会自治，而是对政治生活的共谋和参与，比如盖世太保、内务人民委员部等强制机构利用普通民众，获得告发和自由提供的信息。城市发展和工业化也是一种集体项目，可以调动民众积极性。最根本的问题是关于一个不自由的社会中的信仰——普通民众能在多大程度上与领导者分享共同的目标，以及哪些信仰能起到支柱的作用。极权主义思想并不擅长探索这一现象，或更甚，它假定一个不自由的社会中的信仰不存在。

毕竟，理论家对国家级恐怖的关注是可以理解的，除此之外不同政体在不同时期实施的强制政策的程度实际上也千差万别。第三帝国在 1939 年之后的破坏力与之前的不可同日而语，而在 1941 年 6 月 22 日，又出现了转折。纳粹是强制性统治持续升级的一个案例，它杀害和囚禁的人数众多（从 10 万到超过 100 万）。其他一些历时更长的案例表明，强制程度也可能会随时间发展有所下降，比如在斯大林死后的苏联。此外，非极权主义政体也会囚禁或杀害大量自己的百姓——从 1965 年的印度尼西亚到危地马拉和阿根廷。[19]

最后，我还要说一个问题：极权主义模式是否忽略了思想混乱以及思想不确定性的作用？第三帝国和苏联内在的结构张力又是怎么一回事？独裁者可能掌权，但他们并不总是知道如何驾驭权力。两个简单的例子——1939 年到 1941 年德国人口政策在波兰的曲折发展（正如克里斯托夫·布朗宁近期所概述的），或是 1945 年之后克里姆林宫为了控制东欧，而在政策制定方面所面临的真实困境——这些都提醒我们：作为掌权者，控制这些强大国家机器、弄清如何处理权力都困难重重。然而困难不是无限的，就如所有权力一样。当权者并没有很好地认识到权力的界限，许多研究他们的人也是一样，这是因为他们手握的权力与过去相比大大增加。

第十一章　黑色大陆——欧洲和极权主义

最后，让我们重新审视最开始的那个问题，通过总结欧洲与极权主义的关系来得出结论。到目前为止，欧洲的大众政治的发展在第一次世界大战后处于世界前列，同时它也进行了第一次、新的独裁试验。这些政体使用了现代大众民主政治的机制，有时甚至保存了它们的法律法规。在 20 世纪 30 年代，一战后形成的大部分新型民主国家受到右翼独裁统治。这种右翼独裁是欧洲民主国家政治传统的一个构成部分。尽管芬兰、保加利亚和匈牙利都发生了恶劣的内战，布尔什维克还是尝试鼓励其他国家效仿这种模型，但都以失败告终。正是对旧式民主期盼的崩溃——这种我试图描述过的期盼与欧洲自身的某种概念紧密相连——将许多自由评论者引向极权主义这个新的概念。

在 1945 年之后，这一思想在自由世界被重新加以使用。但讽刺的是，尽管其知名度渐增，其实用性却在减弱。在美国的保护下，民主主义在西方复兴，而在东欧，在独裁者们死后的 1948 年至 1953 年斯大林主义高度盛行期间，民主主义被一个不同的、更加具有管理性的规则所取代。战俘集中营仍旧存在，但已经相应缩小。政治警察仍然监督着民众——但贝利亚（Beria）之死表明：他们失去了对管理者和技术专家的影响。若以图表形式描绘欧洲 20 世纪战俘集中营的人口数量，那么在 20 世纪 30 年代后期到 40 年代，人口数量呈线性急剧上升，但在 20 世纪 50 年代中叶又快速下降。直到 1989 年，东欧才避开了来自极权主义的镇压，但除罗马尼亚外，这些国家是极权主义国家的想法在早些时候就已经被摒弃了。

然而，正如我在本文开篇处所述，20世纪出现了一种新的独裁主义。这种主义不仅出现在欧洲，而且从一开始就存在于世界上的各个地方，如土耳其或伊朗。正如我们所知，殖民地自治化使人们从殖民压迫中获得了自由，但在许多情况下，这很快导致了新的专制体系的出现——不论是存在于摩洛哥、泰国和沙特阿拉伯的君主制，又或是叙利亚社会党的形式（叙利亚、伊拉克），又或是伊朗的神权政治。在20世纪下半叶，极权主义概念更加适用于欧洲以外的地区。它在欧洲的历史进程中曾经是一个重要的部分，但它已经成了历史。

本文由汉斯·约阿施从英文翻译为德文

注　释

1　Eric Hobsbawm,»The Curious History of Europe«, in: E. H., *On History*, London 1977, S. 217 – 228.

2　引自 S. A. Odubena, *The Idea of the» Concert « in Diplomatic Practice between 1878 and 1906*, D. Phil, thesis, University of London, 1993, S. 30 f. 。

3　Carl Schorske, *Thinking with History*, Princeton 1998.

4　R. A. Robinson,» Histories of Twentieth-Century Europe «, in: *History* 59 (1973), S. 407 – 413.

5　Felix Gilbert, *The End of the European Era*; *1890 to the Present*, New York 2002.

6　Francis Guizot, *History of Civilization in Europe*, Harmondsworth 1977, S. 78.

7 Jean Baptiste Duroselle, *Europe: A History of Us Peoples*, 1990; S. Berstein / P. Milza, Histoire de l'Europe, Paris 1992.

8 H. A. L. Fisher, *A History of Europe*, 1995.

9 Benedetto Croce, *History as the Story of Liberty*, London 1941, S. 60.

10 Michael Oakeshott, *The Social and Political Doctrines of Contemporary Europe*, London, 1939.

11 Carleton Hayes,» The Challenge of Totalitarianism «, in: *Public Opinion Quarterly* 2 (1938), S. 21 – 26.

12 Andrew Mango, *Atatürk*, London, 1999.

13 V. Martin,» Mudarris, Republicanism and the Rise to Power of Reza Khan « in: *British Journal of Middle East Studies* 21 (1994), S. 199 – 210.

14 H. Arthur Steiner, *Government in Fascist Italy*, New York, 1938.

15 Fritz Morstein Marx, *Government in the Third Reich*, New York, 1937.

16 Abbott Gleason, *Totalitarianism: The Inner History of the Cold War*, Oxford, 1995.

17 L. Adler/T. G. Paterson,» Red Fascism: The Merger of Nazi Germany and Soviet Russia in the American Image of Totalitarianism, 1930s – 1950s «, in: *American Historical Review* 75 (1970), S. 1046 – 1064.

18 Robert Nisbet,» Rousseau and Totalitarianisms «, in: *journal of Politics* 5 (1943), S. 93 – 114; Jacob Talmon, *Origins of Totalitarian Democracy*, London, 1970.

19 Vgl. meinen Aufsatz:» Violence and the State in the Twentieth Century«, in: *American Historical Review* 107 (2002), S. 1158 – 1178 (deutsche Übersetzung in *Mittelweg* 36, April / Mai 2003, S. 21 –44).

第十二章 实证主义社会研究视角下的
欧洲价值观变迁

赫尔穆特·托梅

引言

实证主义的社会研究对待"价值"所采用的方法论与哲学家、文化人类学家、思想史家有很大不同。在实证主义研究中，价值观是"可测量"的，测量的根据首先就是对人的系统性的问卷调查。这不仅在社会学以外的其他学科，甚至在社会学内部都总是会引起误解，所以我将简要地介绍这一方法论。首先需要提醒的一点是，我们在日常谈话中就在不断地进行着粗略的价值"测量"。比如，谈到一个同事，我们会说相比他的家庭，他更看重工作；我们赞赏一个朋友，说对他而言，真诚比经济利益更重要；在政治辩论中，一位发言者强烈反对社会民主党（SPD），因为他们仍然更关心"平等"而不是"自由"，而幸运的是自由民主党（FDP）与其正相反。最后一个例子表明了在同一时间的两级量化。首先，发言者在一个小组里比较两个价值——自由和平等——的"重量"；其次，他将两组或双方的（主要）价值取向进行比较。其实我们总是在做这样的测量工作。那么这类比较是否准确？如果我们能够将隐性的测量显性化，以一种公认的方式去检验和判断，岂不是更好？这样可以更有效地衡量我们比较的描述是否准确，是否不仅适用于个人，也适用于较大的群体？这至少是经验主义社会研究试图做到的，他们描述特定人群的价值取向，其有多大程度上的不同，以及如何随时间变化。

在研究中我们立刻就要处理一个十分棘手的问题：如自由或平等、真实或正义等价值观，是无法直接观察的。经验主义者称，这些价值观是"潜伏构造"下可衡量的，至少是间接地在某些"指标"的帮助下可衡量的。但这也是我们在日常生活中处理事情的方式。我们观察到其他人的某些行为，或我们注意到某些言论，以此为基础判定他们的价值观。原则上，社会学调查研究是以大致相同的方式进行的，且它更为系统，采用部署（统计）控制方法，这可以在一定程度上消除某些来源的误差，或评估测量中剩余的错误，并将之纳入分析结果的考量。价值观变化的研究包括各种团体或群体（横向分析），及其随时间的变化（纵向分析）。这里的主要手段是"代表性"民意调查。一部分个体（个例），从不同国家的人口中随机选择，书面或口头询问他们的价值观；以一定的间隔重复调查，通常会加入新的个例作为特定人口群体的代表（或正是这部分群体）。各种价值观类型必须事先定义好，通常是通过一套每个人都必须回答的"规范化"问题获取。这导致了两个特别严重的问题。[1]第一，首先，每个受访者必须对提出的问题或多或少以同样的方式理解，我们要从这些问题中获取信息。其次，用来表达价值观的术语，如"自由"或"成就"，其意义可能会随时间推移而改变。意义的变化已经难以把握；当需要衡量所涉及的价值观的相对重要性时，还要从语义角度充分考虑术语变化，就更为困难。在这一方面，我无法更深入地探究在实证研究中使用的方法和技巧。然而，我会在下面的章节中提到某些具体的特点。

在过去的三十多年中，围绕价值观变化的国际社会科学讨论是由美国政治学家罗纳德·英格尔哈特（Ronald Inglehart）引领的。他搜集了数量最为庞大的实证材料，进行纵向和横向分析，并以他的物质主义和后物质主义理论著称。而他也很重视宗教倾向的转变。在第二节中的跨国价值观对比主要是基于英格尔哈特的研究结果。[2]

在第三节中，我采用的调查方法是由社会学家赫尔穆特·克拉格斯（Helmut Klages）开发的，其方法与英格尔哈特并行，一定程度上可以作为替代方法。这使得我们能够仔细观察德国的情况——由"旧"联邦共和国的发展开始，以1990年德国东部和西部的价值取向比较分析（第四节）结尾。

但讨论价值观衡量方法，以及展示其变化之前，我们必须首先明确"价值"或"价值取向"的含义。以下这一节就对此问题进行讨论。

一　价值的定义

文学中对价值观的定义各有不同。在 20 世纪 60 年代末，一个社会学家试图罗列所有定义（Lautmann 1969）[*]；在 400 部专门介绍价值观的出版物中，他找到了 180 种不同的定义。要是我们今天同样这么做，我们可能会发现更多的定义。然而，大多数的定义，或者至少是那些应用于当代社会学的定义，有一个共同的核心，它是 50 年代初由美国人类学家和价值观研究者克莱德·克拉克洪（1951：395）在社会哲学家约翰·杜威早期研究的启发下提出的：

> 一种价值观是一个明确或含蓄的需求价值的概念，以个人或群体特点为区分依据，影响处理方式、手段和行动目标的选择。

这一定义中有三个关键方面：

（1）将价值观视作概念、想法，或者是理想来理解，即与等同于重视、爱，或追求对象的概念割裂开来。举例而言，1921 年，托马斯和兹纳涅茨基的经典之作包含一系列可能的价值观，如"一种食物、一个乐器、一枚硬币、一首诗、一所大学、一篇神话，一个科学理论"（Thomas/

----

[*] 本章参考文献见章后。

Znaniecki［1921］1984：58）。这些无疑是所有人都会看重的事物，但我们还没有确定使得他们有价值的"因素"或标准。但我们需要找到这样的"象征性的概括因素"（Luhmann），当我们以遵循的价值观为由，观察自己或别人怎样交换或者替换对象和目标。我们需要回避价值观的某些价值概念的固定特点，以公正的眼光观察。这样可以在分析中独立变化衡量角度和中心，使得价值观概念更为灵活，换句话说，也就是为了确保"价值观"会作为衡量中心出现。诚然，这会牵扯大量的其他问题，但这里我希望把这些问题放在一边。

（2）我想强调的第二点有关预期和理想之间的区别。我并不关心在缺乏一定衡量元素的情况下定义价值观是否可能这一问题。对我来说重要的是实际存在与合法欲望之间的区别，这可与（身体）"需求"和"价值观"的概念上的区别联系起来。对事物简单的观察当中，我们及他人再一次不断强调这种区别的价值所在，即想要某个东西却拒绝去追求它，反倒是回避它，因为我们认为这是一个"坏主意"，甚至是有害的或坏的。当然，这涉及的不仅仅是我们为了身体健康而放弃奢华的蛋糕那么简单。

（3）第三点有关价值观的作用，但在这里我再次避开一个复杂的问题，即一开始就将作用作为定义的一部分，而不是将之作为经验假设是否有意义。克拉克洪提到价值观的两个作用。第一，作为模式、手段和行动目的的选择标准，我们应该补充，还可以指导角度的选择（Kmieciak 1976：150）。第二，将个人或群体"个性化"，换句话说，他们代表个人或集体的身份。

此外，价值观作为一个"词"（C. W. 米尔斯）而言，使我们能够找到动机，以及促进或支持的期望的信息，没有这些，社会控制和协调行动就无法实现。社会学家尼克拉斯·卢曼将人们视作理所当然的价值观描述为"为推动共同利益的假设媒介"（Luhmann 1998：343）。在高度分化的社会中，当价值观达到高度概括和抽象时，便可以帮助建立共识，也就是在价值观并不规定具体的行动的时候。虽然有人对价值观开放性的解释感到不安，但这是好的，并没有坏处。

这让我们关注具体的价值取向，在过去的 40 年里曾发生的显著变化。我首先介绍罗纳德·英格尔哈特的价值变迁理论，以及他选用的例证。我对英格尔哈特的理论方法（Thome 1985a；1985b；2003）持怀疑态度，会不时提出一些看法。我主要展示实证研究结果，保持从不同的理论角度看这些结果都相关。

二　英格尔哈特的价值变迁理论和发现

英格尔哈特主要通过一对概念划分价值观变化类别：他将之描述并解释为舍弃"物质主义"到"后物质主义"的价值观偏好的转变。他还将之描述为"生存战略转变"，最初目标是"经济收益"，但后来随着经济条件提高，目标转变为细化"生活方式"（Inglehart 1997：64）；他还谈及了"生存价值观"，其重要性的降低代表"幸福价值观"的提升（Inglehart 1997：82）。他最终将所有扩充为一个关于

"现代化和后现代化"的理论，将文化变革与经济和政治变革联系起来。

在第一节中我们区分了价值观概念与需求概念。英格尔哈特没有重视这种区别，大概是因为他的研究是基于这样一个假设的，即从长远来看，一个社会中占主导地位的价值取向必须与人口中目前的需求结构兼容，也就是说，二者的发展相辅相成（沃尔夫冈·赖因哈德在本书的一章中阐明了这个假设的问题）。英格尔哈特的两个基本假设如下（我在这里用的是 Inglehart 1989：92）。

（1）"稀缺假说。一个人的选择重点反映了其社会经济环境，最大的主观价值会聚焦在那些相对紧缺的事物上。"

（2）"社会化假说。社会经济环境和价值观优先级并不直接取决于社会经济环境。人的基本价值观存在较长的时间滞后，因为在相当大程度上，它反映了人未成年时期的生存条件。"

第一种假设，如英格尔哈特本人所说，符合经济学中的边际效用递减规律。他将之与层次需求发展理论相结合，可通过 20 世纪 50 年代美国心理学家亚伯拉罕·马斯洛的相关研究中得出。这是布莱希特自行调整的一个较为复杂的版本，在日常交际中广为人知："首先你要填饱肚子，然后你才考虑道德。"英格尔哈特对马斯洛理论的阐述如下（Inglehart 1977：22）。

（3）马斯洛定理："人们的行为是为了满足不同层次的需求，根据自己的生存相对紧迫性以层级次序排序。"

从这个角度来看，自由和避免身体伤害的需求优先于一切。这一概念说明，只有当这些需要得到满足的时候，我们才会将注意力转移到归属和被尊重，以及个人的自我实现的社会需求之上。关于政治目标，基本需求由此得到体现，例如：追求经济稳定和持续增长；对安全的需求，需要社会治安和保护不受犯罪行为和敌对国家的侵害；归属和被尊重的需求，需要在工作场所和政治的参与中满足；自我实现需求，有法律所规定的自由和机会，以根据个人需要做出决定并安排个人生活。英格尔哈特的想法是询问人们是如何考虑归类于此的政治目标的紧迫性的。

但仔细研究这一话题之前，我必须对社会假设加以解释。如上所述，这点可能难以理解，因为上述时间位移涉及人口聚集群体。早前，英格尔哈特是这样阐述的：

2a. 价值观一旦在性格形成期（formative years）建立，成年后人们会保留已有的价值观选择。（1977：23）

这里英格尔哈特并非在说一旦人们成年，价值观就不会出现任何变化，只是说随着人们年龄的增长，价值观不太可能发生变化，也就是说，价值观趋于稳定。英格尔哈特将社会化假设与代际假说连接起来归纳如下。

（4）由于社会经济环境的发展是非常规（不连续）的，同类人之间的连续继承破裂，导致不同世代的人的受教育程度不同。在主要社会环境中，某一代的成员会受到大致相同的社会经济影响，这与那些影响了其他几代人的社会环境在各个方面均有不同（我们以二战前的一代和二战后的一代为例）。

英格尔哈特的下一个论证涉及经验观察。

（5）在美国、日本、欧洲西部和中部国家，满足物质需要的社会先决条件在二战结束后的社会各阶层中改善显著。

让我们暂时假装我们并不了解自 1960 年以来的价值观的改变，需要基于英格尔哈特上述的设想和发现（第 1~5 小节）进行预测。我们会得出以下预测。

预测一：第二次世界大战以前，在欧洲中西部长大的一代在战后经济腾飞的年代里将轻微抑制他们较强的物质主义倾向。

预测二：第二次世界大战结束后，在欧洲中部和西部长大的一代将不太信奉物质主义，或比战前一代产生更强烈的后物质主义（"群效应"）。各代人之间的差异大小将取决于社会经济环境变化的密集程度。

预测三：由于上一代不断被年轻的群体取代（Population replacement，人口更替），只要社会经济环境不显著恶化，我们会看到在这些地区的人群中，价值观向后物质主义的整体平移。

英格尔哈特认为，这些预测可以从他的理论假设和经验观察中推演出来，价值观现实的可观察到的变化可以证实这些预测。为了理解这一点，让我们再一次回顾收集数据的方法。英格尔哈特自 20 世纪 70 年代开始了一系列调查（主要是在半年度晴雨表研究的框架内进行），在某些国家的取样中他一直采用下列测量方法。

首先，受访者会看到一段介绍性文字（具体措辞因调查和国家的不同而异）：

我现在想问你一些关于政治目标的问题。你不能一次拥有一切，这适用于政治，也适用于其他任何事物。在这份清单中，你会看到政治家们追求的一些目标。如果你必须从这些不同的目标中进行选择，你个人认为最重要的是什么呢？

然后，他们从政治目标的列表中选择他们认为最重要的。选项如下：

A 保护言论自由；

B 防止价格上涨；

C 在重要的政治决定中给予人们更多的发言权；

D 维护国家秩序。

初步回答后，受访者被要求找出第二重要和第三重要的目标。这些目标中的两个，即 A 和 C，都表达了后物质主义倾向，另外两个，B 和 D，是物质主义倾向。答案被用于创建一个模型，在文学中被称为"英格尔哈特索引"（"英格尔哈特模型"）。如果受访者认为两个后物质主义目标最为紧迫，他的编号或模型分数为"1"，英格尔哈特将这一部分人描述为"纯粹的后物质主义者"。相反，如果受访者优先选择两个物质主义者目标，他的编号为"4"，他是"纯粹的物质主义者"。如果一个受访者首选一个后物质主义目标，次选一个物质主义目标，他的编号为"2"，他被称为"混合后物质主义者"。但是，如果他首选物质主义目标，次选后物质主义目标，他的编号为"3"，他是"混合物质主义者"。英格尔哈特研究的假设是该索引代表连续的价值观：得分越高，物质主义倾向越强；反之，分数越低，后物质主义倾向越强（改变模型的方向并不会带来重大影响）。

英格尔哈特曾使用一个更全面的模型，内有八个政治目标。举例而言，在物质主义方面，有"经济增长"和"加强打击犯罪的力度"；在后物质主义方面，有"社会去个人化"和"在工作中有更大的发言权"。但大多数由英格尔哈特提出的结论是基于上面给出的四个项目的范围。（术语"项目"是由分析者应用表示在一个尺度上任何给定的元素，在这一调查中为问题。）英格尔哈特强调小范围与大范围产生的调查结果只有些许不同。然而，关于模型有效性的问题一直存在。有些人表示怀疑，他们提出了很好的理由，即范围是否能以"一维"方式真正测量价值观"物质主义"与"后物质主义"的两极（Flanagan 1982；1987；Bacher 1988）。举例而言，将"和平与宁静"和"价格稳定"放在同一个价值范畴（物质主义）内是否有意义？如果我们将价格稳定和应对失业放在一起，结果会有多少变化？（Bauer-Kasse/Kasse 1998；Clarkeet et al. 1999）这些异议尤其针对英格尔哈特超越数据和理念的有效应用范围的某些阐释，他从政治分析转移到文化社会学领域的概括（虽然他这里采用了其他范围的问题，见下文）。但这并不意味着通过英格尔哈特指数收集的信息是完全无用的。从务实的角度，我们需要注意两个关键点。第一，这些测量并不主要是为了正确获取个人的价值取向，而是发现组间差异和发展趋势。在计算百分比或平均值之时，个别测量中随机的、不系统的误差基本都消除了；相同大小和方向的系统误差不影响个人得分之间的差异。第二，没有其他方法能够收集如此长的时间内在如此众多的国家获得的全面的比较数据。无论人们如何选择使用，每个价值观变动原因取决于英格尔哈特的数据，超越个别国家和短周期的时间。

　　以下是英格哈特尔研究的主要结果。图 12.1 为队列分析，总结了六个欧洲国家的结果：比利时、法国、英国、意大利、荷兰和西德。（这些发现基于超过 24 万人的采访调查。）

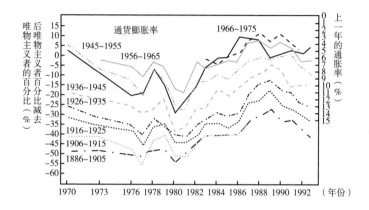

图 12.1　1973 年至 1994 年，在六个西欧国家八个年龄组中，后物质主义者减去物质主义者的百分比。数据来自比利时、法国、英国、意大利、荷兰和西德。

来源：Inglehart（1998：196）。数据从代表欧洲委员会的晴雨表调查中加权随机抽样获得。

　　该图的左轴表示"后物质主义者百分比减去物质主义者的百分比"。该数字根据不同的年龄组计算而成。曲线位置越低，物质主义者的份额越大；曲线位置越高，后物质主义者的份额越大。我们可以直接看到不同年龄组的不同的位置：组群越年轻，与后物质主义者相比物质主义者的比例越小；战前和战后几代人之间的差异明显标注出来了（如果我们比较 1936～1945 和 1945～1955 群体的线条）。进一步的分析表明，如果年轻一代人是在富裕家庭长大的，他们将非常可能具有后物质主义特点（Inglehart 1990：167）。这两个研究结果与理论预期相符。比研究初期的组群的差异更重要的是差异在整个期间持续存在。这说明，我们不受，或主要不受在这里探讨所谓生命周期的影响。年轻一代物质主义特点少，不是因为他们年轻，而是因为他们在长期经济安全环境中长大。假如年龄是一个决定性的因素，"年轻人"将在多年后最终改变，变得更加"物质主义"，就是变得更像前面的群体。但情况并非如此。[3]

该图不仅展示了群体效果，也有所谓的期间效果。根据英格尔哈特的理论，价值取向主要取决于经济安全的程度。假设这种结构性的影响在人的成长中是最强的，这就导致了群体效果。但经济形势的影响程度并不仅仅体现在此期间的生活之中，在人们生活的其他阶段也仍然很显著。所有年龄组对经济状况的变化均有所反应。英格尔哈特将通胀率作为衡量经济不安全程度的标杆。他将之纳入图中，即那条倒立着的粗黑线，通胀率的线条位置越低，通胀率越高（见右轴）。线之间的相似之处其实十分惊人。当通胀率增加，正如在观察期开始时那样，在每个群体中对物质主义政治目标的支持就越强；当它下降，就像在80年代那样，支持就会下降。然而在所研究的阶段末期，从1989年或1990年开始，这种关系似乎消失了。

如果我们注意1970年和1990年之间的发展，这期间的数据不仅由群体划分，也涉及各个人群总量，英格尔哈特的预测也基本得到证实。他的主张是，后物质主义年轻群体正逐渐更多地取代物质主义群体，这种"人口置换"导致向后物质主义的整体平移。这也适用于欧盟国家当时的情况，除比利时之外，至今仍然无法解释（Inglehart/Abramson 1994：338）。

然而，自 20 世纪 80 年代末和 90 年代初开始，在欧洲西部和中部的后物质主义倾向略有减少。最初仍然与通胀率相关，暂时略有升高，但这种一致性在后来便不再适用了。再一次，各个国家的趋势不完全一致。以法国为例，直到 1999 年通胀率才开始下降，与德国东部和西部、英国和荷兰不同（Van Deth 2001：27）。这是否意味着英格尔哈特的理论与事实相矛盾？这成为专家们争论的中心。也许通胀率不再是经济安全与否的有效指标。这可能是因为，一旦经济繁荣到一定程度，我们必须假定客观的经济数据不再能体现"经济安全"，而是沟通过程，其中多种解释同官方说法都存在。

到目前为止，我们仅关注英格尔哈特描述价值观变化的类别，以及他对价值观是经济、政治发展的结果的解释。但他也攻克了价值变动影响政治冲突结构和民主参与的形式问题（Inglehart 1989，第 9~11 章）。我在这里仅强调几个关键点。在西方社会的政治制度之中，英格尔哈特将前工业冲突结构和工业冲突结构区分开来，前工业冲突结构主要基于宗教、民族、语言群体以及宗教差异；工业冲突结构很大程度上与阶级矛盾一致。然而，阶级矛盾并没有取代前工业冲突结构，仅在其上被叠加（Lipset/Rokkam 1967）。欧洲政党制度从这种冲突网状结构发展而来，直到 20 世纪 70 年代，其基本功能一直保留。日益增强的后物质主义倾向在这一结构中加入了一个新的冲突。在本质上，英格尔哈特的解释如下：

（1）由于当时的政治主张长期以来带有物质主义色彩，相比物质主义者，后物质主义者对政治制度有较高程度的不满，导致他们更为积极地支持政治变革。

（2）由于后物质主义群体大部分为年轻人及受过良好教育的人，他们有更多的精力参与政治，对推陈出新和非常规形式的政治抗议有更高的认知能力。

（3）传统上，人们会借助大型法人机构中的成员施加政治影响力。机构精英很大程度上会参与政治。参与的新形式并不是"精英导向性"的，而是"精英挑战性"的。后物质主义者还通过官僚组织反对个人匿名。参与形式因此更加个人主义。女性和环境运动，以及基层和自助团体在新的社会运动中很突出。

（4）随着时间的推移，越来越多年轻的后物质主义者在社会的各个领域身居高位，尤其是在政党之中。在德国不仅出现了一个新政党绿党（在1983年第一次进入联邦议院，即德国议会下院），而且在自由民主党内产生了潜在分裂。社会民主党还没有正式分裂，但整合物质主义和后物质主义的成员和支持者变得越来越难。

（5）"左翼"和"右翼"政党或集团之间长期保持对立状态，基于阶级冲突，一个新的政治分界线正在出现，英格尔哈特将之认定为"后现代"与"宗教激进主义"价值观之间的对立（1998：第340页及后几页；见下文）。这种对立很明显，例如环境和移民政策，以及生活方式的问题，又如承认同性恋婚姻，以及针对家庭和妇女的政策。在德国，绿党是后现代一派中最突出的，而极右群体则以宗教激进主义为代表，但如上文提到的，此分界线也存在于长期建立的政党之间。

（6）因此后物质主义只能更加复杂，英格尔哈特将之描述

为"后现代"价值取向的核心。总体而言，该价值取向导致
"对宗教、政治，甚至是科学权威的信任减少，还导致了更多
参与和自我表达的诉求"（Inglehart 1998：452）。

在进一步探讨这些或类似的概念扩展之前，我会在一些职
业群体中呈现后物质主义倾向发展的一些数据，如表12.1。

表 12.1　不同职业和年龄群体的价值观类型

	35 岁以下			35 ~ 49 岁			50 岁及以上		
	物质 主义者 （%）	后物质 主义者 （%）	人数	物质 主义者 （%）	后物质 主义者 （%）	人数	物质 主义者 （%）	后物质 主义者 （%）	人数
高级管理 人员/公务 员	19	27	1150	21	25	1415	24	15	902
学生	20	24	11677	—	—	—	—	—	—
自由职业 者	20	21	869	20	22	608	29	15	505
非手工雇 员	25	20	11623	31	14	7166	36	11	3871
无职业	28	17	4958	33	11	1218	37	8	1565
独立贸易 员	31	12	2257	40	9	2797	41	7	2104
手工工人	30	13	10926	36	9	6904	41	8	4817
家庭主妇	36	10	7787	43	8	7192	46	6	9824
农民	38	11	401	45	8	706	46	6	1111
退休职工	—	—	—	37	11	412	46	6	19526

来源：Inglehart（1998：399）。数据来源于1980年4月到1986年11月，比
利时、西德、丹麦、法国、英国、爱尔兰、意大利、卢森堡以及荷兰欧洲晴雨
表调查。

表12.1 总结了欧洲各国的调查结果。三个年龄组的百
分比证实了后物质主义趋势增强；不同职业群体的数据表

明，职业地位越高，这种趋势发展得越快。商务人士（如独立贸易员）例外，哪怕是其中的年轻人也一般都是物质主义者，而不是后物质主义者，手工工人也是这种情况。遗憾是，"高级管理人员"和"公务员"在表中被放在了一起。然而这些数字很了不起，表明了早在 20 世纪 80 年代，在担任领导职务的年轻群体中，后物质主义倾向比物质主义更为强烈。在另一项调查（这里并未详细介绍）中，英格尔哈特（1989：403）从 1982 年发表的西德精英研究（Wildenmann et al. 1982）中引用了数据，将之与自己的调查加以比较（对 1976～1987 年进行总结）。在普通人群中，物质主义者数量超出后物质主义者 15%，这个数字在商业和农业协会职员中是 26%，大公司高级管理人员为 22%，基民盟、基社盟政治家为 16%。然而在多所大学和研究机构的高级职员、新闻工作者、自由民主党和社会民主党政治家之中，后物质主义者数量较多；甚至在 85 个贸易联盟首脑中，后物质主义者比物质主义者多 38%（近期似乎没有可比较的数据）。

如前所述，最近英格尔哈特为将相关的价值取向分类，扩大了他的系统。他不再将研究局限于物质主义与后物质主义，而将这对分类拓展到更深层范围的"生存与自我表达"。他还构建了第二个分析范围，与"传统"和"世俗理性"的方向相悖（Inglehart/Baker 2000：24）。"传统"与"世俗理性"范围关注的是从前工业社会向工业社会转变时发生的文化变革。关键点是上帝和宗教信仰，对权威的尊重以及对自己国家和家庭的信念。某个国家的受访者接受或拒

第十二章　实证主义社会研究视角下的欧洲价值观变迁

绝这种概念或理念的平均程度（以所谓的"因子得分"的形式），标志着国家在传统与世俗理性中的地位。第二范围以相同的方式处理。这主要与文化现代性和后现代性更深远的分化有关，以主观幸福感、政治参与、对他人的信任以及对非传统的生活方式（如同性恋）的接受程度作为附加的其他衡量方式。英格尔哈特原则上承认，这两个范围可在不同的国家以不同的方式组合。而经济的持续繁荣促进了双方世俗化和自我表达价值观的发展，这种发展是"依赖路径"的，部分取决于有深厚渊源的文化传统。英格尔哈特在20世纪90年代早期和中期分析了超过15万人的访谈数据。每个国家（两个轴上标有平均值）现在可以用二维系统中的坐标表示。如图12.2所示。

英格尔哈特认为，他的评分基于一个事实，即国家和地区可以以熟悉的文化区域进行分组，建立在他的测量结果的基础之上。以在欧洲北部和中部新教为主的国家（图右上角），和以英语为母语的国家（特别是美国）为例，自我表达价值观是非常重要的，但前者比后者更去传统化和世俗化；在这两个范围中，二者比天主教占主导地位的欧洲国家的得分都更高。在前共产主义国家，如果没有正统基督徒的引导，传统宗教取向依然会成为划分自我表达价值观的依据。美国和其他英语国家的位置也是值得注意的：它们的价值取向都是性质比较传统的宗教。

然而如果比较各个国家和地区的位置，我们也会发现一些令人惊讶之处，这些与英格尔哈特的概括不符。例如，如果我们结合两种范围，日本和德国东部、菲律宾和秘鲁联系

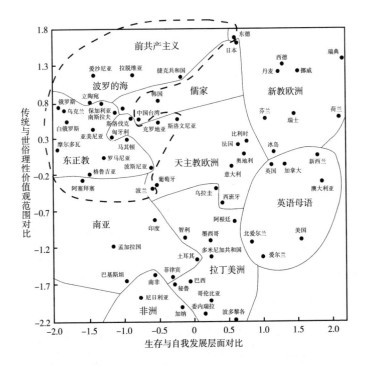

图 12.2   在两个价值维度中 65 个国家和地区的分布

来源：Inglehart/Baker（2000：29）。数据来源于世界数据价值观调查，1990～1991 年以及 1995～1998 年。

最为紧密，斯洛伐克和中国台湾地区也令人惊讶地接近。这让我们意识到，进行大量国家和地区的对比时，在非常不同的文化区域采用同样的问题或许是有问题的。例如，在东亚国家签请愿书传达的自我表达价值观，其重要程度与在美国或欧洲是否一样，也是值得怀疑的。在儒教国家建立宗教联系的力量，与在美国声明建立个人与上帝的关系是否一样，更是值得商榷的（"上帝在参与者的生活中非常重要"）。从更广泛认知的历史角度看，英格尔哈特的世俗主义观念，以及信仰与理性之间的尖锐对立，也难以令人信服。这抑制了其现代化发展的可能性，宗教思想已经在发展过程中显露出来。（本书中的许多观点表现出的就是对这个问题有趣的思考。）

然而，随后的统计分析证实，两个价值层面的国家的立场并不只取决于达到的经济发展水平，也受社会机构表现出的长期文化传统和塑造个人的价值倾向的影响，从而形成相对独立的个人的宗教信仰。英格尔哈特总结如下（Inglehart/Baker 2000：36）："尽管历史上天主教、新教徒或伊斯兰社会都表现出独特的价值，天主教徒和新教徒以及伊斯兰教社会之间的差异相对较小。（我们也许应该补充：其中没有太多的政治宗教冲突）。以德国为例，相比在其他国家的天主教徒，德国天主教徒的基本价值观与德国新教徒更为类似。"接下来，我们就来看看宗教倾向的调查结果。

宗教倾向

正如上文所述，英格尔哈特假定，随着物质上的繁荣，人民群众的安全感会增长，"使得人们对传统的绝对信仰体系依赖减弱"（Inglehart 1997：281）。鉴于此，英格尔哈特认为，在发达的工业社会中会出现世俗化的趋势，同时，宗教激进主义会对此做出反应。此外，无论世俗化是否出现，我们都可以假设，更多的人会关注"广义上的"精神信仰问题（Inglehart/Baker 2000：49）。

英格尔哈特通过两个关键指标认定宗教倾向。他首先询问教堂出席情况，并指出不同国家中每月至少去教堂一次的

欧洲的文化价值

人的百分比（同样，我们应该注意到，参加教堂活动对基督教社会的意义比受儒家思想影响的社会要大）。除此以外，他确定在 1981 年到 1991 年以及 1998 年，尽管教徒的比例在 20 个高度发达的工业国家中的 16 个国家中出现下降，但这种趋势并没有我们所预期的那么明显：平均降幅为 5%（Inglehart/Baker 2000：46）。瑞士、澳大利亚、西班牙、德国（西部和东部分别减少 10% 和 11%）和荷兰出现了超出平均值的下降。然而因个别国家的数据受随机抽样的影响，我们必须谨慎对待。

大部分前共产主义国家的这一数值出现了增加。除了德国东部，斯洛文尼亚也是个个例（虽然只有无关紧要的 2% 降幅），波兰降幅达到 11%（从很高的初始水平 85%）。

对发展中国家的调查结果是非常复杂的；英格尔哈特确定了 4% 的平均跌幅。

这一指标基于上帝在个人生活中的重要性的问题，将之与第二个指标对比十分有趣。在高度发达的工业国家，在个人生活中十分重视上帝的人数比例有所下降；在其他两个国家群体中，英格尔哈特注意到了平均 6% 的增长（Inglehart/Baker 2000：47）。在这里，有许多具有国家特色的特点十分引人注目。例如在西德，个人对上帝的认知程度没有下降，与教堂出席率形成对比；在西班牙甚至出现了 8% 的增长，与教堂出席率形成更显著的对比。然而我们可以注意到，几乎在所有的国家，对个人而言上帝很重要的人数比例比每一个月至少参加一次礼拜的人数少。

根据他的数据，英格尔哈特给出以下结论，即使相对于西方经济高度发达的国家，将一种总体趋势认定为宗教信仰重要性降低是不正确的。（Inglehart 1997：第 285 页及后几页；Inglehart/Baker 2000：46）英格尔哈特告诉我们，宗教有许多作用，其中一个是在一个不确定的世界中给人方向感和安全感。但是，即使物质繁荣和安全得到保障，紧迫的问题依旧存在："我们是从哪儿来的？我们会去哪里？我们为什么在这里？"（Inglehart/Baker 2000：47）。（然而这种说法并不完全与倾向模式的两极概念一致，其中宗教承诺被理解为文化传统主义的暗示，正如我们前面所看到的）。调查结果显示，虽然后物质主义者相比物质主义者较少地继承了宗教传统形式，他们却比后者更深入地探讨生命的意义（Inglehart/Baker 2000：48）。再者，介于 1981 年和 1991 年或 1998 年间，在高度发达的工业国家，英格尔哈特观察到这组增加了 6%，高于其他两个国家组。其中排名靠前的国家出现了教堂出席率的大幅度下降：德国（12% 和 7%），澳大利亚（10%）和荷兰（10%）；在芬兰和瑞典（均为 8%）的下降也十分显著。

英格尔哈特所考虑的时间段的识别趋势的基础非常有限。西方欧洲国家对调查数据进行了详尽的二次分析，加格德金斯基和多伯拉尔（Jagodzinski/Dobbelaere 1995a）的调查回到 20 年前。他们指出，在英国、西德、丹麦和荷兰主要的新教教徒大面积减少发生在 20 世纪 60 年代。其核心成员不仅以名义上隶属关系为基础，还需要每周参加教堂活动。到 20 世纪 60 年代，这些国家的数字是 10% 左右，在丹麦相对少，在西德较多。然而在某些新教统治地区，核心成员大致保持不变，特别是荷兰的新加尔文主义者。在天主教教会，下滑幅度更为平缓，并有显著的国家差异。例如，意大利在 20 世纪 70 年代与大趋势相同，但这之后便逆转。至于英国的天主教徒（相对小众），作者记录了其在整个调查周期均趋于稳定。尽管如此，英国、法国、荷兰和比利时是未皈依宗教人数涨幅最高的国家中的代表（Jagodzinski/Dobbelaere 1995a：105）。到了 80 年代末，前三个国家中有一半以上的人不属于教会，而在比利时和丹麦这一数字接近 50% 大关。在西德，以及最重要的意大利，这个比例较小（见下文，第四节）。[4] 作者指出在特定的国家内就教会的宗教信念出现了更细致的倾向，因性别、就业状况和教育而不同（Jagodzinski/Dobbelaere 1995）。对于大多数人来说，上帝概念正变得"更为抽象"：大多数欧洲人相信"上帝"（在 1981 年和 1990 年的西德受访者中大约占三分之二），但只有少数人相信"个人的上帝"（在 1981 年和 1990 年间的西德，比例为五分之一，见 Gabriel 1998：41）。即使是那些自称"不信仰宗教"的受访者，其中有很多相信"上帝"。以 1990 年德国西部为例，这个数字为 25%，法国为 31%，但在德国东部只有 5%（Köcher 1998：61）。总体而言，数据证明了宗教和道德倾向于多元化发展。但加格德金斯基和多伯拉尔（1995b：247）认为："这一趋势绝不是通常认为的那样在全球都一致。"

下一节是针对德国价值观变化的研究。我们先来看看在西德（第三节）的发展；其后是 1990 年以后东部和西部的对比（第四节）。我们会再次讨论在这一背景下的宗教态度问题。

三　西德价值观变化

教育目标和公民道德

赫尔穆特·克拉格斯（Helmut Klages）对西德价值观变化进行了最深入的研究。1980 年当他开始研究时，除其他资料外，他根据最初由民调机构和阿伦斯巴赫（Allensbach）研究所收集的调查数据进行研究（图 12.3 展现了 1985 年穆勒曼提供的结果）。

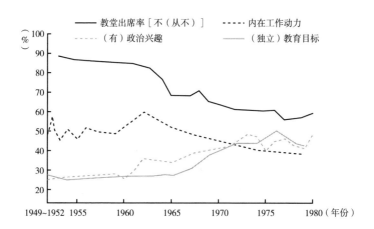

图 12.3　1949～1980 年西德的价值观变化：教堂出席率，内在工作动力，政治兴趣，教育目标。根据人口调查的结果

来源：Meulemann（1985：409）。数据由民调机构和阿伦斯巴赫民意调查研究所提供。

除此之外，图 12.3 表明，从 1960 年开始，受访者对教育目标的"独立和自由意志"的支持与日俱增，对"顺从和服从"的支持则递减。在此期间他们对政治的兴趣也有

所增加，就教育的目标而言，阿伦斯巴赫研究所也记录了自
1960 年代中期后，人们对其他公民道德支持率的下滑，如
礼貌、良好的行为、清洁和节俭。1978 年，诺尔·纽曼焦
虑地询问："难道我们都会成为无产者？"（Noelle-Neumann
1978）赫尔穆特·克拉格斯并没有如此悲观，在 1972/1973
年之后价值指标（暂时）稳定，他称这段时期为"价值观
变化末期"（Klages 1985：123－124）。事实证明，这一理
论是相当不成熟的，下图 12.4 显示教育目标倾向到 1995 年
差距拉大（同样基于民意调查）。

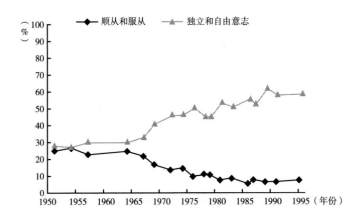

图 12.4　联邦州教育目标随时间的变化

来源：Reuband（1997：134）。数据来源于 EMNID 的民意调查。

　　变化率在 20 世纪 80 年代再次升高，于 1989 年达到顶
峰。卡尔－海因茨·鲁伊班特怀疑暂时的稳定可能是由 20
世纪 70 年代的恐怖袭击事件造成的（Reuband 1997：135）：
任何情况下，在此期间，"法律与秩序"的主题在公众意识
中都更为强烈……对死刑的支持率迅猛增加……然而，在

80年代初期，相反趋势的时期结束，教育目标评价趋势也就此告终。

　　不幸的是，鲁伊班特的图不包括"有序和勤奋"的教育目标，其支持率保持在40%左右，非常稳定，只短暂地在1951年至2001年有波动。对于其他两个教育目标，1995年后的发展可简要归纳如下（见Meulemann 2002）。"顺从和服从"仍然处于较低的水平，在2001年只有5%的受访者认为那是教育的主要目标；同年，对"独立和自由意志"的支持率在53%左右，低于1995年的60%。对于这些教育目标的排名，德国西部和东部的受访者之间只有细微差别（Meulemann 2002：19）。（正如前面提到的，我将关注东西方的差异。）

　　民意研究调查记录了性规范发生的巨大转变。例如，"（直到1967年，）仅仅24%的年轻女性可以接受与男性未婚同居。短短几年后，76%的女性认为这是完全可以接受的"（Noelle-Neumann/Petersen 2001：16）。

　　这里我们可以回到英格尔哈特的研究，他也对"公民道德"问题进行了调查。除了宗教和政治领域，他将"尊重权威"、"性和婚姻规范"、"父母与子女间的联系"区分开来。在所有这些领域，他发现后物质主义者往往比物质主义者更消极。但在几乎所有这些领域，从1981年到1991年间，总人口中对自由主义立场的支持增加了，有一个显著的例外：在亲子关系中，调查的19个国家中的绝大部分出现了相反的趋势。受访者被问道，例如"如果有人说，一个孩子需要双亲家庭，父母双方都在才可以快乐地成长，您是否同意?""1981 年至 1990 年间,在我们掌握的 19 个国家中的 16 个国家对此的支持一致上涨,而不是下降"(Inglehart 1997:286)。然而在德国,那些回答是的人数特别少,并且在观察的时期较为稳定。但必须指出的一点是,1960 年以后,在德国非婚生儿童的人数仅有少量增加,只有 1985 年英国或法国的一半,在 10% 左右;在丹麦这个数字高了四倍 (Inglehart 1997:289)。

就这一点,英格尔哈特指出,大量的研究表明,在单亲家庭长大的孩子会受到负面影响。(还有其他研究提出争议或论证这一假设。)他认为,公众越发关注这些条件下成长起来的儿童会面临的问题,因此已经开始更加重视亲子关系。物质主义者和后物质主义者之间在这个问题上仍然存在差异,但自 20 世纪 80 年代开始,这两个群体再次开始重视亲子关系的"传统"倾向。[5] 例如,在 1981 年和 1990 年对德国和意大利的比较分析数据中,穆勒曼 (1999) 确定家庭内部共融有所增加。然而,他的结论是"家庭内个性化发展与日俱增是毋庸置疑的" (Meulemann 1999:411),这似乎有些过于绝对,而这不只是短时间内观察得出的结果。在此期间,西德和意大利选择"服从"作为教育目标的人数有少量增加,选择"独立"(个人主义)目标的人数上升幅度较大,尤其在西德。总体而言,妻子和丈夫,父母与子女之间的关系早已从"地位"(分层)结构转向"个人"(合作为主)。鲁伊班特 (1997:144) 注重对趋势的研究,表明"长期以来,年轻人注重独立性的程度持续上升",而家长控制的程度和力度均有所下降。在前期回溯性调查的帮助下，鲁伊班特在某些教育实践中重建自 20 世纪 20 年代以来的趋势，表明行为的变化发生在教育目标变化之前。1925年，约 80% 的儿童 "被以严格的方式抚养长大"（根据其后来的描述），到 80 年代中期，这个数字下降到了 20%；体罚比例下降较少，从 55% 降到 30%，而在纳粹时期则逆转上升（Reuband 1997：148）。[6]

综合价值观

让我们再次采用赫尔穆特·克拉格斯的研究方式，他在价值观类型上参考了英格尔哈特，但在一个重要的方面与他产生了鲜明的对比。最初，他也在两极范围的基础上进行研究，其中有所谓的职责和接受价值观，而自我表达价值观与之相对。第一类是诸如 "纪律"、"履行职责"、"秩序"、"成就"，第二类为 "参与"、"自治"、"愉悦"、"创造力"（Klages 1985：18）。但除这两个极端的对立外，他对综合价值观的模棱两可和尝试很感兴趣。因此，他发展出了与我们所知的英格尔哈特不同的衡量方法。他不要求受访者排列不同的价值指标，而是让他们评估一长串大约 15 个项目（表达特定的价值取向语句），每个语句各不相同，各有其重要性（即所谓的 "评级" 方法）。换句话说，就可以将职责和接受价值观与自我表达价值观同等比较。在此基础上，他开始构建四个价值观类型，后来成为五个。首先是传统主义者（也称为 "守旧派"、"传统派"）。这些受访者将如 "尊重法律与秩序"、"确保安全"、"勤奋和目标" 列为尤为重要的价值观，而自我表达价值观的给分相对较低。克拉格斯将重视自我表达价值观的人分为两组：理想主义者和享乐主义者。理想主义者将自我价值实现以"合作"而不是"自私"的个人主义（Durkheim）来定义。对于他们来说，守旧派的传统价值观不再起任何作用；二者都不渴望获得"权力和影响力"，或尽可能高的生活水平和高水平的乐趣。对他们而言，社会和政治参与是重要的，例如，他们希望"帮助社会弱势群体和边缘社会群体"。享乐主义者也拒绝接受一些传统的价值观，但对他们来说物质繁荣仍然是一个重要的目标，还有"具有实力和影响力"，并能"享受生活"，正如克拉格斯对他们的描述："对追求快乐主导对想要的东西的渴求经常使得他们碰触社会和法律底线。"（Klages 2001：10）克拉格斯最喜欢的是"积极的现实主义者"，他们维护传统的公民道德，参与社会，由此产生综合价值观，也能享受生活。克拉格斯的结论是，他们是一群"在其基本精神准则前提下具有现代化能力的人"（Klages 2001：10）。我们来看第五组，也就是最后一组——"漫无目的者"。他们无法给任何价值观打出较高的分数；用克拉格斯的话来说，他们是"社会变革中真正的'穷亲戚'，后退、被动和冷漠是他们的典型性格"（Klages 2001：10）。

这五个价值观类型在人口中占多大比例，我们还能判断出什么发展趋势呢？不幸的是，仅有从1987年到1999年这段相对较短的时间内的数据可供比较。克拉格斯认为，18岁到30多岁的人群与未来的发展趋势息息相关，西德将出现以下结果（Klages 2001）：传统主义者和漫无目的者的数量比较稳定，在10%左右。1999年，14岁及以上人群中，传统主义者的比例为 18%，而漫无目的者为 16%。因此，与年长人相比，更少的年轻人是传统的或无目的的。现实主义者的数量有明显的少量上升，从 32% 至 36%；在 1999年，他们约占总人口的三分之一（34%）。[7] 此外，现实主义者和理想主义者表现出比其他类型更多的参与社会的愿望（Gensicke 2001a：293）。1987～1993 年，年轻人中的理想主义者从 25% 下降到 15%，而这个数字在 1999 年是 18%（1999 年占总人口 17%）。与之并行，1987～1993 年，享乐主义者增加了 10%，从 21% 增加到 31%，1999 年再度小幅减少到 27%。然而享乐主义者的比例随年龄变化较大。1999 年，克拉格斯表明其在总人口中只占 15%。这一价值观的代际差异尤其明显。如果我们将英格尔哈特的社会化假说和"人口置换"联系起来，我们希望这种类型在未来社会中越来越重要。进一步的相关研究由 SINUS 机构提供，证明竞争态度有所增加（见 Schnierer 1996：70；最近的数据可见商业杂志 *Manager Magazine* 2 ［2006］，pp. 84 - 91）。

20 世纪 80 年代末以来，理想化的自我实现者的减少证实了后物质主义者比例的下降。阿伦斯巴赫研究所正在进行的调查也证实了某些指标的方向变化。人们对"礼貌和得体的行为"以及"让工作以有序和尽责的方式进行"的重视程度，在千年到来之际和 60 年代中期一样；在过去的十年中，人们重新表达出"谨慎用钱"和"融入"的意愿，尽管没有达到 60 年代的水平；基本一致的是，90 年代中期以来，与自由相比，关于工作的价值观显著增加（Noelle-Neumann/Petersen 2001：19）。[8] 然而某些趋势不减反增。例如，"增加对抚养孩子的重视程度，以培养对知识的渴求，培育技术技能"的趋势就是如此（Noelle-Neumann/Petersen 2001：20）。但是，诺尔－纽曼指出："优先享受生活的趋势也十分稳健。西德大多数 30 岁以下的人表示没有将生活视作任务，更主要的是去享受它"（Noelle-Neumann/Petersen 2001：21）。诺尔－纽曼对此持积极看法，他认为对工作和享受生活的积极态度只是看起来矛盾。她引用了任职多年的美国驻德大使约翰·科恩布卢姆的话，他被问及在他在任期间改变最大的是什么，他回答："德国人变得更加轻松了。"（Noelle-Neumann/Petersen 2001：22）此外，在积极的一面，诺尔－纽曼提到就公民道德的接受，如礼貌和尽责地工作，自 20 世纪 90 年代初以来代际差异明显减少。自 80 年代中期以来，年轻人中相信他们的看法与父母在生活的各个方面有所差异的人数有所下降（间歇性）；然而在德国东部，尽管仍低于德国西部水平，这个数字略有上升，从 1990 年的 10% 上升到 2000 年的 15%。

由阿伦斯巴赫研究所确定的趋势通过对青少年的谢尔研究结果证实。趋势总结如下："价值观变化正稳步朝着自我实现和公民参与的'后物质主义'价值观发展，成就和融入价值观则在下降，并被证明不够成熟。在过去 15 年中年轻人的趋势特征各有不同。""与 20 世纪 80 年代相反，现在的年轻人采取更加务实的态度……90 年代以来，成就、安全和权力（对他们而言）愈加重要"（Shell-Jugendstudie：3），而感知环境的行为方式、参与政治显然对他们而言不再那么重要了。不仅各代人之间的差异已拉平，性别之间也不再差异悬殊（Shell-Jugendstudie：4）：

> 女孩和年轻妇女的目标愈加明确，也更重视安全性……"有职业"、"争取独立"和"承担责任"对她们而言与对男性一样重要，她们也像男性一样积极看待自己的未来……然而，事实上，年轻人重视成就和安全并不意味着他们不那么有创意、宽容或热爱享乐……年轻人越发倾向于将这种"现代"价值观与诸如秩序、安全和勤奋的"旧"的价值观结合起来，这是新趋势。

这将我们带回克拉格斯的（必要的、希望实现的）"综合价值观"理念，当人们将传统价值观，如尽职和有序，或者将可以形成"终极价值观"的"有利价值观"，比如事业上的成功和生活享受，视为次要价值观，那么"综合价值观"就会出现。

在下面的部分，我会着重探讨 1990 年以来东德和西德的不同价值观趋势。

四　东德和西德的差异

初始一致性

我们将继续采用克拉格斯的方法。1990 年 4 月，当时的东德和西德分别进行了抽样调查（由社会发展研究中心或 FEG 发起）。分析表明统一后的东西部之间立刻形成了高度的一致性，虽然传统主义和唯物享乐主义倾向在德国东部地区的公民中更为普遍，而愿意帮助社会弱势群体和社会边缘群体的人并没有在西部的多（Herbert 1991b：124 – 125）。根据这项研究，德国东部"漫无目的者"的人数比西部少，"积极的现实主义者"的比例大致相同（Gensicke 1992：49）。当时，尤其是东部和西部年轻一代之间几乎不存在差异，不仅相对于价值取向，而且在他们对民主的理解方面也大致相同（Herbert 1991b：128）。然而，即使在从 1990 年 5 月至 1991 年 10 月的短暂的时间内，进一步的调查表明，德国东部人的价值观存在一些显著的差异：人们越发重视"钱"，却开始减少对例如"政治"的重视程度（Gensicke 1992b：121）。

在 1999 年价值观类型的比较数据也可供使用。根据数据得知，传统主义者并没有出现东西差异（均为 8%），漫无目的者（11% 和 10%）的年龄在 31 岁以下。在东部和西部，现实主义者所占比例最大（35% 和 27%），享乐主义者为第二大群体（25% 和 27%）。这两种价值观类型的人数在东部比西部要多，而"理想主义者"正相反，在西部为 21%，在东部为 14%。[9]

我们已经确定，自 20 世纪 80 年代末，后物质主义倾向（在英格尔哈特的意义上）在德国已经减弱。这种发展持续到 1993 年，而后趋势再次平稳。在曾经的东德，后物质主义者的数量自 1992 年以来略有上升，从 10% 上升到 2002 年的 18%（ALLBUS 数据）。通过比较可知，在 2002 年，物质主义者的数量在前西德地区约占 27%。在 2002 年，物质主义者的数量几乎相同：在西部为 18%，在东部为 19%。[10]

平等、自由和正义：分歧加大

西德社会制度比东德提供了更多的"个人主义结构性机会"，这么认为应当是合理的（Meulemann 2002），这样我们可以明确统一后东西部之间关于衡量不平等、成就、政治参与和自我表达的不同，对此西部比东部表现出更多的认可或支持。这引发了一个问题，即其与社会化的假设（见上文第二节）是否统一，从长远来看这些差异仍然存在，考虑到西德的社会制度被引进了东德，差异是否会减少；或因为引进的结构不能适应传统价值观倾向，差异是否会增加（见 Meulemann 2002）。数据描绘出相当复杂的画面，我们无法简单总结。部分是因为不同的调查和研究的结果偶尔会互相矛盾（见 Scheuch 2003：276 - 277）。最初，正如我们所看到的，差异比结构假说假定的少，整体而言差异趋于增加而不是减少。让我们先来看看平等和基于表现的正义的复杂关系（见图 12.5）。

第一个图与同意代表性调查（ALLBUS）中的陈述有关："收入不应该只取决于个人工作的多少。每个人都应有体面的生活所需的东西。"东部的人们比西部的人们更支持这一想法，随着时间的推移，差异逐渐增加。第二个图与这一陈述有关："只有当收入和社会地位的差异足够大，人才有动力去努力工作。"这一次，相悖的数字值得注意。同样，最初时几乎不存在什么差异。随着时间的推移，差异显著增加：西部不同意的人数略有减少，而东部数字迅速增加，而后减少，尤其是我们将 1991 年和 1994 年加以比较的时候。

第三个图与以下陈述有关："社会地位的差异是可以接

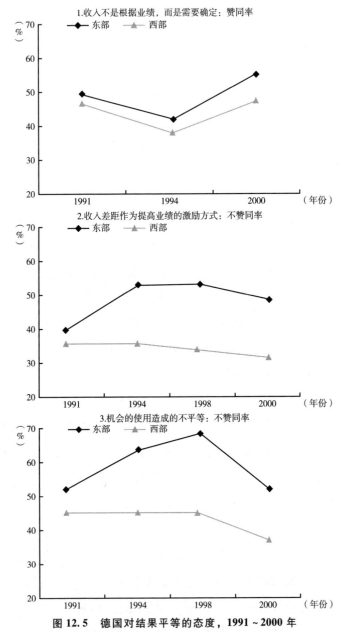

图 12.5　德国对结果平等的态度，1991 ~ 2000 年

来源：Meulemann（2002：15），基于 ALLBUS 数据。

受的，因为直到 1998 年东部反对的人数明显增加；然而到 2000 年，这一比例在东部的下降程度大于西部，虽仍有显著差异。不幸的是，2002 年的民意调查（ALLBUS）中并没有纳入这些问题。"

另一个问题直接针对结果和自由平等之间的紧张关系（阿伦斯巴赫研究所）。这个问题承认个人自由和高度平等是基本同样重要的价值观，但要求受访者在二者之间做出选择。在 1990 年，西德有 25%，东德有近 45% 的人选择了平等。到了 2000 年，这种差异基本保持不变，但这两个区域中选择平等的人数有所增加。在西德，人数增加至接近40%，东德为 60%（Meulemann 2002：16）。

然而，对于成就原则，我们必须在两个层面上加以区分。在刚刚引述的问题中，涉及的价值观与政治有关。如果将重点转移到个人成就的意愿上，比如在个人的工作中，结果会很不一样（Meulemann 2002：17）：

无论你询问人们在自由面前是否会优先选择工作，或者工作对他们（他们的个人幸福）而言有多重要，其结果都是一样的。与德国东部人相比，德国西部人更少寻求专门的成就动机……在这方面德国东部更大的激励点保持不变，不减（反增）。

尤其是年轻的和中间群体逐渐接受成就基础上的收入个体差异，但他们也一样"极力（支持）在社会完整的前提下的平均分配原则"（Thumfart 2001：12）。

东部和西部在实现价值的衡量方式上比在对一般原则的偏好上的差别更大。就这点，在过去十年中，差距已经显著扩大。举例而言，自1994年，"希望未来德国是统一的，希望看到社会安全、劳动力市场和整体经济安全改善"的人数有所下降。在1997年年中，这一数字"低于认为情形会急转直下的数量"（Thumfart 2001：8）。1996年至1998年进行的调查显示，对于团结、社会保障、社区生活、对成就的社会认可以及机会平等，德国东部人认为东德显然在某些方面比统一后的德国更好。"只有在自我决定、自我实现和自由的领域，德国比以前的东德好，但也仅是在某些情况下。"（Thumfart 2001：7）对于教育和职业的自由选择，甚至司法行政都出现了负面评价（Thumfart 2001：8）。我在这里列出几个例子。在1995年和1990年，当德国东部人被问及在哪些领域东德优于德国，答案如表12.2所示。

表 12.2　认为东德优于德国的方面

单位：%

领域 ＼ 年份	1995	1990
经济/技术	6	2
生活水平	8	25
居住条件	53	27
健康	57	18
学校教育	70	33
犯罪侵保护	88	62
社会安全	92	65

数据基于 L. Montada/A. Dieter（1999），引自 A. Thumfart（2001：9，注释17）。

在一般类别"经济/技术"和"生活水平"上，东德明显落后。统一五年后，德国在某些服务方面被认为不错，人们甚至认为 1990 年的西德在提供住宿、公共卫生体系和学校方面发展得更好。

1998 年的整体评估中，四分之三的德国西部人表示，德国统一对他们并不利，但德国东部过半的人持同样观点；83% 的德国西部人认为德国东部人明显从统一中受益，而反过来，德国东部 75% 的人认为统一让德国西部人获益过多（Thumfart 2001：9）。另外，2001 年的另一项调查（IPOS）发现，德国西部只有 11% 的受访者认为统一是错误的，德国东部为 9%（Scheuch 2003，第二卷：277）。显然，在大规模的调查中将敏感度和根深蒂固的观念分开是很困难的。

利润和损失评估与公正评估息息相关。1997 年的一项研究在相当广泛的基础上对这种评估进行了调查。德国东部受访者认为，在 12 个预先给定领域中的 10 个，东德比统一后的德国更为公正。公正体现在妇女、福利、就业机会、工资和收入、职业或工作培训机会和大学教育，甚至司法行政方面。新德国仅相对在机会、自谋职业和消费品的分配方面较为公正（Thumfart 2001：10）。

1991 年后，相比外国而言更喜欢自己国籍的人数也有所增加；在 1996 年，这个数字在德国东西部都略高于 60%，"这两个群体中三分之一也表现出明显的德意志民族优越感"，正如亚历山大·桑姆法特所说（Thumfart 2001：9）。桑姆法特总结了调查结果分析，他的论点如下（Thumfart 2001：13 - 14）：

　　　　与正义规范相关的社会融合并未实现，被大众成见

　　和强化的推诿阻滞……就个人行为接受西德模式并不必然导致集体和传统的分化。

　　最后，我想简要对比一下德国东部和西部的宗教纽带和公民参与。

教会和宗教纽带

　　在宗教方面，德国东部和西部地区之间仍旧差异巨大，实际上这种差异仍在扩大。在东部地区，教会成员和教堂出席率并不是在旧政权崩溃后增加的。在这方面东部和西部之间的差异仍相当稳定。2000 年，13%（1991 年为 11%）的德国西部受访者表示自己不属于任何教会，而这个数字在国东部为 71%（1991 年为 65%）（Meulemann 2002：21）。不同世代的教会成员的差别也很大。1990 年，东德 52% 的教徒为 65 岁到 74 岁，但只有 17% 的教徒为 18 岁至 24 岁的年轻人（Körcher 1998：56）。在西德，这些差异显著较小（与之相反的情况可见法国），25 岁到 34 岁（83%）以及 65 岁至 74 岁（95%）的教徒差别最大。然而，尤其在德国东部，即使不属于教会的人也偶尔会去教堂，2000 年只有 63% 的人表示他们"从不"去教堂，在德国东部这个数字为 24%。统一后，东部受访者声称自己"没有宗教信仰"的人数有所增加。在 1990 年，在民意调查研究所采访的人中只有大约 38% 的受访者给出了这个答案；在 2000 年，这一数字几近 48%。然而，东德没有宗教信仰的人数仍比不是教会成员的人数低 20%。在西德，没有宗教信仰的人数稳定略低于 30% （Meulemann 2002：20 – 21），这意味着很大一部分教会成员认为自己没有宗教信仰。教堂出席和信仰宗教并不完全同步。1990 年在西德，这种同步只出现在大约一半新教徒和三分之二的天主教徒之中。1990 年在东德，这种关系明显更强：95% 的天主教徒和 67% 的新教徒认为自己是有宗教信仰的。尽管如此，1990 年在西德，19% 不属于教堂的受访者认为自己是有宗教信仰的，而在东德为 8%（Körcher 1998：57）。

公民参与

本节将对关于公民参与的一些发现进行总结。据我所知，关于这一主题的首次全面调查是在 1999 年进行的，依旧是在赫尔穆特·克拉格斯的指导之下（详见 Gensicke 2001b）。根据调查结果，68% 的德国西部人和 55% 德国东部人以各种方式"积极参与"社团组织（俱乐部或协会）、"公民组织"、自助团体或类似的团体。[11] 在这项研究中，在活动中"自愿"承担责任或任务的个人都被归类为"志愿者"。所有受访者中，在西部这一数字为 35%，在东部为 28%。（2004 年再次进行该调查时，这些数字得到证实：西部为 37%，东部为 31%。Gensicke 2005：13。）当然，参与程度各不相同。每周在活动中花费五小时以上的人数比例在西部为 11%，而在东部为 8%。如果我们区分不同的领域，"运动和健身"是自愿参与中最热门的领域，比例为 12%（西部）和 8%（东部）。在有关"政治和政治原因"的"社会"领域，也就是我们理解为"公民参与"

的关键部分，仅为 7%（西部）和 6%（东部）。在东部和西部，最主要的组织形式是社团组织，占这类活动的 50%。在西部，教堂或其他宗教组织位列第二，为 15%（在东部地区为 7%）；而在东部，国家或地方机构排名第二，为 14%（在西部为 10%）。总体而言，相比西德，在新德国志愿活动与工作的联系更为紧密（Gensicke 2001b：28）。失业者的自助活动在新德国也相对较为活跃（Roth 2001：17）。

人们会将动机和期望与自己的参与联系在一起，在东部和西部，"乐趣"均居于榜首，分别占 88% 和 97%。然而，"帮助他人"和"为公共利益做好事"的动机被认为同样重要，在东部占约 80%，在西部为 75%（Gensicke 2001b：29）。又一次，我们发现责任和自我表达的综合在整体价值观中极具特点（第三节讨论了"综合价值观"）。

关于有报酬的就业和自愿性活动之间的积极关系存有一点疑问："部分人工作越少，其家庭收入越低，参与志愿活动的可能性就越低"（Blanke/Schridde 2001，引自 Roth 2001：20，注释 29）。因此，我们可以得出劳动力市场对参与志愿活动的意愿有所影响（Roth 2001：20）。然而，个人行为与教会和年龄之间的联系似乎是影响参加这类活动意愿的关键因素（Gensicke 2000：245）。

我们通常以积极的眼光看待志愿活动和其他形式的社会参与。但我们也应注意，"志愿活动、荣誉职位、社团组织成员和'社会资本'不应等同于民主社会的参与"，正如罗兰·罗斯（2001：22）就德国历史所说的那样。在社会科

学研究方面，为制定适当的分类标准，收集相关数据，我们
仍有许多工作要做。

总结和讨论

关于价值变迁的研究文献多不胜数，介绍性的综述不可
避免地具有高度选择性。鉴于此，我认为把重点放在引起研
究界和广大公众高度关注作者的研究之上是有意义的，同时
谈及若干方法论方面的问题也很有必要。在解释和评价通过
调查研究得出的结果之时，应该考虑其可能性和局限性。我
不会就因果分析进行阐述，因为大多数读者并不具备其所需
的统计模型和分析方法的知识。

关于价值变动的假说基本有两种。第一种假说认为，随
着时间的推移，某些价值观（如后物质主义倾向、自我表
达价值观）与别的价值观（如责任感和接纳价值观）相比
已经变得越来越重要，或在人口内部的不同部分中广泛传播
（或相反，对其支持越来越少）。第二种假说是关于每种价
值观是如何被重新建构的，新模式形式是如何产生的，例
如，过去认为彼此对立或共存的事物逐渐产生联系，彼此兼
容（例如克拉格斯的综合价值观概念）。

这一研究项目的实施反映出一些问题（除了技术和通
常较为严重的组织问题），人们并不能根除这些问题，但也
只得尽最大努力来解决。这些问题包括，首先我们应该如何
把握各种价值取向，并将其联系起来。在这里，实证的社会
研究试图采用理论社会学的概念或理念的历史（如"合理
化"、"个性化"、"世俗化"，或"自由"、"平等"、"正

义"等理念）。但大部分术语的定义在本学科内部就存在争议，在某一文化领域中亦相当模糊。若你仍决定采用一个可用的定义，你会发现自己面临着一个典型的经验主义社会研究问题。我们如何"操作"选择的概念（理论"建构"），即通过具体的研究阶段将其与观察到的现实联系起来？这些问题（和答案），让我们确定，例如，某人能否（以及能在何种程度上）从研究员预设的价值观中采取能动性（然后在此基础上，个人的价值取向是怎样在较小或较大的群体中传播的）？我们不能询问一个人在取向上是"世俗的"还是"唯物的"，或他是否有"对世界的理性理解"。然而，在调查中价值观的"测量"的价值并不取决于该问题的语义内容与理论建构内容的语言一致的程度。在旁观者眼中，与设计好的概念内容相比，调查问卷中的措辞似乎既愚蠢又不充分。然而，问题的关键在于对价值取向持不同观点的个人（如研究人员所说）是否能够在他们对"白痴"问题的回答中充分表现这些差异，以"重现"他们的看法。如果是这种情况（我们也可以在某种程度上进行经验性测试），假设问卷提出的问题就可以作为衡量的标准。

事实上英格尔哈特确实证明他标识为"后物质主义者"的受访者的取向（特别是在政治问题上）总是与在生活各个领域中的"物质主义者"有很大不同（上文提到一些实例）。在这个意义上，他的索引在某些应用领域是适用的。但问题在于，他对价值观概念的解释在基于经济基础的需求理论（参见第二节开头的"马斯洛定理"）之上是不是有说服力的。这或许是因为相比富足的国家，贫困国家的物质主义政治目标更急需支持。但"急需"不等同于"高度重视",[12]这一调查并不意味着我们认定物质需求直接得到满足的程度决定了后物质主义的目标水平。一个与之相关的例子如下:1948 年 6 月 24 日至 1949 年 5 月 12 日,由于苏联的封锁,西柏林处于非常危险的境地(市内所有道路均被封闭),很多人被饿死或冻死,投降或者撤出西方强国的保护将会减轻眼前的苦难,但将意味着失去个人自由。在这一时期西柏林(和德国西部地区)在美国军事当局的支持下收集到一些调查数据。人们被问及他们首选哪种类型的政府:第一,"给人们提供经济安全和得到较好收入的工作机会的政府";第二,"保障人民自由选举、言论自由、新闻自由和宗教权益的政府"。这两个问题可以与英格尔哈特指数相类比,受访者优先考虑经济需求和政治自由。但与英格尔哈特的假设相反,在封锁期间后物质主义者的数量不降反升,从 30% 到超过 40%,到 1950 年 12 月,甚至已经攀升到 50%(Thome 2003 提供了更为精确的数字)。当"物质主义者"和"后物质主义者"的需求同时处于危险时,更明显的是自由之上的特殊价值观,而不是身体和经济安全需求的把握。

在英格尔哈特收集数据期间,西方民主国家政治和个人自由没有受到任何程度的威胁。如果不清楚受访者对自身危险或满足的程度,对于基于他们对自身重要性所陈述的政治目标价值观得出的结论就不够准确。物质繁荣的增长刺激对其他额外目标的需求,包括在政治领域:更多的工作、政治参与以及毅力,更换生活方式的机会,自然环境的保护等。

但在此期间，物质主义政治目标的需求下降并不意味着与经济繁荣相关的价值观消失（其持续增加）。20世纪80年代，后物质主义目标趋势在欧洲国家发展暂停，且这种繁荣在"全球化"之后逆转。同样，虽然这并不一定意味着后物质主义目标价值观（当时已经很大程度上实现，至今依旧稳定发展）的减弱。

通过引入价值观第二个维度（传统－宗教与世俗－理性导向），英格尔哈特利用不同的文化传统进行了区分分析，产生了持续的影响力，经济和技术变革的发展动力都无法掩盖这一事实。但这个所谓的区分在概念和行动上是存在问题的。尽管两个价值观范围在经验调查中并列展示（见图12.2），因此可以任何方式进行组合，在概念上按顺序布置（见 Inglehart 1995），二者形成一个序列模式。根据英格尔哈特的观点，其趋势发展遵循经济发展走向。工业化阶段标志着传统和宗教价值观向世俗理性价值观的转变（"现代化"）；随着（更全面）服务和知识社会的兴起，与物质主义相比，后物质主义倾向愈发重要，成为生存与自我表达价值观（"后现代化"）的核心。文化的"路径依赖"，以及传统阐释模型和机构的持续影响，在时间上的延误和重叠（英格尔哈特的模型）中表现出来，但并不可取代发展趋势。图12.2（见上文）的坐标系统中，占主导地位的发展路径从左下往右上运行。英格尔哈特确认，这个图的左下象限只包括经济贫穷的国家（人均国民生产总值低于2000美元），而几乎所有（包括欧洲以外的）富裕国家（人均国民生产总值超过1.5万美元）都聚集在右上象限，换句话说，他们基本上都经历了从现代到后现代的转型。与西方富裕国家一样，前共产主义国家总体经历了文化去传统化，但还没有达到后现代阶段。同时，南美的发展中国家似乎不是向"现代化"（世俗化、理性化）而是向"后现代化"（自我实现）迅速发展的。少部分受儒家文化影响的国家和地区发生了高度的文化去传统化（日本除外），但重点是在"生存价值观"之上。正如在第二节提到的，这种分类可能会出现问题，因为西方世俗化和个性化的类别可能无法直接阐述，更不用说在这个文化区域内采用相同的问题进行调查了（见Vinken 2006）。

但这两个价值观范围的操作性定义（其转化成的具体问题）在另一种意义上的分析辨别能力也受到质疑。例如，人们很难理解为什么"流产永远是不正当的"是出于传统取向，同时"同性恋永远是不正当的"与生存倾向有关。而令人惊讶的是，个人自主的指标应该代表世俗理性思维，而不是自我表达价值观（Inglehart/Becke 2000：24）。尽管分析类别含糊不清，美国在经验判断下确定为"特殊情况"，其文化已"现代化"（世俗化）到相对小的程度，而其"后现代化"（个性化）与其他富裕国家对应。然而，这种对应本身让我们注意到一个事实，即后物质倾向的类别扩展到后物质主义概念是存在误解的。通过本来指标获得的结果显示，在20世纪90年代，美国公民按照经济水平划分，只有轻微的后物质主义倾向（见Inglehart 1997），[13]在后现代价值观之内尤其强调自我表达价值观。

除了（政治）紧迫性和（普通）积极评价（见上文）

的缺陷等式，很明显，自我实现和后物质主义等式，或自我
实现缺失和物质主义倾向的等式也是错误的，原因是缺乏对
价值观内容和结构的区分。英格尔哈特对马斯洛需求理论的
理解（见上文第二节；见 Thome 1985），忽略了马斯洛内容
和动机的区别，需求水平越高，差异越大：自我实现可以通
过不同的活动和追求来达到，无论是作为"穷人天使"还
是成功的商人均可达到此目标。

克拉格斯在其价值类型划分中部分地考虑到这种差别。
他的价值空间在一定程度上与英格尔哈特的理论正好相反。
与义务和接受价值（在英格尔哈特看来，这属于文化传统
主义）所对应的不是世俗化和理性化概念，而是自我发展
的价值。他认为这里有两种变形，即享乐主义的物质主义和
理想主义的社会参与精神。[14] 但是，即使是克拉格斯，也没
有对价值内容和获取价值的方式进行明确的区别。人们之所
以接受义务，是因为公认的权威或身在其中传统引导的结
果，而自我发展的价值是基于个人的信念在自我约束的过程
中选择的结果。特点的内容可以是多样的。这一区分的意义
可以通过穆勒曼（1998b）关于"成就"和"共同意识"
价值的实证分析来显示。在此研究中，"成就"是否算义
务－认受价值，是不清楚的（如同在克拉格斯那里），对于
年龄较大的群体，可以这么说，但对于年轻人，则应该算是
自我确定价值。穆勒曼也说，自我确定并不与共同意识相对
立，甚至有利于共同意识的形成。[15]

区分价值内容和价值约束及形成，对回答价值变迁是否
会导致价值缺位，甚至道德衰落这样的问题也很重要。正如

我们所看到的，克拉格斯将价值缺位理解为缺乏方向感：对
"看不到前景的失意者"来说，没有什么（或很少）值得重
视和追求。但其所占比例似乎没有增加。哈尔曼
（L. Halman，1995：426）基于其关于欧洲人价值的研究，
认为没有出现"道德衰落"。雅格岑斯基（W. Jagodzinski，
1999）在其关于德国人和意大利人的比较性的问卷调查中
（其数据基础也是欧洲人价值研究项目），对价值缺位最为
相关的三个方面进行了分析：（1）道德规范的相对化，其
约束力的减少；（2）道德共识的侵蚀；（3）道德信仰结构
日趋混乱，缺乏一致性和共同性。雅格岑斯基认为，"有证
据显示，战后几代人的道德规范日趋相对化"，但在不同的
规范方面，程度是不同的。"这种相对化趋势在生活和性方
面十分明显，但在利于自我的行为和青少年犯罪的态度方面
则不是很明显，在侵占公共物品方面变化最小"（1999：
481f）。这就提出一个问题，严格控制的道德领域是否在不
断地转移？（1999：482）另一结论是，与年龄大的群体相
比，年龄小的群体在规范导向方面差异更大，或者说共同性
更少，对道德规范的态度更缺乏一致性（换句话说，对某
一具体道德问题的态度与其他道德问题的态度是相对开放
的）。雅格岑斯基指出，今天社会需要更大程度的规范相对
性，但这并不意味着更多的随意性，也不意味着对非道德行
为更多的倾向性（1999：482）。

　　为了更准确地说明这里提到的概念上的区分（以及其
他的概念区分），实证的价值研究看来还必须改进其调查和
测量的工具。比如，完全可以在问卷设计上区分一般性的准

则和特定情景下的规范，对价值领域进行多维度的处理
（参见 Schwartz 1992）。还必须注意，具体的各项价值应该
有更高的抽象程度，而不是根据特定情景和基于实现感或失
去感的强弱变化而建立价值等级序列，虽然这也是必要的。
对价值的规范性和社会性一般化解释还必须以更细致的调查
为基础（具体的建议参看 Thome 2003）。对所谓"共识"的
理解，不能仅仅基于不同人群在数字上的看法一致性，而且
要调查他们之间对这种一致性相互知晓的程度。

　　具有代表性的民意调查对于实证的价值研究是不可或缺
的，但这必须与定性的社会调查更密切地结合进行，不仅使
用标准化的问卷调查方法，还要对小群体进行深度调查和观
察。在我看来，这对于分析价值的各种形成方式，以及个人
对价值的体认是不可缺少的（参见本书中约阿施的文章以
及 Joas 1999）。

注　释

1　关于此问题的讨论概况请参见 Gabriel（1998）。

2　尽管对英格尔哈特的研究有诸多批评，然而我并没有看到其他
　　针对价值观变化的、材料如此丰富的实证研究出现。关于价值
　　观的文化和社会心理学方面的研究，请参见 Rokeach（1973），
　　Schwartz（1992），Triandis（1995）sowie das Handbuch von
　　Berry et al.（1997）。

3　然而有其他调查结果表明，至少对于德国，这两代人之间的差
　　异在 70 年代末到 80 年代初消失，参见 Böltken／Jagodzinski
　　1983；1985；Jagodzinski 1985。

4 关于欧洲的世俗化发展趋势，见 Y. Lambert（1998）。

5 此外，笼统地将价值变动解释为"价值损失"的人们面临另一个发现：后物质主义者更容易信任别人，相比物质主义者更多地参与社会和政治生活，见 Inglehart 1998：424，245，266ff.；Inglehart/Baker 2000：36。

6 就德国和法国的家庭相关价值观比较分析，请参见 Attias-Donful（1998）。

7 1979 年的一项用另外的方法论所进行的研究表明，每 14 个或 15 个 54 岁的人当中现实主义者占 27%（Herbert 1991a：39）。

8 另请参见 Meulemann（1998a）的研究，他分析了德国和法国不同的工作态度。

9 这里依据 Thomas Gensicke 向作者提供的资料，可参见 Gensicke（2002）。

10 由 van Deth（2001：26）提供的数据，来自欧洲晴雨表，与从 ALLBUS 引用的数据略有不同，例如 Meulemann（2002：18）。

11 相比之下，在东德，只有 5% 的人并未参加群众组织，每个二等公民都参与了志愿活动（Roth 2001：16）。

12 这里，英格尔哈特忽略了一些分析性矛盾事实，矛盾来自需求和价值，他没有充分考虑这一等式。

13 其他作者甚至指出，在 20 世纪 70 年代和 80 年代，美国物质主义年轻人急剧增加。拉恩和特兰斯（Rahn/Transue 1998：545）认为，这是社会内部信任减少所导致的，并提到托克维尔警告说，自私的个人主义植根于物质，有可能威胁民主。

14 这里使人想起涂尔干关于道德个人主义和自我个人主义的区分，这两者与传统的集体主义完全不同。在集体主义中，集体具有比个人更高的价值。在新近的研究中，特别是跨文化心理研究和少量的社会学研究中，经常采用集体主义和个人主义的双极观念，这明显脱离了涂尔干范畴，这样一来，传统的集体主义和道德的个人主义的界限就模糊不清了。参见 Durkheim 1986；1990；1999。

15 穆勒曼（Meulemann，1998b：261f.）从概念上区别了自私的"自我发展"和开放性的"自我确认"观念。有证据目标，在德国的团体共同感（Gemeinsinn）有所提到，在 1953 ~

1979 年，愿意与家庭之外的人讨论问题的意愿从 28% 提高到了 41%，在困难时听取家庭之外的人的意见的人从 5% 提高到了 12% （Meulemann, 1998b: 277）。

本章引用文献

Claudine Attias – Donfut, (1998). »Generationenverhältnis und sozialer Wandel«, in: R. Köcher, J. Schild (Hg.), *Wertewandel in Deutschland und Frankreich* (S. 173 – 205). Opladen.

Johannes Bacher, (1988). »Eindimensionalität der Postmaterialismus – Materialismusskala von Inglehart – Ein Methodenartefakt?« In: H. Kreutz (Hg.), *Pragmatische Soziologie. Beiträge zur wissenschaftlichen Diagnose und praktischen Lösung gesellschaftlicher Gegenwartsprobleme* (S. 215 – 219). Opladen.

Petra Bauer – Kaase / Max Kaase, (1998). »Werte und Wertewandel-ein altes Thema und eine neue Facette«, in: H. P. Galler, G. Wagner (Hg.), *Empirische Forschung und wirtschaftspolitische Beratung Festschrift für Hans – Jürgen Krupp zum 65. Geburtstag* (S. 256 – 274). Frankfurt, New York.

John W. Berry/Marshall H. Segall/ Cigdem Kagitcibasi (Hg.), (1997). *Handbook of Cross – Cultural Psychology*, Vol. 3. (2. Aufl.). Redham Heights, MA.

Bernhard Blanke / Henning Schridde, (2001). »Bürgerengagement und aktivierender Staat«, in: R. G. Heinze, T. Olk (Hg.), *Bürgerengagement in Deutschland. Bestandsaufnahmen und Perspektiven* (S. 93 – 140). Opladen.

Ferdinand Böltken/Wolfgang Jagodzinski, (1983). »Postmaterialismus in der Krise«, in: *ZA – Information* 12, S. 11 – 20.

Ferdinand Böltken / Wolfgang Jagodzinski, (1985).»In an environment of insecurity: Postmaterialism in the European Com-munity «, in: *Comparative Political Studies*, 17, S. 453 – 484.

Harold D. Clarke / Allan Kornberg / Chris McIntyre / Petra Bauer – Kaase/Max Kaase, (1999). »The effect of economic priorities on the measurement of value change: new experimental evidence «, in: *American Political Science Review*, 93, S. 637 – 647.

Jan W. van Deth, (2001). »Wertewandel im internationalen Vergleich. Ein deutscher Sonderweg? « In: *Aus Politik und Zeitgeschichte. Beilage zur Wochenzeitung Das Parlament*, B 29, S. 23 – 30.

Jan W. vanDeth / Elinor Scarbrough, (1995). »The concept of values «, in J. W. van Deth / E. Scarbrough (Hg.), *The impact of values. Beliefs in government*, Volume 4 (S. 21 – 47). Oxford.

Karel Dobbelaere / Wolfgang Jagodzinski, (1995). »Religious cognitions and beliefs« in: J. W. van Deth / E. Scarbrough (Hg.), *The impact of values. Beliefs in government*, Volume 4 (S, 197 – 217). Oxford.

Emile Dürkheim, (1986). »Der Individualismus und die Intellektuellen«, in: H. Bertram (Hg.), *Gesellschaftlicher Zwang und moralische Autonomie* (S. 54 – 70). Frankfurt a. M. (Original erschienen1898).

Emile Dürkheim, (1990). *Der Selbstmord*. Frankfurt a. M. (Original 1897).

Emile Dürkheim, (1999). *Physik der Sitten und des Rechts*. Frankfurt a. M. (Erste franz. Ausgabe 1950).

Scott C. Flanagan, (1987). »Changing values in advanced industrial societies revisited: Towards a resolution of the values debate«, in: *American Political Science Review*, 81, S. 1303 – 1319.

Scott C. Flanagan, (1982). »Measuring value change in advanced industrial societies. A rejoinder to Inglehart «, in: *Comparative Political Studies*, 15, S. 99 – 128.

Oscar W. Gabriel, (1998). »Fragen an einen europäischen Vergleich«, in: R. Köcher, J. Schild (Hg.), *Wertewandel in Deutschland und Frankreich* (S. 29 – 51). Opladen.

Thomas Gensicke, (1992 a). »Wertstrukturen im Osten und Westen Deutschlands«, in: *BISS public*, 2, S. 45 – 53.

Thomas Gensicke, (1992 b). »Lebenskonzepte im Osten Deutschlands «, in: *BISS public*, 2, S. 101 – 122.

Thomas Gensicke, (2000). »Deutschland im Übergang. Lebensgefühl, Wertorientierungen, Bürgerengagement«, in: *Speyerer Forschungsberichte* 204.

Speyer.

Thomas Gensicke, (2001 a). » Das bürgerschaftliche Engagement der Deutschen-Image, Intensität und Bereiche «, in: R. G. Heinze, T. Olk (Hg.), *Bürgerengagement in Deutschland. Bestandsaufnahmen und Perspektiven* (S. 283 – 304). Opladen.

Thomas Gensicke, (2001 b). » Freiwilliges Engagement in den neuen und alten Bundesländern. Ergebnisse des Freiwilligensurveys 1999. « In: Aus Politik und Zeitgeschichte. Beilage zur Wochenzeitung Das Parlament, B 25 – 26, S. 24 – 32.

Thomas Gensicke, (2002). » Individualität und Sicherheit in neuer Synthese? Wertorientierungen und gesellschaftliche Aktivität. « In: Deutsche Shell (Hg.), *Jugend 2002. Zwischen pragmatischem Idealismus und robustem Materialismus.* Frankfurt a. M.

Loek Halman, (1995). » Is there a moral decline? A cross-nation inquiry into morality in contemporary society.« In: *International Social Science Journal*, S. 419 – 439.

Willi Herbert, (1991 a). »Wandel und Konstanz von Wertstrukturen«, in: *Speyerer Forschungsberichte* 101. Speyer.

Willi Herbert, (1991 b). »Die Wertorientierung der Deutschen vor der Vereinigung. Eine empirische Momentaufnahme in Ost und West. « In: *BISS – Public*, 1, S. 119 – 132.

Ronald Inglehart, (1977). *The silent revolution. Changing values and political styles in advanced industrial society.* Princeton, NJ.

Ronald Inglehart, (1989). *Kultureller Umbruch. Wertwandel in der westlichen Welt.* Frankfurt, New York.

RonaldInglehart, (1995). » Changing values, economic development and political change«, in: *International Social Science Journal*, Nr. 145, S. 379 – 403.

Ronald Inglehart, (1998). *Modernisierung und Postmodernisierung Kultureller, wirtschaftlicher und politischer Wandel in 43 Gesellschaften.* Frankfurt, New York.

Ronald Inglehart / Paul R. Abramson, (1994). »Economic Security and Value Change «, in: *American Political Science Review*, 88, S. 336 –

354.

Ronald Inglehart ∕ Wayne E. Baker, (2000).»Modernization, cultural change, and the persistence of traditional values«, in: *American Sociological Review*, 65, S. 19 – 51.

Wolfgang Jagodzinski, (1985). » Die zu stille Revolution. Zum Aggregatwandel materialistischer und postmaterialistischer Wertorientierungen in sechs westeuropäischen Ländern zwischen 1970 und 1981. « In: D. Oberndörfer ∕ H. Rattinger∕K. Schmitt (Hg.), *Wirtschaftlicher Wandel, religiöser Wandel und Wertwandel. Folgen für das politische Verhalten in der Bundesrepublik Deutschland* (S. 333 – 356). Berlin.

Wolfgang Jagodzinski ∕ Karel Dobbelaere (1995a). »Secularization and church religiosity«, in: J. W. van Deth∕E. Scarbrough (Hg.), *The impact of values. Beliefs in government*, Volume 4 (S. 76 – 119). Oxford.

Wolfgang Jagodzinski∕Karel Dobbelaere, (1995b). » Religious and ethical pluralism«, in: J. W. van Deth ∕ E. Scarbrough (Hg.), *The impact of values. Beliefs in government*, Volume 4 (S. 218 – 249). Oxford.

Wolfgang Jagodzinski, (1999).»Verfällt die Moral? Zur Pluralisierung von Wertvorstellungen in Italien und Westdeutschland. « In: R. Gubert ∕ H. Meulemann (Hg.), *Annali di Sociologia – Soziologisches Jahrbuch* 13. 1997 – I – II (S. 385 – 417). Trento.

Hans Joas, (1999). *Die Entstehung der Werte.* Frankfurt a. M. [1. Auflage 1997].

Helmut Klages, (1985). *Wertorientierung im Wandel. Rückblick, Gegenwartsanalyse, Prognosen*. Frankfurt [2. Auflage].

Helmut Klages, (2001). »Brauchen wir eine Rückkehr zu traditionellen Werten? « In: *Aus Politik und Zeitgeschichte. Beilage zur Wochenzeitung Das Parlament*, 29, S. 7 – 14.

Clyde Kluckhohn, (1951). »Valus and value-orientations in the theory of action. An exploration in definition and Classification. « In: T. Parsons∕E. A. Shils (Hg.), *Toward a general theory of action*, (S. 388 – 464). Harvard.

Peter Kmieciak, (1976). *Wertstrukturen und VJertwandel in der Bundesrepublik Deutschland.* Göttingen.

欧洲的文化价值

Renate Köcher, (1998).»Säkularisierungstendenzen in Deutsch-land und Frankreich in europäischer Perspektive.« In: R. Köcher / J. Schild (Hg.), *Wertewandel in Deutschland und Frankreich* (S. 55 – 65). Opladen.

Yves Lambert, (1998).»Säkularisierungstendenzen in Deutschland und Frankreich in europäischer Perspektive.« In: R. Köcher/J. Schild (Hg.), *Wertewandel in Deutschland und Frankreich* (S. 67 – 92). Opladen.

Rüdiger Lautmann, (1969). *Wert und Norm. Begriffsanalysen für die Soziologie.* Köln und Opladen.

Seymor M. Lipset / Stein Rokkan, (Hg.) (1967). Party systems and voter alignments. New York.

Niklas Luhmann, (1998). *Die Gesellschaft der Gesellschaft.* Frankfurt a. M.

Heiner Meulemarm, (1985).» Wertwandel in der Bundesrepublik zwischen 1950 und 1980: Versuch einer zusammenfassenden Deutung vorliegender Zeitreihen. « In: D. Oberndörfer / H. Rattinger /K. Schmitt (Hg.), *Wirtschaftlicher Wandel, religiöser Wandel und Wertwandel. Folgen für das politische Verhalten in der Bundesrepublik Deutschland* (S. 391 – 411). Berlin.

Heiner Meulemann, (1998 a).» Arbeit und Selbstverwirklichung in Deutschland und Frankreich«, in: R. Köcher/J. Schild (Hg.), *Wertewandel in Deutschland und Frankreich* (S. 133 – 150). Opladen.

Heiner Meulemann, (1998 b).» Wertwandel als Diagnose sozialer Integration: Unscharfe Thematik, unbestimmte Methodik, problematische Folgerungen. Warum die wachsende Bedeutung der Selbstbestimmung kein Wertverfall ist. « In: J. Friedrichs / M. R. Lepsius/K. U. Mayer (Hg.), *Die Diagnosefähigkeit der Soziologie. Sonderheft der Kölner Zeitschrift für Soziologie und Sozialpsychologie* (S. 256 – 285).

Heiner Meulemann, (1999).»Generations – Solidarität in Deutschland und Italien – Parallelen der politischen Geschichte und Divergenzen vorpolitischer Werte. « In: R. Gubert, H. Meulemann (Hg.), *Annali di Sociologia – Soziologisches Jahrbuch* 13. 1997 – I – II (S. 385 – 417). Trento.

Heiner Meulemann, (2002). »Werte und Wertwandel im vereinten Deutschland«, in: *Aus Politik und Zeitgeschichte. Beilage zur Wochenzeitung Das Parlament*. S. 37 – 38. S. 13 – 22.

Leo Montada/Anne Dieter, (1999). »Gewinn-und Verlusterfahrungen in den neuen Bundesländern: Nicht die Kaufkraft der Einkommen, sondern politische Bewertungen sind entscheidend.« In: M. Schmitt / L. Montada (Hg.), *Gerechtigkeitserleben im vereinigten Deutschland*. Opladen.

Elisabeth Noelle – Neumann, (1978). *Werden wir alle Proletarier? Wertewandel in unserer Gesellschaft*. Zürich.

Elisabeth Noelle – Neumann / Thomas Petersen, (2001). »Zeitenwende. Der Wertewandel 30 Jahre später.« In: *Aus Politik und Zeitgeschichte. Beilage zur Wochenzeitung Das Parlament*, 29, S. 15 – 22.

Wendy M. Rahn / John E. Transue, (1998). »Social trust and value change: The decline of social capital in American youth, 1976—1995«, in: *Political Psychology*, 19, S. 545 – 565.

K. – H. Reuband, (1997). »Aushandeln statt Gehorsam? Erziehungsziele und Erziehungspraktiken in den alten und neuen Bundesländern im Wandel« In: L. Böhnisch / K. Lenz (Hg.), *Familien. Eine interdisziplinäre Einführung* (S. 129 – 153). Weinheim.

Milton Rokeach, (1973). *The nature of human values*. New York.

Roland Roth, (2001). »Besonderheiten des bürgerschaftlichen Engagements in den neuen Bundesländern«, in: *Aus Politik und Zeitgeschichte. Beilage zur Wochenzeitung Das Parlament*, B 39 – 40, 15 – 22.

Erwin K. Scheuch, (2003). *Sozialer Wandel, Band 2: Gegenwartsgesellschaften im Prozess des Wandels*. Opladen.

Thomas Schnierer, (1996). »Von der kompetitiven Gesellschaft zur Erlebnisgesellschaft? Der › Fahrstuhl – Effekt ‹, die subjektive Relevanz der sozialen Ungleichheit und die Ventilfunktion des Wertewandels. In: *Zeitschrift für Soziologie*, 25, S. 71 – 82.

Shalom H. Schwartz, (1992). »Universals in the content and structure of values: Theoretical advances and empirical tests in 20 countries. « In: M. P. Zanna (Hg.), *Advances in experimental social psychology*. Volume 25 (S. 1 – 65). San Diego u. a.

William I. Thomas/Florian W. Znaniecki, (1984). *The polish peasant in Europe and America.* Chicago [Erstveröffentl. 1921].

Helmut Thome, (1985a). *Wertewandel in der Politik? Eine Auseinandersetzung mit Ingleharts Thesen zum Postmaterialismus.* Berlin.

Helmut Thome, (1985b). »Wandel zu postmaterialistischen Werten? Theoretische und empirische Einwände gegen Ingleharts Theorie – Versuch. « In: *Soziale Welt*, 36, 27 – 59.

Helmut Thome, (2003). »Soziologische Wertforschung. Ein von Niklas Luhmann inspirierter Vorschlag für die engere Verknüpfung von Theorie und Empirie. « In: *Zeitschrift für Soziologie*, 32, S. 4 – 28.

Alexander Thumfart, (2001). »Politische Kultur in Ostdeutschland. « In: *Aus Politik und Zeitgeschichte. Beilage zur Wochenzeitung Das Parlament*, B 39 – 40, S. 6 – 14.

Rudolf Wildenmann et al, (1982). *Führungsschicht in der Bundesrepublik Deutschland*, 1981, Tabellenband. Mannheim.

第十三章　文化之争的现实

迪特尔·森哈斯

在本文中,我试图解释清楚辩论上所谓的"文化冲突"这一主题。然而,我们在此处讨论的这些冲突都是政治层面的,或者更确切地说,是与宏观政治相关的。因此,我把这些冲突称为"文化斗争",通过从发展历史的角度,运用对比分析法来阐释这一话题,我的主要关注点在于当代的现实。[1]

一　回顾

1

让我们从一段引文开始:

她［欧洲］长期以来保持的优越性，让她忍不住把自己装扮成世界的情妇，认为其他人类都是为了她的利益而生的。男人爱慕她，就像深刻的哲学家直白地赋予了她的居住者自然优势，并且言之凿凿地说，在美国的所有动物和人种都是堕落的——甚至狗在我们的环境中呼吸一会儿也会停止吠叫。欧洲傲慢自负的事实已经不胜枚举。维护人类的荣誉，教会这个自以为是的哥哥保持谦逊是我们的分内之事。联盟会帮助我们实现这一目标。不统一将会让更多人成为她胜利之下的受害者。让我们美国人不再做伟大的欧洲的工具！让13个州，团结在一起，成为严肃的、不可分割的联盟，致力于建立一个伟大的美国体系，优于所有跨大西洋的力量或是影响力，并能够规定新旧世界之间该如何联系。

这段表述出自亚历山大·汉密尔顿，并出现在了著名的《联邦党人文集》（*Federalist Papers*）（第11篇）中，[2]放到现在也毫不过时，只要把汉密尔顿提到的"欧洲"换成"西方"就行。如果我们再把试图鼓动人们行动起来的"美国人"换成"伊斯兰教"，说这句话的人不是汉密尔顿，而是伊斯兰世界中的某位著名的宗教激进主义作者，比如，赛义德·库特布（Sayyid Qutb，1906~1966年），它就可能变成我们的时代之音。[3]剩下的只要用"伊斯兰世界的国家"替换"13个州"，把"伟大的美国体系"换成"伊斯兰教世界"、"乌玛"，或是参照阿拉伯–伊斯兰世界，换成更有限制性的"阿拉伯世界"——一个团结所有阿拉伯人的国

第十三章 文化之争的现实

家。一个改造后的版本或许就变成了下面这样：

> 西方长期以来保持的优越性让她忍不住扮演着世界主宰者的角色，认为其他人类都是为了她的利益而生……西方傲慢自负的事实已经不胜枚举。教会这个自以为是的哥哥保持谦逊是我们的分内之事。伊斯兰教社会帮助我们实现这一目标。不统一将会让更多人成为她胜利之下的受害者。让我们伊斯兰教不再做伟大的西方的工具！让所有伊斯兰教国家，团结在一起，成为严肃的、不可分割的联盟，致力于建立一个伟大的伊斯兰教体系，优于所有跨大西洋的力量或是影响力，并能够规定我们与西方世界该如何联系。

如果我们把文化理解为一个典型生活方式的总和，包括精神状态和根本价值观，汉密尔顿指出的情形就是一种文化冲突，或者用政治术语来说，是一种文化争端，或是一场文化斗争。英国在美洲的殖民地和宗主国之间冲突的争议是什么呢？

在通过这次冲突（他们当初绝对不该挑起）成为"美国人"的这群人眼中，欧洲是旧世界秩序的缩影，陈旧到根本不值得在那里生活，1620年他们从那里逃了出来，也就是"第一批清教徒移民"来到美国的那一年。在这些逃离欧洲的清教徒殖民者看来，旧的世界秩序的特点是封建专制主义，一种极端的阶级社会，骄奢淫逸、剥削农民阶层的上层阶级的嚣张气焰。而生活在大西洋另一端的人们同样也认为欧洲是"堕落的"、道德败坏的：欧洲统治者像出卖商品一样出卖自己的居民，欧洲的其他统治者又把他们买回来，用来对抗位北美大陆上英国殖民地的居民。当然，对于欧洲的这种看法与当时欧洲的现实有关。

他们把自己的世界理解成一个"新的世界秩序"的缩影，一个"自由帝国"，在各方面都与陈旧的欧洲不同。个体的自由，有匹配的权利作为保证，通过合法的手段获取，还有大量自愿性质的组织，几十年后，这一切都让亚历西斯·德·托克维尔（Alexis de Tocquevilk）感到惊异。他们的世界旨在建立一个公民的社会。他们的座右铭是这样的：个人主义加上团结，由政治自主支撑和构建，即合法的公共机构，其中自主（或使用具有近期发展政策辩论特点的词"所有权"）根植于宗教自由，但是同样也根植于国内的经济独立（"征税只是体现代表"），同样，有制定对外贸易政策的独立主权，这被视为成功实现国内经济发展的一个不可或缺的手段。

这就是新世界如何看待旧世界的，最初主要出现在主要人物的意识中，他们利用当时发行量日渐增长的纸媒（报纸），来宣传他们的观点。但是，如果不是公民对局势的评价恰好与政治领导人的看法不谋而合，这些想法也不会有如此大的吸引力。这个"新世界"，实际上不亚于一个"新的世界秩序"，在萨特的观念里，就是一个草案，一种对于特别的生活方式、对于未来的计划。这一项目的特点是，各组成部分清晰可辨：对于人与社会有一个具体看法，与这一观点一致的政治秩序（宪法）的理念，教育和在教育和基础

第十三章 文化之争的现实

设施领域的发展计划，一个经济计划，特别是关于培育本土产业，旨在保障国内发展的对外贸易计划也是这一经济计划的一部分（在保障国内发展这点上，弗里德里希·李斯特和"联邦党人"后来被发现有很多共同点）。最后且同样重要的一点是，这个行动计划的先决条件是政治主权，也就是自治。

这里的构想是一个在综合层面理解的发展项目。这样做的目的是发现新东西：部分作为对抗专制的欧洲的一种手段，但部分作为一个自主的项目。新秩序意味着一个更好的秩序。这种向着"上帝的选民"、向着使命含义的转变，在当时已经很明显了，这一转变与开国神话联系在一起，而这不仅仅是一个神话，更不是一种虚构。因为，正如历史将会展示的那样，这一项目有巨大的意义，因为世俗主义趋势是它的根基，在当时还不是非常明显。这是一个"现代性的工程"，不应该被理解为是持有异议的知识分子贵族关心的事，就像他们在欧洲启蒙运动时期那样，而应该把它看作一个项目，一个得到广泛认同，即有群众基础的政治进程。

第一个例子体现了文化斗争中最重要的因素：对他治的排斥和由此产生的反霸权、反殖民主义、反帝国主义的立场。这种对立的态度有助于唤起意识，恰好是就"意识"的意义而言的［保罗·弗莱雷（Paulo Freire）］。除此之外，它旨在调动有效的反对势力（"赋权"）。对立的态度再加上一种独立的生活方式和社会模式，就与政治创新的理念联系在了一起。整个过程在本质上是综合的：它涉及政治、社会和经济秩序，并且这三种秩序都被赋予了特定的含义。因此，在这种情况下，文化的概念就与《杜登德语词典》里的定义不同，不能缩小到"对一个群体或是一个民族理性和艺术性的表现的总和"，它还融合了被排斥的、旧的公共秩序以及被憧憬的新秩序。在这种背景下，关键的是一种模式，一种公共秩序的备选模式，文化不是其中的一个维度，而实际上，它是政治秩序的一个缩影，因为通过文化让人们了解的理念旨在用一种积极的方式组织各个生活领域。文化因此毫无疑问是一种政治文化。

这个例子显示了，一个对立立场和一个基于未来计划的视角如何在精英和大众层面结合，把一个文化斗争转变成一个重要的历史冲突。美国的例子中，历史奖励了主角，而不是惩罚。这不会经常发生，也就使得它尤其具有启发性：你的菲利克斯美国（Tu Felix America）！

2

让我们回顾一下另一个历史背景：大约 150 年以后，撒哈拉以南的非洲为摆脱殖民化，为实现独立发展道路而做斗争。再一次，如上下文预示的那样，对立态度是显而易见的，首先是反殖民主义和反帝国主义的宣传从 20 世纪 50 年代起开始加强，相应的政治运动也应运而生。但是，面向未来的观点也得到了阐释，它还进入了政治辩论。一些口号是对这些观点的转述，它们不只是单纯的口号，实际上，它们凝聚了一些深刻的思想。复兴的过程必须发生在摆脱殖民统治的撒哈拉以南非洲，用折中的方式，既保留了本土传统，又保留外部影响的基础，如基督教的传教、伊斯兰教、现代

第十三章 文化之争的现实

殖民统治的遗产和世俗主义的状态。比如，我们就可以在恩克鲁玛创造的"consciencism"一词上看到这种思想。这里的目的是建立一个新的、连贯的意识，一个新的本土身份，源于全然不同的经验碎片的现实（意识结构异质）——"非洲个性"。而这不仅是个人层面的，还是全国甚至是全非洲层面的。"非洲个性"的构想就这样与"泛非主义"的概念直接挂钩。此处同样是政治主权成功摆脱殖民统治的结果，这是这一项目关键的先决条件："首先寻求你们的政治王国，所有其他的东西才能为它添砖加瓦。"几年后，1957年加纳获得独立，在阿克拉（加纳）的中心地段，刻着上面这句话。

这一非洲项目的其他变体，都配有其独特的生活理念，有时也把自己的认识论覆加其上。桑戈尔（Senghor）对比了西方的距离原因分析与非洲的拥抱原因或是触碰原因，也就是，冷静地对与人、世界、自然共生进行了原因分析。后者是黑人文化传统的核心假设，一个声称适用于撒哈拉以南非洲的身份。

这些项目的命运也是众所周知的。如同其他的一样，它们是后殖民状态的方式：从解放觉醒到支配的意识形态，最终被遗忘。前面引用的美国的例子可以提供线索——为什么历史最终是这样一种方式：缺乏独立经济发展的理念作为文化项目的基础和支撑。

这种状态本身，以非洲（西非尤其如此）为例，对其的描述可能也已经参考了其他例子。每当这类或那类政治团体（部落、民族、群体等）奋起反抗外国统治的时候总会发现，它们进入了反殖民斗争，把争取政治主权作为摆脱殖民统治的成果。一个对立的立场还有：致力于实现独立身份的努力在这里都是至关重要的。无论去殖民化的运动是在殖民统治下或是半依赖的状态下设计的，无论"边缘"何时对抗"中心"、发出明确的抗议，最终都会陷入与殖民统治者和所谓的祖国的军事斗争。这也是一场文化斗争，即使只是从愈演愈烈的反殖民动员计划的意义上来看。[5]

早在 19 世纪的时候就可以观察到这种状况，连带着配套的纲领性学说，但是它对历史的影响主要是在 20 世纪才被感觉到的，特别是 1945 年以后。在这个方面，东南欧在 19 世纪后期在某种程度上发挥着先驱的作用。正是在这里（尤其是在罗马尼亚），找到了探讨"中心"与"边缘"之间关系的复杂学说的发源地；对应的有关发展的迫切需要也在这里得到了阐述；[6]文化认同的需求也是在这里被意识到的；这里也把后来发展社会主义的许多种类（如非洲、阿拉伯、印度、印尼等）放在了一个可比较的历史背景下。马克思宣扬的发展人民的社会主义，这一更具挑战的社会主义模式也离不开最初的这类情形。[7]

3

这一观察给我们带来了第三个事件的回忆。

奇怪的是，从 20 世纪 90 年代起，在对于"文明碰撞"的辩论中——当前仍然会出现或至少被认为是这样——东西方冲突被解读为已经走到尽头的一种意识形态的冲突，而如今出现的"文明的碰撞"被看作文化的冲突，"宇宙论"是

第十三章　文化之争的现实

它们的特征，并根植于历史深处。但是，东西方冲突是什么呢？从 1917 年或 1950 年的当代视角来看，甚至是从现在回过头来看，人与社会（以及相应的现实）两个概念，在自己倾向的政治和经济制度方面是不可调和的，在东西方冲突中彼此对抗。西方阵营的代表，从过去到现在都是个人主义和多元论，它们作为现代社会的基本构成条件，就像一种政治秩序的原则来制衡具有内在价值的公共领域（包括作为"第四等级"的媒体的现代理念）；此外，科学、司法和行政通常被视为是中性的，是无党派的领域；市场和文化被视为行动的领域，有对自身而言的重要性，有自己的逻辑；而至于经济领域，市场价格、私有财产、比较成本和优势是重要的指导因素。

东方真正存在的社会主义的特征是集体主义，渗透到政治、社会、经济和文化的路线中，结果就是：权力集中，科学、法律、行政上刻意出现的党派划分，在经济领域有行政政策干预价格、集体所有制和外贸垄断的倾向。现代社会无可避免地出现政治、社会、经济和文化冲突，而对这些冲突的评估也有关键性的差异。通常说来，西方的理解是，冲突是不可避免的，且具有地方性；它们不能被去除，但是必须要通过许多不同的规定对冲突进行调节。在东方，这些冲突被视为是破坏性的和不正常的；监管机制不发达；只有极少数的可以自我调节的组织可以吸收冲突，而当矛盾积聚到一个顶点时，通常的反应是镇压。

这是两个项目之间的对抗。完全可以称这种集群是一种文化斗争，因为公共秩序形成而产生的冲突涉及各种各样的问题（就像在每一个可比较的情形中观察到的那样）。它有一个社会、经济和文化维度，每一个都有自己正当的理由和意义，凝结成一种对政治和经济制度的特定视角。事实上，这里简单介绍的这两种敌对的发展项目，是东西方体制竞争的核心，近年来变得显而易见，当两种项目之一——真实存在的社会主义制度分崩离析时，积累的军备突然失去了作用和意义，变得"漫无目的"。这一事实表明，尽管冲突是高度军事化的，它的动力有一部分是通过武器（"军备竞赛"）来体现的，但军事化是一种衍生物，而不是初始的现象。[8]

出于抵抗和自卫，这种冲突也出现在边缘，针对的是中心掠夺性的经济和文化竞争，反帝国主义成为真实存在的社会主义的精髓，也体现了自身政治、社会、经济和文化视角。这一视角最终未能持续的事实在原始状态上没有起到任何作用。如前面提到的英美的例子中，东西方冲突涉及的是两个不同的自我理解、行动方案之间的对抗。最终，真实存在的社会主义消亡的事实，不同于古典主义的假设（当然面向的是"成熟"的资本主义社会），它是作为对抗即将到来的或是现有的边缘化风险的力量出现的，具有历史意义，在这个方面，它毫无疑问具有创新意义，只可惜它没能处理好自己设计好的汹涌的现代化浪潮引发的复杂的社会经济和文化问题。因此，这个反对西方现代化的项目，构建一个东方的、真实存在的社会主义现代化的尝试，宣告终结；建立在这一基础上的两种体制之间的竞争也失去了意义，同样失去意义的还有支撑它的文化斗争。

二　定位

1

上述回顾的历史事件揭示了与政治有关的文化冲突的基本模式。通过对个别案例的概括，下列因素是文化斗争的关键先决条件：

·中心与边缘的等级互动，其中的实力差别，特别是在经济和科技竞争力方面的鸿沟逐渐形成；

·持久、非平衡的竞争，中心超越了边缘，特别是经济和文化方面（边缘化的压力）；

·边缘化和结构性依赖的危险，源于二者，表现在公开的殖民化、非正式的依赖（"非正式帝国主义"），干扰和渗透以及类似的现象都会导致这种危险，每一种情形都会带来严重的后果（社会经济方面和心理扭曲）。

通常说来，与之类似的一系列情形引发了防御姿态，激励了反对项目的产生。当出现问题的社会已经进入了社会动员的过程中，或是在这方面取得了快速进展的时候——例如，自给经济变为以劳动分工为特征的经济，农村地区的人口减少导致大规模的城市化，文盲被消除——防御态度和反对项目两种情形都会出现。依赖性就业、城市生活和大众教育的扩张，是大规模、均等的政治化的现代基础，包括针对上述殖民化或类殖民化的情况下的政治化，并最终反对一切形式的、大规模的针对集体的歧视。[9]

2

这种政治化的环境和对象或许可以被描述为发展性民族主义。它有很多种变体。[10]

在这方面，第一个经验领域就是初级发展性民族主义的世界，其中包括前面提到的英美的例子。这种民族主义常见于当今经济合作与发展组织中，它推动了以国家为中心的民族国家（如法国的情况）和单一民族国家（如德国的情况）的发展。我们了解欧洲西部、北部民族国家还有美国、加拿大、新西兰和澳大利亚的历史时，国家和文化限定的空间对这些不同国家的发展道路起到了重要作用。日本在这方面是另一个值得注意的例子。当统治阶层的拉美精英投身欧洲文明的怀抱中时，有点自我殖民化的意味，他们认为奉行独立自主的发展道路没有任何意义，而实际上，他们尽了最大努力反对本地采取这种发展道路，而日本不管从西方引进了多少，它对自身的文化进行了思考，并且开始设计自己的项目。

在后来联合起来，形成经济合作与发展组织的这些社会中，对立立场和独立的国家项目有一个相对平衡的组合。对立的立场，最初针对的是最先发展的社会和经济体——英国。这一发展计划，连同它的各种演变，或许可以通过弗里德里希·李斯特关于发展理论的经典著作《政治经济的国家体系》（*Die nationale System der Politischen Ökonomie*）来转述。这一文本清晰地强调了发展过程中的文化构成。[11]

离开已经边缘化的世界是非常棘手的一件事：这就是西

第十三章 文化之争的现实

南欧、南欧、东南欧、东欧和爱尔兰以及 20 世纪 60 年代后习惯被称为第三世界的那部分世界经历的第二种发展性的民族主义。上面讨论非洲的例子在这一背景下是颇具代表性的。我们还必须添加许多苏联的继承国，特别是波罗的海、跨高加索地区和中亚共和国中的一些国家，它们脱离苏联不亚于摆脱殖民化的举动。最终，今天的俄罗斯内部的冲突，如车臣发生的冲突，也可以用相同的方式来理解：试图摆脱殖民统治。[12]

第二种发展性的民族主义的成败，即后殖民时期发展项目的成败，与当前文化冲突的一系列问题直接相关。

东亚的发展道路必须用成功来形容。该地区各个经济体都基本实现了现代化，并伴随着相应的社会转型。短短数十年间，传统社会有了现代社会的轮廓。政治体制的现代化，特别是多元化和民主化，也逐渐形成。这里重复了西欧在某些方面的经验，尽管是以不同的顺序。但是，为什么"亚洲价值观"目前排斥西方的价值观，有时在这个地区还出现斗争性很强的价值宣传？亚洲价值观（如特别强调家庭、团体和集体，秩序感、公共道德感，尊重个人、角色决定的权威和年龄等）结合一个现代、高效、有国际竞争力的经济体，被理解成是对特定"亚洲现代性"的表达。但在现实中，所谓亚洲价值观的宣传代表了一种"后卫"战斗，是在反对那些通过经济和教育的专制而实现地区相对成功的发展的群体的意志：现代化的社会，结果通常是个性化的社会，如今要求公平地参与公共事务。亚洲价值观起到抵挡这类要求的作用。亚洲价值观的宣传对象实际上不是西方和西方的价值观（这两者都是作为意识形态的投射），而是逐渐被解放的，受过高等教育的亚洲人，他们已经找到了自己的政治声音，特别是新的中产阶级。因此，我们在这里看到的首先是当地冲突——这是件了不起的事情——其背景是一种相对比较成功的发展道路。[13]

撒哈拉以南的非洲则完全相反，我们要再次对这一地区进行回忆。正如东亚实现成功发展的原因在今天是可以理解的，撒哈拉以南非洲地区的发展政策惨遭失败的原因也同样可以被理解。大规模的倒闭是一个极少发生的事件，即使是这些国家中一直存在的那些殖民主义的成就也遭受了实质性的衰落：道路、铁路、码头、公共建筑等。很难形容一些倒闭、几乎倒退到了"部落化"的状态，并且这一状态伴随着"再度传统化"，无法轻易被理解。在许多地方，种族化似乎成为一种不可避免的命运，并且常常与军阀主义的倒退结合在一起，往往会导致冲突的势头演变到致命的地步。最后这一点主要发生在当地资源（钻石、高档木材、石油）在全球化的黑市链条上售卖以获利时，因此这变成一种暂时取之不尽的资金源，供应产生冲突的双方和他们的客户。但是，在这样的背景下讨论文化冲突的问题是毫无意义的。

有关这些问题的讨论中，第三种情况更有意义，即东亚和撒哈拉以南非洲地区之外的那些第三世界社会的情形，后殖民状态既带来了成功，也带来了失败——总体的结果就是不断加剧的发展危机。成功是因为在这些社会的发展过程中看到有短暂的飙升势头，以显著的、向上的社会流动性为特征。但这种向上的流动性不再转化为安稳的职业和社会地位，特别是，它不再提供后殖民状态下臃肿的行政和国有企业中的工作机会，这就形成了一个有效的海绵，吸收了第一代和第二代后殖民时期的精英。此外，一般来说，发展是泛泛的、不足的，把越来越多的人推到了社会边缘，发展其实是对它失败的记录。[14]后殖民时期的政治代表对这一失败负有责任。他们发现自己面临着两方面的威胁，夹在失望的、政治化的、向上流动的中产阶级和数量上日益庞大的、边缘化的穷人阶层中间。

3

这一系列因素引起了根本性的冲突，重新引发了该如何发展的辩论，这实际上是关于整体发展项目的辩论。问题的关键不在于这个或那个发展变体出现的小问题，而是涉及权力本身这个问题。反过来，这个问题与日益严峻的社会问题联系在一起，其中突出的问题目前还没有解决的可能性。这一连串尤为严峻的情形孕育了第三种发展性的民族主义，作为对第二种变体失败的回应，它有点违背了激进的政治二次文化主义化（Rekulturalisierung）。这一发展的原因是什么？二次文化主义化，在发展性民族主义驱使下正在发生，因为它以象征的形式表达了总体的发展危机；它可能会成为一种防御性的反应，以对抗尤为强大的，实际上势不可挡的国际影响力；但它也可能只是一个马基雅维利式的设计，作为争夺影响力和权力的一种明显的策略和有效的工具。这种发展在很多地方都能见到。它在伊斯兰世界，特别是在阿拉伯－伊斯兰地区、伊朗等地恶名昭著，在巴基斯坦逐渐风行起来。它以爆炸性的形式在印度出现，这里有印度教、伊斯兰组织以及锡克教引发的武装冲突。内战持续了近 25 年，因为斯里兰卡的僧伽罗和泰米尔人（无论他们在冲突中扮演什么角色，也就是政治化的佛教和政治化的印度教）在进行一场血腥的斗争。[15]

通常整个国家层面的斗争，如今正发生在这一国家的特定领域，有时没有那么激烈，有时会有非常激进的形式，但总是有明确的文化要素——在这些冲突中，遭受严重的政治、经济、社会和文化歧视的少数人会反抗大多数人。我们在这里看到的是同化的政治阻力，它通常会发生在广阔的经验背景下：各种长期积累的失望。狭义的文化冲突（教育和语言政策的冲突）是这种情形固有的，可以很容易用情绪化的措辞表达出来，经常会马上引发冲突的全面升级。[16]

一种独特的文化冲突存在于那些多民族社会，常见于一些东盟国家。在这些国家中，少数群体（如华人社区）在经济上是成功的，但政治上往往处于边缘化的地位，而多数人拥有政治权利，在经济状态上却是第二级或第三级的公民。这种情况与世界其他地区的情况是类似的。它曾经在东非发挥了重大作用（一个充满活力的印度少数群体对东非活跃的经济领域做出了巨大贡献）。它表现为社会嫉妒，种族主义加剧了这一局面。这种状况甚至也可以在高度工业化的国家中出现，洛杉矶就是一个明显的例子：初来乍到、处于上升趋势的、充满活力的亚裔与长期存在的黑人下层阶级之间的流血冲突。

在这方面，我们还可以说一说种族隔离政权中出现的那

第十三章　文化之争的现实

类冲突，就是少数凌驾于多数之上，前者试图将后者边缘化（如科索沃发生的事件）。这种情况在今天很少见，但它也包含了文化冲突的明显元素：所有的种族隔离政权在文化上都是特别活跃的，例如，在中学和大学的公共行政事务中禁止使用多数群体的语言，特别是在司法系统和警察机关中。这类冲突的特征是文化激发的对他治的排斥。

这里提到的所有情况让我们不难理解为什么政治行动者转向了文化，也就是语言和宗教、历史和神话，转向了真实与虚构，也就是一个所谓的"虚"的参照点。但至关重要的是，要记住，这是一个现代的现象，源于现代的发展性危机。[17]

因此，广义理解的文化开始起到政治作用，因为在逐渐累积的失望面前，人们开始质疑整个后殖民时期的发展项目，一个新的发展项目的政治构想是有客观依据的（不仅仅是充当工具，用来煽动民众）。在那些文化同质性而非异质性适用的地方，如阿拉伯－伊斯兰地区（尽管全都存在少数群体），许多质疑正转向一个源头——《古兰经》，有关社会和政治的根本性辩论将很难避免。发展危机难道不是因为不尊重自身根源、《古兰经》中的身份而引发的合乎逻辑的后果吗？当这个问题在特定的地点被提出的时候，只是出于修辞的目的。[18]

无论何时，当一个群体把种族政治视为理所当然的，文化冲突就会出现，这种情形常见于多种族的社会：当争端围绕语言、宗教、历史意识还有种族联盟——单独存在或是以各种组合存在。[19]缺乏其他动力资源，语言、宗教、历史故意被调动起来，被当作一种工具，文化冲突也会出现。在这种情形下，行动者利用文化的源头，不是单纯地为了文化之源，而是为了争夺权力，他们对这些源头的解读也不是出于对训诂的恪守，而是对权力的渴望。对这些源头的"正确"解读被认为是真实可信的，也就成了文化冲突的目标。顺道说一句，这种方式和欧洲早期采取的方式没有什么区别。

三　西方与文化之争

因为"西方"以某些特定国家为代表，是现代殖民主义、帝国主义和新殖民主义的源头，只要有后殖民反对项目崛起，不管是取得了部分成功，或者甚至是不成功的，西方总是出现在世界各地的文化斗争中。这从过去到现在都是关键的一点。

第二个问题关于本地后殖民主义精英，他们在这些国家充当着西方桥头兵的角色，即便他们从来都没有扮演过这种角色，也会被人这么认为。与腐败的、自我充实的、让后几代人挫败的后殖民主义精英的斗争，也因此几乎无可避免地变成了一种对抗西方的斗争。[20]这种倾向尤其会出现在一些情形中，比如印度，这一世俗国家作为殖民主义的遗产被后殖民主义精英接管，在外在形式上幸存下来，但他们逐渐被认为是导致发展危机的原因之一，因此不能充当自身决定的代理人。当人们不认为这一世俗国家是处理社会中并存的问题的一个有益的舞台时，社会正变得多元化，或者已经变得多元化，但是作为西方的移植物，西方这个整体就和它一起变成了争论的目标。这一过程或许对西方没有产生直接后果，但是对当地冲突具有重要意义。

西方同样也开始参与起来，因为现在这一发展危机几乎在每一个地方，甚至包括西方，都被解读成是由欧洲中心论导致的，虽然这并不是事实。但是后殖民主义社会采取的发展政策没有按照支撑欧洲典型发展路径的优先顺序。[21]然而，不知何故，这种误解却是无法克服的，它证明了经济史上惊人的无知。

这三个因素激发了对西方许多不同的预测，总是在言辞激烈的宣传中得到体现。这一切发生得如此频繁，当行动者宣布"西方"（有时候是一个具体的国家，尤其是美国）是"恶魔"，或是想让它成为"恶魔"的时候，我们通常就会看到一个自闭式的暗示，就像每一种自闭式的敌意那样，它的特点是非常有可能升级，其本身具有这种势头。这种自闭式的敌意如果还被额外附上了情绪化的控诉（实际冲突的产物），敌意就会加深。结果会出现例如人质事件、恐怖主义、死刑（伊斯兰教令）和其他类似的能挑起人们情绪的事件。

然而，上述提到的所有例子，无论是真实的还是推测的（想象的），有一点是清楚的：如今文化斗争实际的前沿阵地在当地，因此没有地域文化冲突的证据，虽然许多具有真正或是附加文化要素的明显冲突近来有所增多。尤其需要注意的是，伊斯兰和西方不是像对立的两个军队那样面对彼此。如果不存在别的原因的话，这也是不可能的，因为伊斯兰是一个只存在于虚构的乌玛中的单一体，而不是一种政治现实。

欧洲的文化价值

"伊斯兰"不是单一存在的，而是就像一本书的题目表明的那样，是"伊斯兰世界"，这是正确的。目前，基于"美德"的神权国家的变体存在于伊朗和苏丹；20世纪90年代，伊拉克明显存在一种把与伊斯兰教的关系当作投机取巧的手段以巩固权力的倾向；叙利亚公然压制人民；开明专制主义在苏丹占统治地位；埃及现在是一个世俗国家，是典型的存在内部威胁的后殖民主义国家；而利比亚是伊斯兰政权的一种格外有趣的变体，被正统视为异端。如果我们为这些变体加上具体的形式，比如马格里布、撒哈拉以南的非洲，尤其是亚洲的发展形式，伊斯兰政治的异质特征就相当明显了。[22]

尽管常常出现相似的发展危机，这种异质性转化成了非常不同的文化斗争。例如，利比亚和伊朗的情况很难说有什么共同点，但是两国常常被认为有相同的伊斯兰（宗教激进主义）政体。

以上很多也适用于西方。毫无疑问，西方在许多方面都是彻头彻尾"西方的"，但从操作上来讲，西方在政治行为上很少显示一个统一的战线。没有任何迹象表明，西方政治学在未来会有不同的进展。

世界其他地区的地域文化冲突也无法从根本上彻底塑造国际政治的宏观架构。在儒教和伊斯兰教之间建立一种"合谋"的关系，也是尤为错误的。迄今为止，唯一"发现"这种合谋的是塞缪尔·亨廷顿，这也让他获得了无与伦比的国际声望。[23]无论真假，关于"地理文化"的放纵的想法总是可以吸引媒体的高度关注。

四　结论

政治文化冲突，在本文中被描述为文化斗争，在最近有关它们的辩论出现之前就已经存在了。我们最先回忆的一些历史事件就是为了表明这一点。我们或许还可以引用其他例子，比如法国大革命引发的文化斗争，它曾经还激发了一些评论家追溯了全球性的内战，虽然这肯定是有些过了。[24]如果我们回顾早期历史，可能会发现一个文化斗争——也许是历史上第一个文化斗争，而且还是明确被看成是文化斗争的——马加比反对塞琉古帝国用暴力手段将朱迪亚希腊化的斗争。《旧约》（2 Makk.6）就生动地叙述了耶路撒冷的神庙是如被改造成一个宙斯的神殿的，塞琉古统治者又是如何禁止犹太法律的，在文化的驱使下，犹太人对这一局面开展了抵抗运动，最终以马加比的反抗成功达到高潮（公元前167年）。

我们目前还缺乏一个从文化斗争的角度综合而成的现代史，[25]绝对不能被限制在被非常恰当地形容为世界内战的这一历史时期——1917年到1989年自由主义和共产主义之间的全球化冲突。[26]文化斗争的现实是多样的、多方面的；现在依然如此。没有迹象表明，这将会在可预见的未来发生改变。因为这会显得很奇怪，如果在当今时代，从社会、经济到文化，大规模的结构正在被拆除（被错误地称为"后现代"，实际上，是现代化最新的一种变体），伟大的文明——比如儒家思想、印度教、伊斯兰教、东正教、西方基督教——聚集在一起来确定事件的发展轨迹。随着物质的增长和国际互联的加深，更大、更广泛的区域得到发展，这在经济领域是很容易想象的，但在文化领域是不太可能的。在伟大的文化领域，对抗、政治权力的竞争、争夺霸权的斗争会比宏大的、假想的集体共同利益重要得多。[27]人们只需要看看 20 世纪 50 年代起的伊斯兰 - 阿拉伯世界，立刻就会明白这一点了。

这一经验检验过的事实暗示了一个有利条件：具体的冲突一般说来依然是可控的，因此原则上是有可能影响它们的，虽然在"旷日持久的冲突"的情况下，文化斗争几乎总是看起来很棘手。可悲的是，爱尔兰（直到最近都是）、巴斯克地区、苏丹、斯里兰卡、克什米尔，以及许多其他的例子，总是太容易留下这样的印象。但是文明或文化领域本身不会发生冲突——他们怎么可能会呢？然而，许多地方存在文化斗争。这类文化斗争的现实不应该被高度类型化，成为一种虚构的地域文化，我们不应该把文明冲突的论题与现实混淆。经验事实证明了这样的一个结论，从政治角度，包括政治学角度来看，它是明智的。

注　释

1　一开始，我就向读者指出一些与这一主题相关的重要文本，以补充文中所引用的文献，特别是 Harald Müller：*Das Zusammenleben der Kulturen. Ein Gegenentwurf zu Huntington*，Frankfurt a. M. 1998；Mark Juergensmeyer：*Terror in the Mind of God. The Global Rise of Religious Violence*，Berkeley 2000（deutsch Freiburg 2004）；Martin Riesebrodt：*Die Rückkehr der*

Religionen. Fundamentalismus und der Kampf der Kulturen, München 2000; Henner Fürtig（Hg.）：*Islamische Welt und Globalisierung. Aneignung*，*Abgrenzung*，*Gegenentwürfe*，Würzburg 2001；Thomas Scheffler（Hg.）：*Religion between Violence and Reconciliation*，Beirut 2002；Harald Barrios und Andreas Boeckh （Hg.）：*Resistance to Globalization. A Comparison of Three World Cultures*，New York 2004；Thomas Meyer：*IdentitätsWahn. Die Politisierung des kulturellen Unterschieds*，Berlin 1997；Wolfgang Schluchter （ Hg. ）： *Fundamentalismus*， *Terrorismus*， *Krieg*， Weilerswist 2003；Michael Minkenberg und Ulrich Willems（Hg）： *Politik und Religion*，Opladen 2003（Sonderheft 33 der Politischen Vierteljahresschrift）。

2　*The Federalist. A Collection of Essays*，New York 1788，引自德文 译本 Gebhard Schweigier：*Die USA zwischen Atlantik und Pazifik*， Ebenhausen 1994，S. 21。

3　关于赛义德·库特布这位埃及裔的最富影响的宗教激进主义理 论家请参见 Gilles Kepel：*Der Prophet und der Pharao. Das Beispiel Ägypten. Die Entwicklung des muslimischen Extremismus*，München 1995，S. 35 ff.。

4　早期的深入叙述见 Dieter Senghaas：»Politische Innovation. Versuch über den Panafrikanismus «，in：*Zeitschrift für Politik*，Bd. 12， 1965，S. 333 – 355。关于文化自信的一般问题，请参见 Ludger Kühnhardt： *Stufen der Souveränität. Staatsverständnis und Selbstbestimmung in der »Dritten Welt «*，Bonn 1992，S. 35 ff. und passim。

5　早期重要的分析可以参见 John H. Kautsky（Hg.）：*Political Change in Underdeveloped Countries. Nationalism and Communism*， New York 1962。

6　参见 Roman Szporluk：*Communism and Nationalism. Karl Marx versus Friedrich List*，New York 1988。

7　还可参见 Bassam Tibi：»Politische Ideen in der › Dritten Welt ‹ während der Dekolonisation «，in：*Pipers Handbuch der politischen Ideen*，Bd. 5，München 1987，S. 361 – 402。

8 参见 Dieter Senghaas：*Konfliktformationen im internationalen System*，Frankfurt a. M. 1988，Kap. Ⅱ。

9 参见 Karl W. Deutsch：» Abhängigkeit, strukturelle Gewalt und Befreiungsprozesse«, in：Klaus Jürgen Gantzel（Hg.）：*Herrschaft und Befreiung in der Weltgeselhchaft*，Frankfurt a. M. 1975，S. 23 – 46。

10 初级、中级和三级发展性民族主义随后的区分基于我关于民族主义的比较性研究 *Wohin driftet die Welt? Über die Zukunft friedlicher Koexistenz*，Frankfurt a. M. 1994，主要是第二章。

11 Friedrich List：*Das nationale System der Politischen Ökonomie*，Tübingen 1959（Erstdruck 1841）. S. auch Hermann Bausinger：»Agrarverfassung und Volkskultur, Friedrich List als Volkskundler«, in：Dieter Harmening und Erich Wimmer（Hg.）：*Volkskultur-Geschichte-Region*，Würzburg 1990，S. 77 – 87.

12 Hélène Carrère d'Encausse：*La gloire des nations et lafin de l'Empire soviétique*，Paris 1990.

13 参见 Dieter Senghaas：*Zivilisierung wider Willen. Der Konflikt der Kulturen mit sich selbst*，Frankfurt a. M. 1998，第九章。

14 在这方面，早期对拉美的分析被证明是完全正确的。参见 Aníbal Quijano:»Marginaler Pol der Wirtschaft und marginalisierte Arbeitskraft«, in：Dieter Senghaas（Hg.）：*Peripherer Kapitalismus*，Frankfurt a. M. 1974，S. 298 – 341。

15 比较角度的研究见 Mark Juergensmeyer：*The New Cold War? Religious Nationalism Confronts the Secular State*，Berkeley 1993。

16 抗拒同化与下文的抗拒他治是相对应的。两个概念有各自的语境，详细分析见我的著作 *Friedensprojekt Europa*，Frankfurt a. M. 1992，Kap. 4。

17 参见 Peter Waldmann und Georg Elwert（Hg.）：*Ethnizität im Wandel* Saarbrücken 1989；Eckhard J. Dittrich und Frank-Olaf Radtke（Hg.）：*Ethnizität*，Opladen 1990。

18 除了注释3引用的Kepel的著作，还可参考一本取材丰富的来自伊斯兰世界的文选 Andreas Meier hg.：*Der politische Auftrag des Islam. Programme und Kritik zwischen Fundamentalismus und*

第十三章　文化之争的现实

Reformen. Originalstimmen aus der islamischen Welt，Wuppertal 1994，还可参见 Hanna Lücke：*Islamischer Fundamentalismus-Rückfall ins Mittelalter oder Wegbereiter der Moderne? Die Stellungnahme der Forschung*，Berlin 1993。关于伊斯兰世界的政治化的文化冲突，克雷默的专著很有价值：Gudrun Krämer：*Gottes Staat als Republik. Reflexionen zeitgenössischer Muslime zu Islam*，*Menschenrechten und Demokratie*，Baden-Baden 1999。

19　具有一般理论意义的很有启发性的专题研究是 Theodor Hanf：*Koexistenz im Krieg. Staatszerfall und Entstehen einer Nation im Libanon*，Baden-Baden 1990。

20　凯佩尔的《先知与法老》(见注释 3) 也同样明确地解释了这个问题，尤其是他对无知 (jahiliyya) 这一概念的探讨，表现了真实存在的伊斯兰世界中道德和种族的衰落。

21　关于详细的论证见 Dieter Senghaas：*Von Europa lernen. Entwicklungsgeschichtliche Betrachtungen*，Frankfurt a. M. 1982；以及 Ulrich Menzel und Dieter Senghaas：*Europas Entwicklung und die Dritte Welt. Eine Bestandsaufnahme*，Frankfurt a. M. 1986，主要是第一章。

22　Gernot Rotter(Hg.)：*Die Welten des Islam*，Frankfurt a. M. 1993.

23　参见 Samuel Huntington：*Der Kampf der Kulturen. The Clash of Civilizations. Die Neugestaltung der Weltpolitik im 21. Jahrhundert*，München 1996。

24　关于 Hanno Kesting，Roman Schnur 等人的文章，参见 Thomas Michael Menk：*Gewalt für den Frieden*，Berlin 1992，S. 363 ff。

25　参见 Christoph Weiss (Hg.)：*Von »Obskuranten« und »Eudämonisten«. Gegenaufklärerische, konservative und antirevolutionäre Publizisten im späten 18. Jahrhundert*，St. Ingbert 1997。

26　参见 Ernst Nolte：»Das Zeitalter des Kommunismus«，in：*Frankfurter Allgemeine Zeitung*，Beilage »Bilder und Zeiten « vom 12. 10. 1991。

27　Johan Galtung 还强调宏大集体的行为能力，参见 *Konfliktformation in der Welt von morgen*，in：*Friedensbericht* 1992，Wien 1992，S. 229 – 261。

第十四章 价值观之争：
对当代伊斯兰话语的评论

古德隆·克莱默

　　人们需要重新开始认真思考价值观。在欧洲，自从柏林墙倒塌、苏联解体，人们开始重新评价基督教传统；在美国，人们已决定发起争取自由的全球圣战；在亚洲，人们坚守其文化的独特性。伊斯兰世界无论在内，还是对外，也正就价值观进行争论。争论是在高度紧张的气氛中进行的，以权力的不对称为特点。西方呼吁伊斯兰世界，也就是穆斯林，参与"启蒙"过程，这不只是把他们带上欧洲的道路，也是保证其能够与现代性对接，当然不是深刻塑造20世纪的现代性、法西斯主义、极权主义、种族主义和种族灭绝的现代性，而是现代性中具有高尚的道德理想和价值的光明一面。西方呼吁法治和善政、宽容、自由以及对人权的尊重，甚至以各种方式推行这种原则，正如它以别的方式阻碍其发展一样。

面对西方的要求和期望，穆斯林保持防备状态，即使对于接受这些原则的那些穆斯林来说也是如此。他们必须定义其自身与西方的关系（作为被压倒的他者）以及与伊斯兰教的关系（作为唯一自己的东西）。因此对价值观的争论不能与对自身份认同的寻找分开。虽然欧洲人和美国人在价值讨论中可以不（正面）指向其他文化传统发表意见，穆斯林却必须在谈及伊斯兰时提及西方的经验，哪怕仅是含蓄地这样做。即使是严格地以伊斯兰教教条表达自己的人也会如此，他们拒绝采取一切"非伊斯兰"的概念，从自然法到民主，再到自主理性等，在由西方提出的挑战背景下，努力与西方拉开距离。人权宣言无须非西方的知识即可理解，但随后的几十年中产生的伊斯兰人权宣言只能以那些"普遍性的"宣言为前提才可理解。

穆斯林在价值讨论中有很多不同的意见，不仅是伊斯兰或伊斯兰主义的。我们所谈论的毕竟是大约12亿人，大多数人并不生活在中东地区，不是欧洲的近邻，而生活在亚洲南部和东南部地区。不过，中东地区，即伊朗、土耳其和摩洛哥之间的区域的穆斯林仍是讨论中声音最大的。其中很多人认为如果他们允许自己在社会政治上受到现代价值的引导，自己的身份也不会受到威胁，正是因为他们不认为这些价值完全是西方的，而是普遍性的，因此能够融入非西方的传统和生活方式。然而无神论者除外（人数很少），即使是这些穆斯林也会努力证明他们这种态度是"伊斯兰的"。这证明伊斯兰话语的巨大成功。如今在伊斯兰世界,如果他或她表达对社会、法律或政治问题的观点,都无法避开伊斯兰话语。

应该说,伊斯兰话语存在几个变式。在这里,我探究了一个思路,其基本论点在开始可能不显眼而且少有新意,但在我看来,伊斯兰教不仅包含具体的行为规则,包括一套仪式性的义务,也有一系列固定的基本价值,包括正义、自由、平等、责任以及决策的参与,这些比有宗教根源的美德,比如正直、同情心、敬重生活、政治和社会等更具有影响力。虽然这些价值观无法脱离前现代的(古典的)传统,但仍具有显而易见的现代特点。正义和平等的观念可以用来说明其发展和论证的脉络。

伊斯兰教作为文本

即便在许多批评者眼中,伊斯兰教也是"独特"、"另类",甚至是"陌生"的。然而,它既不是单一的,也非不可改变的。在这个意义上,对"东方模式"(以一致性和不变性为特点)的批评至少一部分被吸收到公共话语之中。如果我们认真思考这一角度,并认为伊斯兰教在本质上是多元和多变的,就无法对伊斯兰价值观做出明确的说明。我们仅仅可以参考穆斯林定义的伊斯兰教的概念(即他们对伊斯兰教的理解)。本文所指的伊斯兰教不是如今或者过去某一时候的穆斯林全体以及他们的被理解为"伊斯兰的"社会实践——这些在过去和现在被视为与伊斯兰教有关——而是被所有阶段和所有地区的穆斯林视作规范的传统。这一传统是由文本构成的，而且是各种不同的文本。¹ 根据伊斯兰教教义，《古兰经》（阿拉伯语"古兰经"的字面意思是"背诵"或"阅读"），按照穆斯林的理解，包括真主"降示"给穆罕默德的启示，这个启示的最终版本是以阿拉伯语写成的，标志着穆罕默德为先知以及神的使者。尽管文本本身的叙事角度各有不同，《古兰经》被认为是真主的直接引语，字字句句都是神的话语。632 年穆罕默德去世后，一段统一的、有约束力的文本才出现（准确而言，经文何时诞生，出自谁手，在学者中存在争议）。从那时起，《古兰经》以书的形式出现，其地位与犹太人和基督徒的《圣经》类似，所印刷的标准文本在 20 世纪才广为流传。《古兰经》只可以用阿拉伯文诵读，其翻译被认为只接近权威的阿拉伯语文本。这突出了伊斯兰教中阿拉伯语作为神圣语言的高度重要性，同时也增加了不会阿拉伯语但仍想对伊斯兰教的道德和教义发表意见的人的困难。

《圣训》（阿拉伯语的意思为"通畅路途"或"标准范例"）是记录穆罕默德话语和实践的大量独立报告（Hdithe），因此在德文中常被称作先知的传统。与《古兰经》不同，《圣训》不以一本书的形式呈现，而是众多记录的汇总。逊尼派将六部记录视为正典，而什叶派只承认四部，后者与逊尼派的不同在于，他们认为只有阿里及其后代的伊玛目可以保证流传下来的文本的正确性，而穆罕默德的妻子和同伴，包括最早的三个哈里发艾布·伯克尔、欧麦尔、奥斯曼则不能。《圣训》在价值观辩论中被广泛引用，

但是人们不用背诵它。尽管如此，大多数伊斯兰教认为
《圣训》是启示的一部分，因此它基本上是神圣不可侵犯
的。

这种观念中的问题是显而易见的。《古兰经》和《圣
训》记录了7世纪初阿拉伯半岛西北部的社会准则和实践，
这些准则和实践可能曾受到《古兰经》的影响和引导，但
不能跨越时间和空间被简单转而"植入"完全不同的社会
文化背景。许多穆斯林都知道这一点。然而少有人得出这样
的结论，先知的实践不仅位于一个特定的历史空间，而且也
与这个空间不可分，因此并不或至少不是全都具有超越时间
的有效性和约束力。通常，恰恰是愿意改革的穆斯林会避免
评论先知时代，而把他们的批评指向几十年之后，即大家普
遍以为早年的辉煌已经逝去的时代。

批评和思考《古兰经》时遇到的阻力更为明显。在如
今的伊斯兰世界，公开讨论《古兰经》作为神的话语的地
位几乎是不可能的。[2] 只有一小部分学者和知识分子采用了
现代文本批评的方法，他们行事谨慎，并不对神启这样的事
实提出质疑。他们主要认为，人类只能通过他们（人类）
的语言才可以看到神的话，而人类的语言必然受制于特定的
时间和地点。更有少数人说，《古兰经》本身是沉默的。图
像、隐喻和叙事只有在听众和读者把它们带入自己的思考和
经验视阈时才会变得鲜活。由此也就产生了多种多样的阐释
可能性。从激进的立场出发，人们认为《古兰经》是人类
语言表达的神的启示，能够而且必须采用历史批判的理解；
也有较少人强调《古兰经》文本的多层次性，以及不断变

化的阐释角度。

根据经典，《古兰经》的部分文本意义晦涩，有时较为模糊多义，即使一个人对阿拉伯语有很深的造诣，也无法明晰地研究穷尽其意义。这些段落本身其实是经过深思熟虑的，被放进《古兰经》的整体语境中，经常是为了与指向其他方向的其他说法对峙。其实《古兰经》本身就提到过用"更好"的指示代替个别指示的可能性（《古兰经》2：106），新的启示必定会修正甚至废除较早的启示。然而《古兰经》并不以是完整的、按时间顺序进行的叙述，因此最好的选择是借助《古兰经》以外的材料，包括《圣训》和先知的传记（sira）。然而，将其作为史料使用存在争议，在非穆斯林研究人员之间争议颇多。只有极少数的穆斯林《古兰经》学者敢于"解构"最早的伊斯兰时期流传下来的文本，这些文本显然出自凡人之手，也就难免有错。即使创新的《古兰经》学者指出启示植根于历史之中，或多或少信任一个最古老部分来自 8 世纪，在先知的圣行结束，经历了几代人的时间之后才出现的文本。《古兰经》的阐释中与价值讨论相关的部分可能对于训练有素的文本研究者（其中包括《圣经》学者）而言显得很熟悉，甚至庸俗。但事实上它们并非如此：伊斯兰主义者拒绝承认他们的观点，坚定宣称《古兰经》的内容是明确的；伊斯兰教评论者积极引用《古兰经》的经文来证明伊斯兰教和现代性之间的不可调和性。他们也声称《古兰经》的信息是明确的。文本批评的基本规则他们根本不放在眼里。

伊斯兰话语

如果对当下伊斯兰话语进行观察，就会容易理解上面的描述。当下伊斯兰话语虽然千姿百态，但只围绕着一个假设：伊斯兰教就是书写在《古兰经》和《圣训》中的东西。如果观念、行为、美德或技术能追溯到《古兰经》或《圣训》之中，它们才真正属于伊斯兰，才是合法和本真的。与有关政治战略和对暴力的态度的讨论不同，价值观辩论证明将伊斯兰主义者（阿拉伯语：islāmiyyūn）与"普通"的信徒（muslimūn，mu'minūn）之间进行明确区分是十分困难的，"普通"信徒当然不允许自己被贴上这样的标签。两者都认为，伊斯兰教需要的不仅仅是对独一无二的真主和他的使者穆罕默德的信仰，都认为需要用行动在世人面前证明自己的信仰，这正是伊斯兰教将宗教价值观融入日常行为生活的方式。宗教将其追随者紧紧结合，因此不可能不产生社会影响，也必须要产生社会影响，不会将自己局限在私人范围内。从这个意义上讲，正如经典的说法描述的，伊斯兰教是"宗教与全球"的（al - islām dīn wa - dunyā）。

伊斯兰主义者在多个方面把这种共同的认识极端化了，首先，他们将《古兰经》和《圣训》作为所有规范和价值观的唯一基础，拒绝接受道德和规范的所有其他来源。对相信特殊个体能力的穆斯林，特别是苏非派圣人和大师而言，他们相信能够通过圣启而不是书本学习直接获得神圣真理。与此同时，它针对的是那些在《古兰经》和《圣训》之外相信其他灵感来源的穆斯林，只要这些东西不违背基本教义或者基本伊斯兰教价值观就可以被用来指引伊斯兰社会（当然对此人们可以商量甚至争论）。为什么不从别人的经验中获益呢？这是历史上常见的做法，即使伊斯兰主义者不愿承认这一点。

伊斯兰主义者并不认同人类有共同价值观。这表现了他们激进的，同时具有乌托邦性质的观点。在全球化和大规模移民的年代，他们试图明确甚至重新划定最初由领土定义的不同宗教（文化、文明）之间的边界："伊斯兰领土"（dār al‑islām）与"战争领土"（dar al‑harb）之间的边界，"伊斯兰领土"中由国家推行伊斯兰教教法，而在"战争领土"中并非如此，有可能是因为统治者不是穆斯林，或者虽然名义上是穆斯林，却不能将伊斯兰教教法全面适用。根据强硬伊斯兰主义者的观点，"伊斯兰领土"必须除掉所有非伊斯兰教的想法和做法，并采用圣战的方式战胜"战争领土"：在那里居住的穆斯林必须免受所有非伊斯兰思想和行为方式的影响。对那些承认现实的伊斯兰主义者则推行第三类别，即"停火领土"（dār al‑sulh）或"合约领土"（dār al‑ahd），在其中伊斯兰与非伊斯兰之间的战争暂时停止或永久中止，但即使是他们也并没有超越领土逻辑。数百万穆斯林散居在传统意义上的"战争领土"或"停战领土"之上，以新的方式引起了边界的问题。当然，穆斯林今天仍然不断碰到领土边界，包括那些不是他们自己划出的边界（如"欧洲堡垒"），然而，他们在精神上并不能选择退出现实，也不能使自己免受非《古兰经》理念和模式的影响，因为这些理念和价值观已主导全球。除非穆斯林退到小岛上独居，不然他们并不能持守伊斯兰的纯洁戒律。

伊斯兰教教义的另一个显著特点也是如此：神授的生活方式不能在个人层面，只能在"伊斯兰秩序"（nizām islāmī）框架内实现，其中神的律法戒令对所有人都有约束力。伊斯兰教需要"应用伊斯兰教教法"作为源自真主的适用于所有时间和地点的法律和价值秩序。反过来，伊斯兰教教法施行的前提是在一个伊斯兰国家。因此，伊斯兰教不仅包括"宗教与世界"，还有"宗教和国家"（al‑islām dīn wa‑daula）。（真正的）伊斯兰国家或统一的伊斯兰国家（例如以普遍的哈里发国的形式）的建立当然可能会弱化上文提到的边界问题，但前提是所有穆斯林——至少伊斯兰主义者是这样期望的——要移居到"伊斯兰领土"上，或者他们居住的地方变成伊斯兰领土。但是，如何保护自己免受全球趋势的影响仍然是一个问题。伊斯兰教教法是如何被"应用"的，"伊斯兰秩序"的组织方式仍饱受争议。因此不存在一种对各方都有约束力或者吸引力的"伊斯兰秩序"的模型。

综上所述，"伊斯兰主义者"一词在这里指的是话语社区，而不是一个特定的（可能是反对派的）政治组织或战略的倡导者。伊斯兰主义者分布在不同的区域，有反对派也有建立者，有知识分子和商人、法官和大学教师、军人，也有小贩和失业青年。他们的共同点是坚信伊斯兰教是一个独特、自成体系且无所不包的规范和价值观系统，规范个人生活和社会秩序，这个系统基于神的指示，仅能通过《古兰经》和《圣训》领受，排除所有其他来源的道德和规范。

根据他们的观点，《古兰经》和《圣训》中所载的规范和价值观念使得伊斯兰教永保独特性，从核心上来讲是不可改变、脱离人的干预的，而且，至少在道德层面，优于所有其他系统。

基本伊斯兰价值

伊斯兰话语使用《古兰经》和《圣训》，使其主张无懈可击。同时，在描述社会和政治问题时，伊斯兰话语利用伊斯兰法学（fiqh）语言，但并没有保留其逻辑、程序，更不用说内容。当然，展示自己话语植根于宏大传统的策略是经过深思熟虑的，也极具欺骗性。如今在伊斯兰世界谈论价值观必须谈论伊斯兰教教法，即使是那些不希望看到教法"应用"的人也是如此。至少在目前的形势下，很少有穆斯林敢公开声称伊斯兰教教法已经过时，不适合现代的情况。关于什么是伊斯兰教教法的讨论稍显活跃。讨论取得了一些进步，问题十分艰深。按照目前占主导地位的观点（绝不只是伊斯兰主义者持这种观点），伊斯兰教教法是神圣的法律，是由神（或他的使者穆罕默德，一般不明确说明）在《古兰经》和《圣训》中设立的，对所有时代来说都是不可更改的。因此，他们并不认为伊斯兰教教法是人设立的，而是神设，只能被人或多或少地"发现"、"理解"、"阐发"和"实施"。上帝设立的所有准则和法律（shar'，sharī'a）和人的法律（figh，阿拉伯语的意思是理解）之间的区别，为人广泛接受。然而，由此带来的后果，尤其是伊斯兰教教法与法律的关系是极具争议的。

欧洲的文化价值

伊斯兰主义者重视神圣伊斯兰教教法的广泛性，据他们说伊斯兰教教法涵盖生活各个领域，为人的解释保留了极为有限的空间，在这些空间中人按照神赋予的判断力的尺度发挥作用，当然，这是在启示的引导下。同时，形成鲜明的对比的是伊斯兰教教法的批评者希望改革，他们公开采取现代派的态度，强调《古兰经》中少数具有约束力的与法律和政治密切相关的标准（引用《圣训》不利于他们的论点），并尽可能扩大理性的人进行阐释的空间。即使是独立的由理性引导的法律发展（Ijtihād）——自 18 世纪以来在伊斯兰教和伊斯兰社会革新中起了重要的作用，多次呼吁"开放"在 20 世纪就已经关闭的"法律发展的大门"——也受到规范性文本的束缚。它只是摆脱了某一个法学流派（madhhab）以及其特殊的方法和教条的约束，这些方法和教条直到 20 世纪一直影响着伊斯兰法律的理论和实践。逊尼派穆斯林关于"法律发展大门开放"对于人类理性和自由的意义的思考进展缓慢。什叶派穆斯稍好一些，其法律传统中理性起到了更大的作用。然而逊尼派和什叶派穆斯林都很难认同个人的道德自律。与此同时，即使伊斯兰主义者也并不完全否认人的理性和自由，只是认为其建立在神的意志之上，而不是自然法则之上。

一边是（不可更改的神圣）伊斯兰教教法，另一边则是（可变的人类）法律，二者在理论上比在实践之中更好区分。在火药味很浓的争论气氛中，"法律不等于教法"这种说法可以避免针对教法的争论，因为这种争论很容易被看作对伊斯兰身份的基础和堡垒的攻击，并遭到贬低。然而，

第十四章 价值观之争：对当代伊斯兰话语的评论

回避的策略并不能澄清具体问题。最终，即使是在《古兰经》和《圣训》中看似明确的段落也必须由人来阅读、理解，并转化为实际行动以产生社会影响力，figh 也是如此，要人愿意理解才能发挥社会效用。探究伊斯兰教教法本身的实质和范围的人走得更远。这里采用两种方法，一种是语境化，另一种是抽象化。语境化建立在《古兰经》传统的阐释模式之上，尽量厘清《古兰经》中的说法产生的历史背景（传统的《古兰经》阐释学称之为"降示时的情形"）。这里的目的并不是质疑某个《古兰经》戒律的有效性，而是将其限制到原来的背景之中，从而限制了其普遍约束力。《古兰经》第 4 章是这种方法的典型例子。在供养女性孤儿的背景下，穆斯林男人最多可以娶四个妻子，条件是他需要平等对待她们。传统的阐释认为这一规定具有普遍约束力，而现代的解读者们仅仅将之视作一个特例，特殊情况并没有普遍约束力（下文还会详细论述）。然而，有一个问题仍然没有解决。为了确定那些决定性的语境（降示时的情形），这些意在改革的研究却对早期伊斯兰教的历史传承不加批判地接受，这个问题显然在穆斯林内部的讨论中还没有引起重视。

抽象化为研究《古兰经》提供了更多的可能，因为这种方法与语境化相对比、相结合。抽象化基于这样一个假设，即伊斯兰教或伊斯兰教教法中包含的普遍准则和价值观，包括正义、自由、平等、责任感和参与（shūrā），需要适应不断变化的时间和地点情况，灵活地加以实施。这些准则和价值应该——这也是这种冒险行为的棘手之处——在必要时覆盖教法和传承的法律的具体规定，将其相对化，或使其失效。[5]从技术上来说，这样做是为了教法的"目的"或"意图"。（1）是为了古典的法学家和神学家就开始关注的教法的"目的"。[6]应该在《古兰经》和《圣训》中发现普遍的价值和原则，来契合教法的"精神"，而不是它字面的意思。现代的作者们指出，古典的伊斯兰法律在确立积极的规范与规定时也不能没有某种程度上的理性引导的抽象化，而按照他们自己的说法，他们的方法是完全按照判例法的，并且严格依照经文。（2）在这个关联中尤其重要的是公益的方案，以及所谓的五种基本美德，（3）包括护教、生命、后代、财产和理智或荣誉——这些美德展现了教法的"目的"或"意图"，在有疑问的情况下特殊的规定应该服从它们。德高望重的学者如艾卜·哈密德·安萨里（卒于1111年）、艾卜·伊沙克·阿什沙提比（卒于1388年）都对这个题目发表过重要的意见，现代的作者们即使援引他们，也掩盖不住一个事实，那就是现代的作者们已经明显超越了古典法律一直维护的边界。尽管他们不停地援引《古兰经》和《圣训》，他们定义公益时仍着眼于社会的条件和当下的需求，也就是说按照自己理性的标准。但是他们毫不掩饰地表现出对人的理智的信任以及理性主义，甚至是功利主义。直到今天，对伊斯兰学者和伊斯兰主义理论家来说仍然是值得怀疑的，因为这些人担心，如果允许人们让"神的法律"符合人的期待和经验，它可能会失去无限的约束力。

但也有人认为"伊斯兰话语"谨小慎微地死抠文本是有问题的，总是或长或短地引用经典著作，不断提及大师，哪怕这些大师用同样的概念和例证说的是不同的东西。很少有人能像伊斯兰经济学家赛义德·纳瓦布·海德尔·纳克维（Syed Nawab Haider Naqvi）那样公开对伊斯兰话语的向后望、无历史、不自由的特点表示不满[7]：

> 诚然，这些东西，即（一）信仰、（二）生活、（三）后代、（四）理智和（五）财富，在被提出的时代肯定是一个有趣的目标列表，引人思考法律和形而上学的问题；但它们需要重新聚焦、展示和补充，以在现代对公共领域的行为产生积极的导向作用。在完全不同的时代和时区之间跳来跳去，想要拾取前人智慧中的金沙，充其量是徒劳之举。

纳克维这里批评的是想象的、跨越时间的连续性的观点，这种观点认为伊斯兰教的设想和实践仍具有不可动摇的约束力，同时又划分明确的界线，把自己的、以宗教定义的文化与其他的文化区分开来。只有穆罕默德和他同时代的人在 7 世纪的麦加、麦地那地区的所思所行是本质的，是对今天的生活有约束力的，而不是今天的人们认为值得追求的东西，这种观点让那些坚守伊斯兰信仰的穆斯林学者也感到困惑。

正义与平等

在欧洲和伊斯兰思想之中对正义的寻求是一个经典主题，不必在现代时代"发明"出来以作为文明冲突的武器。

伊斯兰基本价值观中正义通常在第一位，这一现象也不只出现在伊斯兰教中。一位美国法律人类学家是这样说的：

> （正义）是伊斯兰教最重要的美德，如果并未确定，因其开启对平等的诉求，这种诉求对人类本性以及理性与激情的世界规律都是至关重要的。[8]

当代伊斯兰教将正义视为伊斯兰教最高价值观，高于并综合其他所有价值观。一位伊斯兰主义作家如是说，正义是"与伊斯兰教教法一致的合法政治的精神极"[9]：

> 至高无上的神创造了正义（al-'adl）和公正（qist），意味着正义也就是正面事物的本质，因为其是所有综合性原则和一般规则的基础，也是立法者（神）在他的神圣法律中定义的。正义代表神的秩序和法则（nizām āllah wa-shar'uh），为这个世界上的人类以及其后世预备了通畅大路。

一个比较现代主义的穆斯林支持者表达了同样的观点[10]：

> 正义是最高的价值观之一，并有各种形式，也是伊斯兰教关注的问题之一。在地位的先后上，正义仅次于对独一真神（tawhīd）以及穆罕默德作为真正的先知（risāla）的信仰。

第十四章　价值观之争：对当代伊斯兰话语的评论

现代人可以再一次借鉴伊斯兰传统，其本身吸取了古朴和古典波斯理念，尽管这些的确表现出了现代特点。伊斯兰教中的正义也涵盖了广阔的语义场，包括道德、宗教、法律、社会和政治问题，具有各自专门的术语。在这里，我关注的不是神圣的正义——过去穆斯林思想家已经对此进行了大量探讨——而是社会和性别关系中的正义。《古兰经》本身没有提供关于正义的理论，而是指在具体情况下的公正及正义的行为，因其采用了多种术语，尤其是：qist，指公正或公平，或提供全面措施（从动词"分发"、"分配"派生而来，例子参见《圣训》3：18 和 55：9）；ihsān，对待他人公平正义的行为；adl，通常翻译为正义（从动词"成为或使得正直、公正、公平"派生出来）。在后《古兰经》使用中，insāf 被添加到价值观列表中，又一次说明了公正与公平对待他人这一理念。根据《圣训》16：90，神希望人类"正义与公平行事，善良对待他人（也是人类应该做到的）"《圣训》2：83；4：58；4：135；6：152；49：9；60：8 也表达了同样的意思。上帝告诫人类要善待（ihsān）父母和亲戚、穷人、弱者和孤儿（例见《圣训》2：83）。给予施舍的责任（zakāt），被认为是伊斯兰教的五大支柱之一，也证明了这种社会义务的存在（见例《圣训》9：60）。善行也是后《古兰经》机构宗教捐赠（waqf，habous）的目标之一，虽然在法律上存有争议，在几个世纪中这一理念对伊斯兰社会具有重大意义。

从 8 世纪起，基于《古兰经》的文本，亚里士多德的概念逐渐被补充其中，穆斯林才得以理解文本的内容，穆斯林律师和神学家发展出了更为抽象的概念。因此，正义（'adl）在广义上指符合上帝律法的行为，因此行为是"公正"并"正确"的。同样的，正义与善举、温和（i'tidāl），或中庸之道一脉相承。正义要求公平、公正、平衡、和谐。根据《古兰经》2：143，神把穆斯林群体放在中间，或者简单地放在正确的地点（ummatan wasatan）。对公平和适度的持守与对所有"宗教夸张"（al-ghuluww fi l'dīn）的坚定拒绝，形成了早期和古典穆斯林学者的标准话语的一部分，也作为对宗教极端主义和近代非法的暴力使用的回击。根据语境的不同，正义的对立面可以包括亵渎、犯罪、不正义、压迫和混乱，这表明人们在违背神（伊斯兰教）设立的界限。最糟糕的情形会导致动乱、无政府状态和内战，这些都可总结在术语 fitna 之中，即存有分裂伊斯兰社群的风险，也会令伊斯兰教处于危险之中。

"正义秩序"会保证社会的和谐平衡，正如经典格言中的理念那样"以他或她应得的对待"（suum cuique），不完全是权利和义务的平等分配，而是"正确"的或适当的分配。[11]因此，正义不能是盲目的。如果要确保公平以及恢复秩序，我们需思考现状，思考个人和群体的社会关系。[12]统治者承担确保正义和维护秩序的主要责任。他必须确保"一切井然有序"。[13]究竟这个合理的秩序是怎样的，可能完全是另一回事。伊斯兰教概念中的公正秩序，根据地点、时间和非伊斯兰教的社会文化环境的不同而变化。《古兰经》和《圣训》没有详细描述。然而，伊斯兰教教法可以治理专制统治，因为即便统治者高于他的臣民，他并不凌驾于神圣法律之上。如果他违反了伊斯兰教教法（在现实生活中经常发生），即侵犯了上帝的律法，他也会受到惩罚，哪怕惩罚是在后世。[14]

在现代，伊斯兰教教法对于维护秩序和正义的象征意义至关重要。与此同时，正义的概念已经被重新定义，尤其是关于平等的问题。正义的前现代概念往往与社会平等的理想有所不同，《古兰经》某些段落证实了这一点，而在其他段落中却与之矛盾。当代穆斯林正努力解决这些矛盾。[15]许多人简单地宣称伊斯兰教就是平等和正义的宗教。然而，显而易见的，通常他们在（伊斯兰）正义的精神、法律和社会经济方面的理解相差甚远。正如围绕"伊斯兰"人权和尊严的讨论表现的那样，这归结为上帝赐予所有男人和女人的尊严和本体论平等，以及分配给特定群体和个人的权利和义务之间的区别。[16]

奴隶制在 20 世纪的伊斯兰部分地区仍然实行，但现在已被所有地区的法律所禁止，已经没有必要再讨论这一制度，尽管《古兰经》和《圣训》，就像《圣经》和早期基督教传统那样，将之视作当时的社会现实。《古兰经》没有规定也没有废除奴隶制，而是以道德规则将之约束。同样的，《圣训》将释放奴隶视作对一部分罪行的忏悔。当代穆斯林很少会公开声称《古兰经》和《圣训》对某些事物的相关规范不再如过去那般适用，奴隶制是其中之一，尽管它并没有被正式废止或删去（这将是人类狂妄的一个标志），但这已经无关紧要了。不过，作为惯例，这种尴尬主题被忽略了。某些文本引用的具体意义已然过时（因其不再与社

会现实一致）或具有攻击性（因其与平等原则相冲突），这
仍有待探索。这样看来，关于奴隶制，尽管（普遍的）平
等原则优先于《古兰经》和《圣训》中（特定）的文本禁
令，但在其他社会领域，这种优先会应用到什么程度还有待
观察。

　　当下对平等问题的争论是诸多有挑衅性的题目之一，在
21 世纪和在 7 世纪同样重要，但是关于男女穆斯林的关系
的争论，关于男女关系的争论却有所不同。[17]关于性别的争
论，唯一的女性声音能广为倾听的主题尤其发人深省。性别
争论的前提是等价或神面前男女平等，及其在法律面前一律
平等的特性。少有参与者试图查明相关《古兰经》引用的
真实意义，这些引用的意义比通常大家认为的更为模糊。与
《圣经》一样，《古兰经》使得平等的胜利方难以自圆其说，
因其在不同地方的说法不同。据《圣训》75：37－39，神
创造了男人和女人（作为伴侣，阿拉伯语：zawjayn），采用
了相同的材料，即一滴精子，从而发展成胚胎。据《圣训》
4：1，两人都由一人或一个灵魂（nafs wāhida）创造而来。
《圣经》中记载亚当是第一个人，夏娃由亚当的一条肋骨而
生，作为他的伴侣，这并未记载在《古兰经》中，但《古
兰经》注释中提到了这点。[18]尽管如此，根据《古兰经》，在
神面前男女双方都对自己的生活承担责任。然而，根据
《圣训》4：34，男人"是女人的守护者"（在某一时刻是如
此）。这形成了一个社会榜样，跟其他欧洲国家是相似的
（不是所有国家都体现出前现代性）。根据男性和女性特殊
的生理和心理素质，这种设定划分了各自的不同角色，也在

第十四章　价值观之争：对当代伊斯兰话语的评论

某些特定的领域代表了不同的权利和义务。因此，人们认为平等具有不同层次的责任，男性排名高于或至少前于女性。

　　埃及律师及穆斯林兄弟会成员赛义德·拉马丹，是穆斯林兄弟会创始人哈桑·班纳的女婿，也是著名学者、活动家塔里克·拉马丹的父亲。他用语言描绘了一幅生动的画面，名为《里程碑》（*ma'ālim al-tarīq*，与 ma'ālim fi l-tarīq 相对，由埃及穆斯林赛义德·库特布写下的著名文字，1966 年执行）：[19]

　　　　正如伊斯兰教宣称男性和女性之间的基本关系是伴侣那样，其基于权利和义务（《圣训》2：228）的平等将男女性之间的关系定义在家庭内部。男女性关系的演变（阿拉伯语：daraja，此处为《圣训》2：228 所指）就像是一种行政级别，任何商业运营都与之有关。这样一来，人生的运营就为群体产生新信徒。

　　关于婚姻、家庭的争论具有相似的思想和论证模式，大部分深刻反映出传统观点。[20]然而，人们也努力将性别平等概念化，以反映当代现实并实现性别平等，同时仍旧持守伊斯兰核心教义，并认可男性和女性特定的生理和心理素质。美国学者阿米娜·瓦杜德是努力重建伊斯兰性别角色的最著名的支持者之一。对她来说，伊斯兰教的基本价值——平等具有一定程度的社会分化。[21]芮发特·哈桑来自巴基斯坦，现居住在美国，她认为自己是"伊斯兰女性主义者"，哈桑提出了一个更简单的说法。对她来说，男女平等来自神的公义。家长式做法违背了《古兰经》的教导，因此是非伊斯兰的［在这里，她接受了（纯粹的）伊斯兰教教义和（混杂的）伊斯兰教行为的区别，这种区别依据时间和设定，被男性偏见和误解扭曲］。[22]关于多配偶制，或者更精确地说一夫多妻制的争论很活跃，《圣训》4：3 准许男性迎娶四位"信"女的前提是公平对待她们（但对他的女奴私妾的数量没有限制）。在理论层面人们可以援引《古兰经》中的段落，那里是说要照顾女性孤儿，并不（一定）能推导出《古兰经》普遍允许甚至要求人们实行多配偶制。从实际层面来看，多配偶制是与平等对待各个妻子相联系的，并不常见，并且受许多伊斯兰国家的法律限制。

关于家庭内部性别角色的讨论至少是有启发性和相关的，更具体地说是《圣训》4：34 的 qiwāma 原则。Qiwāma 可以被理解为表示优先、主宰、维护或保护，这是《古兰经》经文中看似简短但翻译起来困难的一个最好的例子。在相关的文献中，这一意义范围从男性主导女性从属（"男性高于女性"），到保护关系——丈夫为他的妻子和孩子（"男人站在女人之前"）承担的特殊责任。还有就是丈夫作为家庭的经济支柱和领袖的作用。同时，婚姻和家庭的现代概念基于夫妻之间的伙伴关系，超越了传统意义上的模范，尽管不是在法律上的平等，这种关系给双方分配了不同的范围，使真正的伙伴关系得以实现。与"隔离但平等"的共识不同，这些概念都强调合作和分化。基本的概念是："伊斯兰教中"的差异是自然的，不应拒绝，而必须以适当的方式适应。

相比围绕性别和家庭充满刺耳观点和广泛反响的争论，

就社会正义和伊斯兰经济的争论则低调得多。[23]有趣的是，其中并不涉及任何女性。人们已经明确指出，这一讨论围绕道德经济观念，其中道德与具体伊斯兰机构至少是同样重要的，例如对利息和保险的禁令已通过各种行之有效的方法补偿，其中一些是新定义的。自20世纪70年代以来，倡导基于征收财产的社会义务的伊斯兰市场经济的人们主宰了这一领域，他们将伸张正义置于机会平等之上。普遍道德话语体现在示范性的方式之中，这是由穆斯林经济学家胡尔希德·艾哈迈德（Khurshid Ahmad）提出的，他再一次提倡中庸的理念：[24]

> 中间的道路是正确的选择。信念、毅力和忠诚的神圣原则应与创造力、灵活性和面对不断变化的知识、经济、技术和文明挑战的能力齐头并进。也许我们需要的是信心和毅力，谦卑、忠诚与敞开心胸，以及扎根于传统的创新的信念。这应该是现代伊斯兰争论的主要特点。

绝非偶然，这听起来像在礼拜日的布道：是理智的，但没有假设；也有理性，但在上帝设定的范围之内；当然有创意，但在已知人类的脆弱点的前提下；是绝对运动的，但既不太慢也不是太快。它所揭示的是对批判性思维失控的恐惧，它拒绝停止在"伊斯兰"的大门之前，或者至少在由过去和现在的守护者竖立的大门之前。然而，只要渗透进伊斯兰话语的理性精神指的是优先于伊斯兰教教法与具体禁令的普遍价值观和更高的规范，就不会被轻易限制或抑制。只有经历会展现其倡导者在自我强加的框架内愿意并能够走多远，以及他们保留穆斯林身份的代表伊斯兰教的举动是否也被其他穆斯林认为是伊斯兰教的。这种经历很可能不会是一致的。

注　释

1　参见 Stefan Wild（Hrsg. ），*The Qur'an as Text*，Leiden usw. 1996；Hans Zirker，*Der Koran. Zugänge und Lesarten*，Darmstadt 1999；auch Neal Robinson，*Discovering the Qur'an. A Contemporary Approach to a Veiled Text*，2. Aufl. ，London 2003. Zur Sünna vgl. Daniel W. Brown，*Rethinking tradition in modern Islamic thought*，Cambridge 1996。

2　入门性著作参见》Exegesis of the Qur'ān《（Claude Gilioot und Rotraud Wielandt），in：Jane Dammen McAuliffe（Hrsg. ），*Encyclopaedia of the Qur'ān*，Bd. 1，Leiden，Boston 2002，S. 99 – 142；以及 Stefan Wild，*Mensch，Prophet und Goff im Koran. Muslimische Exegeten des 20. Jahrhunderts und das Menschenbild der Moderne*，Münster 2001，以及注释 1 提到的著作。

3　这一立场仍存有待解决的一些问题，比如（a）是否可以以信仰表白（shahada）认定一个人是穆斯林，还是说必须通过行动不断证明才能被认定为是穆斯林；（b）严重的罪行是否导致因其而失去信仰的人被逐出穆斯林群体（阿拉伯语为 takfiv，翻译为逐出教众团体 Exkommuni Kation 是不充分的），针对这样的人是否应该发起圣战，而圣战是不允许在穆斯林之间发动的。因行称义，重大罪恶的定义，如何与罪人打交道，这些问题是早期伊斯兰神学和政治的主要话题，关于当下激进的伊斯兰主义的讨论也是核心内容。

4　很有可读性的著作有 Peter Scholz,»Scharia in Tradition und Moderne – Eine Einführung in das islamische Recht«, in：*Jura. Juristische Ausbildung* 23（2001）8, S. 525 – 534；深入的、多视角的著作有 Bernard G. Weiss, *The Spirit of Islamic Law*, Athens, London 1998；Mohammad Hashim Kamali, *Principles of Islamic Jurisprudence*, Cambridge 1991；Wael B. Hallaq, *A History of Islamic Legal Theories*, Cambridge 1997。

5　深入的研究见 Gudrun Krämer, *Gottes Staat als Republik. Reflexionen zeitgenössischer Muslime zu Islam, Menschenrechten und Demokratie*, Baden-Baden 1999, 特别是第三章和第四章与阿拉伯逊尼派穆斯林学者的讨论。法学家穆罕默德·哈希姆·卡迈利, 阿富汗人, 现在任教于马来西亚, 关注非伊斯兰主义的伊斯兰话语代表, 参见其著作 *Freedom, Equality and Justice in Islam*, Cambridge 2002。对一般伊斯兰教道德和人类是否能够无需启示就能够获得关于善的确切知识的问题, 参见»Ethics and the Qur'ān«（A. Kevin Reinhart）in：Jane Dammen McAuliffe（Hrsg.）, *Encyclopaedia of the Qur'ān*, Bd. 2, Leiden, Boston 2002, S. 55—79, 以及同一作者的著作 *Before Revelation. The Boundaries of Muslim Moral Thought*, Albany 1995；还有 Toshihiko Izutsu, *Ethico-Religious Concepts in the Qur'ān*, Montreal 1966；Richard G. Hovannisian（Hrsg.）, *Ethics in Islam. Ninth Giorgio della Vida Biennial Conference*, Malibu 1985；Majid Fakhry, *Ethical Theories in Islam*, 2. erw. Aufl. , Leiden 1994；Daniel Brown, »Islamic Ethics in Comparative Perspective«, in：*The Muslim World*, 89（1999）2, S. 181 – 192。

6　见 Weiss, *The Spirit of Islamic Law*, Kap. 4 und 7；Hallaq, *History*, S. 112 f. , 132, 162 – 206, 214 – 231；Kamali, *Principles*, S. 267 – 282。

7　*Perspectives on Morality and Human Well – Being. A Contribution to Islamic Economics*, Leicester：The Islamic Foundation, 2003, hier S. 129.

8　Lawrence Rosen, Art. »Justice«, in：John L. Esposito（Hrsg.）,

The Oxford Encyclopedia of the Modern Islamic World, Bd. 2, New York, Oxford 1995, S. 388 – 391, hier S. 391；作者其他类似的著作有 *The anthropology of Justice. Law as culture in Islamic society*, Cambridge 1989；*The Justice of Islam*, Oxford 2000。取材广泛但非历史性的研究有 Majid Khadduri, *The Islamic Conception of Justice*, Baltimore, London 1984。关于伊斯兰教正义观的历史发展研究参见 Franz Rosenthal,» Political Justice and the Just Ruler«, in: *Israel Oriental Studies*, 10（1982），S. 92 – 101；Ann K. S. Lambton,» Changing Concepts of Justice and Injustice from the 5th/11th Century to the 8th/14th Century in Persia: the Saljuq Empire and the Ilhanate «, in: *Studia Islamica*, 68（1988），S. 27 – 60, und Boǧaç A. Ergene, »On Ottoman Justice: Interpretations in Conflict（1600 – 1800）«, in: *Islamic Law and Society*, 8（2001）1, S. 52 – 87。

9 Farīd 'Abd al-Khāliq, *fī-l-fiqh as-siyāsī al-islāmī. mabādi' dustūriyya. ash-shūrā, al-'adl, al-musāwāt*（Über die islamische politische Doktrin. Verfassungsgrundsätze: Konsultation, Gerechtigkeit）, Kairo, Beirut 1998, S. 195 und 196f.

10 Kamali, *Freedom, Equality and Justice in Islam*, S. 107. 卡迈利还强调了伊斯兰和非伊斯兰正义理念的共同点。

11 此说法来自古罗马法学家 Domitius Ulpianus（约170—228）并被纳入查士丁尼的《民法大全》（*Corpus Iuris Civilis*）。该座右铭为：Juris Praecepta sunt haec: honeste vivere, alterum non laedere, suum cruique tribuere（诚信做人，不损害他人，并给予每个人其应当得到的），见 Otfried Höffe, *Gerechtigkeit. Eine philosophische Einführung*, München 2001, S. 49 – 53。

12 还可参看 Michael Stolleis, *Das Auge des Gesetzes. Geschichte einer Metapher*, München 2004。

13 关于皇家公正和所谓的正义之圆，参见 Roy P. Mottahedeh, *Loyalty and Leadership in an Early Islamic Society*, Princeton 1980, bes. Kap. IV；Jocelyne Dakhlia, *Le divan des rois. Le politique et le religieux dans l'islam*, Paris 1998；Aziz Al-Azmeh, *Muslim Kingship. Power and the Sacred in Muslim, Christian, and*

Pagan Policies，London，New York 1997。

14　此处用 18 世纪早期的叛乱实例加以说明，给人留下深刻的印象，请参见»On Ottoman Justice«，S. 86 f. 。

15　参见 Louise Marlow，*Hierarchy and egalitarianism in Islamic thought*，Cambridge 1997；Kamali，*Freedom*，*Equality and Justice in Islam*，Kap. 2 und 3。

16　Mohammad Hashim Kamali，*The Dignity of Man*：*An Islamic Perspective*，Cambridge 2002，还可参见 Krämer，*Gottes Staat als Republik*，S. 74 – 76。

17　非穆斯林在（理想中的）伊斯兰秩序中非穆斯林的地位和角色，请参考拙著 *Gottes Staat als Republik*，S. 162 – 179。

18　Vgl. Art. »Adam and Eve«（Cornelia Schock）in：Jane Dammen McAuliffe（Hrsg.），*Encyclopaedia of the Qur'ān*，Bd. 1，Leiden，Boston 2001，S. 22 – 26.

19　Ramadān，*ma'ālim at-tarīq*（Wegmarkierungen），Kairo 1987，S. 44.

20　全面论述的著作可参见 Barbara F. Stowasser，*Women in the Qur'an*，*Traditions*，*and Interpretations*，New York，Oxford 1994；埃及女伊斯兰学家 Umaima Abū Bakr in：dies. und Shīrīn Shukri，*al-mar'a wa-l-gender. ilghā' at-tamyīz ath-thaqāfī wa-l-ijtitmā'ī baina l-jinsain*（Frau und Gender. Aufhebung der kulturellen und sozialen Diskriminierung zwischen den Geschlechtern），Damaskus，Beirut 1423 / 2002，S. 11 – 77；不同论证路径的著作有 Kamali，*Freedom*，*Equality and Justice in Islam*，S. 61 – 78。

21　*Qur'an and Woman. Rereading the Sacred Text from a Woman's Perspective*，New York，Oxford 1999，bes. S. 66 – 78 und 82 – 85. 还可参见在美国执教的 Asma Barlas 的著作»*Believing Women* « in Islam. Unreading *Patriarchal Interpretations of the Qur'an*，Austin 2002，bes. S. 184 – 202；还可参见 Azizah Yahia Al-Hibri，»Muslim Women's Rights in the Global Village：Challenges and Opportunities«，in：*Journal of Law and Religion*，15（2000 – 2001），S. 37 – 66（50f. ）。

22 »Challenging the Stereotypes of Fundamentalism: An Islamic
    Feminist Perspective«, in: *The Muslim World*, 91 (2001) 1,
    S. 55 – 69, und »Rights of Women Within Islamic Communities«,
    in: John Witte, Jr. / Johan D. van der Vyver (Hrsg.), *Religious
    Human Rights in Global Perspective*, Den Haag usw. 1996, S.
    361 – 386.

23 入门的著作有 Khurshid Ahmad (Hrsg.), *Studies in Islamic
    Economics*, Leicester: The Islamic Foundation, 1980 /1400
    (muslimischer Zeitrechnung); 柏林自由大学尚未出版的博士论
    文 Olaf Farschid, *Islamische Ökonomie und Zakāt*, Diss. Freie
    Universität Berlin 1999; 简明而有观点的研究有 Timur Kuran,
    »On the Notion of Economic Justice in Contemporary Islamic
    Thought«, in: *International Journal of Middle East Studies*, 21
    (1989), S. 171 – 191。

24 见 Naqvi, *Perspectives on Morality* (xiii) 一书前言。

第十五章 欧洲有文化认同吗？

彼得·瓦格纳

1870 年，与德国类似，在经历了数年冲突（包括武装冲突）后，意大利统一的进程随着民族国家的建立完成了，一名冲突的主要参与者说道：我们已经创造了"意大利"，现在必须要着手创造"意大利人"了［此话出处虽然存疑，但很可能是马西莫·达泽里奥（Massimo d'Azeglio）说的］。尽管他一直致力于将伊比利亚半岛的诸多领土都融于一个统一的政治制度下，此时马西莫·达泽里奥还是认为意大利没有一种统一的文化身份。但他确信，未来的意大利人应该会越来越意识到他们之间的共同点，他也认为，政治应该促进这种思想的觉醒。类似的观念也出现在当代欧洲。举一个虽不起眼但很重要的例子，25 年以前，欧洲大学学院在佛罗伦萨诞生了。某种意义上来说，它的任务之一就是培养"欧洲人"。所谓的"欧洲人"，不是基于共同的地缘，而是基于他们共同的生活经历。

一 欧洲有文化认同吗？

这是给我提出的问题。这一问题的形式令人联想到 18 世纪启蒙运动时期流行的征文题目，一些欧洲思想史上最著名的论述就是为了回答类似问题而产生的，比如康德的"什么是启蒙？"或者卢梭的《论人类不平等的起源与基础》。在某种现实中，"欧洲"就存在于这些思想中。在此，我不会也无意将自己与上述作者相提并论，但我的确希望，在他们的方法论基础上，首先将这些问题具体化。

欧洲有文化"认同"吗？

让我们从"认同"的概念开始谈起。"认同"意味着什么呢？这个术语的字面意思是"相同的"。路德维希·维特根斯坦（Ludwig Wittgenstein），这位也许是 20 世纪最重要的哲学家有一句警句："简单来说，把两种事物称为相同是无稽之谈，而说一种事物与它自己本身相同则是废话。"（*Tractatuslogicus-philosophicus* 5503）。如果认同就意味着相同——或者至少是相似——的话，那么欧洲文化认同的假设就显得既含糊又可疑。

首先，上述假设意味着，欧洲人是相同的或相似的。但是很少人会愿意承认这一点。在欧洲的历史进程中——我稍

第十五章 欧洲有文化认同吗？

后也会再回到这个主题上来——多样性一直是一个被强调的主题。即便是现在，欧洲一体化的辩论还在被"多样性中的统一"的话语占据着。与19世纪和20世纪大部分时间里民族国家统一进程相反的是，如今没有人企图削减欧洲的多样性——并且欧盟在那些寻求一体化的过程中最受批判的方面往往就是过分地追求标准化——在这个问题上，并不缺少统一性。

其次，认同也意味着欧洲在历史进程中保持相同。但是同样，这一点往往适用于单独的民族国家而不是欧洲整体。长期以来的假设是，许多欧洲国家自身都对欧洲历史或人类历史做出了某些具体的贡献，正是这些贡献形成了独特的德国、法国或者意大利的民族认同。但是欧洲整体并没有如此的连续性。恰好相反：改变和动态常被视为欧洲独特发展路径的一部分。16~17世纪的科学革命，18~19世纪的经济和工业革命，以及18世纪后期以来的民主革命，使得欧洲成为世界变革的震源地。没有什么是保持不变的。

那么，除了共同性和时间上的连续性，我们所提到的"认同"指的是什么呢？我们为什么要问及欧洲的认同呢？

这一问题首先是政治的，关乎那些我们共享的可能会引领行动的事情。并且最重要的是，它是一个关于我们拥有什么共同之处，又是什么将我们区别于他者的问题。我们可以从下面这个例子中看到认同是如何指导行动的：对人权和民主的承诺促使了欧盟向东部的扩张。下面这个例子则显示了认同的异化效果：对社会团结的承诺使得欧洲有别于美国。经历了二十多年对福利国家的批判和对改革的强调后，对互相支持这一原则仍然不存在异议——这一原则是在 2000 年在尼斯（Nizza）制定的《基本权利宪章》中被确立的。

欧洲有"文化认同"吗？

有些人可能会反对，在此讨论的认同问题是关于欧洲的文化而不是政治的。为了厘清这两个术语之间的关系，我们必须首先就文化的定义取得共识。"文化的"一词至少在三个非常不同的意义下被广泛使用。

第一，是规范性的概念。它用对比之下的文化缺失来理解文化。它与文化批判和文化悲观相联系，建立在欧洲历史上左翼和右翼两派的政治观点的基础上。比如，我们可能会想到，奥斯瓦尔德·斯宾格勒（Oswald Spengler）的《西方的没落》或者西奥多·阿多诺（Theodor Adorno）对文化产业的批判。人们很难在不将自身的文化强加于他人（或者是将旧的加诸新的）的前提下去强调各种规范性的事物——仅仅是因为那是他们自身的文化。我们这一时代中伟大的哲学家也屈从于这一诱惑。因此，文化的规范性定义现在已经很不常见了。但问题在于，我们是否能完全将之抛弃。

第二是强调共享价值和规范的文化的中性概念。在对认同的讨论中，我已经提出了一个疑问：当前是否有可能简单直接地将世界分为不同部分——无论这种划分的依据是文化、文明、国家或是宗教——并以此来建立边界，在每部分边界之内，价值观被其成员共享；而在边界之外的价值观则是与之冲突的。但是，在塞缪尔·亨廷顿（Samuel Huntington）关于文明冲突的著作中，上述想法是非常普遍的，我们在后面会回来再讨论这一点。

但是，能够使我们的理解更进一步的是文化的第三种概念，它假设，我们人类并非像原子一般生活在一个充满了有生命和无生命的客体的世界中，而是为我们的行动赋予价值，并且以一种阐释的方式来体验世界和与其他人交往。人类的存在是一种自我阐释的存在，一个人为了阐释而配置的资源就定义了他的文化。这一对文化的理解产生了以下三种结论：

第一，我们的思考不能从封闭的文化共同体出发，文化互动首先发生在人与人之间，而不是群体与群体之间；

第二（更多的随后讨论），我们不能将文化的共性和差异理解为一种文化特性与生俱来的结果。没有人天生就是一名基督徒或穆斯林、一个法国人或美国人而永远不会改变；

第三，这里提出一个新的问题，人是否可能拥有一种文化认同——这篇文章的题目其实与此很接近。

欧洲"有"文化认同吗？

所谓"共同体"肯定是欧盟内部官方的假定，它既是已经被整个社群所获得的，也是我们现在所拥有的。然而，一些经典的句子虽然被用烂了，但还是说得很清楚。歌德在《浮士德》第一部中写道："你从父辈所继承的，需要你去努力，去真正地拥有。"

欧洲在什么意义上拥有或不拥有一种文化认同呢？自从1973年以来，欧洲委员会就在试图回答这一问题。我们应该关注这个年份，正是从次年开始，二战后欧洲一体化的高涨势头开始减弱，共同的市场已经建立，但是更进一步的一体化措施不被看好，并遭遇阻力。世界经济的发展强势在经历了"辉煌30年"之后也开始止步不前。国际货币系统破裂了，第一次石油危机使得凯恩斯主义政策饱受质疑，并且欧洲即将开始战后第一次真正的经济衰退。

如果"认同"一词是从此时开始在欧洲的文件中出现的，那么就可以断定，欧洲并没有一种认同，但它很想要一种认同。欧洲正在寻求某种能够让欧洲走出危机以及一体化进程之困境的引导力量，但一时没有这种现成的资源。

考虑到这一点，我们必须要问：这种"很想要"的意识是什么？如果这个实体寻求认同的历史充满了改变与多样，那么在价值取向能够指导共同行动的这个意义上来说，什么可能成为认同的来源？大概的答案只可能是：经验和对经验的阐释。

欧洲可以在以下程度上实现认同，那就是在经历了共享的经验并且显示它能够生成基于这些经验的集体的阐释。它不能仅仅是简单地存在，还要在人们心中保持鲜活。

这也不会是像之前认为的那样是一个稳定的认同。比如，通过在过去的十年中作为参照的"西方的价值"或者更早些年作为参照的"亚洲的价值"，我们不能将它视为历史中一种长期延续的永恒存在。恰恰相反，这样的认同将会是在长时间发展中多样化的经历及其可能生成的阐释的结果。这些经历和对它们的阐释可能会像考古层一样有所重叠——借用赖因哈德·科泽勒莱（Reinhart Koselleck）创造的恰如其分的表达，这里的"层"指的是时间层——并且它们会随着新的经验及新的阐释的影响而改变。

接下来，请让我先概述与上述理解相契合的当前欧洲文化认同的主要元素。因此我会问：欧洲有文化认同吗？我们讨论的这个欧洲究竟有什么？

二　欧洲

统一的源头

在地理学上来说，"欧洲"这个广泛流传的名字指的是在罗马帝国解体后帝国的西半部分，这同时意味着欧洲是与西方基督教联系在一起的。正统基督教和（随后不久产生的）伊斯兰教的边界构成了欧洲的主体。这些边界最初形成的方式还反映在欧盟向东扩张的辩论中（除了希腊，因为它作为欧洲摇篮的地位特殊，并且我们不要忘记，它也是北大西洋公约组织的成员），以及当前针对土耳其加入欧盟的可能性的讨论中。

因此，在中世纪，欧洲是一个宗教－政治－地缘的统一体，它也被称为"西方"或者"西洋"。

但是这个统一体并不意味着严格意义上的"认同"。这片区域是松散地连接在一起的。关于中世纪日常生活的研究显示，宗教和封建价值并没有在广大群众中广泛传播。同时，从欧洲建立的具体历史中也没有找出一个能回溯到明确的根源或一个中心思想的认同上面。许多年前，法国哲学家莱米·布拉格（Remi Brague）提出了欧洲的自我形象总是指向它存在之前的事物。从宗教的视角来看，基督教发源于犹太教,并且在政治上,罗马共和国的传统受到希腊城邦民主政治的启发。布拉格因此朴素地将欧洲的认同形容为"离心的",因为它缺乏一个核心或一个独特的根源。并且他认为,正是因为缺乏自身的坚固根基,我们才能理解欧洲永不休止的动态。

分裂的历史

尽管如此,事实是欧洲历史常常充满矛盾冲突。作为我们检视欧洲历史经历的第一步,我想说明的是,几乎可以说曾经存在一个欧洲的认同,并且恰好相反的是,几个世纪以来,欧洲的历史就是一个通过建立新的边界、分歧和分裂来化解政治和文化危机的历史。接下来,我将简要地梳理四个主要的历史阶段。

改革与宗教战争。这一阶段的分裂最迟开始于改革和宗教战争,它使得欧洲被破坏掠夺了数十年。摆脱这一困境的方式,以我们目前的后见之明来说,就是建立国家主权的思想,这一思想通过 1648 年的威斯特伐利亚和约得以实现。西欧随后很少再出现暴力的、宗教驱动的冲突,只有北爱尔兰最后还有一些(但是,我们不能忘记反犹太主义。它的前提之一就是犹太民族由于没有任何实体领地而被排除在和平条约之外)。

但是,上述解决问题的方法的代价就是欧洲被分裂为了独立主权国家组成的体系,这一体系虽然解决了内部纷争,但是相对而言的是,他们的外部关系还是无约束和无政府的。对国际司法系统的需求不断地在 17 世纪制造着新的麻烦。

革命与国家。欧洲第二阶段的分裂是由民主革命引导的——其中法国大革命起到了决定性的作用。今天我们歌颂标志着现代社会政治开端的从国家主权到人民主权的转换,但是我们常常忘记,这一转变也无可争议地提出了"谁才是人民"的问题,并且这一问题还没有得到很好的回答。在整个19世纪,本应该以一种民主的方式行使自我决定的"人民"渐渐变成了"国家",而这里的"国家"不仅以一种独特的方式产生了自身独特的文化价值,并且还陷于与其他国家文化价值的斡旋中。

公共与私人范围。第三阶段,宗教改革和政治革命影响了一个程度更深的分裂,它虽然不易察觉,但其影响同样重要。一种"个体自治"的文化逐渐形成了,这种文化允许个人在社会和社群的整体压力下,仍旧以一种自我实现的方式来思考他们自己的生命。18世纪以来,在我们现在所知的民主革命的前夕,公共与私人领域之间的区分开始变得鲜明,并在此后在我们的政治思维中保持了核心地位。

康德将(用我们今天的说法所指的)被雇用者的工作领域视为"私人的",因此他们的言论自由应该受到限制。而我们今天倾向于将自我的形成领域视为私人的,而将公共领域视为一种知情政策的基础,个体可以参与其中。但是,如何区分二者是存在争议的,比如在法国和德国最近出现的所谓头巾争议中,就可以看出不同的观点。

资本主义与阶级。第四阶段,我们不能忘记经济–工业革命和市场社会(或者说资本主义)的出现。这些社会发展在欧洲产生了不同的社会阶层，而这些社会阶层往往是对立冲突的。比如在 19 世纪的英格兰，本杰明·迪斯雷利（Benjamin Disraeli）提到了既不存在社会互动也不存在共情的"两个国家"。这一论断不仅触及了现实证据已经表明的不断扩大的社会不平等，更重要的是，它指出了两种生活的不可协调性，而这在本质上是一种文化差异。

如果语言－文化认同是与国家的形成相联系的，阶级的形成则会产生一个社会－文化认同，它或多或少地出现在已经工业化了的欧洲的每一处。并且正如我们所知，社会民主与共产主义，以及随后与苏联社会主义之间的分歧所产生的对立，最终会导致欧洲各国之间政治的分隔。

问题产生的过程

我们已经完成了第一轮对欧洲历史简短的梳理，回顾历史中分歧的目的不是要证明欧洲没有文化认同，恰恰相反，在对认同和文化的讨论中，我的主张是，如果欧洲有文化认同，那它一定是由产生分歧和边界的经验以及阐释所导致的结果。

然而，同样的，我的上述断言也并不意味着我认为欧洲存在负认同，也就是说建立在过去的错误和误解上的认同。如果我们再审视一下过去围绕着宗教、国家、阶级和公共私人关系而展开的四个伟大的历史进程的话，我们会发现它实际上是由无数问题组成的，这些问题需要人们在彼此的互动中去解决。我们可以说，随着历史的发展，欧洲不断地以一种清晰的、激进的方式来进行自我提问，并随后自我回

第十五章 欧洲有文化认同吗？

答——尽管过程中充满了困难。

美国政治哲学家迈克尔·沃尔泽（Michael Walzer）曾经将自由主义形容为"分离的艺术"。自由主义思想通过将事实——或者有时候也包括个体——进行区分而产生自由的边界，而如果不加以区分，边界就会消失。这是一个很重要的思想，但是在历史现实中，上述区分通常以一种暴力的方式进行，并且并不总是受自由思想启发。因此接下来作为第二步，我将会简短地概括由这些区分带来的问题，以便进行第三步——讨论欧洲的文化认同在何种程度上被我们提到的那些经验所塑造。

多元化与多样化。一方面，改革和宗教战争摧毁了欧洲（西部）的统一。另一方面，它们也以一种不容忽视的方式提出了人类生活的多元化与多样化的问题。从此开始，再也不可能将人类努力的多样性压缩为一种单一的美好生活的模式。在战争的创伤后，17世纪和18世纪很迫切地希望构建新秩序，这一秩序与过去相比最大的进步在于，要将个体的多样化的努力作为秩序生成的基础，而在过去，秩序则来自其他的、强加的源头。

一个更好生活或进步的可能性。随着18世纪的到来——一个我之前简短谈及的以启蒙运动为开端的时代——一个新的、自我决定的、和平的秩序将成为可能的希望被逐渐建立起来。这是民主革命所表达的元素之一，这些元素又将为一个通过集体行动而构建的更好的社会奠定基础。革命和进步等词语在这一时代进入我们的政治话语，关于未来的开阔视野得到了表达（再次借用科泽勒莱克的表达）。

自由和集体的自我决定。如果民主革命代表着集体的自我决定和一个更好的秩序的创造，那么公共和私人范围的分裂就是建立和维持个人自由与集体自我实现的政治自由之间联系的前提。这种联系随后一直存在问题。一些作者将法国革命和俄国革命，甚至是纳粹主义之间进行了区分，由此引申出了集体的自我实现与极权主义的区分，后者之间不像前者之间那么泾渭分明，但是民主的历史显示了这一现象自我暴露的危险。

平等、繁荣和统一。市场和阶级的发展最终带来了繁荣与统一的问题。我们不要忘记，增加国家财富（亚当·斯密）和（在早期的）稳定社会的愿景是通过下述两者的产业分离来联系在一起的：劳动力与自由交换的自我管理。那些通过交易和香槟贸易①而建立的联系，因为已经进入了一个为了双方的利益而相互依赖的状态，将不会愿意与彼此为敌。大众的繁荣和社会的和平是一个漫长的过程。但是在与贫穷和逐渐增长的不平等的斗争中，统一的概念出现了，它一开始只是阶级斗争的一种表达，最终则变成了在福利社会逐渐走向平等中组织社会的一种形式。

一个反转的趋势

我们第二次对历史的探求显示，通过努力，我们可以以一种积极的方式来解读因暴力而分裂的欧洲。人类共存的一

---

① 香槟贸易（Doux-commerce）理论即个人私利会在市场"看不见的手"的引导下促进公共利益，类似于香槟那样甜。——译者注

些核心问题正是在此背景下提出的，这些问题之所以能够提出，或许正是因为这些分裂。

在解决这些问题的过程中，对问题的回答的期待也渐渐提高了，人们甚至期待有可能以一种积极的方式一次性地解决它们。毕竟启蒙时代就是这样，它表达了理性能够被完全实现的希望。当马克斯·韦伯一百多年以后将理性定义为合理性时，上述希望早已让位于不断增长的质疑。如果韦伯可能被解读为将欧洲的历史视为社会合理化的历史，那么他对前景是完全不满意的。

在 20 世纪早期，怀疑主义有时已经达到了将欧洲的整体发展路径视为灾难的程度了。我之前已经简短地提到了左翼和右翼的文化悲观主义，但是这种消极的反应只是之前启蒙时代过高期望的另一面。我们最好接受：没有任何一个答案能够回答所有时代提出的问题，但是可以调整已有的答案，将其发展得更为丰富来适应新的环境。

与此类似，我回顾欧洲历史的第三步将回答以下的问题：欧洲如何阐释自身的历史经验，并且基于这种阐释它得出了怎样的结论。

作为世界中特定实体的欧洲经验。至少，自从马克斯·韦伯的时代以来，人们就一直对欧洲作为世界的一个特定的实体和"独特的欧洲路径"（Christian Meier）感到好奇。欧洲的自我意识在 18 世纪的启蒙运动和随后 19 世纪的发展中是确实存在的，但是在此，欧洲是作为进步的先锋、历史的先驱，它仅仅是一个世界上其他地区可以参照模仿的地区，而没有自己不可去模仿的特性。这种类型的自我意识首先出现在 20 世纪早期，在两次世界大战之间越来越强，在二战后又演化出了一种新形态。三种重叠的元素是这种类型的自我意识的特点。

首先，一种见解是欧洲远非历史的先驱，它已经到达了一个发展路径的尽头。一种以帝国主义的方式逐渐扩张，并且使得彼此相互敌对的国家社会的发展方式已经是一条死胡同。尼采（Friedrich Nietzsche）对这种情况有所暗示，但是直到第一次世界大战它才真正成形。像本雅明（Walter Benjamin）和随后的阿伦特（Hannah Arendt）一样的观察者都提到了一种暂时的破裂，它指的是对传统的毁坏，以及因此导致的指导人们生活的资源的消失。

其次，与这种觉醒同时发生的，是欧洲对随后崛起的其他现代性国家，比如美国，表示震惊和气馁。问题不仅是欧洲不再是世界上现代化的唯一代表，而且是在许多方面，美国的现代性被证实比欧洲的还要好。这种优越性不仅体现在技术和经济领域，也体现在政治和社会领域。美国制造的商品不断与欧洲商品相竞争的同时，底特律的汽车工厂和芝加哥的屠宰场成了欧洲人感到陌生的合理化的缩影。在政治上，如同托克维尔（Alexis de Tocqueville）预测的那样，欧洲人不得不承认美国的民主比欧洲的更加先进，因此美国的民主似乎也成了欧洲民主发展所必须遵循的道路。欧洲的观察者们也被对社会平等的投入而折服，其中美国女性那种公开的自信对他们来说尤为陌生。

可以想象，欧洲人完全可能会像"先赶上再超越"这句格言所说的那样来对待先进的美国。但是这次他们没有

第十五章　欧洲有文化认同吗？

这样做，因为他们同时也认为美国社会在道德和文化上远远不及欧洲，因此不愿意追随美国社会的脚步。他们观察到，商品的标准化和个体化的行为导致了孤独和意义的丧失。我认为，在这种复杂的分析下存在这样一种思想的源头，那就是现代性可以有多种不同的表达。幸运的是，这种思想在今天比在20世纪时传播得更为广泛，也被讨论得更为深入。

最后，在战争的灾难又降临时，欧洲人感到他们必须根本性地改变他们历史发展的进程。借用法国政治科学家让－马尔克·费里（Jean-Marc Ferry）的观点，在第二次世界大战后，欧洲人逐渐发展出一种对自身的集体记忆（这种集体记忆在大多数情况下会被国家因素塑造）的批判态度。的确，出于显而易见的原因，上述情况只是一种德国的现象，是他们的一种处理对战争和种族灭绝所带来的罪恶感的方法。但是在过去的二十多年间，欧洲的历史在某种程度上被欧洲化了，更加强调通常在重大历史和政治问题前灾难性地给出错误答案的集体混乱。

战后的妥协。在战后的第一个十年，对于过去的阐释仍然有国家性的特征，并且得出的结论很模糊。民族国家的传统有一定程度的复兴，但是对其的阐释显然更加自由，并且是以一种更加有利于与他人合作的方式进行的。

西欧战后的政治秩序保持了他们向语言和文化认同方向发展的元素，并且他们稳定了社会－文化认同的开端，这种认同是围绕着致力于实现福利国家的社会统一的。他们还增添了对个人自由和政治自由更深入的了解，因为这些都存在

欧洲的文化价值

于两次世界大战之间的时期，尽管为此所进行的很多斗争——比如女性平等——都还没有成功。

欧洲一体化。欧洲一体化就是这种情形下的一个答案，这一答案从原则上讲在战争结束时就出现了（的确，这一答案的要素在两次战争之间的时期就已经出现了），但是还没有得到完全的阐述。这一欧洲计划诞生于战后，它一开始是作为经济和监管计划发展的，在那时欧洲社会的公民对其还非常陌生。

然而，最近几十年事情加快了发展速度，就像在导言中提到的那样，在 20 世纪 70 年代危机迹象的重新出现激发了对欧洲认同的讨论，但是，柏林墙的倒塌以及欧洲政治分裂状态的结束是激起欧洲统一的政治进程加剧的最重要的原因。在这种情况下，人们更加致力于对历史经验做出一个集体的阐释，正如我在此概述的一样。

上述努力的一个重要性被低估的明显后果就是 2000 年的欧盟《基本权利宪章》，尽管它直到 2007 年被废弃之前都只是欧洲宪法中的一个没有法律效力的条约。

这一宪章是一种新的宪法性的文件，而远非法律和政治协商的一个干巴巴的产物。它超越了《权利法案》这种盎格鲁－美国所启发的形式，后者仅列出了个人权利和国家的对比。这是一个政体以指导行动为原则的形式赋予自身的自我理解。在其中我们不仅能找到深深扎根于西方传统中的自由和平等的原则，也能找到关于人类的尊严和统一的原则，后者反映了基于欧洲自身的经验所得出的结论。正如我提到的诸多生动的例子之一，这一宪章显示了，一个具体的自我理解是如何以一种积极的方式被发展和转化为欧洲行动的选择的。

三　创造世界的方式

现在欧洲拥有文化认同了吗？尽管一开始我提出了诸多质疑，但是我要谨慎地给出一个肯定的答案。

欧洲不是以这样一种方式扎根于自己的历史中的：从它的历史根源就可以预言它后来的命运。上述误解在某种程度上基于对认同和文化概念的偏狭理解，在某种程度上基于对欧洲历史的偏见性解读。但是欧洲拥有深厚的历史经验，并且在不断尝试——无论是过去还是在现在——来共同阐释这些经验。这才导致了认同的诞生，这种认同可以作为行动的指南，并且揭示了与其他行动方向的根本差别。

在此，我们不应该用民族国家的模式设想欧洲，将其视为世界上的一个领土的、政治的和文化的统一体，与世界其他部分划清界限并对立起来。这将是 19 世纪和 20 世纪欧洲内部灾难在世界上的翻版，并且它也是一个例子，证实其很有可能造成文化冲突。

另外，如果所谓的全球化在文化的意义上是关于世界的明天会如何的讨论的话，那么我们应该将欧洲视为一个能够为如何建立一个新世界提出建议的地方，这些建议都是包含了也建立在欧洲自身的经验上的。

| 重要概念 |

轴心时代（Achsenzeit）

雅斯贝尔斯（Karl Jaspers）认为，在公元前 800 ~ 公元前 200 年，所有世界性宗教和哲学的基本基础已经形成。哲学宗教和哲学彼此相互独立地告别了神话世界，发现了超验性。这就是说，世俗和神性的世界形成了一种类似空间性的严格分离。神性世界成为真实的世界，对应的是不圆满的世俗世界。由此而产生的张力为现世的改变提供了动力。

同化（Assimilation）

指少数群体接受全体社会"正常"的价值、行为标准、规范、传统和世界观。

实证社会研究（Empirische Sozialforschung）

就现实状况、事件、过程和关联性搜集数据，是社会学、社会心理学、政治学和民族学所使用的科学工作的方法，是对社会事实系统化的调查。

伦理学（Ethik）

关于正确的、通向真正幸福行为的理论。

族群（Ethnie）

民众，民众的独特性。

认同（Identität）

（社会）归属的主观感受，内在的一致性和个人经历的延续性。

个体化（Individualisierung）

先前存在的社会生活形式和主导图景的解体，而与此同时，劳动力市场、教育体系和福利国家的重要性在不断提升，个体需要主动地把握个人的生活，并进行自我反思。

国际化（Internationalisierung）

在民族国家内部的社会进程中，国际交往的重要性不断提升。

欧洲的文化价值

交往主义（Kommunitarismus）

出于对现代西方自由主义社会的批评，而强调应当回归作为社会基础的共同体性质。

文化（Kultur）

较为一致的、共同的思维、理解、评价和交往方式。

文化冲突（Kulturkonflikte）

归属不同文化的成员之间的冲突。

政教分离论（Laizismus）

主张教会和国家彻底分离的世界观。

规范（Norm）

人们在特定的情景下的行为规则。义务性的行为期待。规范常常并不见诸文字，常作为习俗或风俗得到遵守。

边缘（Peripherie，见"中心"）

多元主义（Pluralismus）

各种不同的（包括不同种族的）群体的共存，每个群体都保持其认同和社会网络，但同时存在于一个共同的政治和经济体系之中。

重要概念

后现代（Postmoderne，社会学中的解释）

根据社会学家英格尔哈特（1998）的观点，在繁荣的社会中，物质主义价值（直接的生活保障、职业生涯道路）逐渐让位于后物质主义和后现代的价值（自由主义和民主关怀）。差异化和多元化成为时代的文化标志。

合理性（Rationalität）

理性、理性行为。狭义的合理性指经济上的合理性，即遵从节约原则的对经费的投入和使用。

鞍型期（Sattelzeit）

科泽勒莱克提出的概念，指德国 1750～1850 年政治－社会概念根本性的转型期，特别是概念的激进化（革命）、新的集体性单一概念（进步、历史）的出现和新概念（共产主义、自由主义）的出现，逐渐也被用于其他语言和文化中的概念史和其他时代的变化过程。

社会流动（Soziale Mobilität）

在一个社会层级中的地位上升或下降。

社会化（Sozialisation）

一个社会的新成员接受其基本文化元素的过程。（职业社会化，即新的职工接受其规范、价值和信仰，适应组织和职业的过程。预期社会化，即我们的信仰、规范和价值预先适应所愿意接受的社会化过程。）

社会结构（Sozialstruktur）

相对稳定、持续的社会关系、社会地位和个体分布的形态，个体很少能对此产生影响。

社会学（Soziologie）

学科，以人类社会及社会行为和社会关系组成的种种维度为研究对象。

超验（Transzendenz）

超出日常生活经验界限的世界。

价值（Wert）

每种文化的基本要素，一个群体（比如信仰群体、阶层、社会）的多数所接受的关于好坏、值得追求和反对的一般观念。价值决定着生活的方式，价值与文化的客观化显现（法律、道德、知识等）与活动（书籍、绘画、博物馆、音乐会等）密切联系。

中心和边缘（Zentrum und Peripherie）

在社会科学中常常提到的概念，涉及工业化和发展中国家的实力差距，或专业化的和可轻易替换的劳动力之间的差异，或者与一个社会中主导价值体系位置的远近。

重要概念

文明（Zivilisation）

　　主要在 20 世纪初的德国，常常被作为文化的对立概念使用，一方面让人联想到理性、启蒙、平缓、礼貌、疑虑、解体（托马斯·曼），另一方面让人联想到（纯）物质性价值和技术进步。这种对立的观念今天已无意义。

| 后　记 |

克劳斯·维甘特

　　我们基金会所组织的第一次和第二次研讨会的主题分别是"进化"和"人与宇宙",题目来自我们基金会的学术顾问、自然科学家费舍尔(Ernst Peter Fischer),而第三次研讨会"欧洲的文化价值"则由社会学家约阿施全权操办。在此,我想对约阿施先生以及160名与会者再次表示衷心的感谢。

　　在会议期间,每天的报告题目让来自社会上各个领域的与会者耳目一新,甚至眼界大开。在会议结束之际,我们可以清楚地看到,文化价值无论对于社会的各个层面,还是对于每个个人的意义建构,都有十分重要的意义,特别是在当今这个时代。

后　记

遗憾的是，由于篇幅所限，来自不同学科的与会者的讨论发言，包括伯姆（Gero von Boehm）先生在会议最后一天所主持的论坛上的发言，以及其他会议发言未能收入本书。否则，本书会再增加150页。

在确定第三次研讨会的题目"欧洲的文化价值"之前，有参与者提议应该着眼于基金会活动的范围，选择能够为紧迫的社会问题提出行动对策的题目。但事后看来，我想，我们所有的参会者都认识到，在对我们时代的重大问题提出行动方案之前，我们很有必要讨论价值这样一个社会的根本性问题。如果不能在我们的价值体系中树立我们的目标，又如何能对一些重大的问题给出有意义的答案，比如我们的经济秩序未来的发展，环境的重要性，科学研究中的界限和基因技术对于整个生物世界的意义，代际经济互补关系的持续发展，对第三世界发展援助的可持续问题以及不断加剧的移民问题等。

在研讨会结束时，我曾做了一个总结，谈到我从会议中得到的重要启发。这里不妨复述一次。

在过去的几天中，我们深入讨论了欧洲的文化价值问题。根据约阿施的定义，价值是关于值得追求之物的情感性观念。价值不同于纯粹物欲的追求，也不是情感中立观念，或一种观点、一种具有限制作用的规范。我们为价值所折服（ergriffen），我们与之共存。价值之形成不是一种纯粹理性思考的结果，而是基于强烈的经验感受。

说到欧洲的文化价值，就必须了解希腊－罗马和犹太教－基督教传统的重要性。我们特别讨论了所谓的轴心时代，这是一个发现或发明超验世界的时代。艾森施塔特在报告中特别指出，这一时代生发出对世界伦理化进程的巨大潜力，统治者因此不能无所顾忌，他们也需要在先知，甚至是大臣面前根据神的旨意和超越尘世的标准为自己辩护。种族和地域之间出现可能的分离，由此也出现了普天之下可能的宗教共同体。

对于古希腊人，优先考虑的是基于自由形成其文化，当然自由是自由人的自由，奴隶不在其列。每位自由人尝试着全面发展其能力。基督徒迈耶尔在古希腊人对规律的探究中看到了其"理性"的源头，这种探究的对象可以是独立的自然物体，如天上星星之间的关系，也可以是共同体之间或自由民之间的关系。

胡贝尔主教提出，基督教教义的核心并非存在于一堆道德要求之中，而是存在于上帝创造世界和上帝之爱的信息中，存在于对上帝在现世发挥作用的无尽希望中。

在其余的报告以及其后的讨论中，我们探讨了内向性（库尔特·弗拉施）、自由（奥兰多·帕特森）、理性（沃尔夫冈·施路赫特）、自我实现（克里斯托夫·门科）和对于日常生活的进一步推崇（沃尔夫冈·赖因哈德）。我们还关注了中世纪的宗教和文化多样性（米夏埃尔·博尔格尔特），以及启蒙时期和鞍型期对历史的理解所发生的变化（赖因哈德·科泽勒莱克）、当下欧洲的价值观变化（赫尔穆特·托梅）以及在欧洲极权主义历史中出现的黑暗的一面（马克·马佐尔）。

彼得·瓦格纳对于欧洲的文化认同这一问题给出了一个

后　记

小心翼翼的肯定回答，我认为很有必要再次强调这一点：欧洲植根于自己的历史，但并不是说它从自己的根源就可以预言自己的命运。有这种想法的人是从不恰当的认同和文化的概念出发的。但是欧洲有着深刻的历史经验，并且一再地——在我们的时代也——尝试共同阐释这些经验。从中生成了一种身份认同，这种认同可以指导行动，并且将自己和其他行动指向的区别明显地显露出来。

在我们的时代里，我们应该更加密切地关注关于价值的讨论，因为所有的社会都在经历人类有史以来最根本性的变化。

但我们对这些东西的感觉只是表面的，我们并不了解，在我们的情感世界的深层维度中我们的态度和价值是如何受到影响的。

在这里我想再次提及未来两个关键的智识方面的挑战，这两个挑战是迪特尔·森格哈斯在讨论中提出的，并在他的著作《违背意愿的文明》中详细描述过。第一是传统社会变革成为现代社会的进程，第二是经历过变革的现代社会持续不断的、加速的变化，这两种情况都需要在一种能够对冲突进行建设性处理的政治文化中来掌控。历史发展显示，文化冲突首先是在某个文化圈之内，而不是在不同的文化之间发生的。对于经济上成功的社会来说，尤其是在东亚和东南亚，文化冲突会在较短的时间内被弱化或解决。对于经济上不是很成功的社会来说，比如阿拉伯－伊斯兰地区，这一进程就会陷入死胡同，并且导致长期的发展危机。这里出现了宗教激进主义的取向，甚至是类似内战的状态，比如在阿尔及利亚。

在全球化的框架中正进行着关于世界新秩序的旷日持久、众说纷纭的讨论,在这一背景下我们应该如此总结我们在这个星期获得的认识:一方面要追求少数几个普遍价值,如人的尊严、自由、平等和民主;另一方面尽量让我们星球上的文化多样性最大化,这样做是十分有意义的。

| 作者简介 |

米夏埃尔·博尔格尔特（Michael Borgoldte），柏林洪堡大学中世纪史教授。

什穆埃尔·艾森施塔特（Shumuel N. Eisenstadt），耶路撒冷希伯来大学社会学退休教授。

库尔特·弗拉施（Kurt Flasch），波鸿鲁尔大学退休哲学教授。

沃尔夫冈·胡贝尔（Wolfgang Huber），柏林-勃兰登堡-西里西亚上劳齐茨福音教会主教，原海德堡大学新教神学教授。

汉斯·约阿施（Hans Joas），德国埃尔福特大学马克斯·韦伯人文社会科学研究院院长，美国芝加哥大学社会学教授。

赖因哈德·科泽勒莱克（Reinhart Koselleck），比勒菲尔德大学历史理论专业退休教授。

古德隆·克莱默（Gudrun Kraemer），柏林自由大学伊斯兰学教授（女），马克斯·韦伯研究院研究员。

马克·马佐尔（Mark Mazower），美国哥伦比亚大学近代史教授。

克里斯蒂安·迈耶尔（Christian Meier），慕尼黑大学古代史专业退休教授。

克里斯托夫·门科（Christoph Menke），波茨坦大学哲学教授，马克斯·韦伯研究院研究员。

奥兰多·帕特森（Orlando Patterson），美国哈佛大学社会学教授。

沃尔夫冈·赖因哈德（Wolfgang Reinhard），弗莱堡大学近代史专业退休教授。

沃尔夫冈·施路赫特（Wolfgang Schluchter），海德堡大学社会学系退休教授，马克斯·韦伯研究院创始院长。

迪特尔·森哈斯（Dieter Senghaas），不来梅大学国际政治与国际社会学教授。

赫尔穆特·托梅（Helmut Thome），哈勒（Halle）大学社会学（实证社会研究方法）教授。

彼得·瓦格纳（Peter Wagner），意大利佛罗伦萨欧洲高等研究所政治与社会理论专业教授。

| 译后记 |

翻译一本书，总是需要一些缘分的。我与本书有双重的缘分。第一，1988 年我在柏林时便认识了本书的主编约阿施教授。30 年过去了，约阿施从一位新晋教授变成了退休教授，从一名普通的青年学者成长为具有国际影响的社会学家。2009 年，他在埃尔福特大学马克斯·韦伯人文社会科学研究院当院长，我在前去进行短期访问期间获赠此书，翻阅后我觉得它很有价值，是一本值得推荐给中国读者的作品。第二，歌德学院北京分院有一个翻译资助项目，我也是该项目的评审委员之一，我提议将此书纳入翻译资助项目。由于一时找不到译者，我便义不容辞，自己充当译者，并立即开始动手翻译。可惜我由于种种事务缠身，翻译工作进展甚慢。好在有一些同学出手帮忙，分头进行了一些初译工作，保证了翻译工作的进度。在此特别要感谢内人潘璐老师在工作之余，抽出宝贵时间，花大力气对译文进行了仔细的读校、补充翻译、修订和润色。最后，在我们的共同努力下，全书翻译工作总算大功告成。本书的德文版出版于2005年，之后多次再版，并被译成多种文字出版。本书的中文版依据德文第二版译出（Fischer Verlag，2005），部分内容参考了英文版（Liverpool University Press，2008）。

参加初译工作的有12位同学，他们分别是孙永臻（第一章）、王潘潘（第二章）、王楚童（第三章）、兰玉婷（第五章）、梁霞（第六章）、李浩（第七章）、徐清清（第八、九章）、许心（第十章）、赖琳娟（第十一章）、刘凯（第四、十二、十四章）、梁霞（第十三章）、孙梦格（第十五章），秦一然也参加了部分初译工作。在此向各位同学表示感谢！

最后，我对歌德学院为本书的中文版提供翻译资助表示感谢，同时也感谢社会科学文献出版社甲骨文工作室的副主任段其刚和编辑张骋，本书最后阶段出版工作的顺利完成离不开他们认真、负责的编辑工作。

陈洪捷

图书在版编目（CIP）数据

欧洲的文化价值／（德）汉斯·约阿施（Hans Joas），
（德）克劳斯·维甘特（Klaus Wiegandt）主编；陈洪捷
译. -- 北京：社会科学文献出版社，2017.5（2025.7 重印）
（莱茵译丛）
ISBN 978 - 7 - 5201 - 0829 - 4

Ⅰ. ①欧…　Ⅱ. ①汉… ②克… ③陈…　Ⅲ. ①价值论
（哲学）- 研究 - 欧洲　Ⅳ. ①B018

中国版本图书馆 CIP 数据核字（2017）第 104530 号

莱茵译丛
欧洲的文化价值

主　　编／〔德〕汉斯·约阿施（Hans Joas）
　　　　　〔德〕克劳斯·维甘特（Klaus Wiegandt）
译　　者／陈洪捷

出 版 人／冀祥德
项目统筹／段其刚　董风云
责任编辑／沈　艺　张　骋　张金勇
责任印制／岳　阳

出　　版／社会科学文献出版社·甲骨文工作室（010）59366527
　　　　　地址：北京市北三环中路甲 29 号院华龙大厦　邮编：100029
　　　　　网址：www. ssap. com. cn
发　　行／社会科学文献出版社（010）59367028
印　　装／三河市尚艺印装有限公司

规　　格／开本：889mm × 1194mm　1/32
　　　　　印　张：17.125　字　数：369 千字
版　　次／2017 年 5 月第 1 版　2025 年 7 月第 4 次印刷
书　　号／ISBN 978 - 7 - 5201 - 0829 - 4
著作权合同
登 记 号／图字 01 - 2017 - 3380 号
定　　价／79.00 元

读者服务电话：4008918866